Deckert
Liberalisierung in südostasiatischen Volkswirtschaften

GABLER EDITION WISSENSCHAFT

Martin Deckert

Liberalisierung in südostasiatischen Volkswirtschaften

Glaubwürdigkeit als kritischer Erfolgsfaktor in der Deregulierung von Finanzsystemen

Springer Fachmedien Wiesbaden GmbH

Die Deutsche Bibliothek - CIP-Einheitsaufnahme

Deckert, Martin:
Liberalisierung in südostasiatischen Volkswirtschaften : Glaubwürdigkeit als kritischer Erfolgsfaktor in der Deregulierung von Finanzsystemen / Martin Deckert. - Wiesbaden : Dt. Univ.-Verl. ; Wiesbaden : Gabler, 1996
(Gabler Edition Wissenschaft)
Zugl.: Köln, Univ., Diss., 1996
ISBN 978-3-8244-6378-7

ISBN 978-3-8244-6378-7 **ISBN 978-3-663-08579-9 (eBook)**
DOI 10.1007/978-3-663-08579-9

Der Deutsche Universitäts-Verlag und der Gabler Verlag sind Unternehmen der Bertelsmann Fachinformation.

Gabler Verlag, Deutscher Universitäts-Verlag, Wiesbaden

Lektorat: Claudia Splittgerber / Brigitte Knöringer

Vorwort

Prof. Dr. Rolf Rettig, Staatswissenschaftliches Institut an der Universität zu Köln, gilt mein besonderer Dank für die unkomplizierte Betreuung der gesamten Promotion sowie die tatkräftige Unterstützung in der Planung und Durchführung der Auslandsaufenthalte.

Die vorliegende Promotionsschrift entstand zum Teil während eines Studienaufenthaltes am „Institute for Southeast Asian Studies“, Singapore. An dieser Stelle möchte ich dem DAAD, der diesen Auslandsaufenthalt ermöglichte, sowie den Mitarbeitern des Institutes - insbesondere Dr. Reza Siregar - für die wertvollen inhaltlichen Anregungen und Ideen sowie die fachliche Unterstützung in der Literaturrecherche danken.

Meine Studienkollegen und Freunde Hennig von Bismarck, Franz-Josef Moßmann und Ralph Pesch haben die mühselige Korrekturarbeit übernommen und durch eine Fülle konstruktiver Kritikpunkte zum Gelingen dieser Arbeit beigetragen.

Laura McBride hat neben der langwierigen Durchsicht der Arbeit die wichtigste Funktion übernommen und mir mit viel Zuspruch und Motivation über die Höhen und Tiefen in der Erstellung der Promotion hinweg geholfen. Hierfür möchte ich ihr von ganzem Herzen danken.

Nicht zuletzt möchte ich meinen Eltern besonderen Dank aussprechen, die mir während der gesamten Promotionszeit und der Vorbereitung des Studienaufenthaltes jederzeit hilfreich und tatkräftig zur Seite standen.

Martin Deckert

Inhaltsverzeichnis

Verzeichnis der Abkürzungen

Abb.	Abbildung
ADB	Asian Development Bank
AFTA	ASEAN Free Trade Area
APEC	Asian Pacific Economic Cooperation
ASEAN	Association of Southeast Asian Nations
BA	Bankers Acceptance
bzgl.	bezüglich
BIP	Bruttoinlandsprodukt
BLR	Basic Lending Rate
BNM	Bank Negara Malaysia
BoT	Bank of Thailand
BSP	Bruttosozialprodukt
bzw.	beziehungsweise
ca.	circa
DOSRI	Directors, officers, stockholders and related interests
et al.	et alii
etc.	et cetera
FAZ	Frankfurter Allgemeine Zeitung Informationsdienste
ff.	fortfolgende
GATT	General Agreement on Tarifs and Trade
Hrsg.	Herausgeber
IFS	International Financial Statistics
IMF	International Monetary Fund
IOCR	Incremental Output Capital Ratio
Jg.	Jahrgang
Mio.	Millionen
Mrd.	Milliarden
n.v.	nicht verfügbar
NCD	Negotiable Certificates of Deposit
NEDA	National Economic Development Authority

NIC	Newly Industrialized Countries
o.a.	oben angeführten
OECD	Organisation of Economic Cooperation and Development
RM	Ringgit Malaysian bzw. Malaysian Dollar
SDR	Special Drawing Rights
SBI	Sertifikat Bank Indonesia (Geldmarktpapiere der indonesischen Zentralbank)
SBPU	Surat Berharga Pasar Usang (Geldmarktpapiere des indonesischen Banksektors)
SET	Stock Exchange of Thailand
SIJORI	Singapore-Johor-Riau-Growth Triangle
ToT	Terms of Trade
u.a.	unter anderem
u.U.	unter Umständen
US$	United States Dollar
USA	United States of America
usw.	und so weiter
WTO	World Trade Organisation
z.B.	zum Beispiel

Verzeichnis der Abbildungen

Verzeichnis der Tabellen

Verzeichnis der Symbole

a	=	Gewichtung der Inflationsrate
b	=	Gewichtung des Output-/Beschäftigungsniveaus
c,d,e	=	Gewichtung der Verlustkomponenten durch die Regierung
E_1	=	tatsächliches Einkommen in Periode 1
E_1^*	=	gewünschtes Einkommen in Periode 1
E_2	=	tatsächliches Einkommen in Periode 2
E_2^*	=	gewünschtes Einkommen in Periode 2
m_t	=	aktuelles Geldangebot
m_t^*	=	erwartetes Geldangebot
p_t	=	aktuelle Inflationsrate
p_t^*	=	erwartete Inflationsrate
R	=	tatsächlicher Reformumfang
R^*	=	angekündigter Reformumfang
ß	=	Zeitpräferenz
t	=	Periode
U_t	=	Nutzenfunktion der privaten Wirtschaftssubjekte
W_t	=	soziale Wohlfahrtsfunktion
X	=	Präferenz des Output-/Beschäftigungszieles in Relation zum Inflationsziel
Y	=	Gewicht des Output-/Beschäftigungszieles in Relation zum Inflationsziel
y_t	=	aktuelles Output-/Beschäftigungsniveau
y_t^n	=	natürliches Output-/Beschäftigungsniveau

1 Einleitung

1.1 Einführung

Die Öffnung und Liberalisierung einer Volkswirtschaft ist durch die weitreichenden politischen und ökonomischen Veränderungen in den Ländern Osteuropas sowie in einigen asiatischen Staaten - Vietnam, Laos, Kambodscha oder die Mongolei - wieder zu einem aktuellen Thema geworden. Die Liberalisierungs[1]- und Transformationsprozesse in diesen Staaten zeigen unterschiedliche Resultate. Die wirtschaftswissenschaftliche Diskussion dieses Themas hat sich dabei verschoben: Im Vordergrund steht nicht mehr die grundsätzliche Frage, ob sich eine Volkswirtschaft überhaupt den Weltmärkten öffnen soll. Die Notwendigkeit der Liberalisierung verschiedener Märkte und Sektoren innerhalb der gegenwärtigen weltwirtschaftlichen Ordnung ist unstrittig. Vielmehr stehen Grundprobleme bzgl. Abfolge, Zeitpunkt und Geschwindigkeit der Liberalisierung insgesamt, aber auch einzelner Reformen in verschiedenen Bereichen der Volkswirtschaft im Zentrum der wirtschaftspolitischen Diskussion. Neben diesen Aspekten ist auch die früher strikte Trennung der Reformbestrebungen in makroökonomische und mikroökonomische Teilbereiche aufgehoben worden. Eine sorgfältige ganzheitliche Analyse der herrschenden Rahmenbedingungen in einer Volkswirtschaft vor der Planung und während der Umsetzung von Reformprogrammen gewinnt daher an Bedeutung.

Das von McKinnon geprägt Motto:

> „Financial and trade liberalisation, with borrowing and lending at substantial real rates of interest made possible by a stable price level, is not easy and is full of potential pitfalls. Nevertheless, it remains the only game in town as far as successful economic development is concerned."[2]

scheint zwar in der Kernaussage noch Bestand zu haben. Der zunehmenden internationalen Verflechtung und Globalisierung sowie der fortschreitenden Komplexität der einzelnen Volkswirtschaften trägt dieses Motto jedoch nicht genügend Rechnung. Die Liberalisierung um jeden Preis ohne Berücksichtigung der spezifischen Gegebenheiten einer Volkswirtschaft kann, wie die Erfahrungen in den sogenannten „Southern Cone"-Ländern (Argentinien, Bra-

---

1 Im weiteren Verlauf der Arbeit werden die Begriffe Liberalisierung, Reform und Deregulierung als Synonyme verwendet, die in erster Linie dem Ziel der Eliminierung von Verzerrungen im Marktmechanismus dienen.

2 McKinnon 1989, S.53.

silien, Uruguay) gezeigt haben, in das Gegenteil umschlagen und bestehende Probleme erheblich verschärfen. Die im Zitat erwähnten „potential pitfalls" in den Entwicklungs- bzw. Transformationsländern gewinnen stark an Bedeutung. Jegliches Eingreifen nicht marktkonformer Kräfte in Güter-, Arbeits- oder Kapitalmärkte grundsätzlich als „financial repression" zu bezeichnen, das nach der von McKinnon vertretenen Sichtweise wirtschaftliches Wachstum behindert, scheint die Bedeutung dieser „potential pitfalls" zu verkennen. Dies hat sich insbesondere in den Liberalisierungsbemühungen im Bereich der Finanzsysteme[3] gezeigt. Ein Schwerpunkt der Liberalisierung des Finanzsystems liegt daher in der Suche nach einer Strategie, die eine Integration der Finanzreformen auf makroökonomischer Ebene mit der Entwicklung oder Umgestaltung des Finanzsystems auf mikroökonomischer Ebene ermöglicht und dabei die Anforderungen der Realwirtschaft bestmöglich erfüllt. Die Ausprägung der „potential pitfalls" wird über diesen ganzheitlichen Ansatz berücksichtigt.

Die Bedeutung der Entwicklung des Finanzsystems für die gesamtwirtschaftliche Entwicklung einer Volkswirtschaft ist in der Literatur eingehend behandelt worden. Die herrschende Meinung weist dabei der Entwicklung des Finanzsystems eine positive, teilweise sogar eine wachstumsinduzierende, Rolle zu.[4] Die Funktion des Finanzsystems wird von Rybczynski in Zusammenhang mit Stabilisierungs- und Reformprogrammen einsichtig dargestellt:

> „To use a medical analogy, the financial system can be compared to the blood circulation system propelled by the heart. It delivers oxygen, that is food and fuel, to all parts of the body, enabling them to function properly in a harmonised way; it removes carbon dioxide and other inhibiting agents, cleaning the system an maintaining it in good condition. Those parts of the body which do not receive a proper supply wither and die. Thus the blood circulation mechanism and the financial system are both suppliers of food, cleaners of the systems and controllers. When a part of the body is not functioning or operating properly the body displays illness by high temperature. The problem then is not only how to bring high temperature down - that corresponds to the stabilisation part of the programme - but also what

3 Der Begriff Finanzsystem bzw. Finanzsektor umfaßt hierbei die Gesamtheit aller relevanten Finanzinstitutionen (Banken, Versicherungen, Geldmarkt, Kapitalmarkt etc.), Finanzinstrumente (Bargeld, Wertpapiere, Geldmengen etc.) sowie deren jeweilige Kontrollmechanismen und die direkt einflußnehmenden Bereiche der Wirtschaftspolitik (Geldpolitik, Wechselkurspolitik, Fiskalpolitik etc.).

4 Eine ausführliche Erläuterung zur Bedeutung des Finanzsystems in der wirtschaftlichen Entwicklung einer Volkswirtschaft findet sich u.a. bei: Drake 1980, Fry 1988, Goldsmith 1969, Gurley/Shaw 1967, McKinnon 1973, Patrick 1966, Shaw 1973, Zysman 1983.

> operations are needed, more or less at the same time, to restore the body to full health and vigour (the reform part of the programme)."[5]

Trotz einer Vielzahl von Studien und Forschungsprojekten scheint ein allgemeiner Leitfaden über Ablauf, Zeitpunkt und Geschwindigkeit von Liberalisierungsbemühungen noch nicht gefunden worden zu sein. Die Frage, ob im Fall eines volkswirtschaftlichen Ungleichgewichts zuerst ein bestimmter Grad an makroökonomischer Stabilität erreicht, ob Liberalisierungsmaßnahmen im Handels- oder Finanzsystem vorgezogen oder ob beides simultan vollzogen werden soll, bleibt offen. Gleiches gilt für den bestehenden Gegensatz zwischen einer „big-bang" Reform und einem graduellen Ansatz. Diese Ansätze umschreiben die verschiedenen Reformmethoden, bezogen auf ihre Implementierungsgeschwindigkeit.

Neben diesen technischen Eigenschaften der Liberalisierungsmaßnahmen im Finanzsektor kommt der wirtschaftspolitischen Einflußnahme des Staates in diesen Prozessen eine entscheidende Rolle zu. Die aktuelle Diskussion umfaßt dabei die gesamte Spannweite denkbarer Ausprägungen des Einflußbereiches[6]: Die extreme Forderung des totalen Rückzuges des Staates aus dem Finanzsektor - lediglich ausgenommen die Übernahme von absolut notwendigen Überwachungsaufgaben und den für die Steuerung der makroökonomischen Politik notwendigen Instrumenten - steht der über die Beibehaltung der wichtigsten Schlüsselfunktionen des Finanzsektors hinausgehenden staatlichen Kontrolle gegenüber. Die Begründung für ein hohes Maß an staatlicher Intervention findet sich in den auch nach einigen durchgeführten Reformen im Finanzsektor verbleibenden Schwachstellen. Die Existenz und die Bedeutung dieser „market failures" ist gerade in den Entwicklungs- und Transformationsländern wesentlich höher einzuschätzen als in den weiterentwickelten Industrieländern.

Die bisherige Betrachtungsweise der Abfolge von Stabilitäts- oder Reformprogrammen erfolgte in der älteren Literatur unter dem „orthodox technocratic approach", der bisher meist auf Maßnahmen im Handelssektor übertragen wurde. Der orthodox-technische Ansatz beschäftigt sich insbesondere mit der Beziehung zwischen einzelnen makroökonomischen Faktoren, wie z.B. makroökonomischen Stabilitätsvariablen, dem Einfluß von Kapitalströmen oder des realen Wechselkurses. Das Zusammenspiel dieser Faktoren sowie die Konsistenz der zugrunde liegenden Geld-, Fiskal- und Wechselkurspolitik ist ausschlaggebend für den Ablauf der Programme. Die Identifikation einer auf rationalen Überlegungen basierenden Reform-

---

5 Rybczynski, 1991, S.30.

6 Das Thema Liberalisierung und die Rolle des Staates in Liberalisierungsprozessen des Finanzsektors war z.B. eines der Hauptthemen der „Annual Conference on Development Economics 1993", World Bank Washington.

sequenz unter der Zielvorgabe der Minimierung der Wohlfahrtskosten steht im Mittelpunkt. Entscheidungsträger über den Reformverlauf handeln damit unter der Prämisse der Maximierung des gesamtwirtschaftlichen Nutzens.

Diese Sichtweise ist in der jüngeren Literatur um den „political economy approach" erweitert worden. An die Stelle rationaler, ökonomischer Überlegungen tritt nun eine Sichtweise, die sich insbesondere in den Verhaltenskomponenten der Entscheidungsträger sowie dem Einbezug der politisch-ökonomischen Nebenbedingungen von dem obigen Ansatz grundlegend unterscheidet. Entscheidungsträger sind als selbstbezogene Individuen charakterisiert, deren vorrangiges Interesse in der Maximierung des individuellen eigenen Nutzen liegt. Vor dem Hintergrund, daß jede Reform Verlierer mit sich bringen kann, nimmt die Suche nach Mehrheiten für geplante Reformprogramme und die Identifizierung der Verlierer und Gewinner der Reform eine zentrale Rolle ein. Kurzfristige, vorübergehende Erfolge mit zunächst niedrigeren Wohlfahrtsverlusten stehen in Konkurrenz zu langfristigen und nachhaltigen Verbesserungen der gesamtwirtschaftlichen Lage mit höheren, jedoch zeitlich begrenzten Wohlfahrtsverlusten. Die Gefahr der abnehmenden Popularität der Entscheidungsträger läßt zum einen eine Reduzierung des individuellen Nutzens für die Entscheidungsträger, zum anderen die Zunahme der Schwierigkeiten bei der Planung und Durchsetzung weiterer unbequemer Reformvorhaben befürchten.

Eine Verknüpfung dieser konträr erscheinenden Ansätze läßt sich in dem Konzept der Glaubwürdigkeit finden. Reformpakete oder individuelle Reformen erhalten je nach Wahl und Gewichtung der Ansätze einen sehr unterschiedlichen Stellenwert im volkswirtschaftlichen Gesamtkontext. Neben das aus dem orthodox-technischen Ansatz stammende Dilemma der Inkonsistenzen im Zusammenspiel einzelner Instrumente zur Implementierung und Durchsetzung eines Stabilitäts- und Reformprogrammes tritt somit die Schwierigkeit, die Auswirkungen des politökonomischen Ansatzes auf die Liberalisierungsabfolge zu bewerten und die Ansätze gegeneinander abzuwägen. Besondere Bedeutung in diesem Zusammenhang erhält dabei das Problem der Zeitinkonsistenz von Reformvorhaben: Es bestehen Anreize für die Entscheidungsträger, von dem ursprünglich geplanten Reformvorhaben abzuweichen. Die privaten Wirtschaftssubjekte antizipieren diese Abweichung und ändern ihre Verhaltensweise gemäß ihrer Erwartungen mit dem Ergebnis, daß das Reformvorhaben im Umfang reduziert oder unter Umständen sogar abgebrochen wird. Hier setzt das Konzept der Glaubwürdigkeit an, um die aus den beiden Ansätzen auftretenden Inkonsistenzen durch die Identifizierung von Glaubwürdigkeitsdefiziten und die Durchführung von Maßnahmen zur Erhöhung der Glaubwürdigkeit zu beseitigen. Der Faktor Glaubwürdigkeit wird zu einem kritischen Erfolgsfaktor der Liberalisierung.

Wenig Beachtung in diesem Zusammenhang hat bisher die Rolle staatlicher Interventionen gefunden. Art und Umfang der staatlichen Interventionen im Finanzsektor kommt jedoch gerade in Entwicklungs- bzw. Transformationsländern eine entscheidende Bedeutung zu, so daß sie einen wichtigen Faktor in der Ausprägung der Glaubwürdigkeit bilden.

Einer der Gründe für das Fehlen einer einheitlichen Liberalisierungsstrategie liegt neben der Unterbewertung des Faktors Glaubwürdigkeit in der sehr schwierigen bzw. teilweise nicht möglichen Vergleichbarkeit einzelner Volkswirtschaften. Grundlegende Unterschiede in den Rahmenbedingungen vor einer Liberalisierung erschweren die Vergleichbarkeit: So zeigen z.B. die Länder des ehemaligen Ostblocks trotz ihrer vorherigen Zugehörigkeit zum kommunistischen Wirtschaftsbereich deutliche Unterschiede etwa in der Ausprägung des bis zur Öffnung vorherrschenden zentralistischen Plansystems. Desweiteren fand unter vergangenen Wirtschaftsregimen eine derart durchgreifende Umstrukturierung der Wirtschaftssektoren und Regionen statt, so daß heute eine Restrukturierung einzelner Sektoren bzw. ganzer Regionen in ihre historisch gewachsene Wirtschaftsstruktur notwendig wird.[7] Ungeklärte Eigentumsrechte und damit verbundene Schwierigkeiten in der Privatisierung bilden ein maßgebliches weiteres Problemfeld. Aufgrund dieser Faktoren grenzen sich die Ausgangsbedingungen der einzelnen Volkswirtschaften deutlich voneinander ab. Dementsprechende Parallelen finden sich in den neuen Transformationsländern Asiens (u.a. Vietnam, Kambodscha, Laos), so daß die Vergleichbarkeit deutlich beschränkt ist. Die Reformen in dem überwiegenden Teil dieser Volkswirtschaften sind noch nicht abgeschlossen und lassen daher nur bedingt Aussagen über Erfolg oder Mißerfolg zu. In den südamerikanischen Ländern weisen - wie oben bereits erwähnt - nahezu identische Reformen sehr unterschiedliche Ergebnisse auf, so daß die Identifikation der kritischen Erfolgsfaktoren erschwert wird.

Gemessen an diesen Kriterien bildet die in dieser Dissertation betrachtete Ländergruppe - Malaysia, Indonesien, Philippinen und Thailand - eine relativ homogene Gruppe. Mit Ende des zweiten Weltkrieges und nach Beseitigung der noch verbliebenen Kolonialrelikte - insbesondere in Malaysia und Indonesien - zeichnen sich die vier Staaten über den Beobachtungszeitraum 1970 bis 1994 durch eine stark forcierte „outward orientation“ aus. Die Rahmenbedingungen zu Beginn dieses Zeitraums weichen nur geringfügig von einander ab. Unter dem Begriff „Asian Miracle“ bekannt geworden, ist den Ländern ein stetiges und hohes Wirtschaftswachstum sowie eine schnelle und erfolgreiche Bewältigung wirtschaftlicher Rezessi-

---

7 Dies zeigt sich z.B. in der Restrukturierung der heute durch Schwerindustrie geprägten Regionen Ost-Ungarns oder der Slowakei in ihre ursprünglich agrarorientierte Struktur bzw. im Aufbau eines tertiären Sektors.

on gemeinsam. Die Philippinen bilden insofern eine Ausnahme, als das der Aufschwung erst nach Abgang des Marcos Regimes und Etablieren demokratischer Strukturen unter den Präsidenten Aquino und Ramos einsetzte. Auf politischer Ebene sind die Staaten durch die „Association of Southeast Asian Nations" (ASEAN) miteinander verbunden.[8] Die Reformerfahrungen sind - mit Einschränkungen in Hinblick auf die Maßnahmen im thailändischen Finanzsystem - zu einem gewissen Grad abgeschlossen. Die Öffnung gegenüber den Weltmärkten durch die Reformen wurde von den einzelnen Volkswirtschaften auf unterschiedliche Weise betrieben. Insbesondere in der Liberalisierung der Finanzsysteme weisen die Länder diametral voneinander abweichende Merkmale hinsichtlich Abfolge, Zeitpunkt und Geschwindigkeit der Reformen auf. Die Ländergruppe bietet aus diesen Gründen eindeutige Vorteile für die Identifikation relevanter Erfolgsfaktoren in der Liberalisierung des Finanzsystems.

Die Analyse der Reformerfahrungen in dieser Ländergruppe zeigt die Bedeutung eines ganzheitlichen Ansatzes in der Liberalisierung des Finanzsystems auf. Es wird deutlich, daß rein theoretische Überlegungen im Sinne des orthodox-technischen Ansatzes durch politökonomische Kriterien überlagert werden können oder zumindest stark erweitert werden müssen. Als Kernelement eines Reformvorhabens kristallisiert sich der Faktor Glaubwürdigkeit heraus.

1.2 Gang der Arbeit

Dem Kapitel 1 „Einführung und Gang der Arbeit" folgt in Kapitel 2 eine Erläuterung der Bedeutung des Finanzsystems in der gesamtwirtschaftlichen Entwicklung anhand der Beziehung zwischen Finanzsystem und der Mobilisierung von Ressourcen bzw. der Allokation dieser Ressourcen. Diese Analyse berücksichtigt explizit die besonderen Gegebenheiten und Vorbedingungen von Entwicklungsländern. Modellhafte Ansätze der grundlegenden Arbeiten bis hin zur aktuellen Diskussion in diesem Gebiet werden erläutert und kritisch hinterfragt. Die relevanten empirischen Untersuchungen der Ansätze werden diesen theoretischen Grundlagen gegenübergestellt. Das abschließende Fazit für die Teilbereiche Mobilisierung

8 Zu der ASEAN zählen: Brunei, Indonesien, Malaysia, die Philippinen, Singapur, Thailand und ab 1996 Vietnam. Der ehemals aus rein politischen Überlegungen heraus gegründete Verband hat sich im letzten Jahrzehnt zunehmend wirtschaftlichen Interessen zugewandt. Hierzu zählt insbesondere der Aufbau einer Zollunion. Der relative geringe Intra-ASEAN-Handel läßt jedoch die Vermutung zu, daß die Mitgliedsländer statt einer Vertiefung der wirtschaftlichen Integration eher eine regionale Erweiterung des Verbandes anstreben und den sicherheitspolitischen Interessen der Region den Vorrang geben. Hierfür spricht insbesondere die Aufnahme Vietnams sowie die fortlaufenden Gespräche mit den politisch instabilen Staaten Indochinas (Kambodscha, Laos und Myanmar).

und Allokation von Finanzressourcen faßt die für die Arbeit aussagekräftigen Aspekte zusammen.

Das Kapitel 3 behandelt die theoretischen Grundlagen der Liberalisierung von Finanzsystemen. Die Erläuterungen sind auf den Finanzsektor beschränkt, indem die Auswirkungen auf andere Faktormärkte gegebenenfalls angeschnitten, sich hieraus ergebende Folgerungen für die Gesamtwirtschaft jedoch nicht weiterverfolgt werden. Es erfolgt zunächst eine Erläuterung der Grundprobleme in der Liberalisierung auf der Grundlage des ganzheitlichen Ansatzes. Dieser Ansatz umfaßt neben den zentralen Themen der Abfolge, des Zeitpunktes und der Geschwindigkeit der Reformen weiterhin die existierenden Rahmenbedingungen vor der Liberalisierung sowie die Problematik der Staatsinterventionen.

Vor dem Hintergrund dieser Ausführungen erfolgt eine Darstellung der Handlungsansätze in der Liberalisierung. Im Rahmen des orthodox-technischen Ansatzes wird ein Überblick über die Handlungsalternativen gegeben, die auf rein ökonomischen und rationalen Überlegungen basieren. Im Gegensatz hierzu bauen die Aussagen des politökonomischen Ansatzes auf den Verhaltensweisen der Reformbeteiligten auf. Im Mittelpunkt dieser Ausführungen steht die Ausarbeitung eines Kataloges der politisch-ökonomischen Einflußfaktoren auf die Liberalisierung. Beide Ansätze besitzen - wenngleich in voneinander abweichender Ausprägung - als gemeinsames Element das Kriterium der Glaubwürdigkeit. Der Einfluß des Faktors Glaubwürdigkeit auf die Handlungsansätze wird analysiert und anhand des Problems der Zeitinkonsistenz in einer Liberalisierung verdeutlicht. Die theoretischen Grundlagen werden mit der Auflistung relevanter Maßnahmen zur Erhöhung der Glaubwürdigkeit abgeschlossen.

Kapitel 4 beinhaltet die konkrete Anwendung der vorangegangenen theoretischen Überlegungen auf die Finanzsysteme der betrachteten Ländergruppe. Es erfolgt zunächst eine kurze Erläuterung zur Auswahl der Ländergruppe und zur Bestimmung der Meßgrößen, die der Analyse des Finanzsystems dienen. Die Ausführungen zu den einzelnen Volkswirtschaften unterliegen dabei der Beschränkung, daß die Liberalisierung einzelner Bereiche einer Volkswirtschaft als Prozeß und nicht als abgeschlossenes Ergebnis zu werten ist. Die länderspezifische Analyse gibt zunächst die durchgeführten Reformbemühungen im Finanzsektor wieder und bewertet die Ergebnisse dieser Reformen anhand der Meßgrößen. Abfolge, Zeitpunkt und Geschwindigkeit der Liberalisierung werden herausgearbeitet. Dieser Teilbereich verdeutlicht zudem die Rahmenbedingungen und die Auswirkungen der Staatsinterventionen. Der orthodox-technische Ansatz wird über eine Analyse der Wirtschaftspolitik in den für den Finanzsektor zentralen Bereichen Geld-, Fiskal- und Wechselkurspolitik untersucht. Anschließend werden die relevanten politisch-ökonomischen Einflußfaktoren anhand des erarbeiteten Kataloges identifiziert und ihre Auswirkungen auf die Reformen analysiert. Die Identifikation der im Liberalisierungsprozeß aufgetretenen Inkonsistenzen und deren Handhabung münden in die Bewertung der Glaubwürdigkeit, die den Abschluß der länderspezifischen Analyse bildet.

In Kapitel 5 wird eine vergleichende Analyse der empirischen Ergebnisse des vorangegangenen Kapitels durchgeführt. Die Zusammenfassung der Ergebnisse verdeutlicht die Unterschiede in der Ausprägung der Grundprobleme und bringt anhand der Gegenüberstellung der länderspezifischen Liberalisierungsansätze die Abweichungen in den durchgeführten Reformen zum Ausdruck. Aus dieser Gegenüberstellung resultiert die Gewichtung des orthodox-technischen Ansatzes gegenüber dem politisch-ökonomischen Ansatz für den Erfolg bzw. Mißerfolg von Liberalisierungsbemühungen. Die Rolle der Glaubwürdigkeit als Verbindungselement zwischen den konträren Ansätzen sowie als kritischer Erfolgsfaktor für die Liberalisierung wird im abschließenden Teil des fünften Kapitels deutlich. Mit einem Fazit der insgesamt gewonnenen Ergebnisse in Kapitel 6 schließt die Arbeit.

2 Bedeutung des Finanzsektors in der gesamtwirtschaftlichen Entwicklung

Der Zusammenhang zwischen dem Finanzsystem und der gesamtwirtschaftlichen Entwicklung einer Volkswirtschaft ist in der Vergangenheit ausführlich theoretisch und empirisch diskutiert worden. Eine Vielzahl an Studien hat sich dabei insbesondere mit der Wechselwirkung und der Kausalität der Entwicklung des Finanzsektors und der Entwicklung des Wirtschaftswachstum beschäftigt. Die Erkenntnisse dieser Studien ergeben jedoch ein sehr uneinheitliches Bild. Im folgenden wird ein Überblick über den gegenwärtigen Stand der Diskussion gegeben. Abbildung (Abb.) 1 gibt einen schematischen Überblick über die Grundfunktionen des Finanzsektors in einer Volkswirtschaft sowie über die relevanten Aspekte in der derzeitigen Diskussion

In der akademischen Diskussion sind lediglich die positiven Effekte des Finanzsektors bzgl. der Bereitstellung von Zahlungsmittel und Zahlungsmechanismus unumstritten. Erst die Ausgabe eines allgemeingültigen Zahlungsmittels ermöglicht effizientes Wirtschaften und die Ausnutzung potentieller „economies of scale". Anderenfalls wäre die Volkswirtschaft auf Tauschgeschäfte beschränkt und die Spezialisierung im Rahmen der internationalen Arbeitsteilung erschwert. Das Wirtschaftswachstum würde durch diese Beschränkungen behindert, und es würden Effizienzverluste in der Gesamtwirtschaft auftreten.[9]

Weitaus weniger deutlich ist die Bewertung der Rolle des Finanzsektors im Zusammenhang mit der Mobilisierung und der Allokation von Ressourcen. Die Ergebnisse der grundlegenden Arbeiten von Goldsmith, McKinnon und Shaw [10] zeigen zwar eine positive Korrelation zwischen Wirtschaftswachstum und Indikatoren der Entwicklung des Finanzsystems, jedoch bleibt die Kausalität zwischen Finanzsektor und Wirtschaftsentwicklung ungeklärt. Ebenso fehlt unter der Annahme, daß die Entwicklung des Finanzsektors das Wirtschaftswachstum fördert, eine eindeutige Antwort auf die Frage, ob dies auf die Mobilisierungsfunktion oder die Allokationsfunktion des Finanzsektors zurückzuführen ist. Im folgenden wird eine Darstellung dieser Funktionen und ihrer Bedeutung in der Liberalisierungsdiskussion gegeben.

---

9 Vgl. Cole/Patrick 1986, S.43-47 und Zysman 1983, S.69ff.

10 Vgl. Goldsmith 1969, McKinnon 1973 und Shaw 1973.

Abbildung I: Finanzsystem und wirtschaftliche Entwicklung

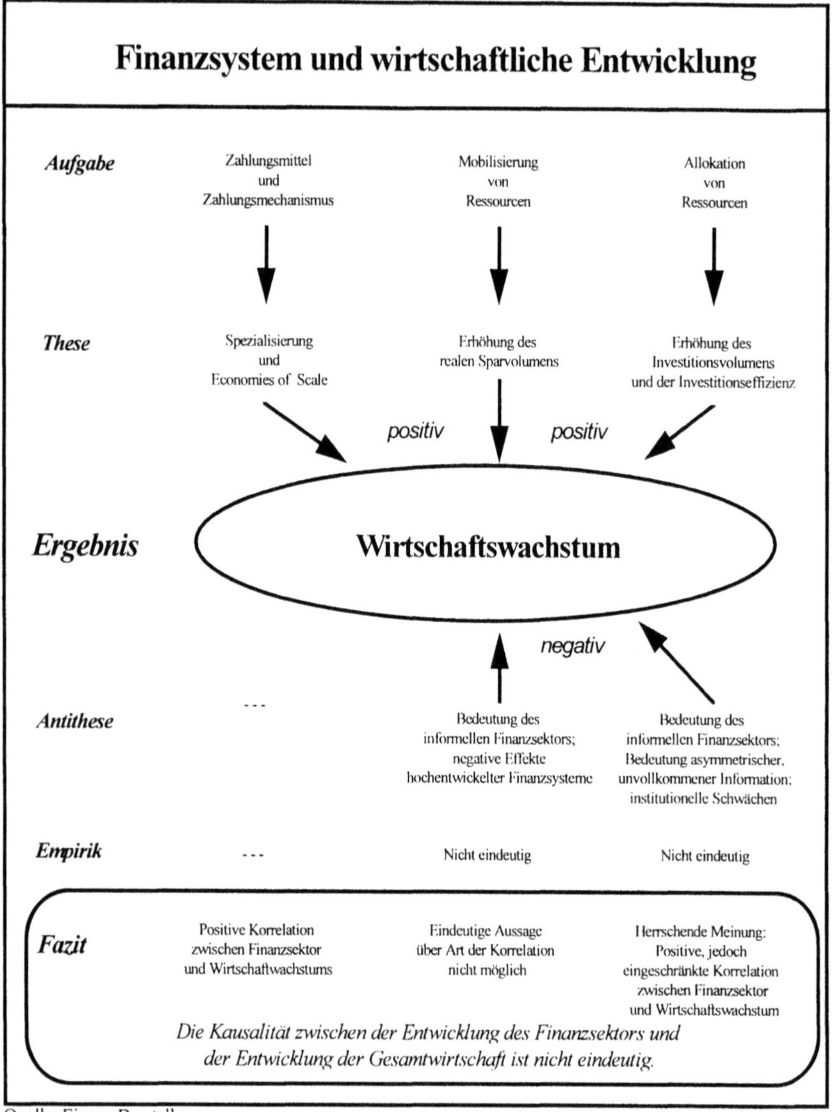

Quelle: Eigene Darstellung

2.1 Finanzsektor und Mobilisierung der Ressourcen

Die Darstellung der Bedeutung des Finanzsektors für die Mobilisierung von Ressourcen erfordert eine Eingrenzung des Begriffs Ressourcen. Lee unterscheidet in diesem Zusammenhang zwischen „financial savings“ und „real savings“[11]. „Financial savings“ ist definiert als Anstieg der von Wirtschaftssubjekten gehaltenen Finanzaktiva. Dem gegenüber steht „real savings“ als Zuwachs an Realkapital. Ein Anstieg des „financial savings“ induziert dabei nicht automatisch einen Anstieg des „real savings“: Ein Zuwachs der Finanzaktiva im privaten Sektor etwa durch den Kauf von Wertpapieren ist immer verbunden mit einem entsprechenden Anstieg der Verbindlichkeiten im Finanzsektor, im Unternehmensbereich oder im öffentlichen Sektor durch die Ausgabe von ebendiesen Wertpapieren. Ein fortgeschrittenes Finanzsystem gibt den Wirtschaftssubjekten Anreize, verstärkt auf die Möglichkeiten einer Kapitalakkumulation durch das Finanzsystem zurückzugreifen, Sparformen außerhalb des Finanzsystems (z.B. in der Form des Hortens) treten zurück. Effizienzsteigerungen im Finanzsektor oder höhere Zinsen können dann sogar zum Rückgang des aggregierten „real savings“ führen, da die Wirtschaftssubjekte nun ihr Sparziel mit einem geringeren Bestand an Finanzaktiva erreichen.

2.1.1 Der Ansatz von McKinnon/Shaw

Im Zentrum der kontroversen Diskussion über die Rolle des Finanzsektors bei der Mobilisierung der „real savings“ steht die Beziehung zwischen Geld und Realkapital. Sowohl die keynesianische als auch die neoklassische Theorie gehen von der Annahme einer substitutiven Rolle zwischen Geld und Realkapital aus. Keynes betrachtet die Akkumulation von Geld anstelle von Produktivkapital als Ursache für ein unzureichendes Investitionsniveau. Im Extremfall führt die Präferenz für Geld zur Liquiditätsfalle. Um den tendenziellen Anstieg des Realzinses auf ein Niveau, welches eine adäquate Investitionsrate nicht mehr ermöglicht, zu verhindern, schlägt die keynesianische Theorie eine Zinssenkung mit allen verfügbaren Instrumenten vor.

In den neoklassischen Wachstumsmodellen findet immer dann eine Portfolioumschichtung der Haushalte statt, sobald die Erträge der Geldhaltung über die Erträge der Realinvestitionen hinausgehen. Das Absinken des Verhältnisses Kapital zur Arbeit schwächt das gesamtwirt-

---

11 Vgl. Lee 1991, S.3.

schaftliche Wachstum. Als Folge spricht sich die neoklassische Theorie für eine Senkung des Zinsniveaus aus.

Die bedeutendste Abweichung von dem oben angeführten Paradigma der Substitution zwischen Geld und Realkapital bilden die Arbeiten von McKinnon und Shaw zu Anfang der siebziger Jahre.[12] Die von McKinnon und Shaw erläuterten Erklärungsansätze stellen die Charakteristika der Finanzsysteme in Entwicklungsländern in den Vordergrund und versuchen anhand dieser Charakteristika, Hypothesen für einen erfolgreichen Liberalisierungsprozeß im Finanzsystem von Entwicklungsländern aufzustellen. Aus den Kernelementen dieser Ansätze lassen sich die folgenden Hypothesen ableiten:

- Die finanzielle Infrastruktur stellt in weniger industrialisierten Ländern eine signifikante Bestimmungsgröße der Kapitalbildungsrate dar.
- Finanzielle Repression beeinträchtigt die Funktionsfähigkeit der Finanzsysteme.
- Finanzielle Liberalisierung bewirkt eine Verbesserung der gesamtwirtschaftlichen Leistung durch Effizienzsteigerung im Finanzsektor und die übergreifenden Wirkungen auf den Nichtfinanzsektor durch Erhöhung der:
  - allokativen Effizienz (Verbesserte Allokation der Finanzressourcen),
  - operationalen Effizienz (Kostenreduzierung der Finanzintermediäre),
  - dynamischen Effizienz (Erweiterte Bandbreite an Produkten und Leistungen im Finanzsektor),
  - Sicherheitseffizienz (Erhöhte Sicherheit durch verbessertes Risikomanagement).[13]
- Ein Anstieg des Realzinses impliziert eine Erhöhung der durch das Finanzsystem mobilisierten Ersparnisse und führt damit zu einem Anstieg des gesamtwirtschaftlich verfügbaren Investitionsfonds.

Sowohl McKinnon als auch Shaw gehen von einer „fragemented economy" aus, in der „financial repression" herrscht:[14] Es existieren Ungleichgewichte auf den Märkten für Boden, Arbeit und Kapital. Die Preisgestaltung durch staatliche Intervention oder die marktbeherrschende Stellung einiger weniger privater Unternehmen führt zur Segmentierung der Märkte. Fehlende oder unterentwickelte Kapitalmärkte sowie der nicht vorhandene bzw. erschwerte Zugang zu externen Kapitalmärkten führen zu ineffizienter Allokation des knappen inländisch akkumulierten Kapitals. Unternehmerische Investitionsentscheidungen werden nicht nach marktkonformen Bewertungsmethoden durchgeführt, sondern aufgrund persönli-

---

12 Vgl. McKinnon 1973 und Shaw 1973.

13 Vgl. zur Terminologie der Effizienzbegriffe Fischer/Reisen 1993, S.31-32.

14 Vgl. McKinnon 1973, S.5ff. und Shaw 1973, S.48ff.

cher Verflechtungen mit den entsprechenden staatlichen Stellen, die über die Mittelvergabe entscheiden. Die Informationsbeschaffung zur Bewertung geplanter Investitionen ist teuer und unvollständig, so daß der Planungshorizont verkürzt wird. Die Auswahl und Durchsetzung wirtschaftspolitischer Ziele der Regierung erfolgt für die Wirtschaftssubjekte oftmals unglaubwürdig und mit zeitlicher Verzögerung.

Im Umfeld dieser wirtschaftlichen Ausgangssituation ist das Finanzsystem durch eine Reihe von Beschränkungen und Kontrollen gekennzeichnet:[15] Kontrolle der Zinsen, qualitative und quantitative Restriktionen in der Zusammenstellung der Kreditportfolios der Banken, quantitativ hohe Mindestreserve- und Liquiditätsbestimmungen, Kontrolle der Wechselkurse und des Kapitalverkehrs, Wettbewerbsbeschränkungen und Martkzutrittsbarrieren für unterschiedliche bzw. neue Marktteilnehmer.

Die durch „financial repression“ hervorgerufen Preisverzerrungen und daraus folgenden Konsequenzen umschreibt Shaw wie folgt:

> „Income might have been higher with more thorough monetization. Savings-income ratios might have risen if savers had been offered feasible rates of return. Savings allocation might have been more effective if interest rates had been used to discriminate ruthlessly among investment options. Employment could have been higher if capital had been substituted less often for labour. Possibly the distribution of income would have been less unequal if less reliance had been placed on the strategy of repression and interventionism.“[16]

Über abweichende Erklärungsmuster kommen sowohl McKinnon als auch Shaw zu dem Schluß, daß insbesondere höhere Realzinsen die inländische Spar- und Investitionsquote anheben und damit das gesamtwirtschaftliche Wachstum steigern. McKinnon begründet dies über die „Complementarity-Hypothese“ zwischen Geld und Realkapital: Unter der Annahme, daß die Wirtschaftssubjekte auf Eigenfinanzierung beschränkt sind und eine Unteilbarkeit der Investitionsprojekte vorliegt, wird der Substitutionseffekt zwischen Geld und Realkapital irrelevant. Um Investitionsprojekte durchführen zu können, werden höhere durchschnittliche Geldbestände zur Finanzierung erforderlich. Die Akkumulation von Geldbeständen wird damit eine Vorbedingung für die Durchführung von Investitionsvorhaben. Es existiert eine Komplementaritätsbeziehung zwischen Geld und Realkapital. Der Substitutionseffekt tritt erst

---

15 Vgl. Dooley/Mathieson 1987, S.31-32.

16 Shaw 1973, S.80

dann ein, wenn die reale Ertragsrate der Geldhaltung hoch genug ist, um mit der Ertragsrate eigenfinanzierter Investitionen konkurrieren zu können.[17]

Shaw zieht zur Begründung den „Debt-Intermediation-View“ heran. In Abgrenzung zur neoklassischen Theorie werden Geldbestände nicht als Vermögen, sondern als Forderungen gegenüber dem monetären System betrachtet. Durch Abschaffung der „financial repression“ kann die Intermediationsfunktion - insbesondere der Transmissionsmechanismus zwischen Sparern und Investoren - des Finanzsektor erhöht werden. Das aus der finanziellen Liberalisierung resultierende „financial deepening“ steigert die Sparanreize, belebt die Investitionen und hebt deren durchschnittliche Effizienz.[18] Die von McKinnon und Shaw erarbeiteten Ansätze sind durch eine Reihe von Modellen erweitert worden, die die Hauptkritikpunkte der von ihnen vorgestellten Thesen in die jeweiligen Modifikationen mit einbeziehen.[19]

2.1.2 Kritik des Ansatzes von McKinnon/Shaw

Gegen die grundlegenden Erklärungsmuster nach McKinnon/Shaw bestehen eine Reihe von Einwänden, insbesondere gegen die von McKinnon aufgestellten Annahmen bzgl. der volkswirtschaftlichen Charakteristika eines Entwicklungslandes:

1. Die Verwendung eines Ein-Sektor-Modells ist inkonsistent mit der fundamentalen Annahme einer fragmentierten Volkswirtschaft.
2. Die Annahme der ausschließlichen Eigenfinanzierung sowie der Verfügbarkeit von Geld als alleinigem Finanzaktivum trifft prinzipiell nicht zu.
3. Alternative Formen der Entwicklungsfinanzierung durch internationale Organisationen (Institutionen mit entwicklungspolitischer Aufgabenstellung in öffentlicher Trägerschaft wie z.B. Weltbank, International Monetary Fund (IMF)) werden vernachlässigt. Dem Staat bieten sich gerade über diese Kanäle entgegen der Annahme McKinnons Möglichkeiten, an der Kapitalakkumulation der Volkswirtschaft zu partizipieren.
4. Die Bedeutung der informellen Finanzsysteme, die gerade in Entwicklungsländern ein beträchtliches Ausmaß erlangen können, findet keine Beachtung.[20]

---

17 Zur formalen Darstellung der „Complementarity-Hypothese“ siehe McKinnon 1973, S.42ff.

18 Zur formalen Darstellung des „Debt-Intermediation-View“ siehe Shaw 1973, S.47ff.

19 Eine ausführliche Übersicht und Darstellung der modelltheoretischen Erweiterungen des McKinnon/Shaw-Ansatzes findet sich bei Fry 1988.

20 Zu dem informellen Sektor des Finanzsystems zählen alle Finanzinstitutionen, die sich außerhalb gesetzlicher Bestimmungen und Reglementierungen (Mindestkapital, Reserve- und Liquiditätsanforderungen, Rechnungslegung und Buchführung usw.) bewegen. Zu diesen zählen im traditionellen Bereich z.B.

5. Shaw unterschätzt in der Hervorhebung der Vermittlungsrolle des Finanzsektors die Auswirkungen von Unsicherheit und Risiko etwa durch die auch nach einer teilweisen Liberalisierung bestehenden Marktschwächen.[21] Junge Finanzsysteme sind gerade gegenüber diesen Schwächen besonders anfällig.

Studien der Asian Development Bank (ADB) und der World Bank zeigen eindeutig eine positive Korrelation in der Beziehung zwischen „financial savings" und Realzins auf.[22] Jedoch sind diese Ergebnisse mit Vorsicht zu interpretieren, insbesondere unter der Einbeziehung des informellen Finanzsystems. Ein Anstieg der „financial savings" kann auf eine Umschichtung der Einlagen aus dem informellen in den formellen Finanzsektor zurückzuführen sein und nicht auf die Mobilisierung neuer Spareinlagen im Zuge einer Liberalisierung.[23] Ebenso garantiert die Erhöhung des Realzinses und die daraus folgende Umschichtung der Finanzmittel nicht die Erhöhung der zur Verfügung stehenden Investitionsfonds. Für den Fall, daß der informelle Sektor relativ effizient ausgeprägt ist und quantitativ einen hohen Anteil am Gesamtkreditmarkt hält, führt die Umschichtung aufgrund der Mindesreserveanforderungen oder anderweitiger Beschränkungen im formellen Sektor zu einer Verringerung des Kreditangebots.

Hier kann jedoch entgegengehalten werden, daß finanzielle Liberalisierung diese Beschränkungen im formellen Sektor abbauen bzw. effizienter gestalten kann. Der Anteil der Finanzressourcen im formellen Sektor, der durch diese Reglementierungen, die Besteuerung oder die Entlohnung der Intermediäre dem Finanzsektor entzogen wird, kann durch finanzielle Liberalisierung minimiert werden. Unter der Prämisse, daß die absorbierten Finanzressourcen durch Staat und Finanzinstitutionen nicht gänzlich für öffentliche bzw. private Konsumzwecke verwendet werden, ergeben sich Wachstumseffekte, wenn diese Mittel in Investitionen fließen. Die o.a. Verringerung des Kreditangebotes und damit der Investitionstätigkeit kann so zumindest teilweise kompensiert werden.[24]

Die Rolle des informellen Finanzsektors in der Entwicklung einer Volkswirtschaft ist theoretisch und empirisch weiterhin umstritten, nimmt aber durch die Ausmaße des informellen

---

Geldleiher, Pfandhäuser, Freunde und Verwandte und im modernen Bereich Unternehmen, die aufgrund eigener Finanzinnovationen Marktnischen erschließen oder neue Märkte bilden.

21 Zu diesen Schwächen zählen u.a. Informationsasymmetrie, oligopolistische Preisgestaltung und Qualität der Kreditportfolios.

22 Vgl. hierzu die Studien ADB 1985 und World Bank 1989b.

23 Van Wijnbergen konstruiert zu dieser Thematik ein Model, wonach der phänomenale Anstieg der Termineinlagen in Korea nach der Zinsreform von 1965 auf eine solche Umschichtung zurückzuführen ist. Vgl. Van Wijnbergen 1982.

24 Vgl. Pagano 1993, S.615 sowie ausführlicher die Studien von Roubini/Sala-i-Martin 1991 und 1992.

Sektors in Entwicklungsländern eine wichtige Rolle ein.[25] In der Diskussion stehen generell vier Aspekte hinsichtlich der Interaktion zwischen formellem und informellem Sektor im Vordergrund:[26]

- In der langfristigen Entwicklung stellt sich die Frage, ob der informelle Sektor überflüssig wird und verschwindet oder ob er weiterhin eine komplementäre Rolle zum formellen Sektor übernimmt.
- Die Integration des informellen Sektors verläuft über zwei konträre Ansätze: Zum einen über die Erhöhung des Wettbewerbs im formellen Sektor mit dem Ziel, den informellen Sektor zu substituieren, und zum anderen über den Aufbau institutioneller Verbindungen zum informellen Sektor unter der Zielsetzung, die komparativen Vorteile - u.a. niedrigere Transaktions- und Informationskosten durch enge Kundenbindung - zu nutzen.
- Wirtschaftspolitische Maßnahmen, insbesondere der Geld- und Fiskalpolitik, werden unter Umständen durch einen quantitativ bedeutenden informellen Sektor an Effektivität verlieren und damit Stabilisierungsziele der Wirtschaftspolitik unterlaufen.
- Die Auswirkungen von Maßnahmen der Deregulierung und Liberalisierung des formellen Finanzsystems auf den informellen Sektor werden untersucht.

Eine Reihe weiterer Kritikpunkte gegen den Liberalisierungsansatz nach McKinnon/ Shaw bezieht sich auf ein über die rudimentären Bestandteile hinausgehendes Finanzsystem. Die Entwicklung des Kapitalmarktes sowie die zu erwartende Verringerung der Zinsspanne zwischen Einlage- und Kreditzins durch die Abschaffung der Zinsober- bzw. -untergrenzen und die Einführung marktkonformer Mechanismen im Finanzsystem können auch zu einer Verringerung der Sparquote führen:

Fortgeschrittene Finanzmärkte ermöglichen es den Wirtschaftssubjekten, „natürliche“, nicht vorhersehbare Risiken (Krankheit etc.) sowie Risiken, die aus der Anlage von Finanzaktiva entstehen, zu diversifizieren. „Natürliche“ Risiken können z.B. über die Versicherungsmärkte abgedeckt werden. Unter der Voraussetzung einer risikoaversen Einstellung der Wirtschaftssubjekte reduziert die Einführung eines Versicherungsmarktes dann die Notwendigkeit des Vorsorgesparens. In einem endogenen Wachstumsmodell führt das Sinken des Sparvolumens

---

25 Der Anteil des informellen Sektors am Gesamtvolumen ausstehender Kredite in Thailand betrug 1987 ca. 44%, am Gesamtkreditvolumen in den Philippinen 1987 zwischen ca. 70% (ländliche Regionen) und ca. 45% (städtische Regionen) und in Malaysia 1980 ca. 75% (ländliche Regionen). Vgl. zu den Zahlen Ghate 1992, S.860.

26 Vgl. Ghate 1988, S.76-77. Eine ausführliche Diskussion der Interaktion zwischen formellem und informellem Finanzsektor findet sich u.a. in Chandavarkar 1985, Germidis/Kessler/Meghir 1991, Ghate 1992 und Wai 1980.

zu einem Rückgang des Wirtschaftswachstums. Die Entwicklung des Finanzsektors wirkt sich somit negativ auf das Wirtschaftswachstum aus. Diese Argumentation läßt sich ebenso auf die o.a. Risikodiversifizierung über die internationalen Kapitalmärkte übertragen: Eine autarke Volkswirtschaft weist ein höheres Sparniveau auf, da effiziente Kapitalmärkte eine verbesserte Risikodiversifizierung bewirken. Auch hier kann - unter der Annahme der Risikoaversion der Anleger - ein negativer Effekt auf das Sparvolumen auftreten, da ein geringeres Sparvolumen des einzelnen Wirtschaftssubjektes zu gleichen Erträgen führt wie ein höheres Sparvolumen mit geringerer Risikodiversifizierung. Die hier dargestellten Effekte sind jedoch in hohem Maß von der Risikoeinstellung der Wirtschaftssubjekte abhängig. Zudem kann der wachstumsfördernde Impuls durch eine höhere Intermediation der Finanzinstitutionen die negativen Effekte des sinkenden Sparvolumens überkompensieren, z.B. weil die Mittel zum Teil auf Projekte mit höheren Chancen und Risiken umgeschichtet werden können.

Ein weiterer wachstumshemmender Effekt aufgrund einer geringeren Sparquote läßt sich aus dem Verhalten der Wirtschaftssubjekte im Bereich der Kreditaufnahme für Konsumzwecke ableiten. Finanzmärkte ermöglichen einen Ausgleich zwischen Haushalten mit einem Überschuß an Finanzaktiva und solchen, die Finanzaktiva nachfragen, um Konsumwünsche zu befriedigen. Japelli/Pagano betrachten in diesem Zusammenhang die Auswirkungen einer verbesserten Finanzintermediation auf die Kreditvergabe an Haushalte und nicht, wie gewöhnlich, an Unternehmen und erhalten ein entgegengesetztes Ergebnis. Über ein Drei-Generationen-Modell[27] kommen Japelli/Pagano zu dem Schluß, daß bei unvollkommenen Kreditmärkten die jüngste Generation die gewünschten Kreditsummen aufgrund von Liquiditätsbeschränkungen nicht aufnehmen kann und lediglich ein Bruchteil ihres Lebenseinkommens zur Verfügung steht. Diese Beschränkungen - in dem Modell nicht explizit aufgeführt - führen zu einem erhöhten Sparvolumen. Desweiteren ist der Effekt des gesamtwirtschaftlichen Wachstums auf das Sparvolumen stärker ausgeprägt in Volkswirtschaften mit Kreditbeschränkungen und wächst mit der Verschärfung der Beschränkungen. Die Beziehung zwischen Kreditrationierung an private Haushalte, Sparen und Wachstum wird empirisch überprüft und zeigt, daß Liquiditätsbeschränkungen insbesondere in Ostasien einen starken Einfluß auf die gesamtwirtschaftliche Leistung ausüben. Der Effekt kann verstärkt werden im Falle einer Finanzierung der Ausbildung über den Kreditmarkt.[28]

---

27 Die Generationen sind wie folgt definiert: Generation 1 ist jung und finanziert laufende Konsumausgaben über Kreditaufnahme, Generation 2 ist im mittleren Alter und erwirtschaftet das Arbeitseinkommen, welches zur Rückzahlung der Kredite und Sparen für das Alter verwendet wird, Generation 3 verwendet das Gesparte für Konsumzwecke. Vgl. Japelli/Pagano 1992, S.3.

28 Zur formalen Darstellung des Modells sowie den empirischen Untersuchungen siehe Japelli/Pagano 1992 und zur Erweiterung des Modells durch den Einbezug der Ausbildungsfinanzierung über eine Kreditaufnahme siehe De Gregorio 1992.

2.1.3 Empirische Untersuchungen zur Mobilisierungsfunktion

Die durchgeführten empirischen Untersuchungen über die Beziehung zwischen realen Zinsen und „real saving“ ergeben ein sehr uneinheitliches Bild, wie Tabelle I verdeutlicht. Im Gegensatz dazu ist die Beziehung zwischen „financial savings“ und Realzins relativ eindeutig. Zu den Fragestellungen hinsichtlich des informellen Sektors ergeben sich aus den Untersuchungen keine klaren Aussagen, da die Analysen stark unter den zweifelhaften bzw. nicht vorhandenen Statistiken leiden.

Dornbusch/Reynoso üben scharfe Kritik an den empirischen Untersuchungen. In der Regel berücksichtigen die Untersuchungen wichtige Einflußfaktoren, z.B. simultan ablaufende Stabilisierungsprogramme und deren Wirkung auf das Sparvolumen, nicht. Eine restriktive Fiskalpolitik induziert aus sich heraus im Regelfall ein erhöhtes Sparvolumen. In Zeiten einer finanziellen Krise fließt inländisches Kapital über die verschiedenen Formen der Kapitalflucht in das Ausland ab. Das wirkliche Sparvolumen liegt damit weit höher, als die offiziellen Statistiken vermuten lassen. Ein ähnlicher Effekt tritt auf, wenn langlebige Wirtschaftsgüter statistisch als Konsumgüter geführt werden. Eine mit einem Stabilisierungsprogramm verbundene drastische Reduzierung der Ausgaben für diese Güter erscheint als Erhöhung des Sparvolumens. Als Schlußfolgerung aus den nicht eindeutigen und über die „richtige“ Datenauswahl leicht manipulierbaren Ergebnissen der empirischen Untersuchungen halten Dornbusch/ Reynoso als Lösungsansatz für wirtschaftliche Stabilitätsprobleme an einem Paket aus orthodoxen Maßnahmen fest. Hierzu zählen insbesondere ein realistischer Wechselkurs, ein ausgeglichenes Haushaltsbudget und ein attraktives Investitionsklima.[29] Collier/ Mayer führen ähnliche Kritikpunkte - unklare bzw. lückenhafte Datenbasen, Verwendung verschiedener statistischer Methoden, nicht eindeutige Wirkungszusammenhänge zwischen makroökonomischen Variablen - gegen statistische Untersuchungen an.[30]

---

29 Vgl. Dornbusch/Reynoso 1989, S.205 und S.209.

30 Als Beispiel für eine irreführende Aussage in Zusammenhang mit einer nicht ausreichenden Investitionstätigkeit, abgeleitet aus einem nicht angemessenen Zinsniveau, führen Collier/Meyer an, daß dies schlicht auf das Fehlen entsprechender Investitionsmöglichkeiten, insbesondere in Entwicklungsländern zurückzuführen ist. Siehe bzgl. einer Gesamtbewertung des Themenkomplexes Collier/Meyer 1989.

Tabelle I: Empirische Untersuchungen zur Beziehung zwischen Finanzsystem und der Mobilisierung von Ressourcen

Studie	Inhalt	Ergebnis	Begründung/Bemerkungen
Williamson 1968	Untersuchung der Determinanten des Sparverhaltens des Privatsektors in Asien	Negative Korrelation zwischen hohen realen Zinsen und „real saving".	Sparen und Investition weisen eine hohe Interdependenz auf, hohe Zinsen führen zu einer abnehmenden Investitionsneigung der Wirtschaftssubjekte
Fry 1978 und 1980	Untersuchung anhand der Datenbasis von 7 bzw. 10 asiatischen Volkswirtschaften mittels einer Zeitreihenanalyse über die OLS-Methode für den Zeitraum 1962-1972	„Real Saving" sowie die reale Geldnachfrage werden positiv durch einen positiven Realzins auf Einlagen beeinflußt. Unterstützung der Shaw-Hypothese, jedoch Ablehnung der McKinnon-Hypothese mittels der Untersuchung verschiedener Geld-Nachfragefunktionen	Als Erklärungsansatz für die Ablehnung der McKinnon-Hypothese wird angeführt, daß sich die einzelnen Volkswirtschaften bereits über die „Komplementaritätsphase" hinaus entwickelt haben
Fry 1984 und 1988	Schätzung verschiedener nationaler Sparfunktionen für eine Reihe asiatischer Länder, Regression über TSLS-Methode mit Zeitreihendaten in der Periode 1961-1981	Sparen als Funktion bestimmt durch Einkommenszuwachs, demographische Bevölkerungsverteilung, ausländischen Sparbeitrag und erwartetes Zinsniveau. Die Sparquote erhöht sich um ca. 0,1% bei einer Erhöhung des Realzinses um 1%, das Volumen der „financial savings" erhöht sich bei einer 10% Zinserhöhung um ca. 1,5%	Der reale Zinssatz findet seine obere Grenze im Gleichgewicht unter Marktbedingungen, daher gilt das Ergebnis nur eingeschränkt im Fall eines hohen negativen Realzinses
Yusuf/Peters 1984	Analyse verschiedener Theorien des Sparverhaltens in Korea in der Periode 1965-1981	Das Sparverhalten ist fundamental durch Einkommenshöhe und -wachstum, die Inflationsrate und den Realzins auf Termineinlagen determiniert	„Real saving" verhält sich elastisch zu den Veränderungen des Realzinses
Giovannini 1983	Schätzung verschiedener nationaler Sparfunktionen für eine Reihe asiatischer Länder gemäß dem Ansatz von Fry 1980, jedoch für eine spätere Periode	Insignifikante bzw. teilweise negative Korrelation zwischen „real saving" und Zinssatz. Die Zinselastizität ist nicht signifikant positiv und empirisch insbesondere in Entwicklungsländern aufgrund der Datenproblematik schwer bestimmbar	In einer weiteren Studie werden die Berechnungen von Fry wiederholt, jedoch unter Ausschluß der Jahre 1967-68. Die statistische Signifikanz der Untersuchung Frys verschwindet. Als Begründung wird eine unzureichende Berücksichtigung der Zinsreform Mitte der sechziger Jahre in Frys Untersuchung angegeben.

Studie	Inhalt	Ergebnis	Begründung/Bemerkungen
Gupta 1987	Untersuchung der Bedeutung des Zinsniveaus und der Finanzintermediation als Erklärungsdeterminanten für das Sparvolumen in einer Reihe von Entwicklungsländern in Asien und Lateinamerika auf der Basis von Zeitreihendaten über verschiedene statistische Methoden (OLS und TSLS-Methode)	Determinanten des Sparvolumens sind Realeinkommen, erwartete Inflationsrate, Nominalzins und Financial Intermediation Ratio (Verhältnis Finanzaktiva zu Einkommen). Wichtigste Determinante ist das Einkommen, ein eindeutiger positiver Zusammenhang zwischen Zinsniveau bzw. Financial Intermediation Ratio und Sparvolumen läßt sich nicht nachweisen.	Die Untersuchung ergibt unterschiedliche Ergebnisse für die getrennt untersuchten Ländergruppen Asien und Lateinamerika. Für Asien ergibt sich ein positiver Zusammenhang zwischen Zinsniveau bzw. Financial Intermediation Ratio und Sparvolumen, für Lateinamerika ergibt sich ein negativer Zusammenhang. Gupta schließt hieraus, daß der positive Zinseffekt den negativen Einkommenseffekt dominiert und das Realeinkommen die wichtigste Determinante darstellt.
World Bank 1989b	Untersuchung der Beziehung zwischen Realzins, Investment, Produktivität und Wachstum in 33 Entwicklungsländern im Zeitraum 1965-1985	Hohe Realzinsen sind mit einer moderaten Steigerung der „real saving" verbunden und negative Realzinsen aufgrund von Zinsober- oder -untergrenzen hindern das Wachstum der „financial savings" und „real savings"	Niedrige oder negative Realzinsen existieren in Entwicklungsländern um eine Steigerung der Investitionsneigung, eine Einkommensumverteilung und die eigene billige Kreditaufnahme zu ermöglichen.
Warman/Thirwall 1992	Untersuchung der Auswirkung einer Realzinserhöhung auf verschiedene Formen des Sparvolumens in Mexiko 1960-1990 mittels der OLS Methode.	Hohe positive Effekte auf „financial savings", nicht signifikante Effekte auf das gesamte Sparvolumen und das private Sparverhalten	Generelle Kritik an den Liberalisierungsmodellen, da keines der Modelle die endogenen Kreditschöpfungsmöglichkeiten der Banken berücksichtigt, dann nämlich gewinnt die Kreditnachfrage gegenüber den Spareinlagen an Bedeutung.

Quelle: Eigene Zusammenstellung auf Basis der in der Rubrik „Studie" angegebenen Untersuchungen.

2.1.4 Fazit

Zusammengefaßt ergeben sich aus der Kontroverse folgende Resultate:

1. Der positive Zusammenhang zwischen Realzins und dem Volumen an „financial savings“ ist durch die empirischen Untersuchungen bestätigt. Eine Erhöhung des Realzinses bewirkt eine Erhöhung der von den Wirtschaftssubjekten gehaltenen Finanzaktiva.
2. Die Interpretation des informellen Sektors auf die o.a. Zusammenhänge bleibt ungeklärt. Die Bewertung empirischer Untersuchungen quantitativer Art gestaltet sich aufgrund der unzureichenden statistischen Datenlage äußerst schwierig.
3. Die empirischen Untersuchungen über den Zusammenhang zwischen Realzins und dem Volumen an „real savings“ sind bestenfalls kontrovers, eine eindeutige positive oder negative Korrelation läßt sich nicht feststellen. Die bisherigen empirischen Studien nutzen überwiegend hoch aggregierte Indikatoren in ihren Messungen. Diese Aggregation vernachlässigt, daß wachstumsbeeinflussende Effekte einer Liberalisierung negativ oder positiv sein können, in Abhängigkeit von den verschiedenen Märkten, auf denen sie auftreten. Für den Bereich der Entwicklungsländer besteht hier jedoch das Problem, daß verläßliche Daten in disaggregierter Form nur sehr lückenhaft vorhanden sind.
4. In einem über die rudimentären Bestandteile hinausgehenden Finanzsystem können die Möglichkeiten der Risikodiversifikation und das Kreditaufnahmeverhalten der Wirtschaftssubjekte unter Umständen zu diametralen Effekten auf das Sparvolumen und damit auch auf das Wirtschaftswachstum führen.

Im weiteren Verlauf der Arbeit werden in der länderspezifischen Analyse lediglich die steigende Monetisierung der Volkswirtschaft, ausgedrückt durch den Zuwachs der „financial savings“, sowie im Rahmen der verfügbaren Daten und Informationen die Auswirkungen des informellen Sektors weiter behandelt. Auf die in Theorie und auf Grundlage der empirischen Studien strittigen Ergebnisse hinsichtlich der Beziehung Finanzsystem und „real savings“ wird zur Erzielung allgemeingültiger Gesamtaussagen nicht näher eingegangen. Die Argumentationen hinsichtlich eines fortgeschrittenen Finanzsystems werden in Abhängigkeit von dem Status Quo der jeweiligen Finanzsysteme berücksichtigt.

2.2 Finanzsektor und Allokation der Ressourcen

2.2.1 Die Ausprägung der Intermediationsfunktion in der Allokation von Ressourcen

Die uneinheitlichen Ergebnisse über die Zusammenhänge zwischen Realzins und „real saving" und die klare Beziehung zwischen Realzins und „financial saving" führen zu Überlegungen, wie das mobilisierte Kapital effizient alloziiert werden kann und inwieweit Veränderungen in der Intermediationsfunktion des Finanzsektors positive Auswirkungen auf das gesamtwirtschaftliche Wachstum haben. Die Inhalte der Intermediationsfunktion, die durch die Finanzintermediäre wahrgenommen wird, können wie folgt umrissen werden:[31]

- Ausgleich zwischen volkswirtschaftlichen Sektoren, die einen Überschuß bzw. ein Defizit bzgl. des Sparaufkommens und des Investitionsvolumens aufweisen.
- Überwindung des Liquiditätsproblems, welches im Fall der direkten Beziehung zwischen Sparer und Kreditnehmer entstehen kann, durch die Fristentransformation.
- Überwindung des Problems der Unteilbarkeit von Investitionsvorhaben.
- Reduzierung der Transaktionskosten durch die indirekte Zusammenführung von Sparern und Kreditnehmern.
- Reduzierung der Informationskosten und des mit der Kreditvergabe verbundenen Risikos durch den Aufbau von Expertise und Portfoliodiversifikation bei den Intermediären und dadurch eine Verbesserung in der Allokation vorhandener Finanzierungsmittel.

Eine Reihe früherer Arbeiten beschäftigt sich mit den oben genannten Aspekten der Intermediation und versucht, diese mit dem gesamtwirtschaftlichen Wachstum in Verbindung zu bringen: Gurley/Shaw stützen sich auf die These, daß die Weiterentwicklung und der Ausbau der Intermediationsfunktion eine Risikoverminderung durch Portfoliodiversifizierung für den Sparer bewirkt. Dies wiederum führt zu einem Anstieg der „financial savings" und einer effizienteren Nutzung der Finanzaktiva. Auf der anderen Seite ermöglicht die Entwicklung des Finanzsektors die Auswahl aus verschiedenen Verschuldungsarten und führt darüber zu einem Investitionsanreiz und erhöhtem Wirtschaftswachstum.[32]

Patrick entwickelt die Hypothese eines durch „supply-leading" oder „demand-following" charakterisierten Finanzsystems.[33] Ein durch „demand-following" geprägtes System zeichnet sich dadurch aus, daß das gesamtwirtschaftliche Wachstum die Entwicklung des Finanz-

31 Vgl. Gibson/Tsakalotos 1994, S.582-583 und Patrick 1966, S.182-183.
32 Vgl. Gurley/Shaw 1967, S.257-268.
33 Vgl. Patrick 1966, S.174-189.

systems induziert. Demgegenüber übernimmt das Finanzsystem in einem durch „supply-leading“ gekennzeichneten System eine aktive Rolle, in der die Innovation und Weiterentwicklung der Institutionen und Instrumente des Systems sowohl Einlagen als auch Investitionen erhöht und damit das Wachstum vorantreibt. Insbesondere in einer frühen Entwicklungsphase einer Volkswirtschaft gewinnt „supply-leading“ an Relevanz, da das System durch zwei Funktionen Wachstum auslösen kann: Erstens durch den Ressourcentransfer aus dem traditionellen Sektor in den modernen, Wachstum induzierenden Sektor und zweitens durch die Stimulierung unternehmerischer Aktivitäten in dem modernen Sektor mittels der Bereitstellung von Finanzierungsmöglichkeiten in diesem Sektor. Goldsmith entwickelt in diesem Zusammenhang mit der „Financial Interrelations Ratio“ und der „Composition of Financial Assets“[34] zwei Indikatoren, die die Bedeutung des Finanzsektors in der Volkswirtschaft erklären. Im Laufe der wirtschaftlichen Entwicklung wächst der Finanzsektor schneller als die nationale Gesamtwirtschaft und die nationale Wohlfahrt, der Indikator „financial interrelation ratio“ hat daher eine steigende Tendenz.

Aufgrund der durch keynesianische und neoklassische Theorie vertretenen und zu diesem Zeitpunkt vorherrschenden Meinung der Substitutionsbeziehung zwischen Geld und Realkapital fanden die o.a. Ansätze der Erklärungsmuster zwischen Finanzsektor und Wirtschaftswachstum wenig Beachtung. Erst die Studien durch McKinnon und Shaw belebten die Diskussion erneut. Auch hier steht der Realzins im Mittelpunkt: Ein Zinssatz, der marktnah über dem durch Staatsintervention künstlich niedrig gehaltenen Zinssatz liegt, verhindert die Durchführung von Investitionsprojekten mit geringen Ertragsaussichten. Durch den Ausschluß dieser Projekte steigt die Effizienz der insgesamt durchgeführten Projekte. Daraus abgeleitet, ergibt sich ein insgesamt höheres Wirtschaftswachstum. McKinnon umschreibt die Wirkung höherer realer Zinssätze auf die Investitionseffizienz folgendermaßen:

> „By paying a rate of interest on financial assets that is significantly above the marginal efficiency of investment in existing techniques, one can induce some entrepreneurs to disinvest from inferior processes to permit lending for investment in improved technology and increased scale in other industries.“[35]

---

34 Der Terminus „financial interrelations ratio“ ist als Quotient aus dem aggregierten Marktwert der Finanzaktiva und dem beweglichen nationalen Nettovermögens definiert, der Terminus „composition of financial assets“ definiert die Verteilung der Finanzinstrumente und gibt Aufschluß über die Bedeutung der Finanzinstitutionen als Halter der diversen Finanzaktiva. Vgl. Goldsmith 1969, S.33-36

35 McKinnon 1973, S.15

In aktuelleren Untersuchungen stehen die Informations- und die Risikodiversifizierungsfunktion durch Finanzintermediäre im Mittelpunkt der Diskussion. Grennwood/Jovanovic unterstreichen modellhaft die Rolle der Finanzintermediäre in der Informationssammlung und -aufbereitung.[36] In ihrem Modell beschreiben sie eine volkswirtschaftliche Ausgangssituation, die durch eine Produktionstechnologie mit niedriger, aber sicherer Rendite und durch eine Produktionstechnologie mit hoher, aber stark risikobehafteter Rendite gekennzeichnet ist. Die erste Technologieform wird aufgrund der fehlenden Weiterentwicklung als Konstante gesehen, während im Gegensatz dazu die zweite Technologieform durch fortlaufende technische Entwicklungen einem bestimmten Risiko ausgesetzt ist. Dieses Risiko besteht aus einem allgemeinen aggregierten Risiko - vergleichbar einem Marktrisiko - als erste Komponente und einem projektspezifischen Risiko als zweite Komponente. Individuelle Wirtschaftssubjekte können nur die realisierte Gesamtrendite ihres Projektes betrachten. Durch Finanzinstitutionen bereitgestellte Informationsnetze und Handelsmechanismen bieten in diesem Zusammenhang u.a. folgende Funktionen:

1. Investoren benötigen Informationen über Rendite und Risiko der Projekte der anderen Marktteilnehmer, um eigene Projekte besser bewerten und vergleichen zu können. Finanzinstitutionen besitzen diese Informationen und gewinnen darüber einen Überblick über das Marktrisiko.
2. Finanzinstitutionen können durch Portfolioinvestitionen die projektspezifischen Risiken diversifizieren. Bei einer individuellen Projektdurchführung verbleiben diese bei den Investoren.

Die Wahrnehmung dieser Funktionen ermöglicht es den Intermediären, den Wirtschaftssubjekten Renditen zu bieten, die das projektspezifische Risiko ausklammern und das Marktrisiko minimieren.

Private Wirtschaftssubjekte können sich gegen unvorhergesehene Liquiditätsengpässe ohne Finanzinstitutionen nur dadurch schützen, indem sie ihre Finanzaktiva in Investitionsprojekte einbringen, die eine schnelle Verfügbarkeit garantieren. Illiquide, aber möglicherweise höher profitable Investitionsprojekte werden dadurch vernachlässigt. Erst die Übernahme der Fristentransformationsfunktion durch die Finanzinstitutionen ermöglicht die Investition in derartige Projekte. Kapitalstarke Finanzinstitutionen können die Höhe der durchschnittlichen vorzeitigen Verfügung über Finanzaktiva aufgrund unvorhergesehener Ereignisse kalkulieren und ihre Portfolios an diese Vorgaben leichter anpassen als individuelle Sparer. Ein Abbruch

---

36 Eine formale Darstellung des Models findet sich bei Greenwood/Jovanovic 1990.

von Investitionsprojekten aufgrund vorzeitiger Verfügungen über Finanzaktiva wird so verhindert. In einem endogenen Wachstumsmodell zeigen Bencivenga/Smith, daß die Wahrnehmung dieser Funktionen insbesondere die Umschichtung von Finanzaktiva von unproduktiven liquiden in produktive illiquide Anlageformen zu einem höheren Wachstum führen.[37]

2.2.2 Kritik an der Ausprägung der Intermediationsfunktion

Dem oben dargestellten Wirkungszusammenhang zwischen Intermediationsfunktion, Realzins und Effizienzsteigerung der Investitionen stehen allerdings eine Reihe von Argumentationen ablehnend gegenüber. Die Kritik richtet sich zum einen gegen die Annahme, daß der Finanzsektor ausreichende Fähigkeiten besitzt, Investitionen nach ihrer Ertragskraft zu bewerten. Zum anderen wird der These widersprochen, daß ein hoher Realzins zur Eliminierung ertragsschwacher Investitionen führt. Stiglitz und Weiss begründen ihre Gegenthese mit der Existenz unvollkommener Information auf den Kreditmärkten:[38] Unvollkommene Information über die Kreditnehmer führt bei hohen Realzinsen zu einer Qualitätsverschlechterung der Kreditportfolios der Finanzinstitutionen. Hohe Zinsen halten risikoaverse Unternehmer davon ab, Investitionen durchzuführen. Der Anteil risikobereiter Unternehmer und damit risikobehafteter Investitionen in den Kreditportfolios der Finanzinstitutionen steigt. Unvollkommene Information wirkt nun in zweifacher Art: Erstens besitzen die Finanzinstitutionen im Vergleich mit den Kreditnehmern weniger Informationen über die Erfolgsaussichten der Investitionen, und zweitens ist eine Unterscheidung zwischen „guten" und „schlechten" Kreditnehmern für die Finanzinstitutionen nicht möglich. Als Resultat ist ein Anstieg der Kreditvergabe an „schlechte" Kreditnehmer mit stark risikobehafteten Projekten denkbar. Hohe Zinsen führen somit zu dem Effekt der „adverse selection". Weiterhin können hohe Zinsen dazu beitragen, daß Unternehmer risikoreiche Investitionen mit einer geringeren Erfolgsaussicht, aber höheren Erträgen im Erfolgsfall bevorzugen. Projekte mit hoher Erfolgsaussicht, aber geringeren Erträgen werden dadurch verdrängt. Es besteht damit ein „incentive effect" für stark risikobehaftete Projekte. Als Folge der beiden Effekte auf die Kreditportfolios

---

37 Vgl. zur formalen Darstellung Bencivenga/Smith 1991. In diesem Zusammenhang sei auch auf die Bedeutung der Wertpapiermärkte in ihrer Funktion als Instrument der Risikodiversifizierung für Anleger und Produzenten und den damit verbundenen potentiellen Wachstumseffekten hingewiesen. Wertpapiermärkte, insbesondere Aktienmärkte, ermöglichen prinzipiell eine direkte Verfügbarkeit der investierten Finanzaktiva, ohne auf der Gegenseite Liquiditätsprobleme hervorzurufen. Die praktische Bedeutung der Wertpapiermärkte in Entwicklungsländern ist jedoch hinsichtlich der Volumina weiterhin gering.

38 Vgl. Stiglitz/Weiss 1981 und Stiglitz 1994. Eine ausführlichere Diskussion der Bedeutung von Staatsinterventionen im Liberalisierungsprozeß findet sich unter Kapitel 3.1.5.

der Finanzinstitutionen sinkt deren Profitabilität, falls der Zinssatz über dem ertragsmaximierenden Zinsniveau liegt. „Adverse selection" und „incentive effect" können durch Staatsintervention - z.B. im Fall der Deckung entstehender Verluste der Finanzinstitutionen - verstärkt werden.[39]

Jaffee/Russel sowie Stiglitz/Weiss zeigen weiterhin, daß auch nach Abschaffung von Zinsober- oder -untergrenzen und der Reduzierung staatlicher Interventionen in die qualitative und quantitative Kreditvergabe die Kreditrationierung bestehen bleibt.[40] An die Stelle der Rationierung durch Zinsgrenzen oder makroökonomisch motivierter Entwicklungsziele des Staates treten nun unvollkommene Informationen und Unsicherheit der Finanzinstitutionen über die Beschaffenheit der Kreditnehmer. Aufgrund dieser Überlegungen stehen insbesondere die Verbesserung der Selektions- und Überwachungsfunktionen der Finanzinstitutionen zur Auswahl profitabler Firmen und Projekte und Absicherung der vergebenen Kreditmittel im Vordergrund. Die unzureichende Wahrnehmung der Selektions- und Überwachungsfunktionen bildet gerade in den unterentwickelten Finanzsystemen der Entwicklungsländer eine wichtigen Problemkreis und wird als Begründung für die Fortführung der Staatseingriffe herangezogen. Morisset erweitert diese Argumentation um zwei weitere Aspekte: Ein Anstieg des Realzins hat nur dann positive Effekte auf die Investitionstätigkeit, wenn der Anstieg des Sparvolumens ein direktes Substitut für unproduktive Vermögenswerte (Gold, Geld, etc.) und ausländische Vermögenswerte, aber nicht für inländische Kapitalgüter darstellt und wenn der Anstieg der inländischen Kreditmittel nicht durch den öffentlichen Sektor absorbiert wird.[41]

Eine weitere Herausforderung der positiven Korrelation zwischen hohem Realzins und Effizienz der Investitionsprojekte bildet die Einbeziehung des informellen Sektors. Taylor basiert seine Überlegungen ebenfalls auf der Annahme, daß Institutionen des formellen Sektors nicht

---

39 In dem Zusammenhang mit unvollkommener Information läßt sich Akerlofs „lemons principle" für den Automobilmarkt auf die Finanzmärkte übertragen. Das Prinzip läßt sich in Kürze wie folgt darstellen: Es existieren vier Automobiltypen: Neue, gebrauchte, gute und schlechte. Neue Autos sind entweder gut oder schlecht, ebenso gebrauchte Autos. Gute und schlechte Autos werden jedoch zum gleichen Preis verkauft, da lediglich der Verkäufer Informationen über die Beschaffenheit der Autos hat. Der Käufer kann zwischen guten und schlechten Autos aufgrund der unvollkommenen Information nicht unterscheiden und unterläßt aufgrund der hohen Kosten die Beschaffung zuverlässiger Informationen. Er bietet als Schutz nur einen Preis für einen Wagen niedriger Qualität. Der Verkäufer würde dann jedoch bei dem Verkauf eines guten Autos ein schlechtes Geschäft abschließen. Als Folge werden hauptsächlich „lemons", also schlechte Autos gehandelt. Für Finanzinstitutionen ist es ebenfalls nicht möglich, zwischen „guten" und „schlechten" Projekten zu unterscheiden. Als Folge werden nur „schlechte" Projekte finanziert. Zum „lemons principle" vgl. Akerlof 1970.

40 Vgl. zur ausführlichen Darstellung Jaffee/Russel 1976 sowie Stiglitz/Weiss 1981.

41 Vgl. Morisset 1993, S.148-149.

die Fähigkeit besitzen, profitable Projekte zu selektieren und eine Unterscheidung zwischen „guten" und „schlechten" Projekten zu treffen.[42] Demgegenüber erfüllt der informelle Finanzsektor die Intermediationsfunktion wesentlich effizienter. Dies zum einen aufgrund der bereits o.a. negativen Effekte der Liquiditäts- und Mindestreserveanforderungen des formellen Sektors. Zum anderen besteht zwischen Anbietern von Finanzdienstleistungen im informellen Sektor und Nachfragern dieser Leistungen oftmals eine engere persönliche Bindung, die dann eine verbesserte Überwachung der vergebenen Kreditmittel ermöglicht. Die Fähigkeit der Projektselektion kann durch diese Verbindungen ebenfalls erhöht werden. Insgesamt ist die Fragestellung, ob der informelle Sektor eine substitutive oder komplementäre Rolle in der Entwicklung einer Volkswirtschaft spielt, jedoch von einer Reihe weiterer Faktoren abhängig. Zu diesen Faktoren zählen u.a. die Ausprägung und der Grad der Liberalisierung des Finanzsystems sowie die Abwägung zwischen privatem und sozialem Nutzen der Aktivitäten des informellen Sektors

Aufgrund der empirisch eher uneindeutigen Wirkungszusammenhänge zwischen Liberalisierung des Finanzsektors und Verbesserung der Investitionseffizienz auf makroökonomischer Ebene sind im Auftrag der Weltbank Studien über den Einfluß von Liberalisierungsmaßnahmen auf die einzelwirtschaftliche Ebene durchgeführt worden.[43] Die Nutzung von Panel-Daten individueller Einzelfirmen (420 Unternehmen für Ecuador bzw. 524 Unternehmen für Indonesien) bietet eine Reihe von Vorteilen: Zum einen werden die Auswirkungen der Liberalisierung am Entstehungs- bzw. Verwendungsort der Spar- bzw. Kreditmittel untersucht. Zum anderen können durch die Nutzung von Zeitreihen und sektorvergleichenden Statistiken die einzelwirtschaftlichen Auswirkungen präziser analysiert werden als im rein makroökonomischen Kontext. Im Ergebnis zeigen die Untersuchungen eine positive Beziehung zwischen der Liberalisierung des Finanzsektors und der Alloziierung des Kapitals zugunsten von Unternehmen, die nach der Liberalisierung eine höhere Effizienz und Profitabilität aufweisen. Dieses Ergebnis steht allerdings unter der Einschränkung, daß überwiegend große und bereits etablierte Unternehmen von der Liberalisierung profitierten. Hinsichtlich des Verschuldungsgrades der Unternehmen zeigen die untersuchten Länder jedoch unterschiedliche Ergebnisse: In Ecuador wurde ein Rückgang des Verschuldungsgrades nach der Liberalisierung für alle Firmen, in Indonesien lediglich für Firmen mittlerer Größe festge-

---

42 Vgl. Taylor 1983b.

43 Zu diesen Untersuchungen zählen bisher Jaramillo/Schiantarelli/Weiss 1993 für Ecuador und Harris/Schiantarelli/Siregar 1994 für Indonesien.

stellt. Dies wird jedoch auf die unterschiedlichen internen Ausgangsbedingungen der beiden Volkswirtschaften in bezug auf spezielle Kreditprogramme zurückgeführt.[44]

Die hier in Kürze dargestellten Erklärungsansätze bzgl. der Entwicklung des Finanzsektors in der Optimierung der Ressourcenallokation und der Förderung des Wirtschaftswachstums sind eng verbunden mit der Kontroverse über Art und Ausmaß der staatlichen Interventionen im Finanzsektor. Die Spannweite der Argumentationen reicht dabei von dem bis auf reine Überwachungsfunktion völligen Rückzug des Staates bis zur Beibehaltung wichtiger Teilfunktionen, z.B. im Bereich der Kreditallozilerung und Kreditrationierung durch staatliche Institutionen. Eine ausführliche Diskussion dieses Themenbereiches erfolgt in Kapital 3.1.5.

2.2.3 Empirische Untersuchungen zur Allokationsfunktion

Die Ergebnisse der wichtigsten empirischen Untersuchungen über die Beziehung zwischen Finanzsektor und Ressourcenallokation sind in Tabelle II dargestellt. Die überwiegende Anzahl der Studien beschäftigt sich in diesem Zusammenhang mit der Beziehung zwischen Zinsniveau und Effizienzindikatoren.

44 Vgl. Schiantarelli et al. 1994, S.80. Die Ergebnisse der Studien sind jedoch generell mit Vorsicht zu betrachten, da die Zeitspanne der Panels lediglich sechs Jahre beträgt (1983-1988) und Ecuador aufgrund des Erdbebens von 1987 eine hohe wirtschaftliche Instabilität aufweist.

Tabelle II: Empirische Untersuchungen zur Beziehung zwischen Finanzsektor und der Allokation von Ressourcen

Studie	Inhalt	Ergebnis	Begründung/Bemerkungen
Adelman/Morris 1967	Empirischer Test des Zusammenhangs zwischen Zinsniveau und Wirtschaftswachstum anhand einer Faktoranalyse für 74 Volkswirtschaften.	Positive Korrelation zwischen Wirtschaftswachstum und der Steigerung der Effektivität der Finanzinstitutionen, insbesondere in Volkswirtschaften auf mittlerer oder höherer Entwicklungsstufe.	Ein effektiver Mechanismus der Ressourcenmobilisierung und eine effiziente Ausgestaltung der Intermediationsfunktion bilden essentielle Grundvoraussetzungen im Entwicklungsprozeß.
Fry 1978, 1980 und 1984	Untersuchung anhand der Datenbasis von 7 bzw. 10 asiatischen Volkswirtschaften mittels einer Zeitreihenanalyse über die OLS-Methode für den Zeitraum 1962-1972.	Positive Beziehung zwischen Realzins und Wirtschaftswachstum, 10% Anstieg des realen Einlagenzinses führt zu einer Erhöhung der Incremental Output Capital Ratio (IOCR) um 0,065 Punkte.	Kosten der finanziellen Repression werden auf ca. 0,5% Einbuße an Wirtschaftswachstum für jeden Prozentpunkt, den der reale Einlagenzins unter dem Marktgleichgewicht liegt, geschätzt. Wirtschaftswachstum wird durch qualitative Effekte weitaus stärker beeinflußt als durch quantitative Effekte.
ADB 1985	Test der Hypothese, daß durch einen Anstieg des Realzinses eine Erhöhung der Investitionseffizienz bewirkt wird mittels einer Regressionsanalyse zwischen der IOCR und des realen Einlagenzinssatzes für 14 asiatische Länder für den Zeitraum 1960-1983.	Statistisch signifikanter positiver Effekt des realen Einlagenzinsniveaus auf die Effizienzvariable, ebenso signifikanter positiver Zusammenhang zwischen kurzfristigem Anstieg des realen Zinsniveaus und der Wachstumsrate in einigen ausgesuchten asiatischen Volkswirtschaften.	
Khatkathe 1988	Test der Beziehung zwischen mehreren gesamtwirtschaftlichen Variablen (Wachstum, Investitionsvolumen und -effizienz, Sparquote, Wachstum der Finanzvermögenswerte) zum Zinsniveau anhand einer Datenbasis von 64 weniger entwickelten Volkswirtschaften zwischen 1971 und 1980	Es existiert kein statistisch signifikanter Unterschied zwischen den Volkswirtschaften mit einem realen Zinsniveau über bzw. mit einem realen Zinsniveau unter dem durchschnittlichen Zinsniveau aller betrachteten Länder. Der Einfluß des Zinsniveaus auf die Variablen ist vernachlässigend gering oder nicht vorhanden.	Das Ergebnis muß allerdings mit Vorsicht betrachtet werden, da durch den Ausschluß sonstiger makroökonomischer Verzerrungen eine isolierte Betrachtung des Zinsniveaus vorgenommen wurde. Ein Rückschluß über die genaue Bedeutung des realen Zinsniveaus auf die gesamtwirtschaftliche kann nicht gezogen werden.

Studie	Inhalt	Ergebnis	Begründung/Bemerkungen
World Bank 1989b	Untersuchung des Zusammenhangs zwischen Zinsniveau und Effizienzveränderung der Investitionen sowie gesamtwirtschaftlicher Wachstumsrate anhand einer Datenbasis von 34 Entwicklungsländern zwischen 1965-1985.	Dekomposition des gesamtwirtschaftlichen Wachstums in das Verhältnis Investitionen zu Bruttoinlandsprodukt (BIP) und Investitionen zu IOCR. Zinssatz und IOCR weisen eine höhere, statistisch positive Signifikanz und Stabilität auf als die Beziehung Zinssatz zu Investition/BIP. Schnelleres Wachstum des gesamtwirtschaftlichen Outputs in den Volkswirtschaften mit positivem als in denen mit negativem Realzins.	Die Wirkungskette wird wie folgt hypothesiert: Positive Beziehung zwischen Realzins und „financial deepening" sowie zwischen „financial deepening" und Effizienz der Investitionen, Investitions- und Sparvolumen. Die positive Korrelation des „financial deepening" zum Effizienzkriterium ist hierbei wesentlich stärker als zu den Quantitätskriterien.
Wharman/Thirwall 1992	Untersuchung der Auswirkung einer Realzinserhöhung auf die Investitionstätigkeit in Mexiko 1960-1990 mittels der OLS-Methode.	Positive Beziehung zwischen Zins und Kreditverfügbarkeit, positive Beziehung zwischen Investitionsvolumen und Kreditverfügbarkeit, jedoch negative Beziehung zwischen Realzins der Kreditaufnahme und Investitionsvolumen.	Effekt einer Zinserhöhung nicht exakt bestimmbar, da sich der Nettoeffekt als Ergebnis der Kompensation aus erhöhtem Kreditvolumen mit jedoch verteuertem Kreditzins ergibt, beides bewirkt durch einen höheren Einlagezins.
King/Levine 1993	Untersuchung des Zusammenhangs zwischen der Entwicklung des Finanzsektors und dem gesamtwirtschaftlichen Wachstum anhand einer Datenbasis von 119 Ländern zwischen 1960 und 1989.	Robuste positive Korrelation zwischen den Indikatoren des Finanzsektors (Verhältnis des formellen Finanzsektors zum Bruttosozialprodukt (BSP)), Bedeutung des nichtstaatlichen zum staatlichen Finanzsektor, sektorale Distribution der Finanzaktiva, gemessen am Verhältnis Kredite an den Privatsektor zum Gesamtkreditvolumen bzw. BSP und den Wachstumsindikatoren.	Vorhersehbare bzw. im voraus determinierbare Komponenten der Indikatoren der Entwicklung des Finanzsektors sind signifikant mit den nachfolgenden Werten der Wachstumsindikatoren (Wachstum BSP, Realkapitalakkumulation, inländische Investitionen zum BSP und Effizienzmeßzahlen - Fortschritt der Technologie, Humankapital etc. - der Investitionen) verknüpft.
Jaramillo/Schiantarelli/Weiss 1993 Harris/Schiantarelli/Siregar 1992	Untersuchung der Auswirkungen der Liberalisierung des Finanzsektors in Ecuador bzw. Indonesien anhand eines Datenpanels von 420 (Ecuador) bzw. 524 (Indonesien) Unternehmen in der Zeitperiode zwischen 1983 und 1988.	Anstieg des Kreditmittelflusses zugunsten der Unternehmen, die auf der Grundlage von verschiedenen Produktionsfunktionen zur Messung der Effizienz eine höhere Effizienz und Profitabilität nach der Liberalisierung aufweisen.	Es profitieren überwiegend große und bereits etablierte Unternehmen von dem Anstieg der Finanzmittel. Unterschiedliche Ergebnisse bezogen auf die betrachteten Länder hinsichtlich des Verschuldungsgrades sowie des Grades der Neuverschuldung im Verhältnis zum Wertzuwachs.

Quelle: Eigene Zusammenstellung auf der Basis der in der Rubrik „Studie" angegebenen Untersuchungen.

2.2.4 Fazit

Aus den Ergebnissen der betrachteten Studien lassen sich folgende Schlußfolgerungen ableiten:

1. Trotz einiger kontroverser Ergebnisse läßt sich generell eine positive Korrelation zwischen einem Anstieg des Realzinses und der Effizienzverbesserung des gesamtwirtschaftlichen Investitionsportfolios feststellen. Das reale Zinsniveau liegt dabei deutlich über dem Zinsniveau, welches in einem durch finanzielle Repression gekennzeichneten Finanzsystem herrscht. Die resultierende Effizienzverbesserung trägt zum wirtschaftlichen Wachstum bei.
2. Diese positive Relation unterliegt jedoch einer Reihe von Beschränkungen. Gegenläufige Effekte, nämlich eine Verminderung der Effizienz in der Ressourcenallokation oder eine rückläufige Spar- und Investitionsquote werden ausgelöst durch ein übermäßig hohes Zinsniveau sowie eine nur rudimentär ausgebildete Fähigkeit des Finanzsektors, erfolgversprechende Projekte zu selektieren und zu überwachen. Ungeklärt ist hier auch die Frage, inwieweit die Stabilität des Zinsniveaus eine entscheidendere Rolle spielt als die Höhe des Zinsniveaus an sich. Eine Bewertung der gesamtwirtschaftlichen Auswirkungen über die Bedeutung eines positiven stabilen gegenüber einem positiv stark schwankenden Zinsniveau gestaltet sich jedoch schwierig, da empirische Untersuchungen zu diesem Themenkomplex nicht vorliegen.
3. Die vorliegenden empirischen Untersuchungen geben zudem keinen Aufschluß über die Kausalitätsbeziehungen zwischen Entwicklung des Finanzsystems und Wirtschaftswachstum. Eine weitergehende Untersuchung in diesem Bereich erfordert die Identifikation verschiedener wirtschaftspolitischer Variablen, die Effekte im Finanzsektor hervorrufen, andererseits jedoch durch das Wirtschaftswachstum nicht beeinflußt werden.

Für den weiteren Gang der Arbeit wird die o.a. positive Korrelation zwischen der Allokationsfunktion durch das Finanzsystem und der gesamtwirtschaftlichen Entwicklung vorausgesetzt. Die gegenläufigen Effekte werden - falls überhaupt vorhanden - in den länderspezifischen Analysen erwähnt und die Gründe hierfür analysiert. Auf die Frage der Kausalität zwischen Entwicklung des Finanzsystems und gesamtwirtschaftlicher Entwicklung wird nicht weiter eingegangen.

Aus den Schlußfolgerungen und den uneinheitlichen empirischen Ergebnissen über die Bedeutung des Finanzsystems in der gesamtwirtschaftlichen Entwicklung aus makroökonomischen Sicht läßt sich ableiten, daß eine erweiterte Sichtweise für die Liberalisierung des

Finanzsystems notwendig ist, um zu deutlicheren Aussagen über die Bedeutung zu gelangen. Diese Sichtweise bezieht insbesondere die Rahmenbedingungen für eine Liberalisierung auf makro- und mikroökonomischer Ebene sowie die Ausgestaltung eines diesen Voraussetzungen angepaßten Konzeptes der Liberalisierungsmaßnahmen in die Betrachtung mit ein. Das Konzept enthält die unter den Begriffen „Sequencing“ (Abfolge), „Timing“ (zeitliche Implementierung) und „Speed“ (Geschwindigkeit) gesammelten Inhalte. Im Bereich der makro- und mikroökonomischen Rahmenbedingungen sind vor allem makroökonomische Stabilität, institutionelle Ausprägung und Funktionstüchtigkeit sowie die Analyse der „weichen Budgetrestriktionen“ des Finanzsektors zu nennen. Weitere Faktoren bilden Art und Ausmaß der staatlichen Interventionen im Finanzsektor.

3 Liberalisierung von Finanzsystemen

Die von McKinnon und Shaw entwickelten Ansätze stellten die theoretischen Grundlagen für die Liberalisierungswelle in den siebziger und achtziger Jahren für eine Reihe von Entwicklungsländern dar. Der theoretische Hintergrund für eine Liberalisierung ist angelehnt an das Argument, daß freie Märkte eine pareto-optimale Allokation der vorhandenen Ressourcen bewirken. Unvollkommene Märkte und Informationsasymmetrie unter den Marktteilnehmern gelten als Gründe, die das Erreichen des Pareto-Optimums in einer Volkswirtschaft unterlaufen. Ebenso zeigt das „Second-Best-Theorem“, daß in einer durch Verzerrungen gekennzeichneten Volkswirtschaft die Beseitigung einer einzelnen Verzerrung nicht unbedingt wohlfahrtssteigernd wirken muß. Eine Politik mit der Zielsetzung, die Volkswirtschaft näher an Lösungsansätze des freien Marktes heranzuführen, muß daher nicht immer auch eine Wohlfahrtssteigerung mit sich bringen. Diese Überlegungen implizieren, daß der Einfluß der Liberalisierung des Finanzsystems auf die Gesamtwirtschaft theoretisch mehrdeutig sein kann.

Die praktischen Ergebnisse der Reformen vor diesem theoretischen Hintergrund fielen jedoch sehr unterschiedlich aus. Insbesondere einige lateinamerikanische Staaten[45] initiierten weitreichende, radikale Reformen im Handels- und Finanzsektor, die jedoch oftmals bestehende makroökonomische Ungleichgewichte - z.B. in Form extrem hoher Inflation, Staatsverschuldung oder Kapitalflucht - verstärkten und zu einer Wiedereinsetzung der durch die Liberalisierung abgeschafften Reglementierungen führten. Im Gegensatz dazu bieten die Liberalisierungserfahrungen im Finanzsektor einiger asiatischer Entwicklungsländer[46] ein durchweg positiveres Bild.

Aus diesen unterschiedlichen Erfahrungen lassen sich eine Reihe von Erklärungsansätzen vermuten, die als Gründe für einen Mißerfolg der Liberalisierungsvorhaben gelten:[47]

1. Nicht der Liberalisierungsprozeß an sich ist verantwortlich für die Negativerfahrungen, sondern unvorteilhafte Rahmenbedingungen und eine nicht „angemessene“ Durchführung der Liberalisierungsmaßnahmen. Khan/Zahler bezeichnen dies als „domestic policy inconsistencies“, welche durch eine unzureichende Koordination von Maßnahmen in den Bereichen Fiskal-, Geld-, Lohn- und Wechselkurspolitik entstehen.[48]

---

45 Zu diesen Staaten zählen u.a. Argentinien, Chile, Brasilien, Mexiko und Uruguay.
46 Zu diesem Kreis zählen vor allem Korea, Taiwan, Malaysia und Indonesien.
47 Vgl. hierzu Fry 1978, Mathieson 1979, Dornbusch/Reynoso 1989 und World Bank 1990.
48 Vgl. Khan/Zahler 1987, S.47.

2. Die volkswirtschaftlichen Märkte finden nicht aus eigener Kraft in ein Gleichgewicht zurück. Dies ist insbesondere auf die zunehmende Bedeutung der Rolle der Erwartungen der Wirtschaftssubjekte und damit verbundenen Glaubwürdigkeitsaspekten zurückzuführen. Selbst in Märkten mit nahezu vollkommenem Wettbewerb ohne staatliche Intervention können z.B. Formen der Kreditrationierung existieren. Der Liberalisierungsvorgang an sich ist keine Garantie für die Abschaffung dieser Verzerrungen und das Entstehen vollkommener Märkte. Vor diesem Hintergrund erhalten Form und Ausmaß staatlicher Interventionen im Liberalisierungsprozeß einen hohen Stellenwert.
3. Probleme aus den Bereichen „moral hazard“, „adverse selection“ und Anreizproblematik[49] sowohl im staatlichen als auch im privaten Sektor verstärken die Fehlentwicklungen im Liberalisierungsprozeß. Die Fehlentwicklungen sind u.a. in den massiven Eingriffen des Staates im Liberalisierungsprozeß, in vorhandenen Marktschwächen oder in der Handhabung finanzieller Krisen durch den Staat und die Finanzinstitutionen begründet. Hier steht zum einen die Analyse über Form und Ausmaß staatlicher Interventionen und zum anderen die Suche nach Mechanismen, die diese Probleme vermindern, im Mittelpunkt.
4. In der reinen Theorie wird den Institutionen generell eine wohlwollende, wohlfahrtsmaximierende Rolle in der Volkswirtschaft unterstellt. Die Realität zeigt jedoch, daß diese Annahme z.B. aufgrund des Rent-Seeking Verhaltens einzelner Institutionen oder Personen nicht haltbar ist. Institutionen spielen eine entscheidende Rolle in der Informationssammlung und -bereitstellung sowie in der Reduzierung von Risiko und Unsicherheit. Bisher nur als Nebenfaktoren betrachtete politökonomische Aspekte, die das Verhalten der Reformbeteiligten untersuchen, rücken in den Mittelpunkt der Erklärungsansätze für die Mißerfolge.
5. Den mikroökonomischen Aspekten im Bereich der Finanzinstitutionen in Interaktion mit der makroökonomischen Ausgangssituation sowie der Entwicklung eines angemessenen rechtlichen Rahmens für ein liberalisiertes Finanzsystems ist bisher nicht genügend Bedeutung beigemessen worden.

Vor dem Hintergrund dieser Überlegungen gibt die nachfolgende Abb. II den Gesamtkontext einer Liberalisierung in Form eines ganzheitlichen Ansatzes wider. Die einzelnen Bestandteile dieses Ansatzes - Grundprobleme und Handlungsansätze der Liberalisierung - münden in das Konzept der Glaubwürdigkeit, welches das Kernelement einer Liberalisierung darstellt. Die Rahmenbedingungen und die Ausprägung der Staatsintervention nehmen teilweise direkt

---

[49] In Anlehnung an Nunnenkamp bezeichnet die Anreizproblematik die Motive der Regierung zur Abschwächung der durch die Reformen induzierten Anpassungskosten im Privatsektor, den Reformumfang zu verkürzen bzw. zeitlich auszudehnen. Vgl. Nunnenkamp 1995, S.101-102.

Einfluß auf den Faktor Glaubwürdigkeit. Der Faktor Glaubwürdigkeit wiederum bewirkt u.U. eine Modifikation von Abfolge, Zeitpunkt und Geschwindigkeit der Liberalisierung.

Abbildung II: Der Faktor Glaubwürdigkeit in einem ganzheitlichen Liberalisierungsansatz

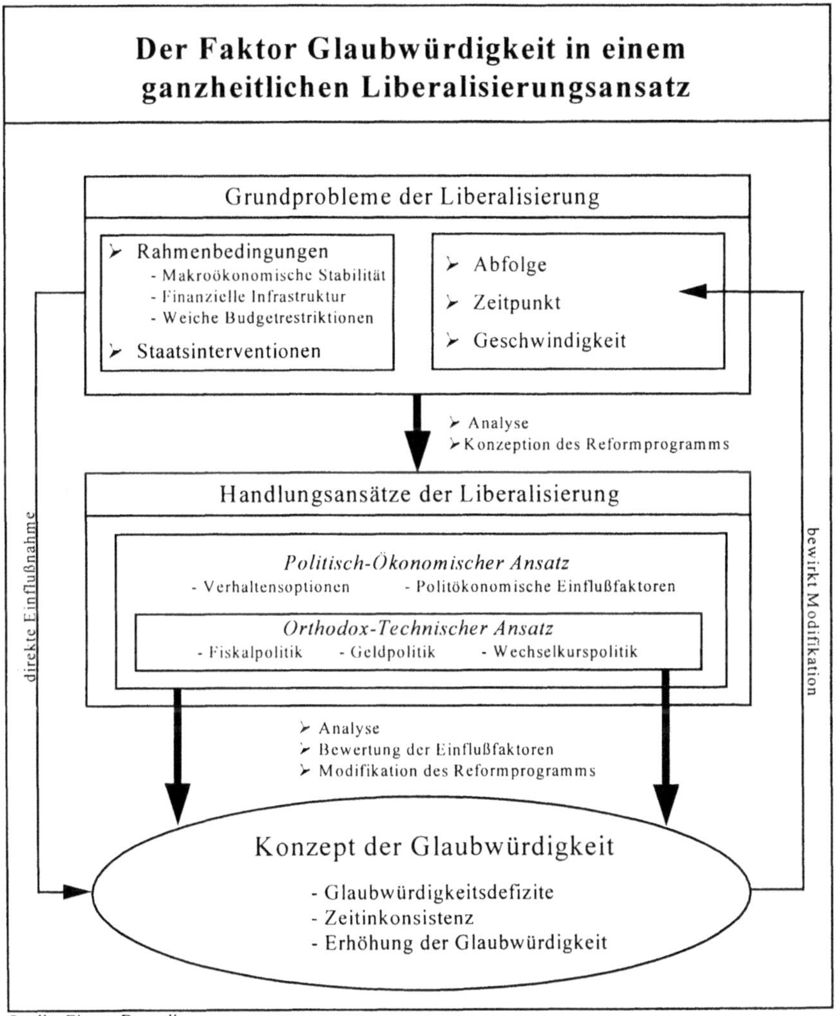

Quelle: Eigene Darstellung

Die einzelnen Bestandteile des ganzheitlichen Ansatzes werden im folgenden diskutiert.

3.1 Grundprobleme der Liberalisierung

3.1.1 Bedeutung der Rahmenbedingungen für eine Liberalisierung

3.1.1.1 Makroökonomische Stabilität

Makroökonomische Stabilität bildet die erste Grundvoraussetzung für eine erfolgreiche Durchführung von Liberalisierungsplänen. Extrem hohe Inflationsraten und ein hohes Haushaltsdefizit des Staates führen im Fall der Zinsfreigabe zu hohen und breit schwankenden Realzinsen. Diese übermäßig hohen Zinsen wiederum führen aufgrund der gestiegenen Finanzierungskosten für Finanzinstitutionen zu negativen Effekten auf die Investitionstätigkeit. Die Finanzinstitutionen versuchen, diese Kosten auf die Kreditnehmer abzuwälzen. Der Zinsanstieg bewirkt einen weiteren Anstieg des Haushaltsdefizites, da der Schuldendienst des Staates steigt. Eine weitere Kreditaufnahme zur Staatsfinanzierung wird notwendig, wodurch „crowding-out" Effekte auf dem Kreditmarkt auftreten können und damit die privaten Kreditnehmer aus dem Markt gedrängt werden. Aufgrund der engen Finanz- und Kapitalmarktstruktur in Entwicklungsländern greifen Regierungen zur Finanzierung ihrer Ausgaben oftmals auf die Zentralbank als Kreditgeber zurück. Diese finanziert den Kreditbedarf gezwungenermaßen über eine Erhöhung der Geldmenge und bewirkt damit ein weiteres Ansteigen der Inflation. In engem Zusammenhang mit dem Kreislauf zwischen Haushaltsdefizit und Inflation sowie der Rückführung des Staatsdefizites steht der Auf- bzw. Ausbau eines angemessenen Steuersystems, welches neben seinen weiteren Funktionen die Finanzierungsbedürfnisse des Staates erfüllen kann.

Unter dem in Entwicklungsländern mit repressivem Finanzsektor dominierenden System fester Wechselkurse gewinnt die Festlegung eines realistischen Wechselkurses entscheidende Bedeutung.[50] Aufgrund von Inkonsistenzen im Zusammenspiel zwischen Geld- und Fiskalpolitik entstehen makroökonomische Ungleichgewichte, die zu einer Überbewertung des Wechselkurses führen. Verzerrte Wechselkurse führen zu Fehlentwicklungen der Güter- und Finanzströme. Sinkende Wettbewerbsfähigkeit durch Preisverzerrungen und durch Spekulation motivierte destabilisierende Kapitalströme sind die Folge. Eine notwendige reale Abwertung des Wechselkurses wird über zwei alternative Strategien erreicht: Monetäre Kontraktion oder nominale Abwertung des Wechselkurses. Die Auswahl der Strategie basiert auf Effizienzüberlegungen hinsichtlich der Effektivität, der Durchführbarkeit unter Beachtung der

50 Diese Argumentation kann auch auf Systeme mit einem flexiblen Wechselkurs übertragen werden, falls der Wechselkurs nicht durch Marktkräfte, sondern durch Vorgabe der Zentralbank oder sonstiger staatlicher Institutionen determiniert wird.

durch die bestehenden Ungleichgewichte existierenden Beschränkungen in der Geld- und Fiskalpolitik sowie den potentiellen Anpassungskosten der Strategien.[51]

3.1.1.2 Finanzielle Infrastruktur

Die zweite Grundvoraussetzung umschreibt die Schaffung einer den Liberalisierungsvorhaben genügenden finanziellen Infrastruktur sowie weitgehend einheitlicher Wettbewerbsbedingungen („Level of the Playing Field"). Die Maßnahmen auf der mikroökonomischen Ebene umfassen dabei nicht nur den Ausbau des Rechtssystems in den Bereichen der Rechnungslegung und Bilanzierung, sondern auch die Strukturierung eines ausreichenden Aufsichts- und Berichtswesen über die Finanzinstitutionen.

Die traditionellen Überwachungs- und Regulierungsaufgaben im Bereich des Finanzsektors der Entwicklungsländer bestehen vornehmlich darin, sicherzustellen, daß die Finanzinstitutionen sich im Rahmen der geltenden Gesetze bewegen und den staatlichen Richtlinien und Vorgaben - etwa in der Zinsfestsetzung oder der Kreditvergabe - nachkommen. Die Durchführung von Liberalisierungsmaßnahmen erfordert jedoch die Schaffung eines erfolgversprechenden Reformklimas. Die erforderlichen Überwachungs- und Regulierungsaufgaben werden durch den Reformprozeß wesentlich erweitert und erhalten eine ungleich wichtigere Rolle als in der Vor-Reformperiode. Konkret fallen hierunter u.a. folgende Maßnahmen:[52]

- Personelle Entflechtung zwischen Finanzwirtschaft und Staat bzw. zwischen Finanzwirtschaft und verbundenen Industrieunternehmen.
- Entflechtung der Macht- und Eigentumskonzentration an Finanz-, Industrie- und Handelsunternehmen.
- Risikovorsorge durch Überwachung der Bankportfolios sowohl im Aktiva- als auch im Passivabereich.
- Aufbau eines Einlagensicherungssystems, welches das Moral-Hazard-Problem umgeht oder zumindest abschwächt, aber die Einlagen dennoch hinreichend schützt.

---

51 Zur Problematik der Abwertungsstrategie siehe Schweikert 1993. Schweikert kommt über eine empirische Untersuchung zu dem Schluß, daß die monetäre Kontraktion wesentliche Vorteile gegenüber der nominalen Abwertung aufweist, jedoch durch die limitierte Geld- und Fiskalpolitik eingeschränkt wird. Die Alternativstrategie einer realen Abwertung steht vor dem Dilemma, daß die Effizienz durch Handels- und Kapitalmarktliberalisierung zwar erhöht, jedoch durch eine direkte Liberalisierung des Kapitalverkehrs wieder vermindert wird. Für durch finanzielle Repression gekennzeichnete Volkswirtschaften empfiehlt Schweickert die Strategie der monetären Kontraktion, da diese sowohl zu realer Abwertung als auch zu steigenden Realzinsen führt. Vgl. Schweikert 1993, S.81-82.

52 Vgl. Dooley/Mathieson 1987, S.33-34.

Diesen externen Aspekten steht die Ausgestaltung der internen Struktur des Finanzsektors gegenüber. Diese betrifft die Stufe und Qualität der institutionellen Entwicklung der Finanzintermediäre. Der Stand der institutionellen Entwicklung kann über verschiedene Indikatoren bestimmt werden. Zu diesen zählen u.a.:[53]

- Wirtschaftliche Gesamtlage der Finanzinstitutionen
- Struktur des Vermögens, der Forderungen und der Verbindlichkeiten
- Vorhandenes Informationskapital
- Vorhandenes Humankapital

Der wirtschaftlichen Gesamtlage des Finanzsektors kommt insbesondere im Fall der Öffnung des inländischen Marktes für ausländische Finanzinstitutionen entscheidende Bedeutung zu. Die zuvor existierenden Zutrittsbarrieren für neue Teilnehmer im Finanzsektor sowie der hohe Anteil staatlicher Unternehmen in diesem Sektor führt typischerweise zu oligopolistischen Strukturen im Finanzwesen. Der Zutritt neuer - vor allem ausländischer Finanzinstitutionen - mit dem Ziel einer Verschärfung des Wettbewerbs macht zum einen die Eliminierung der finanziellen Repressionen für die bereits im Markt operierenden Unternehmen unverzichtbar. Andererseits erfordert ein fairer Wettbewerb die Bereinigung eventuell bestehender Nachteile für existierende Finanzinstitutionen etwa im Bereich risikoreicher Kredite, mit Zinssätzen unter dem Marktniveau, zwangsweiser Übernahme von notleidenden Krediten oder der Verpflichtung zur Haltung von niedrig verzinsten Staatspapieren.

Die Ausprägung dieser internen Indikatoren reflektiert die Reaktionsmöglichkeiten auf Reformvorhaben. Die Portfoliostruktur der Finanzinstitutionen ist durch Staatsintervention determiniert, z.B. in Form einer Zwangshaltung von Staatsanleihen, subventionierter Kredite oder sektoraler Kreditkorridore zugunsten staatlich definierter Vorzugsindustrien. Liberalisierungsmaßnahmen, die die Interventionen in die Portfoliostruktur abschaffen, können umfangreiche Umschichtungen nach sich ziehen. Diese auf einen Großteil der Finanzinstitutionen ausgeweiteten Umschichtungen beinhalten jedoch Risiken: Investitionen in den jetzt favorisierten Sektor führen zu einem Preisanstieg und verleiten weitere Finanzinstitutionen, in den scheinbar hoch profitablen Sektor zu investieren. Dies gibt Raum für Finanzspekulationen mit für den Liberalisierungsprozeß schädlichen Folgen. Der plötzliche Umschwung kann durch Staatseingriffe - z.B. die Wiedereinsetzung der Portfoliorestriktionen oder die Einführung von hohen Mindestkapitalanforderungen - gebremst werden, wodurch den Finanzinstitutionen Anpassungskosten entstehen. Weiterhin stellt eine plötzliche Portfo-

53 Vgl. Caprio/Atiyas/Hanson 1993, S.8-11 und Fischer 1993, S.121ff.

lioumschichtung erhöhte Erwartungen an die Belegschaft der Finanzinstitutionen, die mit der Überwachung und Handhabung der Risiken der neuen Portfoliostruktur nicht vertraut sind.[54]

Auf die Bedeutung der Informationsstruktur im Finanzsektor - insbesondere die Problematik der asymmetrischen Informationsverteilung auf den Kreditmärkten als Begründung staatlicher Interventionen - wird in Kapitel 3.1.5 näher eingegangen. Im Zusammenhang mit den hier aufgeführten internen Grundvoraussetzungen der Liberalisierung impliziert eine ausreichende Informationsstruktur in erster Linie den Aufbau eines aussagekräftigen Rechnungslegungs- und Prüfungssystems sowie juristischer Reformen, die eine schnelle und schlagkräftige Durchsetzung rechtlicher Ansprüche und Bestrafung rechtlicher Verstöße garantiert. Lediglich eine angemessene Informationsstruktur sorgt für einen ausreichenden Informationsfluß und erlaubt eine sorgfältige Kreditprüfung und -würdigung sowie eine sinnvolle Bewertung des gesamten Portfoliorisikos. Diese Funktionen gewinnen wiederum im Fall der Zulassung neuer Teilnehmer zu den Finanzmärkten an Bedeutung.

Der o.a. Informationsfluß beinhaltet mit der Ausgestaltung des Humankapitals einen weiteren kritischen Faktor. Reformvorhaben müssen nicht nur von den zuständigen Regierungsstellen geplant werden, sondern bedürfen der Umsetzung durch die Belegschaften der Finanzinstitutionen. Die Finanzinstitutionen sehen sich in diesem Zusammenhang zum einen mit dem Problem konfrontiert, den mit der Liberalisierung verbundenen fachlichen Anforderungen durch entsprechende Aus- und Fortbildungsmaßnahmen Rechnung zu tragen. Zum anderen erfordert der Übergang zu einem mehr marktorientierten System eine Anpassung der internen Anreizstrukturen, um eine ausreichende Motivation zur Implementierung der Reformen in den Finanzinstitutionen zu erzeugen. Dies betrifft insbesondere die Wahrnehmung der neuen Aufgaben in den bisher durch den Staat ausgefüllten Aufgaben in den Bereichen der Risikobewertung, Kreditüberwachung und der Allokation von Finanzmitteln. Die Bedeutung der Informationsstruktur erfordert damit auch Änderungen und Anpassungen in der Sammlung und Aufbereitung dieser Informationen.[55]

Neben diesen für Reformen im Finanzsektor entscheidenden Rahmenbedingungen existieren allgemeine Voraussetzungen, die übergreifend für jedes Reformvorhaben Geltung besitzen:

---

[54] Als Beispiel für eine solche plötzliche Portfolioumschichtung gilt die drastische Steigerung der Kreditvergabe an den Immobiliensektor nach Abschaffung der Portfoliobeschränkungen. In Malaysia und Indonesien führten diese Umschichtungen nach einem vorübergehenden Boom Mitte der achtziger Jahre zu hochspekulativen Bewegungen auf dem Immobilienmarkt und schließlich zu drastischen Wertverlusten in diesem Sektor. Daraus resultierte eine deutliche Qualitätsminderung der Kreditportfolios der beteiligten Finanzinstitutionen aufgrund des Volumens an notleidenden Realkrediten. Vgl. Caprio 1994, S.55.

[55] Vgl. Caprio 1994, S.59-60.

Eng verbunden mit der internen Struktur der Finanzinstitutionen und der Schaffung eines erfolgversprechenden Reformklimas ist auch der Aufbau einer angemessenen administrativen Infrastruktur. Die mit der Reformdurchführung beauftragte Administration ist einer Reihe von internen und externen Einflußfaktoren ausgesetzt. Die internen Einflußfaktoren beziehen sich vor allem auf die innere Struktur der einzelnen Ministerien und Ressorts. Typischerweise sind Verantwortungsbereiche und Kompetenzen klar getrennt, und die Beibehaltung bzw. Ausweitung der Einflußsphären wird sorgfältig überwacht. Die notwendige Koordination übergreifender Reformen gestaltet sich unter diesen Voraussetzungen schwierig. Eine schwache Administration erleichtert zudem die Identifizierung einzelner Offizieller als Zielgröße für Lobbyaktivitäten oppositioneller Interessengruppen. Externer Druck auf die Administration entsteht insbesondere dann, wenn der zeitliche Abstand zwischen durchgeführter Maßnahme und wahrnehmbarer Wirkung von der Öffentlichkeit als zu groß empfunden wird. Weiterhin stellt das Ausmaß der Auswirkungen der Reformmaßnahmen auf bisher protegierte Sektoren einen externen Einflußfaktor dar.[56] In der Vorbereitung und Durchführung dieser Maßnahmen ist daher im Vorfeld eine Identifikation und Mobilisierung potentieller Gewinner sowie ein Konzept für dem Umgang mit den potentiellen Verlierern der Reformvorhaben erforderlich. Diese eher politischen Grundvoraussetzungen für eine erfolgreiche Liberalisierung werden im politisch-ökonomischen Liberalisierungsansatz diskutiert.

3.1.1.3 Bedeutung der „weichen Budgetrestriktionen"

Das Bindeglied zwischen diesen Voraussetzungen auf makroökonomischer bzw. mikroökonomischer Ebene bildet die Identifikation und Eliminierung sogenannter „weicher Budgetrestriktionen".[57] Budgetrestriktionen implizieren, daß grundsätzlich eine strikte Beziehung zwischen Einnahmen und Ausgaben herrscht, indem die Ausgaben durch gegenwärtige oder zukünftige Einnahmen gedeckt sein müssen, auch unter Einbezug verschiedener Finanzierungsformen. Die „Aufweichung" dieser Beziehung erfolgt dann, wenn überschüssige Ausgaben durch einen Dritten ausgeglichen werden bzw. wenn der Entscheidungsträger diesen Ausgleich in seine Investitionsentscheidungen von vornherein miteinbezieht.[58] Als Folge wird der Marktaustritt unrentabler Unternehmen verhindert bzw. zeitlich verlagert, und es werden

---

56 Vgl. Greenaway/Morrissey 1993, S.255.

57 Das Konzept der „weichen Budgetrestriktionen" (Soft-Budget-Constraints") geht auf Kornai zurück und analysiert in der ursprünglichen Form die Unterschiede zwischen Einzelunternehmen in der sozialistischen Planwirtschaft im Vergleich zur Martkwirtschaft. In der Planwirtschaft bilden sich Restriktionen aufgrund der zentralistischen Struktur durch den Wettbewerb um die Zuteilung öffentlicher (Finanz-)Ressourcen. Dagegen bestimmt in der Marktwirtschaft der Marktwert der unternehmenseigenen liquiden bzw. illiquiden Vermögenswerte die Budgetrestriktionen. Die ausführliche Darstellung der weichen Budgetrestriktionen im Zusammenhang mit dem Systemvergleich findet sich in Kornai 1980.

58 Vgl. Kornai 1986, S.4.

Anreize der Verlustverminderung bzw. der Gewinnmaximierung im Vorfeld der Entscheidungsfindung reduziert. Beides führt zu volkswirtschaftlichen Kosten aufgrund einer suboptimalen Allokation der Ressourcen. Diese negativen Effekte verschärfen sich im Fall eines hohen Anteils staatlicher Unternehmen an der Gesamtwirtschaft, da diese Unternehmen nicht unbedingt der Gewinnmaximierung, sondern zusätzlich sozialen Zielen (Schaffung von Beschäftigung in strukturschwachen Gebieten, soziale Wohlfahrtsdienste etc.) unterliegen.

Zu den weichen Budgetrestriktionen zählen z.B. die Gewährung bzw. Erhebung diskretionärer, im allgemeinen nicht bindender, Subventionen und Steuern, die Deckung unternehmerischer Verluste durch den Staat, die willkürliche Aussetzung von Zins- oder Tilgungszahlungen staatlicher Kredite. Im weiteren Sinne fällt hierunter auch die ungeahndete Verletzung von Zahlungsverpflichtungen, die aus Handelsgeschäften, Krediten oder Steuerschulden entstanden sind. Buch/Funke/Heinrich/Raiser leiten aus diesen Überlegungen eine Reihe von Hypothesen ab, welche den Zusammenhang zwischen mikroökonomischer Anpassung auf einzelwirtschaftlicher Ebene und makroökonomischer Leistung verdeutlichen:[59]

- Die durch weiche Budgetrestriktionen ausgelöste Verschlechterung der Ressourcenallokation bewirkt einen makroökonomischen Stabilitätsverlust. Dieser Stabilitätsverlust ist insbesondere dann hoch, wenn Staatsunternehmen einen hohen Anteil der öffentlichen (Finanz-)Ressourcen absorbieren und in ineffiziente Projekte umleiten.
- Weiche Budgetrestriktionen führen zu Preisverzerrungen und vermindern dadurch die Effektivität der Signalwirkung durch Preise, da Anreize zu kostenreduzierenden Innovationen und technologischem Fortschritt wirkungslos bleiben. Damit werden Preiselastizitäten auf Input- und Outputseite sowie die Flexibilität der Preisanpassung reduziert.
- Die Transaktionskosten des Privatsektors werden durch die diskretionäre und unstetige Wirtschaftspolitik erhöht.
- Die verschiedenen Formen der weichen Budgetrestriktionen sind untereinander substituierbar, so daß lediglich eine umfassende Eliminierung bzw. „Verhärtung" der Budgetrestriktionen effizient ist. Daraus resultiert eine schnelle Umsetzung entsprechender Maßnahmen.

---

59 Vgl. Buch/Finke/Heinrich/Raiser 1994, S.41-42. Die Hypothesen werden anhand von Fallstudien für die Transformationsländer Tschechische Republik, Slowakei, Ungarn und Polen empirisch überprüft. Die Autoren kommen dabei zu dem Ergebnis, daß die Tschechische Republik die geringste Tendenz zur Aufweichung der Restriktionen und im Gesamtbild ebenfalls das geringste makroökonomische Ungleichgewicht aufweist. Demgegenüber zeigen die Erfahrungen in Polen, daß selbst eine kleine Anzahl insolventer oder hoch verschuldeter Unternehmen, die durch eine Aufweichung begünstigt wurden, das gesamte Finanzsystem destabilisieren können.

Ein weiterer wesentlicher Bestandteil für eine erfolgreiche Reform stellt damit die Identifikation und Eliminierung der „weichen Budgetrestriktionen“ dar.

3.1.2 Liberalisierungsabfolge (Sequencing)

Die Diskussion über die Liberalisierungsabfolge konzentriert sich auf die Betrachtung, in welcher Reihenfolge (Sequencing) Reformschritte ablaufen sollen. Hierbei kann eine Unterscheidung in das Sequencing eines globalen Reformprogramms, falls ein solches existiert, und in das Sequencing der Maßnahmen innerhalb eines Reformsektors, z.B. des Finanzbereiches, getroffen werden.

Auf globaler Ebene stellt sich die Frage, ob dem Liberalisierungsprogramm ein Stabilisierungsprogramm voranlaufen soll, ob beide Programme simultan oder ob sie unabhängig voneinander durchgeführt werden können. Weiterhin wird auf dieser Ebene die Frage der Reihenfolge verschiedener Liberalisierungsprogramme - etwa im Handelsbereich und im Finanzbereich - und die Öffnung verschiedener Märkte - Gütermarkt, Finanzmarkt oder Arbeitsmarkt - diskutiert. Hierbei ist nicht nur die Reihenfolge zu untersuchen, sondern auch der vorhandene Grad der Liberalisierung der einzelnen Sektoren oder Märkte. Bleiben Verzerrungen in einzelnen Märkten bestehen, so ist es fraglich, ob andere Märkte gänzlich liberalisiert werden oder in welchem Ausmaß staatliche Interventionen bestehen bleiben sollen. Hier ist auch zu klären, wie ein funktionierendes Zusammenspiel zwischen freien und stark regulierten Sektoren und Märkten gestaltet werden kann. Angesichts der weitreichenden Bedeutung des Finanzsektors und der engen Verknüpfung zu allen relevanten volkswirtschaftlichen Sektoren kommt dieser Frage entscheidende Bedeutung zu.

Das Zusammenspiel verschiedener Reformprogramme oder einzelner Reformmaßnahmen wird durch den Einsatz sich in ihrer Wirkung möglicherweise kompensierender wirtschaftspolitischer Instrumente erschwert. Die Erreichung eines bestimmten wirtschaftspolitischen Zieles erfordert die Ausrichtung der betroffenen exogenen oder endogenen Variablen in eine bestimmte Richtung, während ein zweites Ziel die entgegengesetzte Ausrichtung dieser Variablen erfordert. Als konkrete Beispiele für diese Problematik sind das Wechselkursverhalten sowie die Änderung der Struktur der Staatseinnahmen genannt. Die Durchführung einer Handelsreform resultiert in bzw. erfordert generell eine Abwertung des realen Wechselkurses. Demgegenüber zieht eine Erleichterung der Kapitalverkehrskontrollen im Normalfall eine Aufwertung des Wechselkurses mit sich. Der Wegfall der Einnahmen aus Zöllen oder die Reduzierung der Zolltarife aufgrund einer Handelsreform erfordert entweder eine vorausgehende Konsolidierung der Staatsfinanzen oder die Aufdeckung alternativer Finanzierungsquellen. Hierbei ist zu bedenken, daß eine solche Umgestaltung der Staatsfinanzierung nicht automatisch wohlfahrtssteigernd sein muß.[60]

Bezogen auf die Reformmaßnahmen innerhalb eines Sektors wird diskutiert, welche gesamtwirtschaftlichen Auswirkungen die Reihenfolge verschiedener Reformschritte auf den zu liberalisierenden Sektor haben. Für die Liberalisierung des Finanzsystems bedeutet dies die Festlegung der Rangfolge folgender beispielhaft genannter Reformelememte: Öffnung der Kapitalbilanz, Aufhebung von Wettbewerbsbeschränkungen für inländische und/oder ausländische Finanzinstitutionen, Abschaffung finanzieller Repressionen (Kreditlenkung, Zinsober- bzw. Zinsuntergrenzen, etc.), Aufbau eines hinreichenden Aufsichts- und Überwachungswesens, Etablieren der Kapitalmarktstrukturen. Auch hier stellt sich die Frage, welche Schritte simultan und welche Schritte aufeinanderfolgend durchgeführt werden sollen.

Für das Sequencing der Reformen des Finanzsektors nimmt die Unterscheidung in Liberalisierungsmaßnahmen des internen oder des externen Sektors einen wichtigen Stellenwert ein: Interne Liberalisierung umfaßt dabei Maßnahmen die den Binnenmarkt betreffen, wie z.B. Eliminierung der Kontrollen der Kreditvergabe, der Zinsober- bzw. Zinsuntergrenzen, sektorspezifischen Reserve- und Liquiditätsanforderungen oder Zugangsbeschränkungen inländischer Wettbewerber. Maßnahmen der externen Liberalisierung betreffen u.a. die Abschaffung der Kapitalverkehrskontrollen und Devisenbeschränkungen sowie der Markteintrittsbarrieren für ausländische Mitbewerber. Generell gilt in der Literatur die Hypothese, daß die interne der externen Liberalisierung vorausgehen sollte. Konkret ist die Problematik in der Liberalisierung von Kapitalverkehr und Außenwirtschaft durch die gegensätzlichen Auswirkungen auf den Wechselkurs sowie die Beziehung zwischen inländischen Zinssätzen und der Öffnung des Kapitalverkehrs mit aus dieser Beziehung resultierenden Kapitalströmen erfaßt. Ein zweiter Aspekt ergibt sich aus den möglichen Auswirkungen verschiedener Liberalisierungsmaßnahmen im Zusammenhang mit dem Konzept eines perfekten Wettbewerbs. Wettbewerbsstrukturen in den Bereichen des Finanzsektors mit stark abweichendem Grad der Vollkommenheit des Wettbewerbs reagieren unterschiedlich auf umfassende Liberalisierungsmaßnahmen.[61]

---

60 Edwards formalisiert diese Problematik anhand eines einfachen Modells einer kleinen Volkswirtschaft mit drei Gütergruppen und einer durch Budgetbeschränkung charakterisierten Staatsfinanzierung. Für den Fall einer Reduzierung der Handelstarife als Teil einer umfassenden Reform unter der Voraussetzung eines konstanten staatlichen Finanzierungsbudgets ist a priori nicht determiniert, ob die Gesamtwohlfahrt aufgrund der Kompensation des Einnahmenrückgang aus Tarifen durch Steuererhöhungen steigt oder sinkt. Vgl. zur formalen Darstellung Edwards 1989.

61 Vgl. Blejer/Sagari 1987, S.94-95.

Die allgemeine Regel in der Sequenz von Reformen basiert zumeist auf makroökonomischen oder wohlfahrtstheoretischen Überlegungen: Die Abfolge x wird der Abfolge y vorgezogen, sobald die sozialen Kosten der ersten Alternative unter den sozialen Kosten der zweiten Alternative liegen. Aspekte, inwieweit eine Regierung fähig ist, die gewählte Abfolge durchzuführen, und sich verpflichtet, diese Abfolge beizubehalten, werden außen vorgelassen. Dies wirft zum einen die Frage auf, ob die gemachten Reformankündigungen der Regierung glaubwürdig sind. Zum anderen ist entscheidend, in welchem Maße die Erwartungen und die daraus resultierenden Aktivitäten der Wirtschaftssubjekte mit den Ankündigungen übereinstimmen. Die Beschränkungen, welchen die Regierung in bezug auf die Beibehaltung der gewählten Abfolge unterworfen sind, können aus den Reaktionen der Wirtschaftssubjekte auf bisher durchgeführte Maßnahmen resultieren. Im voraus angekündigte wirtschaftspolitische Maßnahmen erscheinen in Abhängigkeit von den Reaktionen unter Umständen nicht mehr optimal und führen zu Abweichungen. Im Gegenzug antizipieren die Wirtschaftssubjekte diese Abweichungen in ihren eigenen Entscheidungen und reagieren nicht in der von der Regierung erwünschten Weise, wodurch die Reform in sich gestört wird. Das Auftreten dieser Zeitinkonsistenzen ist vornehmlich auf negative Erfahrungen der Wirtschaftssubjekte in der Vergangenheit sowie auf bewußte Absicht der Regierung zurückzuführen.[62]

3.1.3 Liberalisierungszeitpunkt (Timing)

Das Timing im Liberalisierungsprozeß beschäftigt sich mit Aspekten, inwieweit die Rahmenbedingungen für eine erfolgreiche Liberalisierung erfüllt sind und damit eine positive Ausgangsbasis für ein Programm geschaffen ist.[63] Im Fall einer aufeinanderfolgenden Durchführung verschiedener Reformprogramme oder einzelner Reformschritte bestimmen Timing-Überlegungen, wann unter den herrschenden Gegebenheiten mit dem nächsten Reformschritt begonnen werden kann.

---

62 Zu den bewußten Absichten gehört z.B. die von einer Regierung ausgelöste „überraschende Inflation", die aus der Abwägung zwischen Beschäftigung und Bruttosozialproduktsteigerung resultieren kann. In einer Rezession können - zumindest kurzfristig - von monetären Maßnahmen stimulierende Beschäftigungsanreize ausgehen. Vgl. Barro/Gordon 1983, S.103. Die Problematik der Zeitinkonsistenz wird ausführlich in Kapitel 3.3.2 diskutiert.

63 Hierbei ist zu bedenken, daß Stabilisierungsprogramme generell nur im Fall einer Krise durchgeführt werden. Es ist jedoch hinsichtlich des Ausmaßes der Krise sowie den durch die Krise betroffenen Sektoren zu unterscheiden.

Die Problematik des Timing läßt sich durch eine Argumentation mit Glaubwürdigkeitsaspekten verdeutlichen. Für die Durchführung und Beendigung von Stabilisierungsmaßnahmen vor dem Beginn einer Reformphase sprechen eine Reihe von Überlegungen: [64]

- Das simultane oder zeitlich lediglich versetzte Initiieren eines Stabilisierungs- und Reformprogrammes kann eine Übertragung der kurzfristig wohlfahrtsmindernden Effekte des Stabilitätsprogrammes auf das Reformprogramm durch die Öffentlichkeit bewirken. Deflation und Anstieg der Arbeitslosigkeit werden undifferenziert sowohl auf Stabilitäts- als auch auf Reformprogramm projiziert.
- Eine dem Stabilitätsprogramm gegenüber zwar insgesamt kritisch, aber auch weit gestreute und daher ineffiziente Opposition kann ihre Interessen gegen ein konkretisiertes Reformprogramm leichter kanalisieren.
- Teile der Stabilitätsmaßnahmen üben Synergieeffekte auf die Reformvorhaben aus, z.B. über realistische Wechselkurse oder eine weitreichende Reduzierung des Haushaltsdefizites, und unterstützten dadurch die Reformbemühungen.

Diesen für eine Verzögerung sprechenden Gründen kann jedoch entgegengehalten werden, daß es wünschenswert erscheint, die positiven Effekte der Reformmaßnahmen in Form von Effizienzsteigerungen in den verschiedenen Bereichen möglichst schnell zu verwirklichen und der Öffentlichkeit zu präsentieren. Darüber hinaus gestaltet es sich schwierig, nach Überwindung einer Stabilitätskrise erneut ein Reformklima aufzubauen. Diese Problematik kann zwar durch eine frühzeitige Ankündigung des Reformprogrammes umgangen werden, jedoch gibt diese Strategie oppositionellen Kräften genügend Zeit, eine Lobby gegen anstehende Änderungen zu bilden und für eine Beibehaltung des Status-Quo einzutreten. Potentielle Vorzüge der Reformen werden von der Öffentlicheit dann nur eingeschränkt wahrgenommen.

3.1.4 Liberalisierungsgeschwindigkeit (Speed)

Überlegungen zur Liberalisierungsgeschwindigkeit (Speed) beschäftigen sich mit der Problematik, ob die Reformmaßnahmen in Form einer einmaligen Aktivität (Big-Bang-Lösung) ablaufen oder ob nach einem graduellen Reformplan verfahren wird. Die ausschlaggebenden Gründe für die Wahl des Verfahrens finden sich in der Struktur der Staatseinnahmen, den entstehenden Anpassungskosten sowie in den Glaubwürdigkeitsaspekten.

---

64 Vgl. Falvey/Kim 1992, S.909-910.

Die Steuerstruktur in Entwicklungsländern ist durch ein schwaches Steueraufkommen mit einer Steuerquote, die im Durchschnitt weniger als die Hälfte der Industrieländer beträgt, charakterisiert. Organisatorische und verwaltungstechnische Mängel in der Bemessung, Erhebung und Eintreibung der Steuern verhindern eine Verbreiterung der Steuerbasis. Wie auch in den Industrieländern zu beobachten ist, blockieren Interessengruppen eine Steuerreform, die auf eine Abschaffung von Steuerbegünstigungen und Umgehungsmöglichkeiten abzielt. Zur Finanzierung der Ausgaben greift der Staat auf alternative Finanzierungsquellen zurück. Dazu gehört u.a. die Nutzung der Geldbasis, eine zinsfreie Mindestreservepflicht der Finanzinstitutionen und insbesondere die Inflationssteuer.[65]

Roubini/Sala-i-Martin zeigen modellhaft die Problematik der Staatsfinanzierung im Zuge der Entwicklung und Liberalisierung des Finanzsektors auf:[66] Die Finanzierung basiert auf Steuereinnahmen aus der bestehenden Steuerbasis und auf Einnahmen aus den verschiedenen finanziellen Repressionen. Die Entwicklung des Finanzsektors reduziert die Notwendigkeit der Haltung liquider Mittel und damit die Finanzierungsmöglichkeiten über den Finanzsektor. Es gelten die Annahmen, daß eine Steuerumgehung möglich ist und die Finanzintermediation einen Zuwachs an Output und damit auch an Einkommen der privaten Wirtschaftssubjekte bewirkt. Die Steuerumgehung stellt eine nicht lineare Funktion des Einkommens und der Steuerbasis dar, mit positiver Beziehung zum Einkommen und negativer Beziehung zur Steuerbasis. Die Finanzierungsmöglichkeiten aus dem Finanzsektor sind dann weitgehend von der Entwicklungsstufe des Finanzsektors abhängig. Kann die Regierung diese Entwicklung kontrollieren, so befindet sie sich in einem trade-off zwischen Einkommensanstieg und damit Erweiterung der Steuerbasis aufgrund der fortschreitenden Liberalisierung des Finanzsektors sowie abnehmender realer Geldnachfrage und damit schrumpfender Inflationssteuerbasis. Volkswirtschaften, in denen Einkommenszuwächse nicht auch zu einem Zuwachs des zur Versteuerung erklärten Einkommens führen, in denen also Steuerumgehung herrscht, neigen daher zum Einsatz repressiver Mittel zum Zwecke der Staatsfinanzierung. Als Lösungsansatz ist daher der Aufbau eines angebotsorientierten Steuersystems zur langfristigen Konsolidierung der Staatsfinanzen über eine Verbreiterung der Steuerbasis, Vereinfachung der Strukturen und Ausrichtung an den internationalen Steuersätzen erforderlich.

Gegen die schnelle Umstrukturierung des Finanzsystems arbeiten Einnahmerückgänge, die mit einem simultan verlaufenden Stabilisierungsprogramm verbunden sind. Produktionsrückgänge führen zu negativen Auswirkungen auf Steuereinnahmen aus Einkommen und

65 Vgl. Fischer/Reisen 1992, S.23-24.

66 Vgl. Roubini/Sala-i-Martin 1991, S.12-14 und Roubini/Sala-i-Martin 1992, S.2-4.

Unternehmensgewinnen und einer möglichen Erhöhung der Ausgaben für soziale Leistungen. Umverteilungen der Produktionsfaktoren ziehen Einkommensrückgänge in den nicht mehr favorisierten, aber bisher geschützten Sektoren mit sich. Ein gradueller Ansatz läßt den durch Umverteilungen freigesetzten Ressourcen mehr Zeit, alternative Verwendung in den jetzt favorisierten Sektoren zu finden. Die Balance zwischen diesen Effekten bestimmt das Ausmaß der zeitlichen Verzögerung der Reformmaßnahmen, bis eine neue Struktur der Einnahmen auf staatlicher Ebene gefestigt ist bzw. bis alternative Finanzierungsquellen gefunden werden und die bisherigen Einnahmequellen ersetzen können.[67]

Unter den Voraussetzungen, daß Faktor- und Güterpreise sich unendlich schnell gesamtwirtschaftlichen Änderungen anpassen und Ressourcen ohne Transaktionskosten und mit unendlich hoher Mobilität zwischen verschiedenen Sektoren substituiert werden können, würde die Liberalisierungsgeschwindigkeit eine untergeordnete Rolle spielen. Aus Reformmaßnahmen resultierende Veränderungen würden sich unverzüglich ihrem langfristigen Niveau anpassen. Diese Voraussetzungen sind jedoch in der Realität nicht gegeben, und es entstehen Anpassungskosten im privaten Sektor in Form von Rückgängen im Produktionsoutput und von Ressourcenverlusten durch den Substitutionsvorgang an sich. Abhängig vom Grad der Trägheit der Anpassungsprozesse, bezogen auf Preise und Mobilität, kann eine negative Relation zwischen Liberalisierungsgeschwindigkeit und kumulierten Anpassungskosten unterstellt werden. Für die zeitpunktbezogene Liberalisierung sprechen aus der Sicht des Privatsektors u.a. folgende Gründe: Die Zeitspanne zwischen Reformmaßnahmen und den erwarteten Effekten ist möglichst kurz, die sofortige Eliminierung der „weichen Budgetrestriktionen“ ermöglicht eine Effizienzsteigerung der Unternehmen in kürzester Zeit, erfolgreiche und schnell abgeschlossene Maßnahmen beinhalten eine Signalwirkung auf eine nachhaltige Verbesserung der Lebensverhältnisse. Eine graduelle Vorgehensweise setzt dagegen auf die Milderung des Anpassungsdrucks für den privaten Sektor durch die zeitliche Dehnung der Prozesse und stellt die soziale Verträglichkeit der Reformen in den Vordergrund. Der Staat übernimmt eine aktive Rolle in der Gestaltung der Wirtschaft und übt über die Wahrnehmung dieser Rolle eine Stabilisierungsfunktion aus, die dem Privatsektor die Möglichkeit zur Anpassung geben soll.[68]

---

67 Vgl. Falvey/Kim 1992, S.919.

68 Vgl. Lösch 1992, S.25-27 und S.30-31. Mussa argumentiert in diesem Zusammenhang mit der Beziehung zwischen privaten und sozialen Anpassungskosten sowie dem erwarteten Nutzenzuwachs durch die Reformen. Solange private Wirtschaftssubjekte für den Fall der Faktorsubstitution eine Übereinstimmung ihrer privaten Kosten und Nutzen mit den sozialen Kosten und Nutzen wahrnehmen, ist der einer „Big-Bang-Lösung“ folgende Anpassungsweg der sozial optimale Weg. Gradualismus in der Reformdurchführung würde anderenfalls in eine unter dem sozialen Optimum liegenden Anpassungsgeschwindigkeit resultieren. Die Gründe für einen graduellen Ansatz der Liberalisierung liegen in der Abweichung zwischen privaten und sozialen Kosten und Nutzen. Diese Abweichungen beruhen auf Ver-

Die Anpassungsgeschwindigkeit der Wirtschaftssubjekte ist weiterhin von Glaubwürdigkeitsaspekten abhängig. Stuft die Öffentlichkeit eine permanente Liberalisierung lediglich nur als vorübergehend ein, ist eine unter dem sozialen Optimum liegende Geschwindigkeit die Folge. Andererseits sind die Anpassungsbemühungen der privaten Wirtschaftssubjekte über dem sozial wünschenswerten Niveau, wenn temporäre Maßnahmen als permanent angesehen werden. Die Bereitschaft der Öffentlichkeit, Anpassungskosten zu tragen, ist abhängig von den Erwartungen an die Beibehaltung der Reformmaßnahmen. Scheint diese Beibehaltung ungewiß, sind die Anreize einer Anpassung gering.

Rodrik mißt im Zusammenhang mit der Durchführung von Reformen der Vorhersehbarkeit der Anreize eine wichtigere Bedeutung bei als der Struktur dieser Anreize:

> „The predictability of the incentives created by a trade regime, or the lack thereof, is generally of much greater importance than the structure of these incentives. In other words, a distorted, but stable, set of incentives does much less damage to economic performance than an uncertain and unstable set of incentives generated by a process of trade reform lacking credibility."[69]

Die Signalwirkungen der Anreize auf die Wirtschaftssubjekte wird durch eine schnelle Reform erhöht und läßt der Opposition nicht ausreichend Zeit, geeignete Lobbyaktivitäten gegen die geplanten Reformen aufzubauen. In diesem Zusammenhang gewinnt die Analyse der Zusammensetzung und Struktur der oppositionellen Gruppen an Bedeutung: Ein umfassendes Reformpaket beinhaltet ein politisch höheres Risiko, falls zahlreiche durchorganisierte Oppositionsgruppen vorhanden sind und eine gemeinsame Koalition gegen das Paket bilden. In dieser politischen Situation ist eine sequentielle Durchführung einzelner Reformen unter hoher Geschwindigkeit in Verbindung mit wechselnden schwächeren Koalitionen vorteilhafter. Dies insbesondere unter der Annahme, daß die einzelnen Interessengruppen versuchen werden, die zu erwartenden Anpassungskosten von ihrer Gruppe auf eine andere Gruppe abzuwälzen.[70]

---

zerrungen, der Existenz von Arbeitslosigkeit und Überlegungen hinsichtlich der Einkommensverteilung. Vgl. Mussa 1987.

69 Rodrik 1989, S.2. Rodrik beschreibt hier explizit die Anreize für Handelsreformen. Diese Argumentation läßt sich jedoch auch für Liberalisierungsmaßnahmen in weiteren Sektoren generalisieren.

70 Vgl. Lavay/Lecaillon 1993, S.82.

Gegen eine graduelle Durchführung der Reformvorhaben spricht weiterhin die oftmals schwach ausgeprägte administrative Kompetenz der mit der Reformumsetzung beauftragten Institutionen. Bleiben starre Reglementierungen aus der Vor-Reform-Periode auch in der Anfangsphase der Reform weiterhin bestehen, so werden unter Umständen für den Privatsektor Anreize erzeugt, diese Reglementierungen durch ein Ausweichen auf die informellen Märkte, durch Währungssubstitution oder ähnliche Aktivitäten zu unterlaufen. Der Staat wird dann versuchen, diese Aktivitäten durch weitere Reglementierungen zu unterbinden. Im Resultat ergibt sich ein Teufelskreis aus partieller Deregulierung und Wiedereinsetzung bereits eliminierter Regulierungen, welcher den Reformvorgang lähmt und die Glaubwürdigkeit des Reformvorhabens untergräbt.[71]

Wenngleich einige Erfahrungen in den Entwicklungsländern[72] eine abrupte Liberalisierung favorisieren, so bleibt doch das Problem einer konkreten Definition des Terminus „abrupt“ bestehen. Meist ziehen sich auch diese Reformen über Jahre hin. Auf der anderen Seite ermöglicht eine graduelle Reform in kleinen Schritten einer Regierung, die bisher ihre Glaubwürdigkeit nicht unter Beweis stellen konnte, den Aufbau einer für weitere Reformschritte notwendigen Reputation.[73]

3.1.5 Staatliche Interventionen im Finanzsektor

Die Diskussion um staatliche Eingriffe in den Finanzsektor im Laufe der wirtschaftlichen Entwicklung einer Volkswirtschaft und daraus resultierende Auswirkungen auf das gesamte Wirtschaftsgefüge konzentrierte sich im wesentlichen auf zwei Extrempositionen:

1. Liberalisierungsökonomen: Staatsinterventionen lösen durch „financial repression“ unabhängig von dem Grund ihrer Einführung Marktschwächen aus bzw. verstärken die resultierende Fehlentwicklung. Die notwendigen Korrekturen mittels der „Selbstheilungskräfte“ des Marktmechanismus werden durch die Staatsinterventionen außer Kraft gesetzt.

2. Neostrukturalisten: Fehlschläge trotz Beseitigung der Restriktionen (Zinsober- bzw. Zinsuntergrenzen, Kreditlenkung, etc.) in der wirtschaftlichen Entwicklung der Entwicklungsländer bzw. in der jüngsten Vergangenheit auch der Transformationsländer sind auf Marktversagen - insbesondere aufgrund der Informationsproblematik zwischen den Beteiligten in

71 Vgl. Buch/Funke/Heinrich/Raiser 1994, S.29.

72 Eine Übersicht geben Michaely/Papageorgiou/Choksi 1989.

73 Vgl. Greenaway/Morrissey 1993, S.257.

einem Finanzsystem - zurückzuführen. Um das Marktversagen zu kompensieren, sind massive Staatsinterventionen notwendig.

Beide Extrempositionen führen alternativ zu einer massiven staatlichen Kontrolle des Finanzsektors oder dem völligen Vertrauen auf die Marktmechanismen mit einer Beschränkung des staatlichen Sektors auf eine reine Aufsichtsfunktion. Die Akzeptanz für einen realistischen Mittelweg gestaltet sich auf der akademischen Ebene schwierig, jedoch zeigen die negativen Erfahrungen mit den Extrempositionen die Notwendigkeit einer ausbalancierten Position des Staates. Insbesondere die Erkenntnisse der neueren Informationsökonomie führen zu einer veränderten Sichtweise der Staatsinterventionen.[74] Die Anreizproblematik hinsichtlich der Frage, wie und durch welches Management Finanzmittel alloziiert werden, hat in der Vergangenheit lediglich eine untergeordnete Rolle gespielt und ist meist mit den Kräften der „Marktdisziplin", welche für ein kongruentes Verhalten aller Beteiligten im Sinne der Wohlfahrtssteigerung sorgen sollen, geklärt worden. Stiglitz umschreibt die Charakteristik der Extrempositionen wie folgt:

> „The two extreme approaches share in common two factors: an appeal to simple prescriptions to solve complex problems, and an explanation of the failure of their prescriptions to work in those instances where they have been tied to the patients' failure to follow the prescribed course of medicine in its entirety".[75]

3.1.5.1 Die Rolle der Information in der Kapitalbereitstellung

Die Informationsökonomie betont unvollkommene Information und die kostenintensive Beschaffung von Informationen als Erklärungsansatz für die Mißerfolge und ineffiziente Arbeitsweise der Finanzsysteme, insbesondere in den Entwicklungsländern. Wie in Kapitel 2 bereits erläutert, übernehmen die Finanzinstitutionen eine Reihe von Aufgaben in der wirtschaftlichen Entwicklung, u.a. die Aggregation und Allokation von Kapital. Für den Bereich der Kapitalallokation führen die Institutionen zwei für den wirtschaftlichen Fortschritt sehr bedeutende Funktionen aus, die eng mit der Informationsproblematik verbunden sind: Die Auswahl (Screening) und die Überwachung (Monitoring) der Investitionen. Die Art der Bereitstellung von Investitionskapital wirkt sich sehr unterschiedlich auf die Erfüllung dieser Funktionen und das Verhältnis zwischen Kapitalgeber und Kapitalnehmer (Principal-Agent-

---

74 Zu den Grundlagen der Informationsökonomik siehe Bössmann 1977 und Stigler 1961.

75 Stiglitz 1991, S.2.

Beziehung) aus. Die folgende Tabelle III gibt einen Überblick über die wichtigsten Finanzierungsquellen in Entwicklungsländern und über die mit ihnen verbundenen Probleme:

Tabelle III: Relevante Aspekte der Kapitalbereitstellung			
Quelle bzw. Art der Finanzierung	**Screening**	**Monitoring/Principal-Agent-Beziehung**	**Bemerkung**
Eigenfinanzierung			
1. Familie oder Verwandte	-	Existiert in der Grundform nicht, da Eigentum und Kontrolle nicht getrennt sind.	Auf das bestehende Vermögen stark begrenztes Expansionsvolumen.
2. Interne Finanzierung des Unternehmens	Unternehmensinterne Bewertung von Investitionsprojekten	Existiert durch die generelle Trennung zwischen Eigentum und Geschäftsführung.	Auf Vermögenszuwachs bzw.- umschichtung begrenzes Expansionsvolumen.
Fremdfinanzierung			
1. Eigenkapital	Geringe Möglichkeit für die Unterscheidung zwischen profitablen und nicht profitablen Projekten durch den Markt, da risikoaverse Investoren und spekulative Investoren im gleichen Markt agieren. Generell existieren jedoch Rechnungslegungs- und Publizitätsvorschriften, wodurch eine grundlegende Bewertung erleichtert wird.	Existiert im Fall der Trennung zwischen Eigentum und Geschäftsführung. Es besteht ein Anreiz für die Geschäftsführung, Unternehmensgewinne in eigene Vorteile umzulenken.	Erhöhung der Flexibilität, da keine Rückzahlungsverpflichtung besteht. Trennung des Risikos zwischen Unternehmer und Kapitalgebern. Hohe Überwachungskosten aufgrund der Principal-Agent-Problematik. Zur Nutzung einiger finanzieller Vorteile (u.a. Liquiditätserhöhung Portfoliodiversifikation) ist ein Sekundärmarkt not-wendig.
2. Kurzfristige Kredite	Die Selektion fokusiert sich auf die Wahrscheinlichkeit der Rückzahlung und nicht auf die Gewinnerwartung der Projekte. Aufgrund des „adverse selection effect" und des „adverse incentive effect" benötigen die Kreditgeber neben dem Zinssatz weitere Indikatoren zur Projektbewertung.	Existiert durch die Trennung zwischen Geschäftsführung und Kapitalgeber. Kreditnehmer kann durch sein Verhalten die Ausweitung der Kreditvergabe „erzwingen", da der Kreditgeber im Konkursfall einen Totalverlust seiner Forderungen erleidet Hoher Anreiz für den Kreditnehmer, risikoreiche Projekte durchzuführen, da nur der Unternehmer an dem Gewinn profitiert.	Verringerung der Flexibilität, da sowohl eine Verpflichtung zur termingerechten Rückzahlung und Zinszahlung besteht. Möglichkeit der Kreditgeber, die Kreditvergabe nicht zu erneuern, erhöht die Effektivität der Überwachung der Investition. Probleme treten generell erst im Fall der Krise auf, da der Kreditgeber nur die Rück-zahlung der Kreditsumme erwartet.

3. Langfristige Kredite bzw. Anleihen	Generell wie „Kurzfristige Kredite". Es besteht jedoch die Möglichkeit, daß Investoren eine langfristige Finanzierung als Umgehung der ständigen Überwachung durch die Finanzinstitutionen sehen und aus diesem Grund die Projekte als risikoreicher einschätzen.	Vergleiche „Kurzfristige Kredite".	Vergleiche „Kurzfristige Kredite", jedoch besteht im Fall der Anleihe keine Möglichkeit der vorzeitigen Forderung der Rückzahlung. Der langfristige Zeithorizont er-möglicht es dem Kreditnehmer, langfristig zu planen, wobei dies unter Umständen auch zu Ungunsten des Kapitalgebers möglich ist.

Quelle: Eigene Darstellung auf der Basis von Stiglitz 1991, Arndt 1983 und Cole/Patrick 1986.

Die Tabelle verdeutlicht, daß alle Finanzierungsformen zu einem bestimmten Ausmaß von dem Problem unvollständiger bzw. asymmetrisch verteilter Informationen betroffen sind. Hierbei ist zu berücksichtigen, daß Finanzmärkte sich in einigen grundlegenden Punkten, die die Bedeutung der Informationsproblematik hervorheben, von den Güter- oder sonstigen Dienstleistungsmärkten unterscheiden:[76]

- Finanzierungen beinhalten im Regelfall die Bereitstellung gegenwärtiger Finanzmittel gegen das Versprechen einer zukünftigen Rückzahlung. Leistung und Gegenleistung sind damit zeitlich auseinandergezogen.
- Es existieren sehr differenzierte, vom Kreditnehmer abhängige Wahrscheinlichkeiten der Nichterfüllung der versprochenen Leistung.
- Es existieren Informationsprobleme in zweifacher Hinsicht: Der Kreditgeber kann zum einen die Wahrscheinlichkeit einer Nichterfüllung, bezogen auf verschiedene Kreditnehmer, nicht einschätzen. Zum anderen besitzt der Kreditnehmer Handlungsspielräume, diese Wahrscheinlichkeit zu beeinflussen, ohne daß der Kreditgeber diese ausreichend überwachen kann.
- Die essentielle Rolle der Finanzmärkte bildet der Handel und die Bearbeitung von Informationen, wodurch sie gerade für Informationsdefizite äußerst anfällig sind.
- Finanzmärkte bzw. das gesamte Finanzsystem stehen durch ihre Intermediationsfunktion im Mittelpunkt der Volkswirtschaft, da sie in nahezu jegliches wirtschaftliches Handel miteinbezogen sind und damit das Zentrum der Entscheidungsfindung zur Ressourcenallokation darstellen.

Diese Unterschiede zu den Märkten für Güter und Dienstleistungen sind insbesondere für die Kreditmärkte bzw. durch Banken getätigte Finanzierungsgeschäfte relevant. Kreditmärkte

---
76 Vgl. Stiglitz 1991, S.13.

stellen die wichtigste Finanzierungsquelle in den Entwicklungsländern dar. In unterentwickelten Finanzsystemen spielen die Aktienmärkte bzw. die Märkte für den Handel mit Beteiligungstiteln weiterhin eine untergeordnete Rolle im Zusammenhang mit der Finanzierung von Investitionen und Unternehmen.

3.1.5.2 Formen des Marktversagens im Finanzsektor

Die oben erläuterten Überlegungen resultieren in die folgenden grundlegenden Formen des Marktversagens, die ein Eingreifen des Staates sinnvoll erscheinen lassen:[77]

1. Ausgehend von der Annahme, daß Information ein öffentliches Gut darstellt (das Gut Information erfüllt die Voraussetzung des nichtrivalisierenden Konsums, und der Ausschluß ist nicht bzw. nur unter sehr hohen Kosten möglich), kann auch die Überwachung der Finanzinstitutionen und die Sicherheit des gesamten Finanzsystems als ein öffentliches Gut betrachtet werden. Aus der Knappheit dieses Gutes entstehen zwei wichtige Konsequenzen: Zum einen bieten sich Anreize für das Management der Finanzinstitutionen, die unzureichende Überwachung zu ihrer eigenen Nutzenmaximierung zu mißbrauchen, und zum anderen folgt aus dem daraus resultierenden Mißtrauen der Anleger eine geringere Mobilisierung und Allokation von Ressourcen.[78]

2. Es bestehen eine Reihe von Externalitäten durch die von den Finanzinstitutionen wahrgenommenen Funktionen der Überwachung, Auswahl und Kreditvergabe an Investitionsvorhaben: Die erste Kreditvergabe an einen Kreditnehmer gibt lediglich dem zweiten Kreditgeber einen Informationsvorsprung. Im Gegenzug wird der erste Kreditgeber versuchen, die Sicherheitenstellung des Kreditnehmers auf seinen Kredit zu beschränken. Das Vorhandensein einer großen Anzahl risikofreudiger Unternehmen erschwert die Kreditaufnahme der risikoaversen Unternehmen, da die Finanzinstitutionen mit einem erschwerten Selektionsproblem konfrontiert werden. Neben diesen Externalitäten innerhalb eines Marktes bestehen zudem marktübergreifende Effekte, so wird z.B. die Ablehnung der Kreditvergabe an ein Unternehmen durch eine Finanzinstitution die Möglichkeiten einer Mittelaufnahme an den Kapitalmärkten stark verringern.

3. Die Krise bzw. der Zusammenbruch einer Finanzinstitution hat weitreichende Folgen und kann unter Umständen eine schwere Krise durch die Übertragung des Vertrauensverlustes auf das gesamte Finanzsystem mit sich ziehen (systemic failure).[79] Auch hier steht das In-

---

77 Vgl. Diaz-Alejandro 1985, S.2-6, Stiglitz 1994, S.24-31 und Vittas 1991, S.3-4.
78 Siehe hierzu auch Gibson/Tsakalotos 1994, S.616-617 und Diaz-Alejandro 1985, S.5.
79 Vgl. Vittas 1991, S.3. Siehe hierzu ausführlicher Edey/Hviding 1995.

formationsproblem im Vordergrund. Vermögenswerte sind generell leicht übertragbar, jedoch bestehen die Vermögenswerte der Finanzinstitutionen aus ihrem Informationskapital, welches nicht im selben Maße übertragbar ist. Dadurch entsteht die Gefahr der Unterbrechung der Finanzströme zwischen Kreditgeber und Kreditnehmer. Die indirekten Effekte einer Krise im Finanzsystem bestehen in dem Abzug der Ressourcen aufgrund des Vertrauensverlustes. Nimmt eine Krise ein gewisses Ausmaß an, so wird im Regelfall die Verlustübernahme durch den Staat erwartet, auch wenn dies nicht explizit durch den Staat garantiert wird. Die hieraus entstehende Erwartungshaltung der Wirtschaftssubjekte führt zu den mit „moral hazard“ bezeichneten Problemen.

4. Die geringe Bedeutung der Kapitalbeteiligungsmärkte sowie wie die geringe Verfügbarkeit langfristiger Finanzierungstitel in Entwicklungsländern zeigt auf, daß die Finanzmärkte unvollkommen sind bzw. einzelne Märkte nicht existieren. Die Gründe liegen hier u.a. in den unverhältnismäßig hohen Kosten der Informationsbeschaffung zum Aufbau von Transaktionen in diesen Märkten. Für den Staat bieten sich hier eine Reihe von Maßnahmen, die dem Privatsektor nicht zur Verfügung stehen, aber für den Aufbau dieser Märkte von Bedeutung sind: Verpflichtung der Finanzinstitutionen zur Mitgliedschaft in Sicherungsfonds (Einlagensicherung etc.), Offenlegung bestimmter Mindestinformationen zu Gunsten der Kreditgeber, Übernahme der gesamtwirtschaftlichen und generationenübergreifenden Risiken, welche z.B. durch makroökonomische Störungen auftreten können.

5. Im Gegensatz zu den Charakteristika der meisten Güter- und Dienstleistungsmärkte, wo sich Angebot und Nachfrage über den Preis treffen und der Wechsel eines Nachfragers auf einen anderen Anbieter kein Problem darstellt, ist der Finanzsektor durch einen unvollkommenen Wettbewerb gekennzeichnet. Der Wechsel zwischen den Finanzinstitutionen ist im Kreditmarkt schwieriger, da aufgrund der unvollkommenen Informationslage und der unterstellten Risikoaversität die Einschätzung des Risikos bei einem „Neukunden“ für die Finanzinstitutionen problematisch ist. Eine oligopolistische oder sogar polypolistische Bankenstruktur bedeutet nicht, daß der Kreditnehmer automatisch die Auswahl zwischen allen Anbietern hat. Im Gegenzug kann ein exzessiver Wettbewerb unter den Finanzinstitutionen dazu führen, daß aus Kostengründen bestehende Standards bzgl. der Risikoüberwachung oder der Einlagensicherung gesenkt werden (infection effect).[80]

6. Unter der Annahme, daß alle Informationen exogen und damit allen Marktteilnehmern zugänglich sind und daß vollkommene Märkte herrschen, können Märkte ein Pareto-

80 Vgl. Vittas 1992, S.5.

Optimum erreichen. Aber gerade diese Annahmen treffen für den Finanzsektor nicht oder nur sehr eingeschränkt zu: Die Sammlung und Aufbereitung von Informationen ist eine der Hauptaufgaben der Finanzmärkte, und damit werden Informationen endogen. Die Märkte sind, wie oben erläutert, nicht vollkommen. Weiterhin besteht gerade in den Finanzmärkten eine starke Diskrepanz zwischen dem privaten und dem sozialen Nutzen der finanzierten Investitionen. Die Entwicklung des Immobiliensektors in einigen Ländern verdeutlicht dies. Projekte mit hohem sozialen und privaten Nutzen im Produktionsbereich werden durch spekulative Projekte mit ausschließlich hohem privatem Nutzen verdrängt.

Das Vorhandensein dieser Schwächen des Marktes führt schließlich dazu, daß nicht mehr alleine der Zins als Preisindikator für den Ausgleich zwischen Angebot und Nachfrage auf den Finanzmärkten und damit für eine Markträumung sorgt. Der Zins erhält neben seiner Preisfunktion eine Qualitätsfunktion, deren Gewichtung im Fall einer gesamtwirtschaftlichen Instabilität und durch „moral hazard“ Probleme stark zunimmt. Der Prozeß der Allozjierung der Finanzmittel ist nicht mehr alleine den Marktkräften überlassen, sondern wird durch die „Screening“-Funktion der Finanzinstitutionen durchgeführt. Weiterhin ist das Verhalten zwischen Kreditgeber und Kreditnehmer sowie die Zusammensetzung der Kreditportfolios der Finanzinstitutionen durch eine Reihe von Nebenbedingungen geprägt, die keinen Einfluß auf den Preis (Zins) ausüben. Zu diesen Nebenbedingungen zählen in einem wettbewerbsorientierten Bankensystem u.a. Verschuldungsgrad, Liquidität, Qualität und Höhe der Kreditsicherheiten und die zeitliche Dauer der Geschäftsbeziehung zwischen Kreditgebern und Kreditnehmern. Diese Nebenbedingungen favorisieren generell große, etablierte Unternehmen gegenüber Neugründungen und lassen die Profitabilität der Investitionsvorhaben als Entscheidungskriterium für die Kreditvergabe in den Hintergrund rücken.[81] Mit steigender Wahrscheinlichkeit eines Rückzahlungsausfalls wird nicht der Preis nachfolgender Kredite erhöht, sondern es werden die Nebenbedingungen verschärft bzw. Kreditlinien gekürzt.

Stiglitz und Weiss zeigen in einem Modell auf, wie unvollständige Information und asymmetrische Informationsverteilung auch ohne Restriktionen im Finanzsystem im Sinne einer „financial repression“ zur Kreditrationierung führen können. Kreditnehmern wird in diesem Modell weder zum Marktzins noch zu einem von den ihnen angebotenen höheren Zinssatz Kredit gewährt. Die Banken, als wichtigste Finanzierungsquelle für die Kreditfinanzierung, begrenzen ihre Kreditvergabe und setzen den Zinssatz (Rationierungszinssatz) für ihre Kredite unter den Markträumungszinssatz. Dieser Rationierungszinssatz maximiert den Gesamtertrag der Banken, indem der Ertrag maximiert wird und risikoreiche Investitionen, die das Ausfall-

81 Vgl. Schiantarelli et al. 1994, S.66.

risiko des Gesamtkreditportfolios erhöhen würden, ausgeschlossen werden. Das Portfolio mit dem Markträumungszinssatz ist dagegen durch ein höheres Ausfallrisiko charakterisiert, wodurch sich der Gesamtertrag vermindert. Dieses Ergebnis beruht auf folgenden Überlegungen:[82]

Der Kreditnehmer besitzt gegenüber dem Kreditgeber hinsichtlich Rentabilität und Risiko seines geplanten Investitionsprojektes sowie hinsichtlich der betriebswirtschaftlichen Situation seines Unternehmens (Ertrags- und Vermögenslage, Marktstellung, Zukunftsperspektive etc.) einen Informationsvorsprung. Die Banken als Kreditgeber begegnen diesem Informationsvorsprung mit einer durch „adverse selection effect“ und „adverse incentive effect“ gekennzeichneten Kreditpolitik. Die Erträge der Banken hängen offensichtlich nicht nur vom Zinssatz, sondern auch von der Wahrscheinlichkeit der Rückzahlung ausgegebener Kredite ab. Es liegt daher im Interesse der Banken, die Kreditnehmer mit der höchsten Rückzahlungswahrscheinlichkeit anhand von Indikatoren zu identifizieren. Einer der Indikatoren ist der Zinssatz, den ein Kreditnehmer bereit ist zu zahlen. Ist der Zinssatz hoch, so gilt dies für die Banken als Indikator einer hohen Risikobereitschaft, welche sich durch eine geringere Erfolgswahrscheinlichkeit, aber durch einen höheren Gewinn im Erfolgsfall darstellt. Es wird daher durch eine Erhöhung des Zinssatzes eine „adverse selection“ betrieben, da die risikoärmeren Investitionen bzw. Kreditnehmer verdrängt werden. Die Kreditpolitik unterstellt weiterhin, daß Kreditnehmer ihren Handlungsspielraum nutzen, um ihre Gewinnerwartung auf Kosten der Erfolgswahrscheinlichkeit zu steigern. Die asymmetrische Informationsverteilung sowie die unvollkommenen Überwachungsmöglichkeiten der Banken zugunsten des Kreditnehmers lösen den „adverse incentive effect“ aus. Der Kreditnehmer wird risikofreundlicher.

Als Resultat ergibt sich, daß die Ertragslage der Banken nicht durch die Zinshöhe, sondern durch das Produkt aus Zinshöhe und erwarteter Rückzahlungswahrscheinlichkeit definiert ist. Die Ertragsfunktion ist somit nicht in Abhängigkeit vom Zinssatz monoton steigend, sondern steigt lediglich unterproportional zum Zinssatz und fällt ab einer bestimmten Zinshöhe aufgrund der steigenden Ausfallwahrscheinlichkeit. Dabei ist durchaus denkbar, daß die Banken einen unter dem Markträumungszins liegenden Zinssatz wählen, der ihre Ertragsfunktion maximiert. Die Überschußnachfrage der Kreditnehmer wird nicht befriedigt, da eine Kreditvergabe eine Zinsanhebung über das Bankenoptimum bedeuten würde. Dieser höhere Zinssatz verschlechtert jedoch die Zusammensetzung des Kreditnehmerportfolios bzw. die Risikohaltung der Kreditnehmer. Damit wird ein Teil der Kreditnachfrage ausgeschlossen, und es besteht eine Kreditrationierung ohne die Charakteristika der „financial repression“.

---

82 Die modelltheoretischen Ausführungen finden sich in Stiglitz/Weiss 1981.

Diese Kreditrationierung wird im Fall der gesamtwirtschaftlichen Instabilität noch verschärft. Den Investitionsprojekten wird neben ihrem individuellen Risiko nun auch noch ein allgemeines Risiko zugerechnet bzw. dieses allgemeine Risiko erhöht sich aufgrund der makroökonomischen Instabilität. Dieses zusätzliche Risiko erhöht die Ausfallwahrscheinlichkeit der Kreditrückzahlung, und der bankenoptimale Zinssatz entfernt sich weiter von dem markträumenden Zinssatz. Dies gilt auch für den Fall, daß gesetzliche Bestimmungen bzgl. der Bildung von Verlustreserven zur Deckung der Kreditausfälle vorhanden sind und keine Sicherung in Form einer Einlagenversicherung vorhanden ist, wodurch die „moral hazard" Problematik ausgeschlossen wird. Die Banken verhalten sich dann weiterhin stark risikoavers. Ihre Ertragsfunktion verläuft dann, bedingt durch die zur Reservebildung entstehenden Kosten, unterhalb der bisherigen Ertragsfunktion. Der neue bankoptimale Zinssatz liegt dann unterhalb des bisherigen optimalen Kreditrationierungszinssatzes, und die Kreditrationierung wird erweitert.[83]

Im Gegensatz dazu führt das „moral hazard" Problem zusammen mit einer unzureichen-den staatlichen Aufsicht des Bankensystems[84] sowie eines mangelnden gesetzlichen Rahmens für den Finanzsektor zu einer völlig entgegengesetzten Entwicklung. „Moral hazard" Probleme entstehen z.B. durch eine garantierte Verlustübernahme des Ausfallrisikos der Banken durch den Staat. Die Banken werden dann äußerst risikoreiche Investitionen finanzieren, da sie nur die Gewinne im Erfolgsfall einstreichen, jedoch von der Übernahme des Verlustes entbunden sind. Aufgrund der unzureichenden Überwachung des Bankensektors bleibt die Finanzierung ausschließlich stark risikobehafteter Investitionen unbeanstandet bzw. eine ausreichende Risikovorsorge unterbleibt. Die Ertragskurve der Banken verläuft nun überproportional zum Zinsanstieg bis zum Optimum. Danach fällt sie aufgrund des Ausfallrisikos. Sie liegt jedoch immer höher als im Fall einer fehlenden Verlustübernahme. Diese Entwicklung kann zu extrem hohen Realzinsen im Vergleich zur marginalen Kapitalrentabilität führen.[85]

83 Vgl. Villanueva/Mirakhor 1990, S.517 und McKinnon 1992, S.89-90.

84 Zu einer effektiven Überwachungen des Bankensektors zählen insbesondere folgende Instrumente: Qualitative und quantitative Diversifikation des Kredit- und Anlageportfolios, adäquate Kapitalausstattung, Überwachung der Fremdwährungspositionen, Trennung der Eigentumsverhältnisse zwischen Finanzsektor und sonstigen Wirtschaftszweigen, Aufbau eines kostenorientierten Einlagensicherungssystems und der Aufbau eines Bilanzierungs- und Berichtswesens.

85 Vgl. Villanueva/Mirakhor 1990, S.519-520 und McKinnon 1992, S.89-90.

3.1.5.3 Markversagen als Rechtfertigung der Staatsintervention?

Die hier dargestellte Problematik des Marktversagens und der Kreditrationierung auch im Fall eines liberalisierten Finanzsektors wird als Begründung für eine Reihe von Staatsinterventionen herangezogen, die die Funktionalität der Märkte verbessern und die Leistungsfähigkeit der Volkswirtschaft erhöhen sollen.

Vittas klassifiziert die Formen der direkten staatlichen Intervention und Kontrolle, die der übergeordneten Zielsetzung eines effizienten, stabilen und durch fairen Wettbewerb gekennzeichneten Finanzsystems dienen, in sechs Gruppen. Tabelle IV gibt einen Überblick über diese Formen und die jeweiligen Instrumente des staatlichen Eingriffs:

Tabelle IV: Formen, Ziele und Instrumente staatlicher Interventionen

Form	Ziele	Instrumente
Makroökonomik	Sicherung der gesamtwirtschaftlichen Stabilität sowie des binnen- und außenwirtschaftlichen Gleichgewichts.	Liquiditäts- und Mindestreserveanforderungen, direkte quantitative Kreditlimite, Festlegung von Zinsober- bzw. Zinsuntergrenzen, Kapitalverkehrskontrollen, Devisenbestimmungen.
Allokation	Einflußnahme auf die Allokation der Finanzmittel in staatlich favorisierte Sektoren, Kompensation der tendenziellen Neigung der Finanzinstitutionen, Investitionen mit zeitnahen Erträgen und Rückzahlungszeiträumen zu bevorzugen.	Direkte sektorale Kreditlenkung, direkte sektorale Zinsvergünstigungen, zwingende Investitionsbestimmungen, zwangsweise Übernahme von Staatspapieren.
Struktur	Kontrolle der institutionellen Entwicklung des Finanzsektors zur Verhinderung von Machtkonzentration sowie Entzerrung personeller Verflechtungen zwischen dem Finanzsektor und anderen Sektoren.	Markteintrittsbestimmungen, qualitative und quantitative Beschränkungen in der Geschäftstätigkeit, geographische Beschränkungen, Beschränkungen im Rahmen von Unternehmenszusammenschlüssen.
Sicherheit	Sicherung der Solidität und Stabilität des Finanzsystems und Verminderung des „systemic failure".	Bestimmungen in den Bereichen der Kapitalausstattung, Risikodiversifikation, Bilanzierungs- und Berichtswesen, Managementqualität, Überwachung der Geschäftstätigkeit der Finanzinstitutionen.
Organisation	Erhalt der Funktionsfähigkeit und Integrität der Finanzmärkte sowie der Transaktionsmechanismen (Wertpapier- und Warenbörsen, Zahlungs- und Abrechnungssysteme, Informationssysteme etc.).	Aufstellung der Rechte und Pflichten der Marktteilnehmer, Festlegung technischer Standards der Geschäftsabwicklung, Vereinheitlichung von Informations- und Mitteilungspflichten

Schutz	Verbraucherschutz, insbesondere der nicht-professionellen Nutzer des Finanzsystems.	Erhöhung der Produkt- und Preistransparenz, Aufbau eines Einlagensicherungsfonds, Regelung der Verfahrensweise in Streitfällen zwischen Anbieter und Nachfrager von Finanzdienstleistungen

Quelle: Eigene Darstellung in Anlehnung an Vittas 1991, S.4-5.

Die hier erläuterten Formen der staatlichen Intervention bilden das Grundgerüst für ein solides Finanzsystem, wobei die Ausprägung der einzelnen Kontrollbereiche von dem Entwicklungsstand des Finanzsystems abhängt. Stiglitz hält - begründet durch das hohe Maß an Marktversagen und die Bedeutung der Finanzsysteme in den Entwicklungsländern - über dieses Grundgerüst weit hinausgehende Formen der staatlichen Intervention in das Finanzsystem für notwendig:[86]

- Im allgemeinen muß der Staat über die reinen Kontrollaufgaben hinaus Maßnahmen ergreifen, die nicht nur die bestehenden Märkte und Institutionen betreffen, sondern neue Märkte und Institutionen schaffen. Der Staat stellt demnach eine innovative Kraft dar, die im Finanzsektor dort tätig wird, wo der private Sektor trotz bestehender Nachfrage aus Risiko- und Renditeüberlegungen keine Produkte anbietet oder nicht gewillt ist, einen Markt zu bilden.[87]

- Unter der Annahme, daß in jedem Finanzsystem der Staat implizit die Finanzinstitutionen als „Versicherer" schützt, stellen Zinsobergrenzen ein wirksames Mittel zur Umgehung der o.a. negativen Folgen im Zusammenhang mit dem „moral hazard" Problem dar. Die Festlegung der Zinsober- bzw. Zinsuntergrenzen als Wettbewerbsbeschränkung kann weiterhin dazu dienen, neuen inländischen Finanzinstitutionen den Markteintritt zu erleichtern. Bereits im Markt befindliche Institutionen können einen steigenden Wettbewerbsdruck z.B. durch Zugang zu internationalen Finanzierungsquellen oder aufgrund ihrer aufgebauten Reputation leichter abfangen als neue Institutionen. Gerade der Aufbau der Reputation als wichtige Voraussetzung, um eine Finanzinstitution im Markt zu etablieren und um den Zugang zu diesen Finanzierungsquellen zu erhalten, erfordert Zeit und begründet daher vorübergehende Wettbewerbsbeschränkungen.[88]

---

86 Vgl. Stiglitz 1994, S.32ff. und Stiglitz 1989, S.61-64.

87 Zu diesen Produkten bzw. Märkten kann z.B. der Aufbau eines Sekundärmarktes für Wertpapiere oder die Ausweitung bestehender dünner Wertpapiermärkte, die durch ihr geringes Volumen eine höhere Anfälligkeit gegenüber Manipulationen aufweisen, gehören.

88 Vgl. zu den Wettbewerbsbeschränkungen Collier/Mayer 1989, S.8.

- Die in der herrschenden Meinung vertretene Ansicht, „financial repression" sei wachstumshemmend, beruht auf einer Reihe von falschen Annahmen.[89] Im Gegenteil wirkt sich „financial repression" positiv auf die Allokation von Finanzmitteln aus: 1. Wie o.a. besteht auch in einem liberalisierten Finanzsystem Kreditrationierung. 2. Da sich die Finanzierungskosten verringern, wird eine Erhöhung des Eigenkapitals bewirkt, wodurch die Vorteile der Beteiligungsfinanzierung gegenüber der Kreditfinanzierung zum Tragen kommen. 3. Es wird eine Knappheit bzgl. der Finanzmittel erzeugt, die der Regierung die Möglichkeit gibt, das knappe Kapital an die „besten" Firmen zu vergeben.

- Eine direkte quantitative und qualitative Kreditlenkung bietet gegenüber einer Intervention mittels Subventionen oder Steuererleichterungen den Vorteil, daß sie von den Staatseinnahmen und den damit verbundenen Budgetrestriktionen unabhängig ist. Die in einer Reihe von Entwicklungsländern - insbesondere im südostasiatischen Raum - stark ausgeprägten und mit hoher Reputation versehenen Finanzinstitutionen des öffentlichen Sektors (Sparbanken, Postbanksystem etc.) erzielen eine hohe Sparquote bei gleichzeitiger Reduzierung des Konsums, wodurch dem Staat Finanzmittel zur Allokation zur Verfügung gestellt werden. Die oftmals durch hohe Inflation gekennzeichnete gesamtwirtschaftliche Lage erschwert die makroökonomische Kontrolle über die Preise und erleichtert eine quantitative Kontrolle, z.B. in Form der Kreditlenkung.

- Die Ausgestaltung des Wettbewerbs beeinflußt die Kreditvergabe in zweifacher Hinsicht: Eine Erhöhung des Wettbewerbs erweitert zwar die Verfügbarkeit der Kreditmittel für den einzelnen Kreditnehmer, nicht unbedingt aber das gesamte Kreditvolumen. Dem gegenüber führt ein geringerer Wettbewerb zu höheren Profiten der Finanzinstitutionen und dadurch zu einer geringeren Insolvenzgefahr. Fallende Erträge führen zu verringerter Liquidität und zur geringeren Kreditvergabe bis zum Ausscheiden einzelner Institutionen aus dem Finanz-

---

89 Zu diesen falschen Annahmen, die sich stark auf die Ergebnisse bisheriger empirischer Studien ausgewirkt haben, zählen:
- Keine Berücksichtigung des Grades der gesamtwirtschaftlichen Krise. Der Ausschluß negativer Realzinsen führt in einigen Studien zu einem negativen Einfluß hoher positiver Realzinsen auf das Wirtschaftswachstum.
- Der kausale Zusammenhang zwischen geringem Wirtschaftswachstum und „Finanzieller Repression" wird generell der „Finanziellen Repression" zugeschrieben. Die stärkere Berücksichtigung weiterer negativer Einflüsse auf das Wirtschaftswachstum - hohe Inflation, hohe Auslandsverschuldung etc. - zeigt in einer Studie von Murdock/Stiglitz, daß „Finanzielle Repression" nach Bereinigung dieser Einflüsse sich nicht negativ auf das Wirtschaftswachstum auswirkt. Vgl. Murdock/Stiglitz 1993.
- Hohe Realzinsen können auch das Ergebnis guter Investitionsmöglichkeiten und der damit erhöhten Kreditnachfrage sein und nicht das Resultat der Liberalisierung des Finanzsektors. Das inländische Zinsniveau bildet nur in einer vollkommen geöffneten Volkswirtschaft einen verläßlichen Indikator für den Grad der „Financial Repression".

sektor. Analog zu dem Kreditrationierungsmodell führt erhöhter Wettbewerb in Verbindung mit fallenden Erträgen zu einem Anstieg risikoreicher bzw. spekulativer Projekte in den Kreditportfolios der Finanzinstitutionen. Die dabei entstehenden möglichen Verluste werden nicht - wie in anderen Industriezweigen üblich - von dem Investor getragen, sondern z.B. durch kompensationslose Verluste der Anleger oder über Einlagensicherungsfonds der Allgemeinheit ausgeglichen.[90]

- Der Marktzutritt ausländischer Banken ist differenziert zu sehen und führt zu einem modifizierten „infant-industry" Argument: Einheimische Banken müssen die „geringere" Reputation gegenüber großen internationalen Banken über höhere Zinsen ausgleichen, geraten dabei jedoch in die mit „adverse selection" und „moral hazard" verknüpfte Problematik. Dies wird durch die fehlende Möglichkeit einer internationalen Risikodiversifizierung für rein inländische Banken verstärkt.

  Asymmetrische Information zu Ungunsten der Auslandsbanken führt zur Bevorzugung internationaler Kreditnehmer bzw. deren Niederlassungen im Entwicklungsland durch die Auslandsbanken. Ausländische Banken sind weniger verwundbar gegenüber staatlichen Restriktionen als einheimische Banken, da z.B. die Schließung einer Niederlassung der ausländischen Bank generell geringeren wirtschaftlichen Schaden anrichtet als die analoge Schließung der gesamten inländischen Bank. Inländische Banken sind daher eher gezwungen, den Absichten der Regierung Folge zu leisten. Diese Gründe führen zu einer Verschiebung des Zielsystems in der Allozierung der Finanzmittel und führen u.U. zu einer hohen Diskrepanz zwischen dem sozialen und privaten Nutzen der Aktivitäten der Auslandsbanken.

Die Forderungen nach Stiglitz erscheinen unter Berücksichtigung der stärker ausgeprägten Informationsproblematik und der oftmals fehlenden organisatorischen Wirtschaftsstruktur in Entwicklungsländern einleuchtend. Allerdings liegt diesen Forderungen eine wesentliche Annahme zu Grunde, welche generell nicht haltbar ist: Es wird eine nach dem orthodox-technischen Ansatz definierte wohlwollende Regierung vorausgesetzt. Diese Regierung besitzt zudem als Konsequenz aus den Forderungen in den Bereichen des „screening" und „monitoring" von Investitionsprojekten den Marktkräften überlegene Mechanismen.

Die Erfahrungen mit Reform und Liberalisierungsbemühungen - u.a. in einigen südamerikanischen und afrikanischen Ländern - haben jedoch bewiesen, daß der Staatseinfluß

---

90 Vgl. hierzu auch Gibson/Tsakalotos 1994, S.618.

mißbraucht werden kann: Der Erfolg ökonomischer Theorien zur Rechtfertigung der Staatsinterventionen ist nicht so sehr von der ökonomischen Logik im orthodox-technischen Sinn, sondern von dem Grad der Erreichung der individuellen Ziele der politischen Entscheidungsträger abhängig. Dies wird generell über den Einsatz von zwei Instrumenten erreicht: Zum einen über einen Ausbau der Kontrolle über den öffentlichen Sektor, mit der Folge einer umfangreichen Nationalisierung der Schlüsselindustrien. Diese Nationalisierung dient zudem als Ausgleich einer schwachen Administration hinsichtlich der Kontrolle über das Steuersystem und den gesamten Privatsektor. Zum anderen über die Planung und Nutzung des Staatsbudget, wodurch eine Redistribution staatlicher Finanzmittel an favorisierte Interessengruppen ermöglicht wird. Diese Kontrolle bewirkt zudem, daß Entscheidungen über staatliche Investitionen nicht nur nach Effizienzkriterien, sondern in erster Linie nach den erwarteten Redistributionseffekten getroffen werden. Diese Überlegungen lassen sich ohne Probleme auf den Finanzsektor übertragen. Zusätzlich ist der staatliche Sektor weitaus anfälliger gegenüber Korruption und bietet ein höheres Potential an „situations of rent". Daraus resultiert, daß Individuen einen Großteil der Ressourcen von produktiven in „rent-seeking" Aktivitäten leiten und daß politische bzw. administrative Entscheidungsträger „rent-seeking" Möglichkeiten anbieten.[91] Nelson beschreibt diese Situation folgendermaßen:

> „For many politicians and officials, not only vested interests but genuine convictions regarding the appropriate role of the state pose obstacles to sharp reductions in that role. And here their views often converge with those of intellectuals and much of the public, who generally harbor strong doubts that unbridled market forces will serve national interests. Identifying the most appropriate areas and modalities of state regulation and guidance of markets is a continuing, complex and often bitter topic of political debate in almost all nations. The relevant point is that basic unresolved issues of public priorities merge with narrower vested interests to obstruct change."[92]

Stiglitz läßt weiterhin offen, wie die Anreizproblematik hinsichtlich einer der allgemeinen Wohlfahrtssteigerung dienenden Einstellung der mit der Durchführung der Interventionen Beauftragten gelöst werden soll. Es bestehen sogar im Gegenteil Anreize, den Status quo zu erhalten, um durch weitere Veränderungen oder Verschärfungen der staatlichen Eingriffe bisher erhaltene Vorteile nicht zu verlieren. Desweiteren bestehen gerade in mit weitreichenden Budgetrestriktionen belasteten Entwicklungsländern eindeutig Beschränkungen in bezug auf die verfügbaren Ressourcen. Vor dem Hintergrund dieser Beschränkungen sind

---

91 Vgl. Lavay/Lecaillon 1993, S.24-25.

92 Nelson 1990a, S.357.

dann insbesondere Forderungen nach „multiple monitoring agencies“ zur Absicherung und Einhaltung der regulatorischen Standards unrealistisch.

Generell stellt sich die Frage, warum staatliche Interventionen - insbesondere in der Kreditlenkung - den Marktkräften in der Auswahl zukunftsorientierter Sektoren und Investitionsprojekte überlegen sein sollen. Die staatliche Identifikation unproduktiver Sektoren in Form einer Vergangenheitsbetrachtung und eine daraus resultierende Umlenkung der Ressourcen scheinen noch machbar. In der Identifikation produktiver Sektoren verfügen private Investoren gegenüber der staatlichen Lenkung jedoch eindeutig über einen mit ihren zukünftigen Investitionen verbundenen Anreizvorteil. Das gleiche Argument gilt für die Unterscheidung in staatliche oder private Kreditrationierung, zumal eine staatliche Kreditrationierung die Bestrebungen einer verstärkten Finanzierung über die Beteiligungsmärkte unterläuft. Es ist weiterhin im Zusammenhang mit der Diskussion über den Wettbewerb im Finanzsektor nicht einsichtig, warum Finanzinstitutionen höhere Gewinne kapitalisieren sollten, anstatt Gewinne an die Anteilseigner auszuschütten. Hierdurch wird das Argument für einen geringeren Wettbewerb im Finanzsektor entkräftet.

Im Kontext einer fortschreitenden Integration und Komplexität der nationalen Finanzmärkte im internationalen Finanzsystem wirft die zukünftige Entwicklung des staatlichen Einflusses auf die Finanzmärkte eine Reihe weiterer Fragen auf und erfordert ein Umdenken in der Ausrichtung der Einflußnahme. Die bisherigen Steuerungsmöglichkeiten der Volkswirtschaft mittels des Finanzsektors durch den Staat basieren auf vier Hauptquellen, die durch die Faktoren Steuerhoheit, das Recht der Banknotenausgabe, staatliche Kreditaufnahme und die Regulierung der Finanzmärkte determiniert sind. Mit Ausnahme der Kreditaufnahme besitzt der Staat in diesen Faktoren eine Monopolstellung. In bezug auf den Faktor Kreditaufnahme ist er durch die Möglichkeit der Geldschaffung zur Rückzahlung der Kredite gegenüber den sonstigen Wirtschaftssubjekten privilegiert. Mit der Öffnung der Volkswirtschaft und einer damit einhergehenden Liberalisierung der Finanzsysteme werden diese traditionellen Steuerungssysteme geschwächt:

- Die Steuerhoheit kann durch Abwanderung ins Ausland umgangen werden.
- Die privaten Wirtschaftssubjekte reagieren sensibel auf inflationäre Tendenzen und weichen auf alternative Währungen aus.
- Der weltweite Wettbewerb um Kreditmittel diszipliniert die Kreditaufnahme.
- Der Wegfall der Kapitalkontrollen und die Verflechtung zwischen verschiedenen Finanzmärkten sowohl in regionaler als auch sektoraler (Versicherungen, Banken, sonstige Finanzinstitutionen, etc.) Sicht mit Hilfe einer weltweiten Kommunikation erfordert globale

Reglementierungen und Standards. Diese werden jedoch meist von den laufenden Entwicklungen überholt.[93]

Auf der anderen Seite bewirkt diese Schwächung der Steuerungsmöglichkeiten eine Disziplinierung des Staates, indem die Einflußmöglichkeiten über liberalisierte und globalisierte Finanzmärkte beschränkt und die Möglichkeiten des Mißbrauchs durch den Staat verringert werden. Die Rolle des Staates wird sich in dieser Umgebung verstärkt auf eine strikte Durchführung der Strafen im Falle einer Regelverletzung sowie auf Erhöhung der Transparenz im Sinne einer besseren Information der Nutzer des Finanzsystems konzentrieren, um ein Funktionieren des Marktes zu gewährleisten. Die Effizienz detaillierter, auf Institutionen bezogene Regelwerke schwindet aufgrund der Schnelligkeit, mit der Finanzinnovationen in den Markt eingebracht werden sowie aufgrund der Integration der verschiedenen Sektoren und Regionen im internationalen Finanzsystem. Als Lösungsansatz ist ein an Funktionen bzw. Aktivitäten gebundenes Regelwerk denkbar, welches diese Barrieren durch die funktionale Ausrichtung am Markt überwindet und die Flexibilität der Aufsichtbehörden erhöhen kann. Auf internationaler Ebene verbessert eine intensivere Koordination die Effizienz der Regelwerke.

3.1.5.4 Fazit

Als Fazit läßt sich erstens festhalten, daß die vielfältigen Formen des Marktversagens und die Besonderheiten des Finanzsystems im Unterschied zu anderen Märkten zumindest ein Ausmaß an regulierenden Interventionen benötigt, welches, basierend auf den o.a. Formen der staatlichen Kontrolle nach Vittas, eine konstitutionelle Basis des Finanzsystems bildet. Die Ausprägung der einzelnen Kontrollen ist dabei stark abhängig von dem Entwicklungsgrad der Volkswirtschaft. Die von Stiglitz aufgestellten Forderungen sollen nicht zum Anlaß genommen werden, Märkte durch Staatsinterventionen zu ersetzten, sondern dienen dazu, auf spezi-

---

93 Als Beispiel für eine solche Entwicklung kann die fortlaufende Innovation der neuen Finanzinstrumente (Derivate, etc.) genannt werden, die den staatlichen Aufsichtsorganen erhebliche Probleme hinsichtlich ihrer Kontrollierbarkeit bereitet und in der jüngsten Vergangenheit wiederholt zu hohen Verlusten bzw. Zusammenbrüchen einzelner Anleger und Gesellschaften (u.a. Barings Bank, Orange County, Procter and Gamble, Metallgesellschaft) geführt hat. O'Brien beschreibt die Situation der staatlichen Aufsichtsbehörden daher folgendermaßen: „In this fast-paced environment, regulators are entrusted not only with preserving a system they no longer thoroughly control but also with controlling a system that neither they not the players thoroughly understand. ... Governments still have immense powers, including the power to surprise the markets with policy moves. But when the financial authorities themselves start to show surprise at how the markets react to their moves, one begins to wonder who, if anyone, is in charge". O'Brien 1995, S.151.
Kritiker dieser Entwicklungen befürchten in diesem Zusammenhang einen Zusammenbruch des internationalen Finanzsystems im Fall einer Krise. Siehe hierzu Bretton Woods Commission 1994. Auf der Gegenseite werden auch hier die Kräfte des Marktes zur Selbstreinigung als ausreichend angesehen und den Instrumenten bzw. Händlern eine „creative destruction" zugeschrieben. Siehe hierzu Millman 1995.

fische Einzelprobleme aufmerksam zu machen, das Potential wohlfahrtssteigernder staatlicher Interventionen aufzudecken und die Möglichkeit der „systemic failures“ zu verhindern. Die Problematik der Identi-fizierung von Interventionen, die eine Annäherung an das Pareto-Optimum bewirken, bleibt weiterhin bestehen. Ebenso ändern staatliche Interventionen grundsätzlich nichts an den mit der Principle-Agent Beziehung verknüpften Problemen. Die Basis beinhaltet insbesondere die Kontrollen hinsichtlich Struktur, Sicherheit und Organisation, wobei diese Kontrolle nach Effizienzkriterien ausgerichtet sein sollten. Die Ausprägung der übrigen Kontrollen ist zudem davon abhängig, inwieweit Interdependenzen zwischen den sechs Kontrollarten in den Bereichen Wettbewerb, Effizienz und Innovation gegenüber Stabilität, Sicherheit und fairem Wettbewerb bestehen.[94]

Zweitens gewinnt der Umgang mit dem Gut Information durch den Staat entscheidend an Bedeutung. Märkte geben die richtigen Signale an ihre Teilnehmer und erfüllen ihre disziplinierende Funktion nur dann, wenn die ihnen zugrunde liegenden Informationen über z.B. Wirtschaftsziele und -leistung, Politikplanung und deren Instrumente ein realitätsgerechtes Bild widerspiegeln. Eine unzureichende oder zeitlich verzögerte Bekanntgabe relevanter Informationen erhöht das „systemic risk“ und öffnet die Möglichkeiten für spekulative Attakken auf das Finanzsystem aufgrund von Gerüchten bzw. den falsch aufgebauten Erwartungen der privaten Wirtschaftssubjekte. Hier setzt das Konzept der Glaubwürdigkeit in seinen politökonomischen Ausprägungen mit dem Ziel der Reduzierung der Unsicherheit ein. Als realistische Verteidigungsoption gegen die aus einer Liberalisierung der Finanzsysteme entstehenden Gefahren erscheint der Aufbau einer glaubwürdigen Wirtschaftspolitik notwendig, welche diskretionäre Maßnahmen verhindert. Die Einschränkung der Einflußnahme durch den Staat verspricht in diesem Kontext paradoxerweise eine Erhöhung der Kontroll- und Steuerungsmöglichkeiten.

3.2 Handlungsansätze der Liberalisierung

3.2.1 Der Orthodox-Technische Ansatz

Der orthodox-technische Ansatz im Rahmen von Liberalisierungs- und Reformbestrebungen einer Volkswirtschaft betrachtet und bewertet die durchzuführenden Maßnahmen unter rein „ökonomischen“ Aspekten. Der Ansatz abstrahiert von Verhaltensweisen der an den Refor-

94 Vittas gibt einen Überblick über eine Reihe möglicher Interdependenzen der einzelnen Kontrollarten. Vgl. Vittas 1991, S.7-10.

men beteiligten Akteure (Regierung, Unternehmen, Haushalte etc.). Unter dieser Voraussetzung versucht die mit der Reformdurchführung beauftragte Administration[95], eine soziale Nutzenfunktion zu maximieren. Es gelten die Annahmen, daß die Regierung gegenüber den Wirtschaftssubjekten wohlwollend handelt und daß vollkommene Information herrscht. Die Nutzenfunktion ist durch existierende administrative und technologische Nebenbedingungen charakterisiert. Der technologische Ansatz zielt damit auf die Identifizierung der Reformabfolge ab, die die Wohlfahrtskosten minimiert.[96] Der Begriff Wohlfahrtskosten kann als Summe der sozialen Kosten, die aus der Durchführung des Reformprozesses entstehen, definiert werden.[97] Weiterhin müssen Kosten berücksichtigt werden, die durch unterstützende wirtschaftspolitische Maßnahmen - etwa Lohnsubventionen, Steuererleichterungen - entstehen können. Die unterstützenden Maßnahmen dienen dazu, die aus der unterschiedlichen Anpassungsgeschwindigkeit der verschiedenen Faktormärkte resultierenden kurzfristigen Effizienz- und Einkommensverluste in der Transformationsphase der Reform abzuschwächen.

Die rein theoretische Diskussion kann jedoch eine einheitliche Abfolge nur mittels weitreichender Vereinfachungen identifizieren, wodurch die allgemeine Aussagekraft sehr eingeschränkt wird und die Übertragung auf den länderspezifischen Einzelfall eine Reihe von Modifizierungen erfordert. Weiterhin bleibt das Problem der wohlfahrtsmindernden Wirkung von Second-Best Lösungen. Die folgende Tabelle V gibt über die Auswertungen einiger Relevanter Studien einen Überblick über den Konsens hinsichtlich des orthodox-technischen Ansatzes in der Liberalisierungsabfolge.

95 Im folgenden wird hier der Begriff Regierung verwendet, wenn gleich auch nur einzelne Ministerien oder sonstige staatliche Institutionen mit der Durchführung beauftragt sein können.

96 Vgl. Funke 1993, S.5.

97 Lösch unterscheidet weiterhin in soziale Brutto-Kosten und soziale Netto-Kosten. Die Netto-Kosten ergeben sich nach Saldierung des Netto-Nutzen, der durch die Wohlfahrtssteigerungen nach der Reformdurchführung entsteht, von den sozialen Brutto-Kosten. Die Kosten bestehen u.a. aus generell kurzfristigen Vermögens- und Einkommensverlusten, Beschäftigungsrückgängen und Entwertungen von Sach- und Humankapital. Dem gegenüber stehen der Netto-Nutzen, der sich insbesondere in der langfristigen Verbesserung der Effizienz der Investitionen und den damit verbundenen Einkommenszuwächsen ausdrückt. Vgl. Lösch 1993, S.39.

Tabelle V: Liberalisierungsabfolge im orthodox-technischen Ansatz

	Fiskal- und geldpolitische Stabilisierung	Liberalisierung des inländischen Finanzsystems	Handelsreform und Realsektor	Liberalisierung des externen Kapitalverkehrs
Corden 1987	1		1/2	2/3
Edwards 1984/1990	1	2	3	4
Frenkel 1982			1	2
Krueger 1981/1984	1	1	1/2	2/3
McKinnon 1982/1992	1	2	3	4
Lal 1987	1	1	3	2
Schweickert 1993	1	2	1	3

Quelle: Funke 1993, S.3. Die Zahlen geben jeweils den Rang in der Liberalisierungsabfolge wieder.

Aus dieser Übersicht läßt sich der folgende Konsens ableiten: Vor Beginn der Liberalisierung steht die fiskal- und geldpolitische Konsolidierung, an zweiter Stelle folgen die Reformen im Handelsbereich und Anpassungsmaßnahmen im Realsektor. Simultan hierzu erfolgt die Liberalisierung des inländischen Finanzsystems. Die Liberalisierung des externen Kapitalverkehrs folgt an letzter Stelle. Die Maßnahmen bezogen auf den Finanzsektor erfolgen damit relativ spät in der Gesamtabfolge. Von dieser Reihenfolge weicht lediglich Lal deutlich ab.[98]

In der orthodox-technischen Analyse geplanter Liberalisierungsprogramme können die folgenden wichtigen Einflußbereiche auf ein Programm identifiziert werden. Diese Bereiche werden hinsichtlich ihrer Auswirkungen auf die Gesamtwohlfahrt analysiert und anhand ihrer Konsequenzen auf die Einkommensverteilung und auf die Beschäftigung bewertet, um so eine optimale Reformstrategie aufzuzeigen:[99]

- Ressourcenallokation: Liberalisierungsprogramme erfordern sowohl intra- als auch interregionale Mobilität der Produktionsfaktoren. Die Umschichtung der Ressourcen aus den bisher geschützten Sektoren in lohnendere Industriezweige zieht einen Zeit- und Kostenaufwand mit sich.

- Makroökonomische Zielkonflikte: Verschiedene makroökonomische Ziele (Inflationsbekämpfung, Steigerung des Außenwirtschaftsbeitrages, Reduzierung der Staatsverschuldung) erfordern unter Umständen den Einsatz konträrer Instrumente. Wie bereits an-

98 Lal begründet diese Abweichung durch politökonomische Überlegungen, die er dem orthodox-technischen Ansatz überordnet. Vgl. Lal 1987.

99 Vgl. Sell 1989, S.451-452 und Edwards 1989, S.15.

gedeutet, kommt hier der Wahl des Wechselkurssystems sowie der Bestimmung des realen Wechselkurses innerhalb eines Systems fester Wechselkurse besondere Bedeutung zu.

- Preisrigidität: Beschäftigungspolitische Folgen der Liberalisierungsbemühungen durch die Freisetzung von Produktionsfaktoren können aufgrund der Starrheit der Preise (Güterpreise, Löhne, Wechselkurse) nicht ausgeglichen werden.

Diese Bereiche beinhalten weiterhin auch die wichtigsten Hemmnisse auf makroökonomischer Ebene, die einer Liberalisierung aus orthodox-technischer Sicht entgegenstehen. Die Hemmnisse können mit dem Begriff „Makroökonomischer Souveränitätsverlust" umschrieben werden. Dieser Souveränitätsverlust tritt in Entwicklungsländern typischerweise in den folgenden drei Formen auf:[100]

1. Staatseinnahmen: Wie in Kapitel 3.1.4 bereits erläutert, löst eine Liberalisierung des Finanzsystems eine Umschichtung der Struktur der Staatseinnahmen aus. Bedingt durch das geringe Steueraufkommen, greift der Staat auf die Finanzierungs-möglichkeiten mittels eines repressiven Finanzsystems zurück.

2. Wechselkurse: Der mit einer Liberalisierung verbundene Abbau externer und inländischer Kontrollen im Finanzsystem in Form von Kapitalverkehrskontrollen, Zinssätzen etc. entzieht dem Staat die direkte Steuerungsmöglichkeit der inländischen monetären Aggregate über den bisher festen Wechselkurs. Der Zentralbank stellt sich dann die Aufgabe, Geld- und Wechselkursziele über Interventionen an den Devisenmärkten bzw. über weitere indirekte Maßnahmen in Einklang zu bringen. Dies ist insbesondere dann problematisch, wenn die Reform in einer Hochinflationsphase durchgeführt werden soll. Die unterschiedliche Anpassungsgeschwindigkeit der Güter- und Arbeitsmärkte gegenüber den Finanzmärkten läßt den Wechselkurs überschießen und erhöht die Anpassungskosten aufgrund der sinkenden Wettbewerbsfähigkeit des inländischen Exportsektors. Eine Überbewertung des realen Wechselkurses behindert weiterhin die langfristige Entwicklung, da durch suboptimale Investitionen insbesondere in Sektoren mit nicht-handelbaren Gütern der notwendigen Exportdiversifizierung Ressourcen entzogen werden.

3. Kapitalmärkte: Die Durchführung einer effizienten Geldpolitik nach Öffnung der Volkswirtschaft und des Kapitalverkehrs über indirekte Marktoperationen wird durch die dünnen Wertpapiermärkte sowie die meist nicht vorhandenen Sekundärmärkte erschwert. Deswei-

---

100 Vgl. Fischer/Reisen 1992, S.23ff.

teren verfügen Entwicklungsländer in der Regel nicht über ein ausreichend hohes Kreditstanding an den internationalen Kapitalmärkten. Dies begrenzt die Möglichkeiten, extern oder intern verursachte Schocks über die Mittel und Instrumente des inländischen Finanzsystems zu absorbieren. Der Rückgriff auf direkte Interventionen durch externe oder interne Kontrollen scheint dann geeignet, um einer drohenden Rezession und einem weiteren Souveränitätsverlust entgegenzutreten.

Vor dem Hintergrund der oben dargestellten Hemmnisse stellt sich die Frage, warum Regierungen dennoch ein Liberalisierungsprogramm durchführen wollen und damit notwendigerweise diese Hindernisse überwinden müssen. Die Mehrzahl der Reformbemühungen findet ihren Ausgangspunkt in einer gesamtwirtschaftlichen „Krise“, die durch extreme Ausschläge einzelner volkswirtschaftlicher Variablen - z.B. Inflation, Arbeitslosigkeit oder öffentliche Verschuldung - sowie ein nicht mehr tragbares Zahlungsbilanzdefizit gekennzeichnet ist.[101] Ursache der Krise können sowohl externe - wie etwa eine drastische Verschlechterung der Terms of Trade (ToT) - als auch interne Gründe - wie etwa eine unverhältnismäßig hohe Steigerung der Staatsausgaben - sein.[102] In diesem Umfeld verfolgt die Regierung mit einzelnen Maßnahmen des Liberalisierungsprogramms das Ziel, die Kontrolle über die Wirtschaft wieder zurückzuerlangen.

Dieses Ziel erscheint auf den ersten Blick paradox, da eine in der Vergangenheit durch ein hohes Maß an staatlicher Intervention gekennzeichnete Wirtschaftspolitik genau das gleiche Ziel der Kontrolle verfolgte. Der Regierung bleibt jedoch als Alternative zu einem Reformprogramm nur die Möglichkeit einer weiteren Verschärfung der Kontrollen durch die Einführung neuer restriktiver Maßnahmen oder die härtere Durchsetzung bestehender Kontrollen offen. Empirische Erfahrungen z.B. in den Transformationsländern Osteuropas oder Indochinas belegen jedoch die These, daß mit steigender staatliche Intervention ein Punkt erreicht

101 Raiser klassifiziert in seiner Untersuchung 39 Volkswirtschaften, die verschiedene Wirtschaftsreformen durchgeführt haben bzw. diese versucht haben. 28 dieser Volkswirtschaften werden mit dem Status „Crisis“ versehen, 10 mit dem Status „Muddle“ und lediglich Korea erhält den Status „Stable“. Vgl. Raiser 1993, S.20. Bates/Krueger identifizieren in einer von ihnen durchgeführten Studie drei „Krisentreiber“, die zur Implementierung von Reformen führen: Zahlungsbilanzschwierigkeiten, Hyperinflation und der Verlust der staatlichen Kontrolle über die Wirtschaftsentwicklung mit dem Resultat eines überproportionalen Anstiegs des informellen Sektors. Vgl. Bates/Krueger 1993a, S.452.

102 Lal führt in diesem Zusammenhang an, daß der Großteil der sogenannten Zahlungsbilanzkrisen durch den öffentlichen Sektor hervorgerufen wird, und zeigt anhand mehrerer Beispiele, daß insbesondere Fehlurteile über die angemessene Größe und Zusammensetzung des öffentlichen Sektors hierfür verantwortlich sind. Weiterhin argumentiert Lal, daß erst die Fehleinschätzung ökonomischer Sachverhalte durch die Regierung und daraus resultierende Maßnahmen im öffentlichen Sektor - z.B. eine drastische Erhöhung oder Reduzierung der Ausgabenseite - aus einer vorübergehenden Schwäche eine ernsthafte Krise entstehen läßt. Vgl. Lal 1987, S.281 ff.

wird, an dem zusätzliche Kontrollmaßnahmen die effektive Kontrolle des Staates über die verschiedenen Bereiche des Wirtschaftens vermindern, anstatt diese zu erhöhen. Eine Begründung kann u.a. darin gesehen werden, daß sich bei den privaten Wirtschaftssubjekten positive Lerneffekte einstellen, die eine schnelle Umgehung der Kontrollen ermöglicht.[103] Eine Umgehung von Kontrollen und Reglementierungen - z.B. einer drastischen Erhöhung der Steuersätze für bestimmte Produktionsaktivitäten, um eine Reduzierung des Haushaltsdefizits zu erreichen - kann weiterhin zur Verminderung oder im Extremfall zum Wegfall der Produktionsbasis führen, die zur Wiedererlangung der Kontrolle dienen sollte. Dies ist der Fall, wenn das Einkommen nach Steuern aus einer legalen, besteuerten Produktionstätigkeit unter ein bestimmtes Niveau fällt. Unternehmen werden dann nicht besteuerte - im Extremfall illegale - Produktionstätigkeiten präferieren, um die Kontrollen zu umgehen und ein höheres Einkommen aus der nicht besteuerten Produktionstätigkeit zu erzielen.[104]

Aufgrund der teilweise negativen Erfahrungen mit Liberalisierungen in einigen südamerikanischen Volkswirtschaften und den Auswirkungen der Schuldenkrise zu Beginn der achtziger Jahre rückte die Diskussion über die Wechselwirkungen zwischen Liberalisierung und makroökonomischer Stabilisierung weiter in den Vordergrund. Die meisten Beiträge zu diesem Thema beschäftigen sich auch hier mit der Abfolge zwischen Stabilisierungs- und Liberalisierungsprogrammen und konzentrieren sich auf die Einflußfaktoren Inflation und Fiskaldefizit. Die folgende Tabelle VI gibt einen schematischen Überblick über die Diskussion bzgl. der Abfolge zwischen Stabilisierungs- und Liberalisierungsprogrammen[105]:

---

103 Als Beispiel für die Umgehung staatlicher Kontrollen oder Restriktionen können die Erfahrungen einiger südamerikanischer Länder mit der Implementierung verschiedener Kapitalverkehrskontrollen zur Eindämmung der Kapitalflucht herangezogen werden. Mathieson/Rojas-Suárez bieten einen ausführlichen Überblick über die Umgehungsmöglichkeiten von Kapitalverkehrskontrollen und kommen u.a. zu dem Schluß, daß mit der fortschreitenden Entwicklung und Integration der internationalen Kapitalmärkte und der Finanzsysteme in den achtziger Jahren die Effektivität der Kapitalverkehrskontrollen rapide abgenommen hat. Neben Lerneffekten führen die Autoren dies u.a. auf sinkende Transaktionskosten im internationalen Kapitalverkehr sowie auf Diversifikations- und Risikoaspekte in Bezug auf Anlageformen an den Kapitalmärkten der Industrienationen zurück. Vgl. Mathieson/Rojas-Suárez 1993, S.8 ff. und S.17.

104 Vgl. Lal 1987, S.283. Die Durchführung einer Verschärfung der Kontrollen und Reglementierungen zum Zweck der Wiedererlangung der Kontrolle über die Wirtschaft wird jedoch kaum beobachtet. Als Beispiel kann die Wirtschaftspolitik Tanzanias Anfang der achtziger Jahre gelten. Eine Darstellung findet sich in Collier/Bevan/Gunning 1985.

105 Die hier wiedergegebenen Meinungen beziehen sich zum großen Teil auf Liberalisierungsmaßnahmen im Handelsbereich.

Tabelle VI: Abfolge zwischen Stabilisierungs- und Liberalisierungsprogrammen	
Autor	**These**
1. Handelsliberalisierung vor Stabilisierung	
Krueger 1981	Unter der Voraussetzung, daß ausländische Finanzmittel verfügbar sind, können Handelstarife reduziert werden, ohne daß eine reale Aufwertung der inländischen Währung ausgelöst wird. Die Stabilisierung wird daher durch eine stabile Währung unterstützt.
2. Simultane Implementierung von Stabilisierung und Liberalisierung	
Krueger 1981	Theoretisch existieren eine geringe Interdependenz zwischen den Determinanten der Inflation und der Ausrichtung des Handels. Unter der Voraussetzung, daß eine reale Über-bewertung der Währung vermieden wird, können beide Prozesse simultan initiiert werden.
Krueger 1984, Cordon 1987	Die Verschleppung von Liberalisierungsmaßnahmen impliziert ein Ansteigen der Kosten aufgrund bestehender Ineffizienzen. Eine simultane Implementierung setzt ein entsprechendes Wechselkurssystem voraus sowie die Gewißheit, daß die Regierung das Programm durchzieht und nicht auf das Einsetzen alter Kontrollen zurückgreift.
Michaely 1987	Da eine erfolgreiche Liberalisierung eine Abwertung des realen Wechselkurses verlangt, ist die simultane Rückführung des Fiskaldefizits notwendig.
3. Stabilisierung vor Handelsliberalisierung	
McKinnon/ Mathieson 1981	Ein Haushaltsüberschuß erhöht die Chancen für eine erfolgreiche Durchführung von Liberalisierungsmaßnahmen. Weiterhin ermöglicht ein positiver fiskalischer Saldo die Beibehaltung eines abgewerteten realen Wechselkurses.
McKinnon 1984	Das Hauptproblem in Liberalisierungsmaßnahmen stellen begleitende Kapitalzuflüsse dar, die zu einer unerwünschten realen Aufwertung des Wechselkurses führen. Ein Haushalts-überschuß verringert die Notwendigkeit, Finanzmittel im Ausland aufzunehmen.
Fischer 1986/1987	Inflation generiert inländische Verzerrungen und setzt für den Liberalisierungsprozeß falsche Signale. Daher geht der Liberalisierung eine Reduzierung der Inflation auf ein haltbares Niveau voraus.
Sachs 1987/1988	Stabilisierung und Liberalisierung enden in einem Wettbewerb der Instrumente und führen zu diametralen Effekten auf die jeweiligen Programme. Empirische Erfahrungen aus dem südostasiatischen Wirtschaftsraum sprechen für eine der Liberalisierung vorausgehende Stabilisierung.

Quelle: Edwards 1989, S.19.

Die unter Punkt 1. und 2. aufgeführten Thesen betonen insbesondere die wohlfahrtstheoretischen Auswirkungen - in diesem Fall die volkswirtschaftlichen Kosten -, die mit Handelsrestriktionen verbunden sind, und bewerten diese als zu hoch, um den Beginn der Reformen bis zur Erreichung eines makroökonomischen Gleichgewichts herauszuzögern. Alle Autoren stellen zudem die Bedeutung eines angemessenen realen Wechselkurses als Grundbedingung für eine erfolgreiche Liberalisierung heraus. Die Vertreter der Richtung „Stabilisierung vor Liberalisierung" begründen ihre Thesen u.a. mit der Erkenntnis, daß Länder mit hohem Haushaltsdefizit im Fall der Öffnung eine Überbewertung ihres Wechselkurses kaum vermeiden konnten. Eine eindeutige Richtlinie über die Abfolge zwischen Liberalisierung und Stabilisierung läßt sich nicht identifizieren.

Insgesamt ist die Literatur jedoch einer Reihe von Beschränkungen unterworfen, da eine systematische Aufarbeitung empirischer Erfahrungen fehlt und die analytische Diskussion sehr allgemein gehalten ist. Weiterhin fehlt eine klare Abgrenzung über Umfang und Ausmaß einzelner Reformmaßnahmen sowie eine genügende Berücksichtigung der Rahmenbedingungen bzw. der eine Reform vorbereitenden Politik. In diesem Zusammenhang wird keine Abgrenzung hinsichtlich der spezifischen Eigenschaften bestehender volkswirtschaftlicher Ungleichgewichte getroffen.[106] Die orthodox-technische Literatur beschränkt sich weitgehend auf die Liberalisierungsmaßnahmen in Bezug auf den Handel und die Kapitalbilanz, wodurch die weiteren volkswirtschaftlichen Märkte vernachlässigt oder als frei von Preisverzerrungen betrachtet werden. Ebenso werden Störungen auf der mikroökonomischen Ebene nicht berücksichtigt.[107]

3.2.2 Der Politisch-Ökonomische Ansatz

Die teilweise katastrophalen Mißerfolge einiger Reformbemühungen in den südamerikanischen Ländern Mitte der achtziger Jahre rückte die Untersuchung über deren Ursachen in den Vordergrund. Wenngleich der Ablauf der Reform- und Stabilisierungsmaßnahmen der verschiedenen Länderprogramme kontrovers diskutiert wurde, so bestand doch unter Wirtschaftspolitikern und internationalen Organisationen - wie z.B. Internationaler Währungsfonds und Weltbank - ein fast einhelliger Konsens bzgl. der orthodox-technischen Kernelemente der Programme. Dazu zählten vor allem eine restriktive Geldpolitik mit dem Ziel der Inflationseindämmung, eine drastische und rasche Rückführung des Fiskaldefizits sowie eine deutlichere Exportorientierung der Gesamtwirtschaft und damit verbunden die Schaffung eines attraktiven Investitionsklimas im Inland. Die zahlreichen Mißerfolge über-

---

106 Eine Ausnahme hierzu bildet Edwards, der zumindest eine Unterteilung der Erfahrungen bzgl. der Interaktion zwischen Stabilisierung und Liberalisierung nach den jeweils herrschenden Inflationsraten vornimmt Auf der Grundlage einer Unterteilung in leichte Inflation (<35%), hohe Inflation (50-100%) und sehr hohe Inflation (>100%) entwirft Edwards verschiedene Leitlinien und wirtschaftspolitische Empfehlungen zu dieser Problematik. Vgl. Edwards 1992, S.15 ff.

107 Vgl. Edwards 1989, S.22-23. Fischer/Reisen führen im Zusammenhang mit der Liberalisierung von Kapitalverkehrskontrollen weitere Kritikpunkte an: Die Art der Kapitalverkehrskontrollen und die Richtung der Kapitalströme werden nicht genügend spezifiziert; die Erfahrungen der Liberalisierungsprogramme beziehen sich auf eine Zeit, die durch ein Überangebot an Kapital auf den Weltmärkten charakterisiert war; die „Rezepte“ für eine erfolgreiche Liberalisierung beziehen sich auf theoretische Modelle, die die Hindernisse der „realen“ Welt nicht identifizieren und beseitigen. Vgl. Fischer/Reisen 1992, S.21-22.

raschen vor dem Hintergrund dieser Gemeinsamkeiten und führten auf der Suche nach Erklärungsmustern zu Ansätzen aus der Politischen Ökonomie.[108]

3.2.2.1 Gegenstand der politisch-ökonomischen Betrachtungsweise

Im Gegensatz zu dem orthodox-technischen Ansatz bezieht der politisch-ökonomische Ansatz die Verhaltensweisen der Reformbeteiligten[109] in die Liberalisierungsplanung und -durchführung mit ein. Die Regierung, stellvertretend als verantwortliches Organ für die Durchführung der Reformpläne, wird als eine Gruppe von Individualisten betrachtet, die versuchen, ihre eigene „persönliche" Nutzenfunktion zu maximieren. Die Maximierung umfaßt hierbei sowohl materielle (berufliche Position und damit verbundene geldwerte Begünstigungen) als auch immaterielle Vorteile (gesellschaftliche Position und damit verbundenes Ansehen, Prestige, Macht, etc.). Aus dem Bestreben heraus, diese Vorteile durch Abwahl oder Absetzung aus dem Amt nicht zu verlieren, stehen Politiker in Gefahr, zur Zielgröße von Interessengemeinschaften zu werden. Diese Interessengemeinschaften wiederum versuchen, ihre eigenen Interessen gegenüber den Politikern durchzusetzen.[110]

---

108 Historisch gesehen findet die Politische Ökonomie ihren Ausgangspunkt im 18. Jahrhundert in den Anfängen der Industrialisierung. Bis zu diesem Zeitpunkt bestand eine klare funktionale Trennung zwischen Ökonomie und Politik, wenngleich der Ökonomie eine eher unselbständige Rolle zugestanden wurde. Die Aufhebung der funktionalen Trennung wurde durch die zunehmenden Eingriffe des Staates in das Wirtschaftsleben ausgelöst. Insbesondere die Legitimation dieser Eingriffe durch die keynesianische Theorie sowie die Kritik an der reinen Ökonomie im Sinne der Wohlfahrtsökonomie führten zur engen Verbindung zwischen ökonomischen und politischen Variablen. Die Kritik an der Wohlfahrtsökonomie besteht vor allem darin, daß durch ökonomische Modelle ein wünschenswerter Sollzustand - abgeleitet aus Effizienzkriterien - zwar abgebildet, jedoch die reale Wirtschaftswelt nicht erklärt wird. Zur Geschichte und Kritik der Politischen Ökonomie im Überblick siehe Staniland 1985 und Yandle 1990. Eine ausführlich Einführung in die politische Ökonomie, insbesondere in Bezug auf deren Auslegung aus keynesianischer und neo-klassischer Sicht, findet sich in Phelps 1985.
Die Erklärungsansätze aus dem Bereich der „Politischen Ökonomie" finden auch in der gegenwärtigen Diskussion über die Bewältigung der Transformationsprobleme in den osteuropäischen Ländern zunehmend Beachtung. Siehe hierzu u.a. die Beiträge von Roland 1990 und 1992, Rosati 1992, Van Wijnbergen 1991, Williamson 1994b und Wyplosz 1992.

109 Durch die Reformen werden eine Reihe von sozioökonomischen Gruppierungen betroffen: Arbeiterschaft, Bauernschaft, Unternehmer, Manager, Bürokratie, Politiker und unorganisierte Gruppen wie z.B. Gelegenheitsarbeiter, Kleingewerbe, Arbeitslose etc. Abhängig von Ausmaß, Abfolge, Zusammensetzung und Umfang der Reformprogramme und der daraus resultierenden Höhe und Verteilung der Anpassungskosten können diese Gruppen sehr unterschiedlich von den Reformen betroffen sein. Im Gegenzug bilden insbesondere zahlenmäßige Größe der Gruppe, verfügbare Mittel zur Durchsetzung der gruppenspezifischen Interessen sowie Organisationsfähigkeit und die auf einer individuellen Kosten-Nutzen Analyse basierende Neigung zur Teilnahme an kollektiven Aktionen das Potential einer Gruppe, die Durchführung geplanter Maß-nahmen zu verhindern, um sich gegen die negativen Folgen zu schützen. Vgl. Shams 1992, S.290 und Lavay/Lecaillon 1993, S.102-103. Im folgenden konzentrieren sich die Ausführungen auf das generelle Verhältnis zwischen Staat, vertreten durch Politiker und private Wirtschaftssubjekten.

110 Diese einseitige Sichtweise gegenüber Politikern führt logischerweise zu einer möglichst weitgehenden Beschränkung der Rolle des Staates bzw. der Regierung in der Wirtschaft, um die Maximierung der in-

Die Implementierung von Reformen verläuft aufgrund der Beschränkung auf second-best Lösungen nicht notwendigerweise pareto-optimal, so daß es im Normalfall Gewinner und Verlierer in Bezug auf Macht- und Einkommensveränderungen am Ende der Reform geben wird. Unter der Annahme, daß kurzfristige Erfolgserwartungen das Verhalten der Individuen bestimmen, werden die Reforminstrumente wie folgt ausgerichtet: Die Reformer versuchen, schnell wahrnehmbare Vorteile für die Mehrheit der betroffenen Wirtschaftssubjekte oder die einflußreichsten Gruppen zu identifizieren und zu realisieren. Auf der Gegenseite sollen Nachteile möglichst schlecht organisierte Minderheiten treffen. Die Sequenz der Reformen bzw. Reformschritte und der damit verbundenen Maßnahmen wird in ihrer Rangfolge durch die Kriterien abnehmende Popularität und ansteigender Schwierigkeitsgrad in der Durchsetzung politischer Entscheidungen bestimmt.

Sell leitet aus diesem Ansatz einen Aktionsradius der an einer Reform Beteiligten ab und bildet die Verhaltensoptionen wie folgt ab (vgl. Abb. III):

Abbildung III: Verhaltensoptionen in der Reformdurchführung

Verhaltensoptionen in der Reformdurchführung			
Staat (j) Private Wirtschafts-subjekte (i)	Abbruch	Durchhalten mit Kompensation	Durchhalten ohne Kompensation
Keine Verhaltensänderung	R_{11}	R_{12}	a
Positive (gewünschte) Verhaltensänderung	b	c	R_{23}
Negative (unerwünschte) Verhaltensänderung	R_{31}	R_{32}	R_{33}

Quelle: Sell 1989, S.453.

dividuellen Nutzenfunktionen des Einzelnen auf Kosten der Gesamtwohlfahrt abzuschwächen. Die Durchführung von Reformen unterliegt jedoch weiterhin den Befugnissen der Regierung und ihrer Politiker. Politiker, deren Motivation rein im Sinne der Politischen Ökonomie ausgerichtet ist, werden demzufolge niemals Reformen einleiten, welche ihre eigene Nutzenfunktion minimieren könnten. Die allgemein anerkannte Erkenntnis, daß der Mensch nicht völlig Ich-bezogen in der reinen Form des Homo Economicus handelt und - bezogen auf die hier zugrunde gelegte Thematik - die erfolgreiche Durchführung von Reformmaßnahmen in einer Reihe von Ländern, lassen jedoch den Schluß zu, daß in der Realität Politiker durch eine Kombination von Motiven angetrieben werden. Diese Kombination bewegt sich in einem Spektrum zwischen der „reinen" persönlichen Nutzenmaximierung und einer „reinen" altruistischen Verhaltensweise. Vor diesem Hintergrund konzentriert sich die Diskussion auf die Identifizierung von Vorschlägen, welche eine Stärkung der altruistischen Ausrichtung einer Regierung bzw. ihrer Politiker ermöglicht. Vgl. Williamson 1994a, S.14-15.

Die mit R_{ij} gekennzeichneten Verhaltensweisen können als „rational" bezeichnet werden. Dagegen handelt es sich bei den mit Buchstaben versehenen Optionen um fehlerhafte Verhaltensweisen. Kombination a und b beschreiben Fehler von seiten der Wirtschaftssubjekte. Im Fall a ändern die Wirtschaftssubjekte ihr Verhalten nicht, obwohl die Regierung die Reform tatsächlich ohne Kompensation durchhält, und im Fall b ändern die Wirtschaftssubjekte ihr Verhalten in die gewünschte Richtung, obwohl die Regierung die Reform tatsächlich abbricht. Die Kombination c beschreibt einen Fehler von seiten der Regierung, da Kompensation geleistet wird, obwohl die Wirtschaftssubjekte ihr Verhalten in die erwünschte Richtung abändern.[111]

Der Unterschied zwischen politisch-ökonomischem und orthodox-technischem Ansatz wird durch Kombination R_{23} deutlich. Nur diese Alternative erlaubt durch die idealtypische Verhaltenskombination von Regierung und Wirtschaftssubjekten (Durchhalten ohne Kompensation und positive Verhaltensänderung) eine Betrachtung der Reformprogramme unter rein ökonomischen Kriterien. Lediglich in dieser Kombination sind Veränderungen von Mengen und Preisen und deren wohlfahrtstheoretische Auswirkungen die einzigen Einflußfaktoren auf das Reformprogramm. Der politisch-ökonomische Ansatz erweitert insgesamt das Entscheidungsfeld eines Reformprogrammes und weist den orthodox-technischen Ansatz als Spezialfall einer verhaltensorientierten Analyse aus.

Der oben dargestellte Aktionsradius und die darin enthaltenen Verhaltensoptionen geben Aufschluß über die Art der Beziehung zwischen Staat, bzw. ihn vertretende Politiker, und Wirtschaftssubjekt (Bürger). Diese Beziehung läßt sich stark vereinfacht anhand der Grundzüge des Principal-Agent-Ansatzes verdeutlichen: Individuen delegieren im Rahmen der Spezialisierung und Arbeitsteilung Tätigkeiten und Entscheidungen, zu denen es ihnen an ausreichender Kompetenz mangelt, an aus ihrer Sichtweise hierzu fähige Personen oder Per-

---

111 Im Zusammenhang mit der Leistung von Kompensation steht die Regierung vor einer Reihe von Entscheidungsproblemen hinsichtlich der Bestimmung, welche Gruppen (wirtschaftliche oder politische Verlierer) durch welche Maßnahmen (wirtschaftlicher oder politischer Nutzengewinn) Kompensationen erhalten sollen. Desweiteren stellt sich die Frage, ob Kompensation wirtschaftlich (im Sinne der Annäherung an das Pareto-Optimum), humanitär oder politisch (im Sinne der Schaffung einer Unterstützung für die Reformvorhaben) begründet werden soll. Die Auswahl der Kompensationstechnik und die effiziente Nutzung der Kompensationsmittel erfordert eine detaillierte Kosten-Nutzen-Analyse auf wirtschaftlicher und politischer Basis. Auch in diesem Zusammenhang gewinnt die Principle-Agent-Beziehung zwischen Repräsentanten und Mitgliedern betroffener Lobbyorganisationen (Berufs- und Industrieverbände, Gewerkschaften etc.) eine besondere Bedeutung. Der Regierung bietet sich aufgrund dieser Beziehung die Möglichkeit, zum einen die Repräsentanten anstelle der Mitglieder zu entschädigen und zum anderen den Organisationen einen politischen Machtzuwachs zu Lasten des individuellen wirtschaftlichen Vorteils der Mitglieder zu verschaffen. Eine ausführliche Diskussion der Ziele, Formen und Wirkungen kompensatorischer Maßnahmen im Kontext einer wirtschaftlichen Strukturanpassung findet sich in Greskovits 1993.

sonenkreise. Der Bürger als Prinzipal erteilt dem Politiker als Agent eine zeitlich befristete Handlungsvollmacht in Form eines politischen Mandates für eine Legislaturperiode. Der Agent wird von dem Prinzipal anhand der erzielten Ergebnisse bewertet, und aufgrund dieser Bewertung entscheidet der Prinzipal, ob er an den Agenten einen Folgeauftrag durch eine Wiederwahl am Ende der Legislaturperiode vergibt. Die Bewertung erfolgt allerdings nicht nur am Ende des Auftrages, sondern eher kontinuierlich. Daher existiert für den Agent ein Anreiz, seine Aktionen eher kurzfristigen Zielen zu unterwerfen, um die für die Wiederwahl wichtigen Ergebnisse zu erzielen. Diese Ergebnisse müssen zudem in der Öffentlichkeit wahrnehmbar und dem Politiker bzw. seiner Partei eindeutig zurechenbar sein.

3.2.2.2 Aufbau und Erläuterung eines Kataloges politisch-ökonomischer Einflußfaktoren

Eine eindeutige Definition des Begriffs Politische Ökonomie im Zusammenhang mit der Durchführung von Liberalisierungen gestaltet sich aufgrund der Spannweite der Politischen Ökonomie schwierig. Es lassen sich jedoch auf der Grundlage von Williamson 1994 eine Reihe politökonomischer Faktoren mit hohem Einfluß auf Erfolg oder Mißerfolg wirtschaftlicher Reformvorhaben definieren. Die folgende Tabelle VII gibt diese Einflußfaktoren - aufgeteilt auf vier Bereiche - in einer Übersicht wieder. Den einzelnen Faktoren werden entsprechende Thesen zugeordnet, die aus den allgemeinen Erfahrungen mit Reformbemühungen in Entwicklungs- und Transformationsländern abgeleitet sind.

Tabelle VII: Politökonomische Einflußfaktoren

Bereich	These
Wirtschaftliche Bedingungen	
„Crisis Hypothesis"	Reformen haben immer dann stark verbesserte Erfolgsaussichten, wenn sich die Volkswirtschaft in einer ernsten Krise (z.B. in Form einer Hyperinflation, übermäßiger Auslandsverschuldung, militärischer Niederlage etc.) befindet. Krisen bieten bisher oppositionellen Gruppen die Möglichkeit der Machtübernahme bzw. können zu einem sozialen Konsens führen, der das gegenwärtige System als gescheitert betrachtet und den Weg für einen Neuanfang öffnet.
Externe Hilfe	Die Erfolgschancen der Reformen sind maßgeblich durch Bereitstellung und Umfang externer Hilfe determiniert, in Form von „intellektueller" oder „finanzieller" Unterstützung. Die Wirkung der finanziellen Unterstützung ist dabei von den ausgelösten direkten bzw. indirekten Einkommenseffekten sowie den an sie gebundenen Vergabekriterien abhängig. Zur externen Unterstützung zählt auch eine die Reformen unterstützende Handels- und Industriepolitik der Industrieländer, z.B. durch die Schaffung eines offenen Zugangs zu den Weltmärkten.

Politische Bedingungen	
Regimetyp	Autoritäre oder politisch weit rechts stehende Regime können Reformen leichter durchführen. Linksgerichteten oder populistischen Regimen wird ein geringeres Durchsetzungsvermögen zugeschrieben. Begründet wird dies mit generell höher erwarteten kurzfristigen Anpassungskosten bzw. einer zu starken Gewichtung dieser Anpassungskosten in den notwendigen Entscheidungen, welche durch die sozio-ökonomische Ausrichtung linksgerichteter bzw. populistischer Regime bedingt sind.
„Honeymoon Hypothesis" versus „Mandate Hypothesis"	Die Handlungsspielräume für Reformen im Fall einer Machtübernahme durch eine neue Regierung sind gegenüber einer Mandatsfortführung durch die alte Regierung wesentlich erweitert. Dies insbesondere dann, wenn es der neuen Regierung gelingt, die Verantwortung für eine eventuell vorausgegangene Krise den früheren Amtsinhabern zuzuschreiben. Die Dauer der „Honeymoon-Periode" ist entscheidend von den kurzfristig erzielten Ergebnissen der Reformen abhängig.
Stellung der Opposition	Eine schwache und zersplitterte Opposition erleichtert die Durchsetzung unpopulärer Reformen. Stellung und Zustand der Opposition sind für die Reformplanung hinsichtlich Geschwindigkeit und Timing der einzelnen Reformschritte von Bedeutung. Die Widerstandskraft und Organisationsfähigkeit der Opposition wird insbesondere durch die Faktoren Anzahl der Mitglieder, zur Verfügung stehende Mittel bzw. kontrollierte Vermögenswerte und Neigung zu kollektiven Aktivitäten im Fall individueller Opposition bestimmt. Unter der Annahme, daß verschiedene Oppositionsgruppen versuchen werden, die ihnen aufgebürdeten Anpassungskosten auf andere Gruppen abzu-wälzen, gewinnt die Bildung von Koalitionen und Allianzen zwischen Regierung und Interessengruppen hinsichtlich Größe und Sequenz der zu bildenden Koalitionen an Bedeutung.
Sozialer Konsens und politische Basis	Ein weitreichender sozialer Konsens in der Bevölkerung sowie eine ausreichende politische Basis für die Reformträger erleichtern die Implementierung, aber insbesondere die Beibehaltung eines eingeschlagenen Reformkurses. Der Aufbau eines sozialen Konsens, etwa in Form eines Solidarpaktes, spielt im Hinblick auf die Glaubwürdigkeits- und Reputationsproblematik eine wichtige Rolle. In der Konsolidierungsphase nach der Implementierung eines Reformpaketes gewinnt der Aufbau eines Ex-Post-Konsens entscheidend an Bedeutung, damit die Regierung den eingeschlagenen Kurs ohne Mandatsverlust beibehalten kann.
Visionäre Führung	Kompetenz und Durchsetzungskraft der Führungsperson(-en) in Form einer langfristigen Orientierung ohne Rücksicht auf kurzfristige politische Risiken bzw. bestehende Wahlperioden prägen eine visionäre Führungskraft und tragen zur Akzeptanz einer Reform bei.
Übergang zur Demokratie	Der Wechsel im politischen System von einem autoritär ausgerichteten zum demokratischen Regime führt zu einer expansiven Wirtschaftspolitik, da bisher durch Repression unterdrückte politische und soziale Forderungen und Erwartungen der privaten Wirtschaftssubjekte motiviert werden, kurzfristige makroökonomische Verbes-serungen zur Etablierung des neuen Regimes an Bedeutung gewinnen und institutionelle sowie administrative Änderungen auf personeller Ebene mit erhöhten Ansprüchen und Erwartungen verknüpft sind.

Position des Expertenteams für den Wirtschaftsbereich in der Regierung	
Interne Organisation des Teams	Die Delegation der Entscheidungsbefugnisse hinsichtlich der Reformvorhaben an ein Expertenteam steigert die Erfolgschancen. Die interne Organisation zielt darauf ab, ein in sich geschlossenes konstruktives Team aufzubauen.
Besetzung des Teams	Im Gegensatz zu einer Besetzung des Teams mit Technokraten (Technocrats) soll das Team mit „Technopols"[112] besetzt werden, um eine politische Durchsetzung der Reformvorhaben zu gewährleisten.
Ausgestaltung und Umsetzung des Reformprogramms	
Art und Umfang des Programms	Die Konzeption eines „umfassenden" Reformprogramms, welches in einem kurzfristig überschaubaren Zeitrahmen umgesetzt werden kann, erhöht die Durchsetzungsmöglichkeiten. Der Terminus „umfassend" ist im Kontext mit der gegenwärtigen volkswirtschaftlichen Gesamtlage sowie dem sich daraus ergebenden Reformbedarf zu sehen. Die Qualität der Reformmaßnahmen wird hierbei nicht berücksichtigt.
Nutzung der Medien	Eine effiziente Nutzung der Medien im Sinne des beabsichtigten und durchgeführten Reformprogramms hat stark positive Auswirkungen auf die Bildung eines sozialen Konsens sowie die Festigung der politischen Basis. Medien können in diesem Zusammenhang als Mittel der Überzeugung oder der reinen Information genutzt werden. Desweiteren ist ausschlaggebend, inwieweit die Medien mobilisierende bzw. demobilisierende Wirkung auf die Unterstützung von Reformvorhaben ausüben.
Reformverlierer	Eine Kompensation der mit den Reformen verbundenen Einkommens- oder Machtverluste der Reformverlierer kann die Beibehaltung des Reformprogramms unterstützten und der Stärkung oppositioneller Kräfte entgegenwirken. Der politische Umgang mit den Verlierern erfordert dabei eine gruppenspezifische Unterscheidung. So wird z.B. den Unternehmen im Gegensatz zu der allgemeinen Bevölkerung neben der Übernahme kurzfristiger Anpassungskosten auch eine Kooperationsbereitschaft zur Durchsetzung der Reformen abverlangt. Innerhalb dieses Sektors muß wiederum eine Unterscheidung zwischen export- und binnenmarktorientierten Unternehmen getroffen werden.
Reformgewinner	Die frühe Wahrnehmung kurzfristiger Reformvorteile durch die Reformgewinner beeinflußt den Reformverlauf positiv. In diesem Zusammenhang spielt - ebenso wie für die Belange der Reformverlierer - die Identifikation der betroffenen Bevölkerungs- und Wirtschaftsgruppen eine wichtige Rolle, wobei ein besonderes Augenmerk auf die politisch und wirtschaftlich einflußreichen Gruppen fällt.

Quelle: Eigene Darstellung aus Bates/Krüger 1993b, S.9-11, Lafay/Lecaillon 1993, S.85-109, Little/Cooper/Cordon/Rajapatirana 1993, S.370-373, Nelson 1990c, S.17-28, Nelson 1993, S.435-442, Nunnenkamp 1995, S.103-113 und Williamson/Haggard 1994, S.562-588.

Die hier aufgestellten Thesen bieten Anlaß zu einer Reihe von Kritikpunkten. Generell gelten einige der Thesen - insbesondere Stellung der Opposition, „Mandate Hypothesis", politische Basis und Nutzung der Medien - nur für Staatsstrukturen, in denen bereits demokratische

112 Williamson definiert die Begriffe „technocrat" und „technopol" wie folgt: „...a technocrat would be an economist who uses his or her professional and technical skills in government with a view to creating and managing an economic system that will further the general good.....technopols are those technocrats who have taken the risk of accepting political appointments, with the responsibility that entails....A successful technopol needs to combine two very difficult types of skill. One is that of a successful applied economist, able to judge what institutions and policies are needed in specific circumstances in order to further economic objectives. The other is the skill of a successful politician, able to persuade others to adopt the policies that he or she has judged to be called for." Williamson 1994a, S.12.

Grundzüge vorhanden sind.[113] Für autoritäre Systeme spielen diese Faktoren je nach Ausprägung der demokratischen Elemente in dem politischen System lediglich eine untergeordnete Rolle. Generell läßt sich jedoch feststellen, daß die Regierungen, unabhängig von der Ausprägung des politischen Systems versuchen, politische Ergebnisse durch Vergabe oder Entzug von Vorteilen politischer oder wirtschaftlicher Art an spezifische Gruppen zu beeinflussen. Die systembedingten Unterschiede liegen dann lediglich in Auswahl und Art der Anwendung der zur Verfügung stehenden Mittel.[114] Auf der anderen Seite tritt der Regimetyp einer Regierung dann in den Hintergrund, wenn er in Verbindung mit der institutionellen Gestaltung des politischen Systems ausreichend Unterstützung in der Öffentlichkeit findet. Die südostasiatischen Staaten - insbesondere Malaysia und Singapur - bieten ein solches Beispiel, wo ein autoritäres Regime auf eine breite Unterstützung in der Öffentlichkeit bauen kann. Erfahrungen aus vergangenen Liberalisierungsprogrammen - insbesondere im Rahmen der Stabilisierungs- und Strukturprogramme der Weltbank und des IMF - haben gezeigt, daß eine Vielzahl der Probleme durch politische Opportunitätsüberlegungen und nicht durch ökonomische Fehleinschätzungen bedingt waren.[115]

Die Rolle der oppositionellen Gruppen wird häufig überschätzt. Die Beziehung zwischen Reformregierung und den politischen Interessengruppen charakterisiert Nelson anhand der Beobachtung einer Reihe von Entwicklungsländern, die in den achtziger Jahren Reformen durchgeführt haben, durch drei Elemente: Erstens steht die Reformregierung in der Regel hinsichtlich politischer und ökonomischer Interessen in starkem Widerspruch zu den einflußreichsten Interessengruppen des alten Regimes. Zweitens sind die Reformgegner zu einem Großteil - insbesondere in demokratisch ausgerichteten Systemen - in sich zerstritten und besitzen lediglich geringe Reputation in der Öffentlichkeit. Drittens ist die Unterstützung der Reformbemühungen nur gering konzentriert und nicht durch eine klare Interessenvertretung gekennzeichnet. Die negativen Erfahrungen mit partiellen Reformen lassen in der öffentlichen Meinung die erneute Durchführung spezifischer Reformen hinter einer generellen wirtschaftspolitischen Richtungsänderung unter einer starken Führung zurücktreten. Aus dieser Beziehung resultiert, daß die Mehrzahl der Reformen in technokratischer Manier ohne weitgehende

---

113 So entfallen in autoritären Regimen z.B. die mit der Angleichung zwischen Konjunkturzyklus und Wahlzyklus verbundenen Probleme. Diese Angleichung führt u.a. dazu, daß Staatsausgaben vor einer anstehenden Wahl drastisch erhöht werden, daß die Durchführung von Reformen zeitlich hinter die Wahltermine verlagert wird oder daß mit jedem Wahlzyklus potentiell eine umgreifende Verschiebung der makroökonomischen Zielsetzung durch die Machtübernahme der Oppositionspartei verbunden ist. Siehe hierzu im Überblick Persson 1992.

114 Vgl. Frey/Eichenberger 1994, S.172.

115 Ein theoretischer Überblick über die politischen Gründe des Mißerfolges einiger Programme findet sich in Lafay/Lecaillon 1993 und Greenaway/Morissey 1993.

Vorbereitung und teilweise unter Ignorieren demokratischer Prozeduren eingeleitet wurden.[116] Desweiteren läßt die ungenaue Definition einiger Begriffe, wie z.B. „Visionäre" Führung, „Crisis" oder das Ausmaß der politischen Verantwortung der „Technopols", weite Interpretationsspielräume der Hypothesen offen.

Im Bereich der externen Hilfe scheint die Unterstützung durch Finanztransfers und daraus resultierende direkte Einkommensverbesserungen eher unbedeutend. Die indirekten Effekte der an Vergabekriterien gebundenen Finanztransfers in Form von Initial- bzw. Signalwirkungen auf Investitionen oder als Beitrag zur Finanzierung des Staatshaushaltes spielen eine weitaus wichtigere Rolle durch den positiven Beitrag zur Glaubwürdigkeit von Reformbemühungen. Die Formen der „intellektuellen" Hilfe sind kritisch zu betrachten, da je nach Ausgestaltung der Unterstützung das Empfängerland eine „Hilfstruppe" verschrieben bekommt, ohne selbst an der Konzeption der Unterstützung beteiligt gewesen zu sein. In der Folge können dann Akzeptanz- und Motivationsprobleme in der Zusammenarbeit auftreten. Grundsätzlich ist der Erfolg bzw. Mißerfolg externer Hilfe stark abhängig von den zum Zeitpunkt der Hilfe bestehenden internen wirtschaftlichen und politischen Verhältnissen des Empfängerlandes. Unterstützung wirkt daher eher in Form eines Katalysators und nicht bereits als Garant für eine Verbesserung der gegenwärtigen Situation.[117]

Ein Kernproblem besteht in der Ausstattung des Expertenteams mit Durchführungskompetenzen. Die Problematik liegt hier nicht in der Konzeption von Reformmaßnahmen, die einem kompetenten geschlossenen Team mit Sicherheit zugetraut werden kann, sondern in der praktischen Umsetzung der Reformen. Es stellt sich in diesem Zusammenhang generell die Frage, warum Politiker Reformvorhaben und Entscheidungsgewalt in Wirtschaftsfragen an ein Expertenteam, bestehend aus „Technopols", delegieren. Bates führt unter der Annahme, daß

---

116 Vgl. Nelson 1993, S.437-438. Zu einer ähnlichen Bewertung der oppositionellen Gruppen gelangen Bates/Krueger, die den schwachen Einfluß dieser Interessengruppen auf die Problematik der Unsicherheit bezogen auf die Auswirkungen geplanter Reformmaßnahmen auf das einzelne Wirtschaftssubjekt zurückführen. Die privaten Wirtschaftssubjekte ziehen unter der Annahme des rationalen und risikoaversen Handelns den sicher Nutzen (Einkommen) des Status Quo dem höheren aber unsicheren Nutzen (Einkommen) nach Durchführung der Reform vor. Als Resultat ergibt sich eine Lücke zwischen den ökonomisch wünschenswerten Reformen und den politisch tatsächlich geforderten Veränderungen. Vgl. Bates/Krueger 1993a, S.456-457.

117 Das Beispiel der Philippinen zeigt, daß die ausländische Unterstützung durch die Weltbank zu keiner nennenswerten wirtschaftlichen Verbesserung unter dem Marcos-Regime führte. Das nahezu identische Reformpaket bewirkte jedoch unter dem nachfolgenden Aquino-Regime und den damit verbundenen neuen politischen Rahmenbedingungen eine nachhaltige Verbesserung der gesamtwirtschaftlichen Lage in den Philippinen.

Politik ebenso wie Unternehmertum ein Wettbewerbsgeschäft ist, zwei Wege zur Implementierung von Wirtschaftsreformen auf:[118]

1. Amtsinhaber versuchen, über die Verwendung öffentlicher Mittel ihre Wählerschaft zu begünstigen und dadurch an sich zu binden. Diese Strategie ist rational für Individuen, jedoch irrational für eine Gruppe (Partei) von Amtsinhabern, da sie die Gefahr in sich birgt, daß jeder Amtsinhaber sein Budget überzieht, Defizite aufbaut und durch die damit verbundene Verschlechterung der wirtschaftlichen Bedingungen in der Popularität sinkt. Ein Ausweg aus dem Dilemma bietet sich durch die Bindung an Institutionen, die den Politiker zu rationalen Strategien verpflichten. Ausgestattet mit der Wahrnehmung kollektiver Interessen (z.B. Schutz der Allgemeinheit vor den negativen Folgen eines Haushaltsdefizits) gegenüber den eigennützigen Interessen der Politiker, erlangen diese Institutionen öffentlichen Charakter. Den Nutzen aus diesen Institutionen ziehen alle Amtsinhaber.

2. Aus dem zweiten Ansatz ziehen nur die Amtsinhaber einen Vorteil, deren politische Basis direkt aus der Umsetzung von Reformen profitieren würde. Die Delegation von Entscheidungskompetenzen an „Technopols" versucht, politische Maßnahmen zu institutionalisieren, die bestimmten Interessengruppen dienen und oppositionelle Interessengruppen schwächen. Dieser zweite ist dem ersten Ansatz überlegen, da er die Glaubwürdigkeit und Durchführbarkeit von Reformen erhöht: Zum einen werden Politiker die wirtschaftlichen Interessen der Gruppen, die ihre politische Basis bilden, aus Angst vor dem Mandatsverlust nicht verletzen und damit die Glaubwürdigkeit erhöhen. Zum anderen erlangen „Technopols" dann politisches Gewicht, wenn sie mit mächtigen Interessengruppen verbunden sind. Im Zeitablauf wird das wirtschaftliche Schicksal der Interessengruppen wiederum abhängig von der Erhaltung der politischen Macht dieser „Technopols" bzw. der ihnen vorgesetzten politischen Führung, und es entsteht ein starkes Interesse, die Reformmaßnahmen beizubehalten. Reformerfolge werden letztendlich nicht mehr der Allgemeinheit, sondern differenziert einzelnen Amtsinhabern zugeschrieben.

Das Grundproblem der Durchsetzung von Reformen kann durch den Einsatz dieser Modelle zwar vermindert, aber nicht beseitigt werden. Beide Ansätze zielen auf eine Beschränkung des Einflusses politischer Opportunitätsüberlegungen in Reformvorhaben und nur zweitrangig auf die Erhöhung der politischen Durchsetzungskraft der „Technopols" ab. Gerade die Durchsetzungskraft ist aber für die Durchführung und Beibehaltung von Reformen von entscheidender Bedeutung. Die Unterscheidung zwischen dem Initiieren von Reformen und der Konsoli-

---

118 Vgl. Bates 1994, S.30-31 und Bates/Krueger 1993a, S.463-467.

dierung eingeleiteter Reformvorhaben hat in der Literatur bislang wenig Beachtung gefunden.[119] Die Gewichtung einiger der o.a. Hypothesen verschiebt sich jedoch in dem Übergang zwischen Initiierungs- und Konsolidierungsphase.

Auf politischer Ebene steht in der Konsolidierungsphase der Aufbau einer soliden politischen Basis zur Unterstützung der Reformen im Vordergrund, während in der Initiierungsphase die Herausforderung im Umgang mit oppositionellen Kräften liegt. In der Initiierungsphase angewandte Taktiken in Form repressiver Behandlung oppositioneller Gruppen oder subtiler Überzeugungstaktiken verlieren im Zeitablauf an Effektivität und können sichtbare Erfolge nicht ersetzten. Ähnliches gilt, wenn einzelne Interessengruppen, wie z.B. existierende Arbeitnehmerorganisationen, ignoriert werden. Diese Verschiebung der politischen Gewichtung sowie das sich ändernde Umfeld - Abschwächung des „Honeymoon-Effektes", Reorganisation oppositioneller Gruppen etc. - erfordert wirtschaftliche Erfolge der Reformbemühungen, die von der Öffentlichkeit wahrgenommen werden. Die Reformer stehen mit anhaltenden Verbesserungen jedoch gleichzeitig vor dem Dilemma, daß die Akzeptanz für weitere Reformen, die mit kurzfristigen Wohlfahrtsverlusten verbunden sind, in der Öffentlichkeit sinkt. Die Reformgewinner bieten nicht automatisch die notwendige politische Unterstützung. Dieses Dilemma erfordert eine Änderung der bisherigen Reformstrategie. Zum einen ist die Eröffnung von Partizipationsmöglichkeiten für die Öffentlichkeit - insbesondere der Reformgewinner - an der Planung weiterer Reformvorhaben bzw. der Konsolidierung der bisherigen Reformen notwendig. Dies bedeutet, daß einige Entscheidungsbereiche, die bisher unter alleiniger Kontrolle der Regierung standen, dem Druck politischer Interessengruppen ausgesetzt sind, während andere Entscheidungsbereiche weiterhin vor politischem Druck geschützt werden.[120] Zum anderen ist ein Ausbau der Kommunikation zwischen Reformern und betroffenen Interessengruppen erforderlich, um die Reformwirkungen insbesondere im Privatsektor zu kommunizieren und dadurch Zugang zu notwendigen Informationen aus diesem Sektor zur Feinsteuerung der Maßnahmen zu erhalten. In diesem Zusammenhang gewinnt die Ausgestaltung der o.a. Prinzipien der Delegation von Entscheidungskompetenzen an Bedeutung, indem

119 Dies mag u.a. daran liegen, daß die Initiierung einer Reform in Bezug auf Zeitperiode, Bestimmungsfaktoren und Hauptakteure eher statisch zu sehen ist und daher schärfer umrissen werden kann als der eher graduelle und diffuse Prozeß der Konsolidierung.

120 Dies kann sich z.B. darin äußern, daß in der Initiierungsphase durch die Regierung eine stark restriktive Geldpolitik eingeleitet wird, die Fortführung dieser Politik jedoch in die Hände einer autonomen Zentralbank gelegt wird, um politischen Druck zu vermeiden. Ebenso erfordert die effiziente Rückführung des Fiskaldefizites eine starke Regierung, während die Beibehaltung eines ausgeglichenen Haushaltsbudgets durch einen parlamentarischen Budgetbildungsprozeß unter Ausschluß der internen oder externen Kräfte der Bürokratie möglich wird. Steuerreformen und Ausgabenpolitik sollen dagegen der Beteiligung diverser Interessengruppen geöffnet werden, um deren Anliegen zu berücksichtigen.

„Technopols" zwar weitgehend von politischem Druck abgeschirmt werden, jedoch gleichzeitig nicht in einem Zustand der Isolation operieren können.[121]

Aus diesen Überlegungen wird weiterhin deutlich, daß der Aufbau einer effizienten öffentlichen Verwaltung einer der kritischen Erfolgsfaktoren in der Umsetzung von Reformen ist. Zu den unabdingbaren Prinzipien einer Verwaltung zählen neben der fachlichen Kompetenz und Durchsetzungskraft vor allem ein hohes Maß an Unabhängigkeit von internem und externem Einfluß durch politische oder wirtschaftliche Interessengruppen. Dieser Aspekt gewinnt an Bedeutung vor dem Hintergrund, daß marktkonforme indirekte Anreize, z.B. über Preise, keinen oder nur einen geringen Effekt auf die öffentliche Verwaltung ausüben. Ebenso ist die direkte Kontrolle durch die enge Verflechtung zwischen Regierung, Verwaltung und teilweise auch privaten Aktivitäten eingeschränkt und ermöglicht hierdurch Korruption und die Beibehaltung angestammter Rechte.

In den neueren theoretischen Modellen wird die o.a. Prinzipal-Agent-Beziehung zwischen Staat und Privatsektor anhand von spieltheoretischen Ansätzen ausgebaut und ein Konzept der Glaubwürdigkeit entwickelt, welches diese Beziehung in einer von den Beteiligten gewünschten Form festigt. Diese Glaubwürdigkeitskonzepte, insbesondere aber auch die Grenzen der spieltheoretischen Überlegungen, als Verbindungsglied zwischen dem orthodox-technischen Ansatz und dem politisch-ökonomischen Ansatz werden im anschließenden Kapitel 3.3 diskutiert.

3.3 Liberalisierung und das Konzept der Glaubwürdigkeit

Begriff und Analyse der Glaubwürdigkeit zählen seit Mitte der siebziger Jahre zu einem der zentralen theoretischen Themen in der Wirtschaftspolitik. Die überwiegende Zahl der theoretischen Arbeiten zu diesem Themenkomplex behandelt dabei die Glaubwürdigkeitsproblematik im Zusammenhang mit geldpolitischen Fragen. Im Mittelpunkt steht die Frage, inwieweit Verlaß auf die durch Zentralbanken angekündigte Geldpolitik und damit verbundene inflatorische Effekte ist.[122] Die Erfahrungen in einigen südamerikanischen Ländern, wo identische Entwicklungs- und Reformstrategien zu sehr unterschiedlichen Ergebnissen geführt haben - z.B. der erfolgreiche Versuch der Handelsreform in Chile gegenüber dem Mißerfolg

[121] Vgl. Nelson 1993, S.440-441.

[122] Zu den Pionierarbeiten auf diesem Gebiet zählen insbesondere Kydland/Prescott 1977, Barro/ Cordon 1983 und Backus/Driffill 1985. Einen Überblick über den gegenwärtigen Stand der modelltheoretischen Diskussion im geld- und fiskalpolitischen Bereich gibt Persson/Tabellini 1990.

des gleichen Konzeptes in Argentinien in den siebziger Jahren - verdeutlichen jedoch, daß die Glaubwürdigkeit lediglich als eine eher unbedeutende wirtschaftspolitische Nebenbedingung in der praktischen Umsetzung von Reformen behandelt wurde. Erst die jüngeren Erfahrungen der Wirtschaftserfolge der südostasiatischen Volkswirtschaften sowie die unterschiedliche Entwicklung der Transformationsländer in Osteuropa und Asien - insbesondere in der Indochina-Region - haben die Problematik der Glaubwürdigkeit der Wirtschaftspolitik auch in der Praxis in den Vordergrund gerückt. Private Wirtschaftssubjekte „glauben" in den verschiedenen Volkswirtschaften nicht im gleichen Ausmaß an die durch die Regierung angekündigten Reformpläne und tragen durch ihr daraus resultierendes Verhalten maßgeblich zum Erfolg oder Mißerfolg der Reformen bei.

Die Definition des Begriffes Glaubwürdigkeit ist in der Literatur nicht einheitlich und wird daher hier weit gefaßt: Defizite in der Glaubwürdigkeit der Wirtschaftspolitik entstehen, wenn Erwartungen der privaten Wirtschaftssubjekte über die zukünftige Wirtschaftspolitik von den durch die Regierung explizit oder implizit gemachten Ankündigungen über die zukünftigen wirtschaftspolitischen Maßnahmen abweichen. Im Ergebnis zeigen die privaten Wirtschaftssubjekte keine bzw. keine ausreichend intensive Verhaltensänderung in die von der Regierung geplante Richtung. Konsistente Reformen können dann sogar ins Gegenteil umschlagen und negative Effekte auf die Volkswirtschaft ausüben.[123] Diese Definition setzt sich von den engeren Definitionen im Zusammenhang mit der bisher vorherrschenden geldpolitischen Diskussion ab.[124]

Die volkswirtschaftlichen Auswirkungen eines Mangels an Glaubwürdigkeit sind vielfältig und unterscheiden sich in Abhängigkeit von der Wahl des Reform- bzw. Liberalisierungsansatzes. Im **technisch-orthodoxen** Kontext stellt ein Glaubwürdigkeitsdefizit lediglich eine **weitere makroökonomische Verzerrung** dar. Die gesamtwirtschaftliche Wirkung ist analog

---

123 Vgl. Funke 1993, S.6 und Blackburn/Christensen 1989, S.2.

124 Cukierman definiert Glaubwürdigkeit allgemein als: „...as the extent to which the public believes that a shift in policy has taken place when, indeed, such a shift has actually occurred. More important, to be credible, a policy must be consistent, at each stage, with the public's information about the objectives and constraints facing the central bank", Cukierman 1986, S.6. Politik ist demnach unabhängig von ihrem Inhalt dann glaubwürdig, wenn die Öffentlichkeit sofort auf sie vertraut. Unter der Voraussetzung asymmetrisch verteilter Information und der dadurch bestehenden Option einer diskretionären Geldpolitik, definiert Cukierman Glaubwürdigkeit im Zusammenhang mit geldpolitischen Überraschungen „...as the speed with which the public recognizes that a change in the policy-maker's objectives has occured", Cukierman 1986, S.12. Für den Fall, daß Ankündigungen über zukünftige Maßnahmen gemacht werden, stimmt Cukiermans Definition mit der hier gewählten weiten Definition überein: „In the case in which announcements are made, credibility is naturally defined as the deviation between the current announcement and the public's expectation. This deviation depends on the relative amounts of noise in both the control of money supply and the announcements, as well as on the magnitude of recent changes in the policy maker's objectives", Cukierman 1986, S.13.

anderer makroökonomischer Verzerrungen, wie z.B. nicht-marktkonformer Regulierungen auf den verschiedenen Märkten, Subventionen oder Steuern, zu bewerten. Hinsichtlich der Reformdurchführung bildet Glaubwürdigkeit dann eine weitere Variable, die, mit einer bestimmten Wahrscheinlichkeit versehen, ihre Berücksichtigung in der Reformabfolge findet. Die Reformabfolge wird gemäß der in Kapitel 3.2.1 erläuterten Sichtweise unter der Prämisse der Minimierung der Wohlfahrtskosten festgelegt.

Unter der Sichtweise des **politisch-ökonomischen** Ansatzes führt die Berücksichtigung der Glaubwürdigkeit ebenfalls zu Änderungen hinsichtlich Speed, Timing und Sequencing innerhalb eines Reformprogramms. Darüber hinaus erhalten Glaubwürdigkeitsaspekte jedoch **substantielle Bedeutung** hinsichtlich übergeordneter Entscheidungen, z.B. ob eine Reform weiter durchgeführt werden soll oder inwieweit politische „Überraschungen" den Reformabsichten der Regierung zum Durchbruch verhelfen können. Die Relevanz des Glaubwürdigkeitsaspektes wird zudem durch die Annahme erhöht, daß Regierungen nicht unbedingt unter der Prämisse der Wohlfahrtsoptimierung altruistisch handeln, sondern daß Politiker oder Amtsinhaber ihr Eigeninteresse in den Vordergrund stellen. Auf wirtschaftlicher Ebene kann der Mangel an Glaubwürdigkeit einen maßgeblichen Zuwachs der Kosten für die Informationsbeschaffung der privaten Wirtschaftssubjekte aufgrund der gestiegenen Unsicherheit bewirken. Auf politischer Ebene werden u.U. die oppositionellen Kräfte gegen die Reformvorhaben gestärkt. Auf der anderen Seite kann ein hohes Maß an Glaubwürdigkeit Reformbemühungen untermauern, indem z.B. die Investitionsbereitschaft ausländischer Investoren erhöht wird oder die Fähigkeit zur Absorbierung externer Schocks durch eine problemlose Gewährung ausländischer Finanzierungshilfen verbessert wird.[125]

125 Auf eine weiterführende Unterscheidung der Glaubwürdigkeit auf inländische und ausländische Wirtschaftssubjekte wird hier verzichtet. In Hinblick auf die hohe Abhängigkeit des Wirtschaftswachstums der betrachteten Volkswirtschaften von ausländischen Direktinvestitionen können beide Faktoren als ebenbürtig eingestuft werden.

3.3.1 Ursachen der Glaubwürdigkeitsdefizite

Glaubwürdigkeitsdefizite können sich durch Inkonsistenz in der Wirtschaftspolitik bzw. in den Ankündigungen bezüglich geplanter wirtschaftspolitischer Maßnahmen in konzeptioneller, administrativer und politischer Form ergeben.[126] Es wird jedoch generell als Grundvoraussetzung unterstellt, daß die Regierung einen manifesten Reformwillen besitzt und die Reformankündigungen nicht nutzt, um z.B. lediglich Finanzmittel der internationalen Organisationen (Weltbank, IMF etc.) zu erhalten, ohne diese für Reformvorhaben zu verwenden.

Im Bereich der konzeptionellen Inkonsistenz erkennen die privaten Wirtschaftssubjekte bereits im Verlauf der Ankündigung des Reformprogramms, daß das Programm aufgrund eines nicht ausreichenden oder unklaren Zielsystems und der zur Verfügung stehenden Mittel[127] nicht umgesetzt werden wird: Restriktionen des Staatsbudgets zwingen den Staat im Rahmen eines Stabilisierungs- oder Reformprogramms dazu, auf alternative Einnahmequellen zur bisherigen Inflationssteuer umzusteigen oder drastische Ausgabenkürzungen vorzunehmen. Beinhaltet die Ankündigung des Programms keine Maßnahmen zur Ursachenbekämpfung der hohen Inflation, wirkt die Reform unglaubwürdig. Ebenso unglaubwürdig erscheint ein solches Programm, falls „weiche Budgetrestriktionen" bestehen, die das Reformvorhaben unterlaufen.

Administrative Inkonsistenzen charakterisieren die Unfähigkeit der Regierung, die Reformvorhaben durch eine adäquate Organisation der durchführenden Verwaltung und durch ausreichende Regelungen auf der gesetzlichen Ebene abzusichern. Diese Problematik ist verstärkt in den Privatisierungsvorhaben oder dem Aufbau einer Steuerhoheit in den Transformationsländern in dem Zeitpunkt unmittelbar nach der Etablierung demokratischer oder „offener" politischer Systeme zu beobachten. Administrative Inkonsistenzen können jedoch auch im Bereich der Liberalisierung von Finanzsystemen eine wichtige Rolle spielen, insbesondere in der Wahrnehmung staatlicher Aufgaben - z.B. in der Bankenaufsicht oder der Wettbewerbskontrolle nach Eintritt ausländischer Konkurrenten - nach der Öffnung des Systems.

Die politische Inkonsistenz bezieht sich auf die politische Identität der Parteien oder politischen Entscheidungsträger und entsteht in zwei Formen:[128] Der „political business cycle"

---

126 Vgl. Blackburn/Christensen 1989, S.2.

127 Zu diesen Mitteln zählen z.B. Geeignetheit und Kontrollierbarkeit der wirtschaftspolitischen Instrumente, Relevanz und Genauigkeit der zugrundeliegenden ökonomischen Theorien oder Genauigkeit der Datenlage.

128 Vgl. Persson 1992, S.3-5.

besagt, daß die Regierung gegen Ende der Wahlperiode versuchen wird, die Volkswirtschaft auf einen Expansionskurs zu bringen, um die eigenen Chancen einer Wiederwahl zu erhöhen.[129] Unter der Annahme einer rational handelnden und zukunftsorientierten Wählerschaft muß dieses Phänomen Glaubwürdigkeitsdefizite erzeugen, da der Wählerschaft das Verhalten der Regierung bewußt ist, sie sich durch die kurzfristige Expansion nicht täuschen läßt und ihre Wahlentscheidung hiernach ausrichtet. Es sprechen jedoch Gründe dafür, daß die kurzfristigen Expansionsbemühungen die Wahlentscheidung positiv beeinflussen. Zum einen verbindet die Wählerschaft mit der Expansion einen Trend, der sich auch positiv in der Zukunft fortsetzen wird. Zum anderen variieren die Parteien hinsichtlich ihrer Kompetenz, und die Wählerschaft ist nicht vollständig über diese Kompetenz informiert. Eine expansive Politik vermittelt dann an die Wählerschaft einen Parteityp, der Kompetenz verkörpert.

Der „partisan cycle" betont dagegen die Unterschiede zwischen den Parteien hinsichtlich ihrer Ideologie und Programmschwerpunkte.[130] Aufgrund ihrer Ideologien besitzen die Parteien voneinander abweichende Präferenzen in ihrem makroökonomischen Zielsystem - z.B. höhere Gewichtung der Inflation gegenüber der Beschäftigung - und nutzen unterschiedliche Instrumente zur Erreichung dieser Ziele. Erkennt die Wählerschaft dieses Zielsystem und weicht die Partei von diesem Zielsystem ab oder nutzt Instrumente, die mit diesem Ziel nicht kompatibel sind, so kommt es zu Glaubwürdigkeitsdefiziten.[131]

Einen weiteren Glaubwürdigkeitsfaktor bildet die Reputation einer Regierung. Im Gegensatz zur Glaubwürdigkeit bezieht sich die Reputation jedoch nicht auf das Reformprogramm und

129 Der Ansatz des „political business cycle" geht auf Nordhaus zurück und besagt in seiner Grundform, daß vor einer Wahl ein höheres Wirtschaftswachstum und eine geringere Arbeitslosigkeit durch eine Erhöhung der Staatsausgaben angestrebt wird, die Inflation jedoch um den Wahltermin herum ansteigt und nach der Wahl eine Rezession einsetzt. Ziel dieser Strategie ist die alleinige Maximierung der Wählerstimmen. Diese Entwicklung ist unabhängig von der politischen Ausrichtung der Partei. Eine ausführliche Darstellung des Ansatzes findet sich in Nordhaus 1975.

130 Der „partisan cycle" basiert auf den Arbeiten von Hibbs. Parteien repräsentieren in diesem Ansatz die Interessen ihrer Wählerschaft und richten ihre Politik an diesen Interessen aus. Demnach sind „linksgerichtete" Parteien auf eine Reduzierung der Arbeitslosigkeit auf Kosten der Inflation ausgerichtet. Im Gegensatz dazu zielt die Wirtschaftspolitik „rechts-gerichteter" Parteien auf eine Reduzierung der Inflation unter Inkaufnahme einer höheren Arbeitslosigkeit. Eine ausführliche Darstellung des Ansatzes findet sich bei Hibbs 1977.

131 Die unterschiedlichen Programmschwerpunkte führen jedoch nicht zu einem systematischen Richtungswechsel in der makroökonomischen Politik und den damit verbundenen Änderungen der makroökonomischen Variablen, sondern lediglich zu einer Gewichtsverlagerung in der Ausprägung der Variablen. Aufgrund der Neigung, Wirtschaftspolitik diskretionär durchzuführen, verlieren Parteien daher starre politische Positionen. Beide Ansätze sind durch die Annahme einer rational handelnden Wählerschaft und die Kenntnis über die Anreize der Amtsinhaber, individuelle Ziele zu verfolgen, durch Persson/ Tabellini 1990 und Alesina 1987 erweitert worden. Im Ergebnis sind die beschriebenen Zyklen kurzlebiger und vorübergehender Natur. Empirische Untersuchungen zu diesen beiden Ansätzen der politischen Inkonsistenz finden sich in Alesina/Roubini 1992 und Alesina/Cohen/Roubini 1991.

die damit verbundenen wirtschaftspolitischen Maßnahmen, sondern ist direkt mit der Regierung verknüpft. Generell gestaltet es sich schwierig für das private Wirtschaftssubjekt, zwischen „ehrlichen“ und „unehrlichen“ Regierungen zu unterscheiden. Nachdem der Privatsektor aufgrund der Ankündigungen der Regierung sein Verhalten in die gewünschte Richtung geändert hat, beschließt die bis dahin „ehrliche“ Regierung, das durch den Privatsektor entgegengebrachte Vertrauen zu mißbrauchen, und weicht von dem angekündigten Kurs ab.[132] Wird dem Wählerpotential rationales Handeln unterstellt, ist jedoch zu erwarten, daß die Regierung ihre Reputation verliert und kein Vertrauen mehr geschenkt bekommt.

Ein weitere wichtige Ursache für die Untergrabung der Glaubwürdigkeit findet sich in der Zeitinkonsistenz von Politikmaßnahmen. Auch wenn keine Zweifel hinsichtlich der technischen Konsistenz der Reformmaßnahmen (konzeptionelle, administrative oder politische Faktoren) und hinsichtlich der Reputation der Reformdurchführer besteht, kann das Problem der Zeitinkonsistenz auftreten. Es entsteht hierbei ein Mangel an Glaubwürdigkeit, da die privaten Wirtschaftssubjekte erkennen, daß der angekündigte Reformweg aus heutiger Perspektive nicht mehr optimal ist. Der Regierung wird unterstellt, daß sie einen Anreiz hat, von ihren bisherigen Reformplänen abzuweichen. Dieser Anreiz resultiert aus den bisherigen Reaktionen des privaten Sektors oder den politökonomischen Überlegungen der bisherigen Amtsinhaber. Grundlage der Überlegungen bilden dann in erster Linie nicht bestehende Zielkonflikte zwischen Regierung und Privatsektor oder Änderungen in der Präferenzstruktur der beiden Bereiche, sondern das zukunftsorientierte, antizipierende Verhalten des Privatsektors sowie die Unfähigkeit der Regierung, wirtschaftspolitische Ankündigungen im Zeitablauf konsistent durchzuführen. Die Problematik der Zeitinkonsistenz bildet die Grundlage der überwiegenden Zahl der theoretischen Arbeiten zur Glaubwürdigkeitsproblematik. Annahmen und Ergebnisse dieser Grundlagen sowie die Auswirkungen auf die unterschiedlichen Sichtweisen der Liberalisierung werden im folgenden dargestellt.

3.3.2 Das Problem der Zeitinkonsistenz

Den Ausgangspunkt zur Analyse der Zeitinkonsistenz bilden die Arbeiten von Kydland/Prescott 1977, die sich mit der Inkonsistenz einer diskretionären wirtschafts-

---

132 Ein solches Verhalten zeigt sich z.B., indem eine inflationsfreundliche Regierung in ihren Ankündigungen einen inflationsaversen Eindruck erweckt und diesen Eindruck durch geeignete Maßnahmen zu Beginn der Regierungsperiode verstärkt. Nachdem das Vertrauen des Privatsektors gewonnen worden ist, ändert die Regierung ihr Verhalten in eine diskretionäre Politik, um z.B. durch eine überraschende Inflation das Beschäftigungsniveau kurzfristig anzuheben.

politischen Planung unter der Annahme rationalen Handelns und rationaler Zukunftserwartungen befassen.[133] Der Regierung bzw. der für die Durchführung der Geldpolitik zuständigen Instanz (Zentralbank) gelingt es unter diesen Voraussetzungen nicht, ihre Bemühungen um Preisniveaustabilität glaubwürdig zu gestalten. Eine auf Preisniveaustabilität ausgerichtete Geldpolitik resultiert dann in Beschäftigungs- bzw. Outputver-lusten oder scheitert. Die Grundlage für das Glaubwürdigkeitsproblem bildet die Zeitinkonsistenz: Diese tritt auf, wenn im voraus angekündigte wirtschaftspolitische Maßnahmen eine spezifische Erwartungshaltung im Privatsektor induziert, bevor der Privatsektor Entscheidungen getroffen hat. Nachdem der Privatsektor seine Entscheidungen getroffen hat, reagiert er auf die Ankündigungen nicht in der durch die Regierung beabsichtigten Weise. Die im voraus angekündigten Maßnahmen sind dann aufgrund der veränderten Situation nicht mehr optimal und bieten dadurch der Regierung einen Anreiz, von den Ankündigungen abzuweichen.[134]

Im Bereich der Geldpolitik bedeutet dies, daß zum einen die Möglichkeiten der Zentralbank, ihre Zielsetzungen hinsichtlich der Preisstabilität zu erreichen, von den Inflationserwartungen der privaten Wirtschaftssubjekte abhängt. Auf der Gegenseite sind diese Erwartungen von dem Ausmaß an Glaubwürdigkeit der Zentralbank abhängig. Um die Erwartungen in die gewünschte Richtung zu lenken, versucht die Regierung, ihre Ankündigungen hinsichtlich der zukünftigen Geldpolitik durch verpflichtende Bindungen (enforced committments) zu unterstützten.[135] Bilden die Wirtschaftssubjekte ihre Inflationserwartungen nun auf der Grundlage dieser Regeln, so bestehen für die Regierung Anreize, den Nutzen aus geldpolitischen Überraschungen zu ziehen.[136]

---

133 Kydland/Prescott beweisen formal, daß in einem dynamischen Modell eine diskretionäre Politik, in der die Politiker die jeweils auf der gegenwärtigen Situation basierende optimale Entscheidung treffen, nicht automatisch eine im voraus festgelegte soziale Nutzenfunktion maximiert. Dies auch unter der Nebenbedingung, daß die Politiker sowohl Timing als auch Ausmaß der durch ihre wirtschaftspolitischen Entscheidungen ausgelösten zukünftigen Effekte kennen. Eine Maximierung der Nutzenfunktion unter Einbezug zukünftiger rationaler Erwartungen der privaten Wirtschaftssubjekte kann dagegen durch den Rückgriff und die Bindung an „Regeln" in der Wirtschaftspolitik ermöglicht werden. Vgl. Kydland/Prescott 1977.

134 Vgl. Persson 1988, S.519-520 und Blackburn/Christensen 1989, S.3.

135 Die Lösung des Problems durch bindende Ankündigungen hinsichtlich zukünftiger Maßnahmen ist jedoch nicht immer ausreichend, da eine Durchsetzung der Selbstbindung der Regierung z.B. mittels staatlicher Gewalt nicht erzwungen werden kann.

136 Barro/Gordon nennen insbesondere die folgenden Gründe, warum eine Regierung dazu neigt überraschenderweise zu inflationieren:
Im Kontext einer neoklassisch geprägten Wirtschaftspolitik stellen Geldmengenveränderungen ein wirksames kurzfristiges, konjunkturpolitisches Instrument zur Beeinflussung von Beschäftigung und Output dar. Erscheint der Regierung die Arbeitslosigkeit, z.B. aufgrund von Verzerrungen des Arbeitsmarktes, durch die Einkommenssteuerstruktur oder arbeitsmarktpolitische Maßnahmen (Lohnsubventionen etc.) als zu hoch, besteht ein Anreiz, überraschend zu inflationieren. Die realwirtschaftlichen Auswirkungen resultieren hier aus dem Überraschungseffekt, der von den privaten Wirtschaftssubjekten nicht antizipiert wird. Langfristig sind monetäre Eingriffe jedoch keine geeignete Maßnahme zur Korrektur der Verzer-

Modellhaft läßt sich die Problematik der Zeitinkonsistenz in der Geldpolitik anhand der zwei Grundvarianten des „Sozialen Wohlfahrts-Ansatzes" und des „Politisch-Ökonomischen Ansatzes" darstellen.[137] Der **Soziale Wohlfahrts-Ansatz** stützt sich auf eine Reihe von Grundannahmen, die das Modellgerüst umschreiben:[138]

1. Eine Abweichung der Arbeitslosigkeit von dem natürlichen Niveau[139] ist positiv über den Wirkungsmechanismus der kurzfristigen Phillipskurve bzw. kurzfristiger Lohnstarrheit durch periodisierte Lohnabschlüsse mit einer überraschenden Inflation verknüpft.
2. Die Regierung bzw. die Zentralbank als durchführendes Organ der Geldpolitik bildet eine soziale Wohlfahrtsfunktion, in der steigender Inflation ein negativer und steigendem Output-/Beschäftigungsniveau ein positiver Wert zuordnet werden, auch wenn diese Werte über das natürliche Niveau ansteigen. Durch die Kontrolle der Geldmenge bestimmt die Regierung die Inflationsrate, welche die Wohlfahrtsfunktion maximiert.
3. Die privaten Wirtschaftssubjekte verhalten sich rational, kennen die wirtschaftspolitischen Ziele, lernen aus der Vergangenheit und formen ihre Inflationserwartungen dementsprechend. Desweiteren verfügen sowohl politische Entscheidungsträger als auch private Wirtschaftssubjekte über identische und vollkommene Information.

Die Regierung versucht, die soziale Wohlfahrtsfunktion (W_t) in jeder Periode (t) zu maximieren. (W_t) ist abhängig von dem natürlichen Output- bzw. Beschäftigungsniveau (y_t^n), dem

---

rungen auf dem Arbeitsmarkt, da die privaten Wirtschaftssubjekte die höhere Inflationsrate aus der vergangenen Periode in der nächsten Periode z.B. im Rahmen der Lohnabschlüsse berücksichtigen werden. Ein weiterer Grund besteht in den positiven Auswirkungen auf die Haushaltspolitik. Höhere Inflation ermöglicht auf der Einnahmenseite einen Einnahmenanstieg über die Inflationssteuer, und auf der Ausgabenseite erfolgt eine Entwertung der Staatsschulden. Vgl. Barro/Gordon 1985, S.113-114. Des weiteren besteht ein Anreiz in außerordentlichen Krisenzeiten (z.B. Krieg, gewaltsamer Regierungswechsel), das Haushaltsdefizit zu monetisieren, da die Deckung der Ausgaben über eine Kreditaufnahme auf den inländischen oder internationalen Kreditmärkten nicht mehr möglich ist.
Eine rein diskretionär handelnde Regierung könnte durch eine ständig über den Erwartungen der privaten Wirtschaftssubjekte liegende Erhöhung der Geldmenge inflationäre Überraschungseffekte bewirken. Da jedoch rationales Handeln unterstellt wird, erkennen die Wirtschaftssubjekte die Anreize der Regierung und antizipieren diese in ihren Erwartungen. Dadurch werden „systematische" geldpolitische Überraschungen durch eine ständig über den Erwartungen liegende Inflation unmöglich.

137 Die nachfolgenden modelltheoretischen Ansätze folgen weitgehend Barro/Cordon 1983, Cukierman 1986 und Blackburn/Christensen 1989.

138 Vgl. Cukierman 1986, S.6.

139 Das natürliche Niveau der Arbeitslosigkeit ist dadurch definiert, daß Vollbeschäftigung herrscht und Arbeitslosigkeit lediglich friktionell durch kurzfristige Anpassungsschwierigkeiten, Arbeitsplatzwechsel oder Umschulungen bedingt ist. Im neoklassischen Kontext ist die natürliche Arbeitslosigkeit variabel in Abhängigkeit von technologischem Fortschritt, welcher sektorale und regionale Umstrukturierungen auf dem Arbeitsmarkt mit sich zieht.

aktuellen Output-/Beschäftigungsniveau (y_t) und der aktuellen Inflationsrate (p_t). Die soziale Wohlfahrtsfunktion nimmt dann folgende Form an:

$$W_t = a(p_t)^2 - 2b(y_t - y_t^n) \quad (1)$$

Der Parameter a gewichtet die Erhöhung der Inflationsrate durch die Entscheidungsträger, der Parameter b gewichtet die Erhöhung des Output-/Beschäftigungsniveaus über das natürliche Niveau, wobei a,b>0. Da die Realwirtschaft im neoklassischen Kontext nur über reale Größen beeinflußt werden kann, erfolgt der Einfluß der Geldpolitik auf die Realwirtschaft über die Abweichung zwischen aktueller und erwarteter Inflationsrate (p_t^*). Diese Beziehung wird mit einer Lucas-Sargent- Angebotsfunktion beschrieben $\{y_t = y_t^n + (p_t - p_t^*)\}$. Die Nutzenfunktion der privaten Wirtschaftssubjekte ist alleine von der Differenz zwischen aktueller und erwarteter Inflationsrate abhängig ($U_t = -(p_t - p_t^*)$), und das Geldangebot (m_t) bestimmt die Inflationsrate ($p_t = m_t$). Die Wohlfahrtsfunktion läßt sich nun wie folgt darstellen:

$$W_t = a(m_t)^2 - 2b(m_t - m_t^*) \qquad (2)$$

Unter veränderter Sichtweise stellt (2) eine Verlustfunktion dar, die durch die Regierung minimiert werden soll, um die Wohlfahrt zu maximieren. Der erste Term stellt die Kosten der Inflation dar und beinhaltet durch seine quadratische Form eine überproportionale Kostensteigerung im Falle des Anstieges der Inflationsrate. Der zweite Term stellt den Nutzen der Entscheidungsträger aus einer überraschenden Inflation dar. Unter der gegebenen Bedingung (b>0) vermindert eine über den Erwartungen liegende tatsächliche Inflation die Verlustfunktion.

Den politischen Entscheidungsträgern stehen nun die folgenden politischen Verhaltensweisen offen:[140]

1. Diskretionäre Politik: Die Erwartungen über die gegenwärtige und zukünftige Inflationsrate werden als fix angenommen und sind unabhängig von der Entscheidung in der laufenden Periode. (m_t) wird so bestimmt, daß die Kosten der gegenwärtigen Periode minimiert werden. Unter der Annahme rationalen Handelns und vollkommener Information erwarten die privaten Wirtschaftssubjekte (m_t) als tatsächliche Inflationsrate. Damit ist $m_t^* = m_t$.
2. Regelgebundene Politik: Die Inflationsrate ist an eine im voraus vereinbarte und angekündigte Regel gebunden. Der politische Entscheidungsträger determiniert dann m_t und m_t^* zusammen. Die Kosten der Inflation $a(m_t)^2$ werden durch die Festsetzung der Inflation auf den Wert 0 minimiert ($m_t = 0$).

140 Vgl. Barro/Cordon 1983, S.106-108.

3. „Cheating“: Für die Regierung besteht durch den positiven Nutzen einer überraschenden Inflation ein Anreiz zu inflationieren. Ausgehend von einer regelgebundenen Politik erwarten die privaten Wirtschaftssubjekte $m_t^* = 0$. Die Regierung versucht, die Wohlfahrtsfunktion zu maximieren und setzt m_t wie unter den Bedingungen der diskretionären Politik.

Die folgende Tabelle VIII zeigt die Ergebnisse nach Anwendung der politischen Optionen auf die Wohlfahrtsfunktion:

Tabelle VIII: Ergebnisse der politischen Verhaltensweisen

Rangfolge	m_t	m_t^*	W_t
1. Cheating	b/a	0	$-b^2/a$
2. Regelgebunden	0	0	0
3. Diskretionär	b/a	b/a	b^2/a

Quelle: Vgl. Taylor 1983a, S.124.

Die Ergebnisse zeigen, daß die Anwendung des „Cheating“ die Kosten kurzfristig reduziert und damit die „first-best-solution“ darstellt. Eine regelgebundene Politik ist neutral, da es weder zu einer Erhöhung des Output-/Beschäftigungsniveaus noch zu einem Wohlfahrtsverlust kommt. Ferner wird eine exzessive Inflation vermieden. Die diskretionäre Politik erhöht die Kosten, da durch die korrekten Erwartungen der Wirtschaftssubjekte keine überraschende Inflation möglich ist. Da es der Regierung aufgrund der bestehenden Anreize nicht gelingt, eine regelgebundene Politik durchzuführen bzw. die Inflationserwartungen dauerhaft niedrig zu halten und die privaten Wirtschaftssubjekte unter der Prämisse rationalen Handelns (Lerneffekte) den Ankündigungen der Regierung nicht mehr vertrauen, stellt die diskretionäre Politik jedoch die einzig konsistente Geldpolitik dar. Je höher hierbei das Gewicht des Parameters b (Output-/Beschäftigungsniveau), um so höher ist der Anreiz für die Regierung, das Geldangebot überraschend über die angekündigte Inflationsrate hinaus zu steigern.

Cukierman erweitert das Modell in eine dynamische Version, die die Überlegungen der Regierung hinsichtlich der Maximierung der sozialen Wohlfahrtsfunktion auf zukünftige Perioden ausbaut.[141] Die Funktion nimmt folgende Form an:

$$W = \Sigma \beta_t \{Y(m_t - m_t^*) - (m_t)^2/2\} \qquad (3)$$

141 Vgl. Cukierman 1986, S.7.

ß stellt einen auf die zukünftige Wohlfahrt angewandten Diskontierungsfaktor dar. Die Konstante Y bezeichnet das Gewicht des Output-/Beschäftigungszieles in Relation zum Inflationsziel. Die Ergebnisse sind analog der Rangfolge in der obigen Tabelle.

Der **Politisch-Ökonomische Ansatz** unterscheidet sich von dem sozialen Wohlfahrtsansatz durch eine Abänderung der Grundannahme hinsichtlich der Informationsstruktur. Die Politiker haben gegenüber den privaten Wirtschaftssubjekten einen Informationsvorsprung, da ihnen die Gewichtung der Parameter a und b bekannt ist. Desweiteren besitzen sie Informationen über verschiedene makroökonomische Variablen, insbesondere hinsichtlich unerwarteter exogener Schocks auf die Gesamtwirtschaft.[142] Die Maximierungsfunktion nimmt dann folgende dynamische Form an:

$$W = \Sigma ß_t \{X_t(m_t-m_t^*)-(m_t)^2/2\} \qquad (4)$$

Im Gegensatz zu (3) bildet (4) keine soziale Wohlfahrtsfunktion ab. Die Konstante Y wird durch X ersetzt, wobei X die Präferenz der Regierung bzgl. Output-/Beschäftigungsniveau und Inflation darstellt. Diese Präferenz ist den privaten Wirtschaftssubjekten unbekannt. Ebenso steht der Diskontierungsfaktor ß nicht mehr im gesamtwirtschaftlichen Kontext, sondern drückt die Zeitpräferenz der Regierung aus. Die Erwartungsbildung der privaten Wirtschaftssubjekte hängt damit von der Inflationsrate der vergangenen Perioden ab, da die Öffentlichkeit die Präferenzverschiebung der Regierung mit zeitlicher Verzögerung wahrnimmt.[143] Dadurch bietet sich der Regierung wiederum die Chance, überraschend zu inflationieren. Ein Überschreiten (Unterschreiten) der angekündigten Zielgröße p_t führt zu einer Erhöhung (Senkung) der Inflationserwartung p_{t+1}^*. Dem kurzfristigen Nutzengewinn durch den Anstieg des Output-/Beschäftigungsniveaus stehen damit die Kosten einer höheren, erwarteten Inflation in der nächsten Periode gegenüber. Dies bedeutet jedoch, daß die Regierung Einbußen in der Minimierung der Verlustfunktion in der nächsten Periode hinnehmen muß, da sich der Faktor $(m_t-m_t^*)$ verringert. Der Anreiz der Regierung, diskretionäre Politik zu betreiben, verringert sich, je größer der Effekt auf p_{t+1}^* ausfällt. Die durch die Regierung gewählte Inflationsrate ist optimal, wenn der Grenznutzen der Regierung den Grenzkosten der Inflati-

---

142 Die asymmetrische Informationsstruktur im politökonomischen Ansatz erscheint hier im Gegensatz zum sozialen Wohlfahrtsansatz realistisch, da sich dort die Asymmetrie nur auf die Informationen hinsichtlich der sozialen Wohlfahrtsfunktion beziehen kann. Unterschiede in der Informationsstruktur sind dann nur schwer zu erklären, da die Funktion im voraus festgelegt wurde und sowohl der Regierung als auch den privaten Wirtschaftssubjekten bekannt ist. Blackburn/Christensen unterscheiden hinsichtlich der asymmetrischen Informationsstruktur zwischen „intrinsic uncertainty", welche die Unsicherheit über Eigenschaften und Präferenzen der verschiedenen Interessengruppen beinhaltet, und „extrinsic uncertainty", welche die unvollkommene Information über stochastische, exogen bedingte Schocks umschreibt.

143 In diesem Zusammenhang wird Glaubwürdigkeit als Anpassungsgeschwindigkeit definiert, mit der die Öffentlichkeit die Veränderungen in den Präferenzen der Politiker wahrnimmt. Vgl. zu den Definitionen Fußnote 124.

onsüberraschung entspricht. Die Inflationsrate liegt dann zwischen der gesamtwirtschaftlich optimalen Lösung $m_t=m_t^*=0$ und der diskretionären Lösung $m_t=X_t$. Diese Lösung wird über den Faktor Reputation erreicht, indem sich die Regierung einer sogenannten „enforceable rule" unterwirft.[144] Hält sich die Regierung nicht an die angekündigte Inflationsrate, so wird sie von den privaten Wirtschaftssubjekten bestraft, indem diese eine höhere Inflationsrate in der nächsten Periode erwarten und dadurch die Minimierung der Verlustfunktion erschweren.[145] Damit besteht eine Anreiz für die Regierung, sich an die Ankündigungen zu halten und ihre Reputation zu bewahren. Reputation dient damit zumindest teilweise als Substitut für formale Bindungen („precommitments") und verringert bzw. eliminiert die Kosten des Glaubwürdigkeitsproblems.[146] Der Anreiz ist dabei abhängig von dem absoluten Wert und der zeitlichen Dauer der „Abschreckung" durch die privaten Wirtschaftssubjekte. Der Faktor ß in (4) wird als Ausdruck der Zeitpräferenz der Regierung zum zentralen Faktor. Je geringer ß und je höher X als Präferenz für eine Erhöhung des Output-/Beschäftigungsniveaus ist, um so mehr nähert sich die Inflationsrate der diskretionären Lösung.

Die hier dargestellten Glaubwürdigkeitsmodelle sind jedoch insgesamt kritisch zu betrachten. Technologische Beschränkungen werden ebenso wenig beachtet wie andere administrative und politische Beschränkungen. Das Modell trifft in seiner Grundform u.a. die eher unrealistische Annahme, daß die Regierung eine perfekte Kontrolle über die Geldmengensteuerung besitzt und hierüber die einzige strategische Variable Inflation bestimmt. Die Variable Geldmengensteuerung/Inflation kann zudem neben der strategischen Komponente, welche dem Privatsektor einen Glaubwürdigkeitsfaktor in Bezug auf den Anreiz des Cheating liefert, eine stabilitätspolitische Komponente enthalten. Diese soll negative Effekte externer Schocks abfedern, über die lediglich die politischen Entscheidungsträger Kenntnis besitzen. Es besteht dann die Gefahr, daß der Privatsektor, aufgrund der Unfähigkeit, die Gewichte der Komponenten zu beurteilen, die Inflationsrate fehlinterpretiert.[147]

---

144 Vgl. Barro/Gordon 1983, S.110ff. und Cukierman 1986, S.15. Die Lösung des Problems über die „enforceable rule" im Kontext des Faktors Reputation unterliegt jedoch einiger Kritik. Da Reputation personengebunden ist, funktioniert der Reputationsmechanismus nicht mehr, wenn z.B. die Besetzung der Regierung geändert wird. In ähnlich gelagerten Fällen der Zeitinkonsistenz sind optimale Regelungen gefunden worden, die das Inkonsistenzproblem umgehen. Als Beispiel dient das Patentrecht. Es erscheint daher fraglich, warum eine Bindung an eine „Null-Inflation" nicht möglich sein soll. Vgl. Taylor 1983a, S.125. Es kann sich zudem eine „Free-Rider-Problematik" bilden für den Fall, daß die Überwachung der Abweichung der Regierung von dem angekündigten Inflationskurs mit hohen Kosten, die den Nutzen übersteigen, für die privaten Wirtschaftssubjekte verbunden ist. Vgl. Cukierman 1986, S.15.

145 Die privaten Wirtschaftssubjekte können die Regierung nicht im eigentlichen Sinne bestrafen, sondern können lediglich dafür sorgen, daß ihr Verhalten als „Abschreckung" dazu dient, daß die Regierung sich in Zukunft an ihre Ankündigungen hält.

146 Vgl. Persson 1988, S.522.

147 Vgl. Blackburn/Christensen 1989, S.24-25. In diesem Zusammenhang ist auch die generelle Kritik angebracht, daß die Modelle hochsensibel auf die Annahme einer asymmetrischen Informationsverteilung

In der einfachen Form gehen zudem die Effekte der Fiskalpolitik auf das Output-/Beschäftigungsniveau nicht in die Zielfunktion der Regierung ein und werden somit aus der Glaubwürdigkeitsproblematik ausgeschlossen.[148] Politiker wenden die Strategie einer überraschenden Inflation an, um das gegenwärtig zu niedrig eingeschätzte Output-/ Beschäftigungsniveau anzuheben. Das niedrige Niveau ist jedoch durch Verzerrungen in der Steuerstruktur und auf dem Arbeitsmarkt begründet. Eine adäquate Wirtschaftspolitik wird sich dann in erster Linie um die Beseitigung dieser Verzerrungen über eine veränderte Fiskal- oder Arbeitsmarktpolitik bemühen, um die Ursache des niedrigen Niveaus zu bekämpfen.

Ein weiterer Kritikpunkt findet sich in der institutionellen Ausgestaltung der Modelle: Die Zentralbank bzw. mit der Geldpolitik beauftragte Institutionen und der private Sektor werden generell als „...archetypal mythic policymaker (usually a politician) who is either entirely precommitted to rules, builds reputation for usually obeying these rules, embraces rules with escape clauses (limited commitment) given sufficiently large stochastic shocks, or assigns policymaking to a central banker with 'secretive and conservative preferences'. ...The only other actors in the scenario are atomistic market participants with whom the policymaker plays loss-minimizing games in employment/ inflation space and whose voting (the only form, of political support) generates solitary election-centered monetary surprises“[149] beschrieben. Havrilesky betont hier die Bedeutung und das Zusammenspiel institutioneller und privatwirtschaftlicher Interessengruppen und die Auswirkung der Verhaltensweisen dieser Gruppen auf die mit der Geldpolitik betrauten politischen Instanzen.[150] Der Einfluß dieser verschiedenen Gruppen führt zu einer Einschränkung der Autonomie der geldpolitischen Instanzen und verursacht im Rahmen der starren bürokratisch ausgerichteten Ordnung zwi-

---

reagieren. Es lassen sich dann diverse und teilweise konkurrierende Schlußfolgerungen auf die Verhaltensänderungen der Regierung bzw. der Interessengruppen je nach Sichtweise und Gewichtung dieser Informationsverteilung ziehen.

148 So konkurriert z.B. das Ziel der Preisniveaustabilität mit einer expansiven Fiskalpolitik, falls die Expansion über eine Monetisierung der Staatsschuldentitel verläuft, um die Zinsbelastung der Staatsverschuldung abzubauen.

149 Havrilesky 1994, S.114. Blackburn/Christensen sehen ebenfalls in der Vereinfachung der Beziehung zwischen Regierung und privaten Wirtschaftssubjekten sowie der Konstellationen innerhalb der beiden Sektoren einen Schwachpunkt in den o.a. Modellen. Die Sichtweise des Privatsektors in Form einer aggregierten Gruppe erscheint unrealistisch. Die Beachtung unterschiedlicher Strömungen innerhalb der Gruppen verkompliziert dann insbesondere die Antizipation der Erwartungen der Wirtschaftssubjekte hinsichtlich Inflation oder sonstiger Variablen. Vgl. Blackburn/Christensen 1989, S.8.

150 Ebenso wie sich der Privatsektor aus verschiedenen Interessengruppen zusammensetzt, kann auch „die“ Regierung in Interessengruppen unterteilt werden. Es lassen sich zumindest drei Komponenten isolieren: Erstens, die „Ausgabeministerien“ (Bildung, Forschung, Infrastruktur, Sozialleistungen etc.), welche den „Kontrollministerien (Finanzministerium etc.) gegenüberstehen; zweitens, Exekutiveinheiten auf Provinz- oder Lokalebene in Abhängigkeit von dem Grad an Dezentralisierung und Autonomie der Einheiten im Gesamtsystem sowie drittens, die Staatsbetriebe.

schen den Gruppen soziale Kosten. Aufgrund der Aktivitäten der verschiedenen Interessengruppen sieht Havrilesky geldpolitische Überraschungen nicht aus dem Wahlzyklus (election-centered inflation games) im engeren Sinne resultierend, sondern als Ergebnis abrupter Änderungen in der Geldpolitik, die durch den politischen Druck genau definierter Interessengruppen ausgelöst werden.[151] Die rent-seeking Aktivitäten der Interessengruppen führen dazu, daß Geldpolitik periodisch redistributive Effekte hinsichtlich der Einkommensverteilung auf verschiedene Sektoren ausübt. Damit liegt die Ursache geldpolitischer Maßnahmen in den herrschenden sektoralen Dissonanzen, welche wiederum durch wirtschaftspolitische Entscheidungen, z.B. in den Bereichen Fiskal-, Wechselkurs- oder Steuerpolitik, ausgelöst wurden. Geldpolitik dient dann u.a. dazu, die negativen Folgen dieser Dissonanzen zu kompensieren.[152]

Nunnenkamp/Funke konstruieren auf den oben erläuterten Grundlagen der Zeitinkonsistenz ein Modell, welches das Problem der Zeitinkonsistenz im Zusammenhang mit der Durchführung von Wirtschaftsreformen formalisiert.[153] Die nachfolgende Graphik (Abb. III) verdeutlicht die Grundüberlegung: Produktion, Beschäftigung und Einkommen nehmen nach Einsetzen einer Wirtschaftsreform (A) einen J-förmigen Verlauf an und führen damit zu einem vorübergehenden Einkommensrückgang (B bzw. B*).[154] Langfristig erhöht sich jedoch das Einkommensniveau nach durchgeführter Reform über das ursprüngliche Einkommensniveau (C bzw. C*).

151 Vgl. Havrilesky 1994, S.115.

152 Empirische Untersuchungen über die Stellung der amerikanischen Zentralbank hierzu zeigen, daß Veränderungen in der Geldpolitik entweder direkt durch politischen Druck verschiedener Interessengruppen oder indirekt durch politische Kräfte in der Exekutive bzw. Legislative ausgelöst werden. Vgl. hierzu die Ergebnisse der Untersuchungen in Havrilesky 1993.

153 Zu den modelltheoretischen Ausführungen siehe Nunnenkamp/Funke 1992, S.161-166.

154 Der J-förmige Verlauf ist insbesondere darauf zurückzuführen, daß aufgrund von Rigiditäten in der Faktormobilität und einer unzureichenden Rechtssicherheit Reformen erst mit einer zeitlichen Verzögerung eine Verbesserung der gesamtwirtschaftlichen Lage bewirken. Verstärkend reagieren Investoren und Produzenten aufgrund der Unsicherheitskritierien überhaupt nicht bzw. nicht intensiv genug und abwartend auf Reformmaßnahmen. Eine ausführliche Darstellung und Modellierung der J-Kurve findet sich bei Long/Siebert 1991.

Abbildung IV: Einkommensniveau und Reformumfang

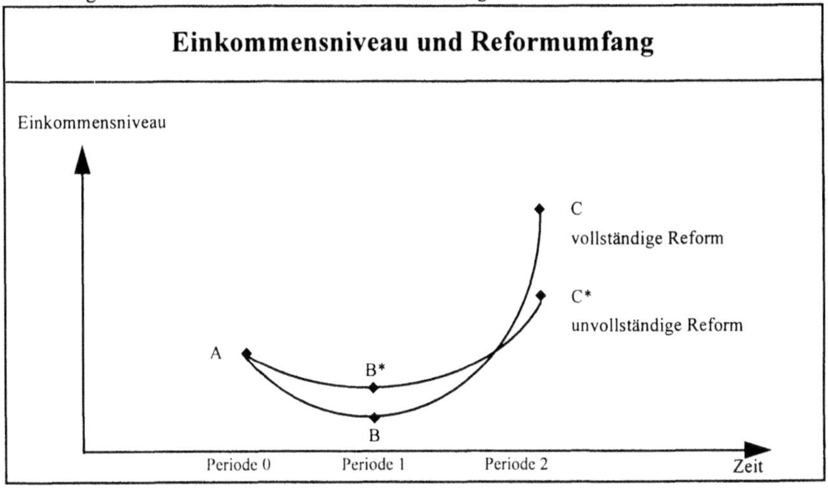

Quelle: Nunnenkamp 1995, S.102.

Die Graphik zeigt die Beziehung zwischen dem Einkommensniveau der verschiedenen Perioden (Periode 1 < Periode 0 < Periode 2). Die Regierung steht nun in dem Konflikt zwischen einer langfristigen Erhöhung des Einkommensniveaus aus einer vollständigen Reform in Periode 2 gegenüber einer Abschwächung der kurzfristigen Anpassungskosten in der Periode 1, wobei diese Abschwächung zu einer Abweichung von dem gesamtwirtschaftlich optimalen Reformumfang führt. Aufgrund der oben erläuterten politökonomischen Einflußfaktoren besteht der Anreiz, die Anpassungskosten insbesondere dann abzufedern, wenn diese in konzentrierter Form bei einflußreichen Interessengruppen anfallen. Im Resultat wird durch die Abweichung von dem ursprünglichen Reformumfang das Einkommensniveau C* erzielt, welches unter dem angekündigten Niveau C liegt. Es läßt sich eine Verlustfunktion analog zu den o.a. geldpolitischen Erläuterungen bilden, die die Anreizproblematik für die Regierung verdeutlicht:

$$W = c(R-R^*)^2 + d(E_1-E_1^*)^2 + e(E_2-E_2^*)^2 \qquad (5)$$

wobei: R bzw. R^* = tatsächlicher bzw. angekündigter Reformumfang
E_1 bzw. E_1^* = tatsächliches bzw. gewünschtes Einkommen in Periode 1
E_2 bzw. E_2^* = tatsächliches bzw. gewünschtes Einkommen in Periode 2
c,d,e = Gewichtung der Verlustkomponenten durch die Regierung

Die mit der Reformdurchführung entstehenden Verluste für die Regierung basieren auf drei Annahmen:

1. Es entsteht ein Reputationsverlust für die Regierung, wenn der tatsächliche von dem angekündigten Reformumfang abweicht. Je größer die Abweichung, um so größer der Verlust.[155]
2. Je geringer die Differenz zwischen tatsächlichem und gewünschten Einkommen in der Periode 1, um so weniger wird das Reformprogramm angepaßt werden, indem der Reformumfang verkleinert wird. (kurzfristiger Einkommenseffekt)
3. Je geringer die Abweichung von dem optimalen Reformprogramm, um so höher das tatsächliche Einkommen in Periode 2. Im Idealfall ergibt sich das Einkommen aus dem freien Spiel der Marktkräfte. (langfristiger Einkommenseffekt)

Daraus ergibt sich, daß Ankündigung und Durchführung einer vollständigen und unwiderruflichen Reform nur dann für die Regierung optimal ist, wenn sie nicht bestrebt ist, den anpassungsbedingten Realeinkommensverlust in der ersten Periode abzufedern. Nur dann realisiert die Regierung keinen Verlust. Im Fall der Abschwächung entsteht der Anreiz, den Reformumfang zu vermindern. Der Umfang der Reduzierung hängt von der Glaubwürdigkeit ab. Wenn die privaten Wirtschaftssubjekte darauf vertrauen, daß sich die Regierung an das angekündigte Programm hält, ist es aus Regierungssicht optimal, die Wirtschaftssubjekte durch einen geringeren Reformumfang zu überraschen (cheating), da der Privatsektor seine Anpassungsreaktionen an den hohen Ankündigungen orientiert hat.[156] Dies ist jedoch, da rationales Handeln der Wirtschaftssubjekte unterstellt wird, analog den obigen Ausführungen im geldpolitischen Zusammenhang nicht zeitkonsistent. Der realisierte Reformumfang kann nicht systematisch kleiner sein als der von den privaten Wirtschaftssubjekten erwartete Umfang, da sich die privaten Wirtschaftssubjekte nicht an den Ankündigungen, sondern an dem tatsächlichen Ver-halten der Regierung orientieren. Der Reformumfang der zeitkonsistenten Lösung ist wiederum kleiner als der Umfang bei einem Glaubwürdigkeits-Cheating und dieser kleiner als der gesamtwirtschaftlich optimale Reformumfang.

Im Ergebnis lassen sich eine Reihe von Schlußfolgerungen ableiten: Der Reformumfang ist durch die Anreizproblematik in Bezug auf die Faktoren kurzfristiges Einkommensniveau, langfristiges Einkommensniveau und Reputation der Regierung charakterisiert. Weiterhin wird er durch die Gewichtung folgender Relationen determiniert:

---

155 Es entstehen hier Kosten durch den Verlust an Reputation, da die Möglichkeiten der Regierung die Erwartungen der privaten Wirtschaftssubjekte durch Ankündigungen zu beeinflussen, reduziert werden. Vgl. Alesina/Tabellini 1988, S.543.

156 Z.B. führen aufgrund von niedrigen Inflationserwartungen abgeschlossene Nominallohnabschlüsse im Fall eines überraschend geringen Umfangs eines Stabilisierungsprogramms zu Reallohnsenkungen und damit zu positiven gesamtwirtschaftlichen Effekten. Vgl. Nunnenkamp 1995, S.102.

Die Abweichung von dem gesamtwirtschaftlich optimalen Reformumfang zugunsten eines durchführbaren zeitkonsistenten Reformumfangs wird um so größer:[157]

- je mehr die Regierung aufgrund politökonomischer Überlegungen bestrebt ist, kurzfristige Einkommensverluste durch eine Verringerung des Reformumfangs bzw. eine zeitliche Dehnung der Reformen abzufedern;
- je geringer die langfristigen Einkommenseffekte im Falle einer vollständigen Reform sind und je weniger Gewicht die Regierung auf diese Effekte legt;
- je weniger Bedeutung die Regierung ihrer Reputation beimißt.

Die hier in Kürze dargestellten Grundzüge des Modells nach Nunnenkamp/Funke weisen jedoch enge Grenzen auf und sind für empirische Untersuchungen nur bedingt geeignet, da Definition und Bestimmung der Begriffe „angekündigte Reformen" und „gewünschten Einkommens" unscharf sind. Gleiches gilt für die Gewichtung der Faktoren c,d,e in der o.a. Verlustfunktion. Desweiteren verliert der Faktor Reputation an Bedeutung, da umfangreiche Reformvorhaben im Gegensatz zur Geldpolitik nicht periodisch bzw. fortlaufend durchgeführt werden. Lerneffekte können sich in diesem Zusammenhang nur in Hinblick auf das Gesamterscheinungsbild und Erfahrungen mit ähnlichen wirtschaftspolitischen Maßnahmen oder Reformen ergeben. Eine direkte Vergleichbarkeit über die einzige Variable Inflation ist über die in der Verlustfunktion enthaltenen Variablen Reputation und Einkommensniveau nicht gegeben. Prinzipiell sind die Kritikpunkte jedoch in der empirischen Überprüfbarkeit des Modells zu sehen. Hier geht es aber in erster Linie um die modellhafte Darstellung, warum Regierungen ein Interesse daran haben, Reformen nicht vollständig und umfassend durchzuführen.

3.3.3 Maßnahmen zur Erhöhung der Glaubwürdigkeit

Grundbedingung für eine glaubwürdige und erfolgreiche Reform ist zunächst die Schaffung der technischen Grundvoraussetzungen. Es dürfen also keine Inkonsistenzen hinsichtlich der konzeptionellen, administrativen und politischen Faktoren der Reform vorliegen. In den ersten beiden Bereichen mag dies durch eine entsprechende Planung und die Bereitstellung der notwendigen Ressourcen relativ unproblematisch sein und stellt ein rein technisches bzw. organisatorisches Problem dar. Durch das Aussenden klarer Reformsignale in Form von öffentlichen Ankündigungen über Reformkonzept, beabsichtigte Ziele und erwartete Ergeb-

---

[157] Vgl. Nunnenkamp/Funke 1992, S.166.

nisse der Reformen kann die Schaffung dieser Grundvoraussetzungen unterstützt werden. Die Vermeidung politischer Inkonsistenzen erscheint jedoch vor dem Hintergrund der asymmetrischen Verteilung der Information zwischen privaten Wirtschaftssubjekten und politischen Entscheidungsträgern und der hieraus resultierenden Unsicherheit über die tatsächlichen Beweggründe der Reformer weitaus schwieriger.[158] Wie oben gezeigt wurde, besteht weiterhin die Gefahr, daß der Umfang angekündigter Reformen verringert wird und Politiker trotz gegenteiliger Ankündigung zu einer diskretionären Politik übergehen.

Die Erhöhung der Anpassungsflexibilität der Volkswirtschaft und die daraus resultierende Beschleunigung der positiven Einkommenseffekte bilden eine weitere Maßnahme zur Erhöhung der Glaubwürdigkeit. Eine höhere Flexibilität kann zum einen durch eine Erhöhung der Faktormobilität, insbesondere des Faktors Arbeit, erreicht werden. Zum anderen erscheint es wichtig, daß privatwirtschaftliche Aktivitäten in den durch die Reformen begünstigten Sektoren nicht übermäßig reglementiert werden.[159]

Die Beschränkung der Handlungsmöglichkeiten des Staates - insbesondere durch den Abbau der Möglichkeiten, die Budgetrestriktionen zu unterlaufen, und gesetzliche Verbote hinsichtlich der Monetisierung der Staatsdefizite - kann die Glaubwürdigkeit in die Wirtschaftspolitik erhöhen und dadurch das Problem der Zeitinkonsistenz im Sinne einer diskretionären Politik zumindest teilweise umgehen.[160] In diesem Zusammenhang ist auch die Schaffung unabhängiger inländischer Institutionen, die mit der Wahrnehmung bestimmter wirtschaftspolitischer Aufgaben betraut werden, von Bedeutung. In erster Linie ist hier im geldpolitischen Bereich an den Aufbau einer autonomen Zentralbank zu denken.[161] Weiterhin schafft die offizielle Bindung an internationale Vereinbarungen oder die Unterwerfung unter externe Kontrolleinrichtungen etwa der Weltbank oder des IMF, eine Vertrauensbasis. Diese Maßnahmen unterliegen jedoch einer wesentlichen Beschränkung, indem keine der von der Regie-

---

158 Backus/Driffill zeigen in diesem Zusammenhang formal, daß sich die Unsicherheit im Fall eines Regimewechsels unter der Annahme erhöhen kann, daß der alleinige Informationsvorsprung der Regierung nicht mehr gegeben ist. Ausgehend von dieser beidseitigen asymmetrischen Informationsverteilung bzgl. der Glaubwürdigkeit der Regierungspolitik und des Verhaltens des Privatsektors - hier ausgedrückt durch die Unnachgiebigkeit in den Lohnforderungen - führt die Unsicherheit zu einer Erhöhung der Outputverluste. Vgl. zur modelltheoretischen Darstellung Backus/Driffill 1985.

159 Vgl. Funke 1991, S.180.

160 Vgl. Blackburn/Christensen 1989, S.15.

161 Eine detaillierte Analyse über Stellung, Autonomiegrad und personeller Besetzung einer relativ unabhängigen Zentralbank im politökonomischen Spannungsfeld unterschiedlicher Interessengruppen bieten Bowles/White. Die Autoren kommen hier zu dem Schluß, daß ein hoher Autonomiegrad zwar einen Schutzschild gegen externe Einflüsse aufbaut jedoch im Gegenzug kein „Allheilmittel" gegen den aus politökonomischen Überlegungen resultierenden Druck externen und interner Interessengruppen darstellt. Dies auch im Hinblick auf die fortschreitende Internationalisierung der nationalen Geldpolitiken. Vgl. Bowles/White 1994.

rungsseite getroffenen Vereinbarungen unwiderruflich ist. Es besteht somit kein wirklichen Schutz vor einem Rückfall in eine diskretionäre Wirtschaftspolitik.

Unabhängig von dem politischen System ist eine starke Regierung erforderlich.[162] Die Stärke ist abhängig von der Ausgestaltung der Beziehung zwischen Staat und privaten Interessengruppen. Hier gewinnt die Identifikation von Reformgewinnern und -verlierern an entscheidender Bedeutung, da ein organisierter Aufbau von Reformgewinnern und eine effektive Abschirmung der Regierung vor den Reformverlierern die Reformdurchführung erleichtert. Es kann zudem zur Unterstützung ein Kompensationssystem zu Gunsten der Reformverlierer aufgebaut werden, welches jedoch nicht die realwirtschaftlichen Anpassungsmaßnahmen im Sinne „weicher Budgetrestriktionen" unterlaufen darf.

Die Wahrnehmung des jeweiligen Nutzens und der Kosten ist durch zwei Faktoren bestimmt:[163] Das Maß der „Zurechenbarkeit" (Attributability) beeinflußt, inwieweit der gegenwärtige gesamtwirtschaftliche Status quo der momentanen Regierung zugeschrieben werden kann, und wirkt sich damit auf den Grad der Unterstützung für die geplanten Regierungsvorhaben aus. Der zweite Faktor umschreibt die „Möglichkeiten" (Appropriability) der Regierung, Einkommensströme an Interessengruppen umzuleiten bzw. vorhandene Einkommensströme favorisierter Interessengruppen zu erhöhen, um die eigene Zielsetzung erfolgreich zu verfolgen.

"Attributability" in Anlehnung an Frey/Eichenberg ist u.a. von den folgenden Bedingungen abhängig:

- Die Möglichkeiten der Schuldzuweisung des gegenwärtigen ökonomischen Status quo auf die vorhergehende Regierung. Die Möglichkeiten werden durch eine klare inhaltliche und personelle Trennung zwischen dem gegenwärtigen und vorhergehenden Regime erhöht.
- Die Kosten der Reformvorhaben können weitgehend externen Kräften und Ereignissen, wie z.B. Energiekrisen, Verschlechterung der ToT oder internationaler wirtschaftlicher und politischer Instabilität, angerechnet werden. Allerdings befindet sich die Regierung in einem Kompetenzproblem für den Fall, daß sie den Anspruch erhebt, über die gegenwärtige Situation die absolute Kontrolle zu besitzen.

---

162 „Stark" zeigt hier an, daß die Regierung eine ausreichende Kontrolle über die Exekutivorgane des Staatsapparates besitzt und so über die notwendige Durchsetzungskraft auch für unpopuläre Maßnahme verfügt. In diesem Kontext spielt die politische Ausgestaltung des Systems eine untergeordnete Rolle, da auch autoritäre Regime „schwach" sein können und ihre Autorität lediglich in der geringen Toleranz gegenüber ziviler und politischer Freiheit ausdrücken.

163 Vgl. Frey/Eichenberger1994, S.179-182.

- Die politische Durchsetzbarkeit ist um so einfacher, je niedriger die Erwartungen der privaten Wirtschaftssubjekte an die Regierung sind.
- Die Unterscheidung der privaten Wirtschaftssubjekte zwischen der allgemeinen Wirtschaftslage, welche stärker der Regierung angelastet wird, und der individuellen Wirtschaftslage, für die die Regierung weniger verantwortlich gemacht wird, ist im Zusammenhang mit der Identifikation der Verlierer von Bedeutung. Die Zurechenbarkeit der Reformeffekte sinkt, je diversifizierter die negativen Effekte der Reform und je geringer die Konzentration der Effekte auf organisierte Gruppen sind.

Die „Approbability" ist im wesentlichen von der Ausprägung der ökonomischen Struktur - charakterisiert durch den Grad der Offenheit der Volkswirtschaft, Anteil staatlich kontrollierter Unternehmen, Ausweichmöglichkeiten in die Schattenwirtschaft, Effizienz des Steuersystems etc. - und dem politischem sowie legalem System - charakterisiert durch Opposition, parlamentarische Kontrolle, Konzentration außerpolitischer Interessengruppen, institutionelle Kontrolle etc. - abhängig.

4 Übertragung der theoretischen Ansätze auf die Reformen der Finanz systeme in den betrachteten Volkswirtschaften

Die folgende Analyse der Liberalisierung der Finanzsysteme in Indonesien, Malaysia, den Philippinen und Thailand zielt auf eine umfassende Bewertung der Reformen im Finanzsystem in diesen Ländern in der Periode 1970-1995 ab. Für jede Volkswirtschaft wird zunächst im Überblick die gesamtwirtschaftliche Lage erläutert. Anschließend erfolgt eine Standortbestimmung des Finanzsystems anhand der Chronologie der Reformen und anhand einer Reihe von Indikatoren des Finanzsektors. Über eine Analyse der Fiskal-, Geld- und Wechselkurspolitik werden orthodox-technische Aspekte der Reformpolitik der Länder betrachtet und anschließend um die politisch-ökonomische Analyse erweitert.[164] Die Betrachtung hinsichtlich Art und Ausmaß der Staatsinterventionen in den Finanzsektoren durchzieht die gesamte Länderanalyse. Im abschließenden Fazit wird eine Bewertung der Glaubwürdigkeit gegeben. Diese umfassende Betrachtung der Reformpolitik versucht im Gegensatz zu den bisherigen eher partiell ausgelegten Analysen, verstärkt die mikro- und makroökonomischen Ebenen zu verbinden, und weicht durch die Berücksichtigung der politökonomischen Kriterien von der traditionellen Bewertung ab.

Die Betrachtung der gesamtwirtschaftlichen Lage sowie der orthodox-technischen Aspekte geht dabei insbesondere auf die Identifizierung der wirtschaftspolitischen Schwerpunkte und deren länderspezifische Besonderheiten ein, um ein detailliertes Bild der jeweiligen Volkswirtschaft zu vermitteln. Die Standortbestimmung des Finanzsektors ist dagegen darauf ausgerichtet, durch eine entsprechende Auswahl der Meßzahlen einen bewertenden Vergleich der Systeme in Kapitel 5 zu ermöglichen. Die Betrachtung der Reformen im Finanzsektor konzentriert sich in der Länderanalyse auf die Auswirkungen sowohl indirekter, marktorientierter Instrumente staatlicher Wirtschaftspolitik als auch direkter, an Sicherheitsüberlegungen orientierter Eingriffe im Rahmen nicht marktkonformer, repressiver Kontrollen auf die Finanzinstitutionen. Finanzreformen reflektieren in diesem Kontext ein Umdenken in der Entwicklungsstrategie der gesamten Volkswirtschaft und bilden einen Bestandteil dieser Gesamtstrategie. Damit verbunden ist u.U. auch ein fundamentaler Wechsel in der Beziehung Staat - Wirtschaft bzw. Staat - Finanzsystem. Dieser Wechsel drückt sich jedoch nicht notwendigerweise in einem totalen Rückzug des Staates aus dem Finanzsystem, sondern eher in einer Reorientierung der Stellung und der Aufgaben des Staates im Finanzsystem aus. Die Beziehung und Kausalität zwischen der Entwicklung des Finanzsektors und der Entwicklung

164 Die Analyse der politökonomischen Kriterien orientiert sich an dem in Kapitel 3.2.2 erläuterten Katalog der Einflußfaktoren und klammert eine detaillierte Analyse sozioökonomischer und ökologischer Aspekte weitgehend aus.

der Gesamtwirtschaft rückt dagegen in den Hintergrund. Identifikation und Bewältigung aufgetretener Krisen in den Finanzsystemen und potentielle Inkonsistenzen in der Reformpolitik bilden einen weiteren Schwerpunkt der länderspezifischen Kapitel.

Den Einzelanalysen geht eine kurze Erläuterung über Homogenitäts- und Heterogenitätsfaktoren voraus, die die Auswahl der Ländergruppe begründen. Desweiteren erfolgt ein kurzer Überblick über Datenbasis und die gewählten Meßzahlen zur Standortbestimmung der einzelnen Finanzsektoren.

4.1 Auswahl der Ländergruppe

Die betrachtete Ländergruppe weist eine Reihe von Gemeinsamkeiten hinsichtlich ihrer gesamtwirtschaftlichen Entwicklung seit den fünfziger Jahren auf, die die Gruppe als relativ homogen erscheinen läßt. Dies trifft insbesondere auch für die makroökono-mischen Ausgangsbedingungen der einzelnen Volkswirtschaften zu:[165]

- Ausgehend von einem vorherrschenden Primärsektor durchliefen die Staaten eine einheitliche Wirtschaftsentwicklung über die Stufen "Importsubstitution" und "Exportpromotion" zur heute favorisierten Strategie der exportorientierten Produktion von höherwertigen Gütern im Hochtechnologiebereich. Grundlage der Wirtschaftspolitik bildet eine streng "outward-oriented" Entwicklungsstrategie, die logischerweise mit einer Öffnung der Wirtschaft einhergeht.[166] Die einzelnen Maßnahmen zur Erreichung dieses Strategiezieles unterscheiden sich jedoch deutlich in bezug auf Abfolge, Zeitpunkt und Geschwindigkeit der wirtschaftlichen Öffnung der einzelnen Länder. Die Strategie der "outward-orientation" resultiert auf der anderen Seite in einer hohe Exportabhängigkeit von den internationalen Weltmärkten, insbesondere den USA und Japan. Der Ländergruppe ist damit eine hohe Empfindlichkeit gegenüber extern verursachten makroökonomischen Schocks gemeinsam. Die Auswirkungen dieser Schocks können sich bis in das Finanzsystem durchziehen. Der zwischenstaatliche Handel nimmt dagegen ein verhältnismäßig geringes Volumen ein, so daß kaum Abhängigkeiten innerhalb der Ländergruppe bestehen.[167]

---

165 Zur statistischen Hinterlegung der folgenden Aussagen vergleiche die Übersichtstabellen in dem jeweiligen länderspezifischen Überblick der Einzelanalysen.

166 Der Exportanteil, gemessen am BIP, stieg von 1970 bis 1990 in allen vier Ländern signifikant und beträgt 1990 (1970) für Indonesien 26% (13%), Malaysia 78% (42%), die Philippinen 28% (19%) und Thailand 38% (15%). Alle Zahlen IFS (verschiedene Ausgaben).

167 Der Anteil der USA und Japans am Handelsvolumen mit der Ländergruppe liegt bei ca. 40% im Zeitraum zwischen 1970 und 1995. Der Intra-ASEAN-Handel liegt bei ca. 17%. Hierbei ist jedoch der hohe Anteil

- Mit Ausnahme der Philippinen verfügen alle Länder über ein kontinuierliches, hohes Wirtschaftswachstum mit geringer (Malaysia und Thailand) bis moderater (Indonesien und Philippinen) externer Verschuldung sowie einer, im Durchschnitt betrachtet, geringen bis moderaten Inflation. Die weltweiten Rezessionen aufgrund der Ölkrisen und die auch für diese Ländergruppe sich teilweise rapide verschlechternden Terms of Trade konnten gesamtwirtschaftlich gut überwunden werden. Desweiteren verfügt die Ländergruppe über eine hohe inländische Sparquote, wodurch im Regelfall eine hohe Abhängigkeit von externen Finanzmitteln bzw. eine hohe Auslandsverschuldung mit ihren negativen Folgen, wie sie etwa in der Entwicklung der südamerikanischen Reformstaaten beobachtet wurden, vermieden werden konnte. Die Volkswirtschaften waren daher nur peripher von der Schuldenkrise betroffen. Diese Merkmale erfordern jedoch für Indonesien und die Philippinen einige Modifikationen. Die Philippinen nehmen in der Ländergruppe einen Sonderstatus ein, da ein signifikantes Wachstum der Gesamtwirtschaft und des Finanzsektors erst in den neunziger Jahren erzielt werden konnte. Es stellt sich hier die Frage, ob dieser Rückstand im Vergleich zu den anderen Ländern vornehmlich auf rein ökonomische Gründe oder auf eher politische bzw. politökonomische Gründe zurückzuführen ist. Aufgrund der gleichartigen Ausgangsbedingungen und der Einbindung in den ASEAN-Verbund, der als ein maßgebliches Ziel die Integration der Volkswirtschaften der Mitgliedsländer anstrebt, liegt die Vermutung nahe, daß politökonomische Gründe Erklärungsansätze bieten.

- In Abgrenzung zu den europäischen und asiatischen Transformationsländern bestehen die mit einer Umwandlung von einem planwirtschaftlichen in ein marktwirtschaftliches System verbundenen Probleme - plötzliche Entwertung des Kapitalstocks, Fehlen geeigneter institutioneller Rahmenbedingungen insbesondere im Bereich der Eigentumsrechte, Inflationsschübe durch Preisfreigabe etc. - nicht.[168] Es existieren daher keine „Altlasten" aus sozialistischen bzw. planwirtschaftlichen Perioden, und die in diesem Zusammenhang wichtige Frage hinsichtlich Abfolge, Timing und Geschwindigkeit der Privatisierung in einer Transformation sind irrelevant bzw. gehen nur im Zusammenhang mit der Problematik der Staatsinterventionen in die Diskussion ein. Dies bedeutet auch, daß eine völlige Um-

---

Singapurs (ca. 50% des Intra-ASEAN-Gesamthandelsvolumens) als Drehscheibe des Intra-ASEAN-Handels zu berücksichtigen. Ohne Singapur liegt das Handelsvolumen zwischen den ASEAN-Staaten unter 10%, gemessen am Gesamthandelsvolumen. Auf die wirtschaftliche und politische Bedeutung des ASEAN-Verbundes wird nicht näher eingegangen. Insgesamt zeichnet sich in der ASEAN wieder eine verstärkt politische Ausrichtung ab. Vgl. hierzu die weiterführende Literatur u.a. von David 1995 und Institute of Southeast Asian Studies 1993. Eine äußerst kritische Würdigung der wirtschaftlichen Inhalte der ASEAN und der ASEAN-Free-Trade-Area (AFTA) findet sich in dem bezeichnender Weise mit „AFTA = Another Futile Trade Area" betitelten Artikel von Ariff. Vgl. Ariff 1994.

168 Vgl. Diehl 1994, S.499 und Rybczynski 1991, S.29.

stellung der Administration nicht notwendig ist, da bereits marktwirtschaftliche Strukturen existieren. Durch den Ausschluß der mit einer Transformation verbundenen Probleme wird die Konzentration auf eine partielle Reform erleichtert, da der Reformumfang auf einen Sektor - hier den Finanzsektor - beschränkt werden kann.

- Über die Mitgliedschaft im ASEAN-Verbund sind die Länder auch politisch miteinander eng verknüpft. Die politischen Vereinbarungen in der ASEAN beinhalten u.a. einen Ausbau der wirtschaftlichen Kooperation zwischen den Mitgliedsstaaten sowie den Aufbau der Staatengemeinschaft als einheitlichen Wirtschaftsfaktor in der asiatischen Region und in den internationalen Foren (World Trade Organisation (WTO), General Agreement on Tarifs and Trade (GATT), Asian Pacific Economic Cooperation (APEC) etc.).[169] Wenngleich diese Kooperation vornehmlich auf eine Intensivierung der Handelsbeziehungen durch den Aufbau der ASEAN Free Tade Area (AFTA) sowie die Bildung der sogenannten "Growth-Triangles"[170] abzielt, finden doch eine Vielzahl regelmäßiger Kontakte und Konferenzen der verschiedenen Ministerien der Mitgliedstaaten aus den weiteren Wirtschaftsbereichen statt. Einen wesentlicher Bestandteil dieser Zusammenarbeit bildet dabei die Koordination der Wirtschaftspolitik auf makroökonomischer Ebene in den Bereichen Preisstabilität und Wechselkurspolitik.

Die hier grob skizzierten Gemeinsamkeiten hinsichtlich der gesamtwirtschaftlichen Entwicklung sowie die relativ homogenen makroökonomischen Ausgangsbedingungen der be-

---

169 Eine kurze Darstellung der institutionellen Kooperation der ASEAN auf der wirtschaftspolitischen Seite findet sich bei Tan/Toh/Low 1992.

170 Die "Growth-Triangels" werden mit dem Ziel gegründet, regionale, jedoch grenzüberschreitende Wachstumszonen durch die Integration der Faktoren Kapital, Technik, Arbeitskraft und natürliche Ressourcen zwischen den ASEAN-Staaten zu schaffen. Ziel ist es, die unterschiedliche Ausstattung und komparativen Vorteile der einzelnen Grenzregionen durch Integration auszugleichen bzw. die Nutzung zu optimieren. Die weitgehende Autonomie der Entscheidungsträger auf der regionalen Ebene dient dazu, die Wachstumszonen in ihrer Ausgestaltung und Entwicklung hinsichtlich Investition und Handelsbeziehungen nicht durch langwierige zwischenstaatliche Verhandlungen oder sonstige bürokratische Hemmnisse zu behindern. Zudem bieten die grenzüberschreitenden Wachstumszonen den beteiligten Ländern die Möglichkeit, mit der zwischenstaatlichen Zusammenarbeit zu experimentieren, ohne gleichzeitig das Wagnis einer Bindung der gesamten Volkswirtschaft einzugehen. Die im Vergleich zu den formalen Kooperationsbemühungen auf der gesamtstaatlichen ASEAN-Ebene relativ schnell realisierten "Growth-Triangles" auf regionaler Basis sprechen für diesen eher auf Marktüberlegungen basierenden Integrationsansatz. Erfolgreich realisiert wurde u.a. das "Singapore-Johor-Riau-Growth-Triangle" (SIJORI). Johor (Malaysia) und Riau (Indonesien) bringen hier Grund und Boden, Arbeitskraft sowie die natürlichen Ressourcen (Wasser, Elektrizität etc.) ein, während Singapur für die unterstützende Infrastruktur (Finanzierung, Telekommunikation, Logistik, Management, Zugang zu den Weltmärkten etc.) sorgt. Weitere Growth-Triangles zwischen ASEAN Staaten sind in den Regionen Penang-Medan-Phuket und Kalimantan-Sabah-Philippines geplant bzw. in der Implementierungsphase. Vgl. Pangestu/ Soesastro/Ahmad 1992, S.338-340. Eine ausführliche Diskussion über die Erfahrungen mit den Wachstumszonen innerhalb der ASEAN findet sich bei Yuan 1991.

trachteten Ländergruppe bieten die Voraussetzungen, die Unterschiede in Abfolge, Timing und Geschwindigkeit der Reform im Finanzsektor zu analysieren. Die isolierte Betrachtung der Reformen im Finanzsektor wird hierüber erleichtert und ermöglicht eine Vertiefung der Analyse. Desweiteren ist auf der Grundlage dieser Gemeinsamkeiten eine stärkere Beachtung der mikroökonomischen und politökonomischen Einflußfaktoren möglich, wodurch die individuellen Unterschiede in den einzelnen Reformen auf einzelne Einflußfaktoren zurückgeführt werden können.

4.2 Auswahl der Meßgrößen

Als Datenbasis dienen grundsätzlich die entsprechenden Ausgaben des International Monetary Fund (International Financial Statistics (IFS)), der Weltbank (World Debt Tables) und der Asian Development Bank (ADB) (Key Indicators of Developing Asian and Pacific Countries), um eine Vergleichbarkeit der Daten zu gewährleisten. Die Nutzung dieser statistischen Quellen bringt den Nachteil eines sehr hohen Aggregationsgrades mit sich. Dies ist jedoch gerechtfertigt, da sich zwischen den statistischen Daten verschiedener Ministerien und weiterer staatlicher Stellen der einzelnen Volkswirtschaften oft beträchtliche Abweichungen ergeben und ein einheitliches statistisches Jahrbuch entweder nicht vorliegt oder nicht alle relevanten Informationen und Daten enthält. In der Analyse länderspezifischer Besonderheiten wird auf alternative Quellen zurückgegriffen, da hier die o.a. Quellen die notwendigen Daten nicht beinhalten.

Die Bewertung der Finanzsysteme unterliegt der Einschränkung, daß die Reformen teilweise in der jüngeren Vergangenheit durchgeführt worden sind. Neue Strukturen aufgrund von Reformen verlangen aber zumindest einen vollen "Branchenzyklus" bzw. mehrere Zyklen, um eine ausbalancierte Bewertung über die Effekte der Reformen und die Robustheit des Systems unter veränderten Rahmenbedingungen im Zeitablauf zu ermöglichen. Zusätzlich werden zur Liberalisierung des Finanzsektors meist eine Reihe von Maßnahmen und Reformen in anderen Bereichen - z.B. Stabilisierungsprogramme oder Handelsliberalisierungen - simultan durchgeführt, so daß die Identifizierung und Isolierung einzelner Faktoren erschwert wird. Die in den Kapiteln 2.1 und 2.2 disku-tierten Beziehungen zwischen Finanzsektor und Ressourcenmobilisierung bzw. -allokation und die widersprüchlichen empirischen Ergebnisse zu diesen Beziehungen verdeutlichen klar die Problematik, die Leistung eines Finanzsystems zu bewerten, so daß lediglich auf die eindeutigen Ergebnisse der o.a. Kapitel bezug genommen wird.

Im folgenden werden in Anlehnung an Cheng und King/Levine eine Reihe von Indikatoren aufgeführt und um eigene Indikatoren ergänzt, über die eine Standortbestimmung des Finanzsektors ermöglicht wird. Die Indikatoren beruhen prinzipiell auf der nach Shaw gebildeten These, daß das Wachstum des Finanzsektors bzw. der Finanzintermediäre positiv mit der Bereitstellung und Ausweitung von Finanzdienstleistungen verknüpft ist. Diese Beziehung wirkt sich wiederum positiv auf die Mobilisierung und Allokation der Finanzressourcen aus, wodurch sich positive Effekte auf die Gesamtwirtschaft ergeben. Wachstum und Effizienzverbesserung im Finanzsektor werden in diesem Zusammenhang als "Financial Depth" bzw. "Financial Deepening"[171] bezeichnet.

Wie aus der nachstehenden Tabelle VIX ersichtlich ist, sind die Indikatoren in die Rubriken Wachstum des Finanzsektors, Kreditallokation, Zinsniveau und Zinsstruktur, Leistungsfähigkeit und Struktur des Bankensektors sowie Kapitalmärkte aufgegliedert und werden - soweit die Datenlage eine Ausprägung des Indikators ermöglicht - jeweils länderspezifisch behandelt. Die Entwicklung der Indikatoren ist im folgenden nach Möglichkeit in graphischen Abbildungen dargestellt, um den Entwicklungstrend aufzuzeigen und die Vergleichbarkeit zwischen den einzelnen Volkswirtschaften zu erleichtern.

Tabelle IX: Indikatoren Finanzsektor

Name	Meßgröße	Bedeutung	Quelle [a]
1. Wachstum des Finanzsektors			
Liquidität I und II	M3 im Verhältnis zum BIP [b] M2 im Verhältnis zum BIP	- Größe und Monetisierung des gesam ten Finanzsektors über M3 - Größe und Monetisierung des reinen Bankensektors über M2 - Indikator für Portfolioverschiebungen im Finanzsektor	IFS-Zeile: 551 bzw. 34+35
Institution Anteil	Inländische Vermögenswerte der "Deposit Money Banks" im Verhältnis zur Gesamtheit der inländischen Vermögenswerte [c]	- Anteil der Banken an der Gesamtheit der Finanzdienstleistungen - Je höher der Anteil, um so ausgeprägter die Wahrnehmung der Funktionen Risikomanagement / Informationsbereitstellung / Screening und Monitoring	IFS-Zeile: 12a bis 12f 22a bis 22f

171 Vgl. Shaw 1973, S.4. Generell besagt der Terminus "Financial Deepening", daß im Laufe der gesamtwirtschaftlichen Entwicklung die Akkumulation der Finanzvermögenswerte schneller verläuft als die Akkumulation der Nicht-Finanzvermögenswerte. In der Generalisierung besagt dies, daß die Beziehung zwischen Finanzsektor und wirtschaftlicher Entwicklung durch eine steigende Verhältniszahl (Finanzvermögenswerte zu BIP, BSP oder Volkseinkommen) gekennzeichnet ist. Die Richtung der Kausalität zwischen der Entwicklung der beiden Sektoren ist jedoch nicht eindeutig.

Banken Dichte (e.I.)	Anzahl der Institutionen im Finanzsektor, differenziert nach Banken und Nichtbanken	- Institutioneller Ausbau des Finanzsystems - Diversifizierungsgrad des institutionellen Finanzsystems	länderspezifisch
Ausland	Vermögenswerte ausländischer Finanzinstitutionen im Verhältnis zum Gesamtvolumen der Vermögenswerte im Finanzsektor	Anteil und Bedeutung ausländischer Finanzinstitutionen im inländischen Finanzsektor als Indikator der Offenheit und der Wettbewerbsverschär-fung	länderspezifisch
2. Kreditallokation			
Kredit Total	Forderungen an den privaten Nichtfinanz-Sektor im Verhältnis zum gesamten inländischen Kreditvolumen	- Distribution und Allokation der Finanzmittel an den Privatsektor - Bewertung, inwieweit Kreditmittel lediglich an den Staatssektor geleitet werden, wodurch die Funktionen "screening" und "monitoring" reduziert werden - Bestimmung des Kredit- bzw. Gesamtvolumens des öffentlichen Sektors	IFS-Zeile: 32d 32a bis 32f ohne 32e [d]
Kredit BIP	Forderungen an den privaten Nichtfinanz-Sektor im Verhältnis BIP		
Zentralbank	Zentralbankkredit an Banken im Verhältnis zu den inländischen Vermögenswerten der "Deposit Money Banks"	Einflußnahme der Zentralbank auf die Kreditallokation an den Privatsektor durch ihre Refinanzierungs- und Rediskontpolitik	IFS-Zeile: 26g 22a-22f
Kreditlücke (e.I.)	Wachstum des Kreditvolumens der Finanzinstitutionen an den Privatsektor gegenüber dem Wachstum der Einlagen durch den Privatsektor	- Veränderung der Nutzung und Mobilisierung der inländischen Finanzressourcen - Indikator für die Abhängigkeit von externen (ausländischen) Finanzmitteln	IFS-Zeile 22d 24-25
Kredit Fristigkeit (e.I.)	Verfügbarkeit langfristiger Kredite bzw. sonstiger langfristiger Finanzierungsquellen	Einfluß der Liberalisierung auf die Finanzierungs- und Vermögensanlagestruktur	länderspezifisch
3. Zinsniveau und Zinsstruktur			
Zinsniveau	Entwicklung der nominalen und realen Kredit- und Anlagezinsen	- Allgemeine Entwicklung der Realzinsen - Segmentierung der Zinssätze zwischen staatlichen und privaten Finanzinstitutionen	IFS, ADB, länderspezifisch
Zinsspanne international (e.I.)	Spanne zwischen nationalen und internationalen Kredit- und Anlagezinssätzen	Integration des nationalen in den internationalen Finanzmarkt	IFS [e]
Zinsspanne formell-informell	Spanne zwischen den Zinssätzen auf dem formellen und informellen Finanzsektor	Integration des informellen in den formellen Finanzsektor	länderspezifisch
4. Leistungsfähigkeit und Struktur des Bankensektors			
Effizienz	Intermediationskosten, ausgedrückt in der Spanne zwischen Spar- und Kreditzins	Auswirkung der Liberalisierung auf Wettbewerbsgefüge und Effizienz der Institutionen im Finanzsektor	länderspezifisch

Kredit-portfolio(e.I.)	Anteil der unsicheren oder abgeschriebenen Kredite am gesamten Kreditportfolio	Bewertung des "Bad-Debt" Problems im Rahmen der Liberalisierung	länder-spezifisch
5. Kapitalmärkte (e.I.)			
Aktien- und Rentenmarkt	Entwicklung hinsichtlich Geschäftsvolumina und Kapitalisierung, institutionelle Entwicklung	- Bedeutung der Kapitalmärkte als langfristige Finanzierungsquelle - Einführung neuer Instrumente	länder-spezifisch

Erläuterungen:

a) Soweit möglich wird auf die o.a. international vergleichbaren statistischen Quellen für die Jahre 1975-1994 zurückgegriffen. Teilweise sind jedoch nicht alle Daten vorhanden, so daß nicht die gesamte Zeitspanne abgedeckt werden kann.

b) Da M3 eine Bestandsgröße und BIP eine Stromgröße darstellt, wird M3 als arithmetisches Mittel aus dem Bestand am Ende des Unter-suchungsjahres und des Vorjahres errechnet.

c) Diese Meßgröße ist unscharf, da Banken nicht die alleinigen Anbieter von Finanzdienstleistungen darstellen. Jedoch ist diese Aufschlüsselung in den IFS die einzig mögliche.

d) 32e wird ausgeschlossen, da es sich um Interbanken-Kredite handelt.

e) Internationale Zinsspanne = Differenz zwischen inländischem Nominalzins und LIBOR, angepaßt um die jährliche Wechselkursveränderung des offiziellen Wechselkurses. Zugrunde gelegt wird der LIBOR für US$ Einlagen über eine Laufzeit von 6 Monaten (1970-1977) bzw. ein Jahr (1978-1994).

Quelle: Eigene Darstellung aus Cheng 1980, S.48ff., King/Levine 1993, S.4-6 und eigene Indikatoren (mit e.I. gekennzeichnet).

4.3 Indonesien

4.3.1 Überblick

Die gesamtwirtschaftliche Entwicklung Indonesiens ist anhand der wichtigsten makroökonomischen Indikatoren in Abb. V dargestellt. Der Beobachtungszeitraum ist nahezu identisch mit dem ersten Langzeit-Entwicklungsplan (REPELITA 1) von 1969-1994. Das BIP-Wachstum für diese Periode beträgt - trotz einer Reihe sowohl intern als auch extern bedingter Wirtschaftskrisen in den achtziger Jahren - durchschnittlich über 6% bei einer Inflation von ca. 12%.

Abbildung V: Indonesien Makroökonomische Indikatoren 1970-1994

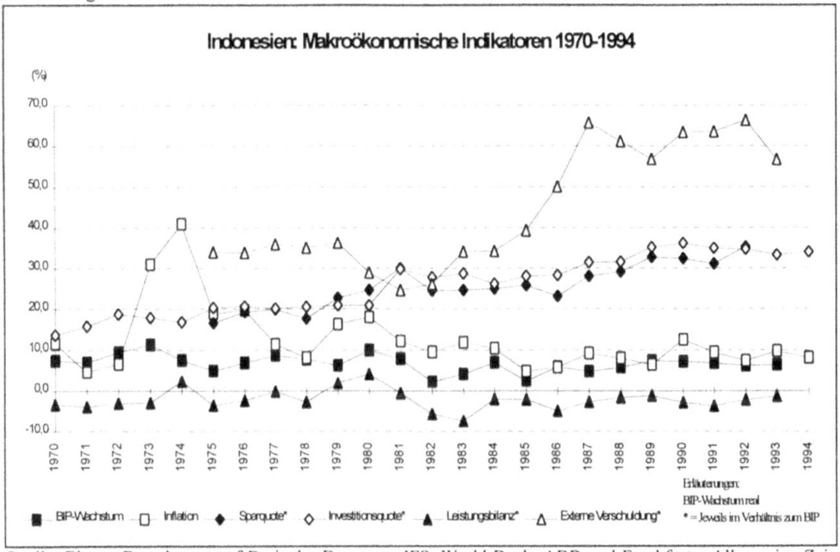

Quelle: Eigene Berechnung auf Basis der Daten aus IFS, World Bank, ADB und Frankfurter Allgemeine Zeitung Informationsdienste (FAZ) (verschiedene Jahrgänge).

Die wirtschaftliche Entwicklung Indonesiens ist weiterhin durch einen industriellen Strukturwandel gekennzeichnet. In den siebziger Jahren basierte die Exportkraft maßgeblich auf dem Export der Primärenergiegüter Rohöl und Erdgas. Ca. 75% aller Exporteinnahmen und 70% der gesamten Staatseinnahmen wurden in 1980 in diesem Sektor erzielt. Der Verfall der Weltmarktpreise und der überproportionale Anstieg der Auslandsverschuldung - Indonesien gehört zu den fünf größten Kreditnehmernationen der Welt - zwangen die Regierung zum Strukturwandel, der insbesondere die Erzielung von Exporteinnahmen im Nicht-Rohstoffbereich beinhaltete. Unterstützt durch Reformen im Handelsbereich und durch eine gezielte Wirtschaftspolitik im Bereich der industriellen Investitionen, bildeten sich der Agrarsektor und der verarbeitende Sektor - in erster Linie Textilien - als weitere Exportsäulen heraus. Die Forcierung des Strukturwandels von einer rohstoffintensiven und auf nicht erneuerbaren Ressourcen basierenden zu einer exportorientierten arbeitsintensiven Industrialisierung ab 1986 setzte im Vergleich zu den übrigen südostasiatischen Länder erst sehr spät ein.

Die wirtschaftlichen Erfolge wirkten sich positiv auf einige sozioökonomische Indikatoren aus: Erhöhung der Lebenserwartung um ca. 20 Jahre, Reduzierung des Anteils der unter dem Existenzminimum lebenden Bevölkerung von über 60% auf ca. 14% der Gesamtbevölkerung, Senkung der Analphabetenquote auf rund ein Drittel der Bevölkerung, nahezu vollständige schulische Gundausbildung aller Kinder durch Primärschulen sowie starker Anstieg der sekundären Ausbildung an weiterführenden Schulen. In diesen Bereichen lag Indonesien Ende der sechziger Jahre weit hinter den asiatischen Nachbarstaaten zurück.[172]

Zwei Persönlichkeiten bestimmten die politische Führung Indonesiens. Während die Ära unter Soekarno (1949-1965) weitgehend durch eine binnenwirtschaftliche Wirtschaftspolitik unter staatlicher Planung charakterisiert war, vollzog sich der Wandel zur Exportnation und die wirtschaftliche Öffnung gegenüber den Weltmärkten unter der Präsidentschaft von Suharto. Durch einen gewaltsamen Putsch übernahm der bis heute amtierende Suharto 1965 die Macht und stellte in den Jahren 1967-73 die makroökonomische Stabilität in Indonesien wieder her.[173] Durch eine Vereinheitlichung des Wechselkurses und die Durchführung mehrerer Abwertungen wurde der Wechselkurs auf eine realistische Basis gestellt. Die Kapitalbilanz wurde vollkommenen geöffnet. Desweiteren eliminierte die Regierung die inländischen Preiskontrollen und revidierte die unter Soekarno durchgeführten Nationalisierungen. Durch die Propagierung der „New Order" betrieb Suharto nicht nur in der Wirtschaftspolitik, sondern auch in gesellschaftlichen und sozialen Fragen eine klare Abgrenzung gegenüber dem Soekarno-Regime.

---

172 Vgl. Bhattacharya/Pangestu 1993, S.2-3.

173 Die Wirtschaftspolitik von Soekarno unter dem Leitfaden einer „Guided Democracy and Guided Economy" löste die Verstaatlichung der wichtigsten Industriesektoren und den Aufbau von Importmonopolen sowie die Vergabe von Produktions- und Handelslizenzen an präferierte Gruppen des inneren politischen Zirkels aus. Die Ergebnisse der staatlichen Lenkung waren katastrophal: 1965 betrug die Inflation ca. 1.000%, die Schuldendienste überstiegen die Exporterlöse, das reale BIP-Wachstum betrug ca. 1,8% und das Pro-Kopf-Einkommen fiel gegenüber 1958 um 15%. Die öffentlichen Mittel wurden weitgehend für nicht produktive Repräsentationsprojekte verwendet. Desweiteren war Indonesien in eine Reihe von militärischen Konflikten verwickelt. Vgl. Bhattacharya/Pangestu 1993, S.5 und Woo/ Glassburner/Nasution 1994, S.29.

Die Jahre 1971-1983 zeichnen sich durch den Öl- und Rohstoffboom auf den internationalen Weltmärkten aus, an dem Indonesien durch die reichhaltigen Vorkommen überproportional profitierte. Abb. V verdeutlicht anhand des sprunghaften Anstiegs der Inflation und des geringen BIP-Wachstums jedoch die rezessiven Auswirkungen der Ölkrisen 1972/73 und 1979/80. Zusätzlich zu diesen externen Schocks führte eine stark expansive Fiskalpolitik und die daraus resultierende Verschuldung Indonesiens zu einer weiteren Krise Mitte der achtziger Jahre. Ursachen der Schocks in den achtziger Jahren sind in der Verschlechterung der ToT, dem sinkenden Ölpreis und der Abwertung des US$ zu sehen, die katalysierend auf das Verschuldungsproblem sowie die Wettbewerbsfähigkeit der Nicht-Rohstoffexporte wirkte.[174] Insgesamt läßt sich in dieser Periode eine Umkehr der zu Beginn der siebziger Jahre eingeleiteten Liberalisierungstendenzen erkennen.

Ausgelöst durch die Schocks, durchlief Indonesien zwischen 1982 und 1988 zwei Perioden einer umfassenden Strukturanpassung, um das makroökonomische Gleichgewicht wieder herzustellen.[175] Die erste Periode 1982-1985, ausgelöst durch den starken Verfall der Ölpreise sowie mehrerer Hauptexportgüter - u.a. Gummi, Palmöl und Zinn - und die weltweite Rezession, erforderte Maßnahmen zur Wiederherstellung des außenwirtschaftlichen Gleichgewichts und die Reduzierung der expansiven Fiskalpolitik. Ein weiterer Schwerpunkt lag auf dem Ausbau der Nicht-Rohstoffexporte, um den hohen Abhängigkeitsgrad von den Ölexporten zurückzuführen, sowie auf der Reformierung des inländischen Finanzsystems. Die sich ver-

---

174 Die ToT verschlechterten sich zwischen 1979 und 1982 um ca. 12%, wodurch sich die Nicht-Rohstoffexporte von 6,2 Mrd. US$ auf 3,9 Mrd. US$ verringerten. Gleichzeitig reduzierten sich die Einnahmen aus den Rohstoffexporten von 10,6 Mrd. US$ auf 7,2 Mrd. US$, hauptsächlich aufgrund des Verfalls der Rohölpreise von ca. 34 US$ pro Barrel in 1982 auf ca. 12 US$ pro Barrel in 1986. Die Leistungsbilanz im Verhältnis zum BIP verschlechterte sich von einem Überschuß von ca. 4% in 1980 auf ein Defizit von ca. 8,5% in 1983. Die Abwertung des US$ wirkte sich besonders negativ auf die Auslandsverschuldung Indonesiens aus, da über 60% der Verschuldung nicht in US$, sondern zum überwiegenden Teil in Yen nominiert war. Diese Konstellation führte zwischen 1984 und 1986, bedingt durch die starke Aufwertung der anderen Währungen im Verhältnis zum Dollar, zu einem Anstieg der Schuldendienste von 3,3 Mrd. US$ auf 4,4 Mrd. US$. Aufgrund der moderaten Verschuldung zu Beginn der achtziger Jahre wirkte sich der internationale Zinsanstieg nicht weiter negativ auf die Verschuldung Indonesiens aus. Vgl. Thorbecke 1992, S.40 und zu den statistischen Angaben IFS, verschiedene Ausgaben.

175 Im Zusammenhang mit dem Umfang der Strukturanpassung ist hervorzuheben, daß das Programm umfassende Maßnahmen in den vier Kernbereichen der Wirtschaft - Wechselkursmanagement, Fiskalpoltik, Geld- und Finanzsektorpolitik sowie Handelspolitik - vorsah und der Versuch unternommen wurde, die Maßnahmen simultan zu implementieren. Im Gegensatz zu einer Reihe von Entwicklungsländern, die eine ähnliche Wirtschaftskrise zu bewältigen hatten, ist Indonesien nicht durch die internationalen Organisationen - IMF, Weltbank etc. - zu den notwendigen Anpassungsmaßnahmen „gezwungen" worden, sondern führte die Programme aus eigenem Antrieb heraus durch. Diese Haltung sicherte Indonesien zum einen den jederzeitigen Zugang zu externen Finanzierungsmitteln, ohne jedoch auf die Bedingungen der externen Kreditgeber eingehen zu müssen. Andererseits wirkte sich dies positiv auf das Vertrauen ausländischer Investoren aus. Der rasche Anstieg der ausländischen Direktinvestitionen nach Überwindung der Rezession spiegelt dieses Vertrauen wider. Vgl. Thorbecke 1992, S.16 und 43.

schlechternden ToT und der immer noch starke Anstieg der Schuldendienste an das Ausland erforderten eine zweite Anpassungsperiode 1985-1988, welche die in der Vorperiode gesetzten Ziele durch eine Ausweitung der Maßnahmen weiterverfolgte.[176] Diese Maßnahmen führten zur Verbesserung der makroökonomischen Stabilität durch die Reduzierung des Leistungsbilanz- und des Fiskaldefizits. Das starke Wachstum der Exporte aus dem Nicht-Rohstoffbereich - von ca. 12% aller Exporte in 1985 auf ca. 45% in 1991 - milderte den Anstieg der Schuldendienste an ausländische Gläubiger.

Seit 1991 zeichnet sich die makroökonomische Situation durch ein konstant hohes, durch den Privatsektor getragenes Wirtschaftswachstum aus. Ein hoher Nachfrageüberschuß als Folge des rasanten Wachstums und unterstützt durch eine Lockerung der Geldpolitik, führte zu einer Verschlechterung des Leistungsbilanzdefizites und einer Ausweitung der Kreditaufnahme im Ausland Anfang der neunziger Jahre. Um inflationären Tendenzen vorzubeugen, griff die Regierung 1992/93 wieder auf eine restriktivere Geldpolitik zurück und schränkte die Möglichkeiten der Auslandsverschuldung staatlicher Unternehmen ein. Indonesiens Wirtschaft bleibt - bedingt durch die immer noch hohe Auslandsverschuldung, den steigenden internationalen Wettbewerb im Bereich der Exportprodukte sowie die offene Kapitalbilanz und die damit verbundenen Schwankungen der Kapitalströme - auch in Zukunft stark beeinflußbar durch externe Faktoren.

176 Die Reformen beinhalteten u.a.: Reduzierung der nicht-tarifären und tarifären Handelshemmnisse, Erleichterungen in der Vergabe von Investmentlizenzen an ausländische Investoren, weitreichende Finanzreformen zur Erhöhung der Sparquote und des Wettbewerbs zwischen den Finanzinstitutionen und Reduzierung der direkten Kreditlenkung. Vgl. Bhattacharya/Pangestu 1993, S.10.

4.3.2 Entwicklung des Finanzsektors 1970-1995

Die nachfolgende Tabelle X enthält eine Übersicht über die Ausgangssituation und die durchgeführten Reformen im indonesischen Finanzsektor:

Tabelle X: Indonesien - Chronologie der Reformen im Finanzsektor

Zeitpunkt	Reformmaßnahmen
seit 1970	- Direkte Kreditlenkung, Vergabe subventionierter Kredite („Liquidity Credits") an priorisierte Sektoren, selektiver Rediskontmechanismus zugunsten der staatlichen Banken - Zinskontrolle und Festsetzung individueller Höchstgrenzen für die Kreditvergabe staatlicher Banken - Marktzugangsbeschränkungen für private und ausländische Banken - Keine Kapitalverkehrskontrollen - Fixer Wechselkurs
1983	- Eliminierung der quantitativen Kreditbeschränkung und Aufhebung der Zinskontrollen - Reduzierung der Kreditlenkung an priorisierte Sektoren
1984	- Einführung des Geldmarktinstrumentes „Bank Indonesia Certificates" sowie diverser Rediskontierungsfazilitäten
1985	- Einführung weiterer Geldmarktinstrumente und Ausweitung der Rediskontierungs-fazilitäten
1987	- Einführung eines Auktionssystems für den Handel mit Geldmarktinstrumenten
1988	Implementierung diverser Maßnahmen zur Erhöhung des Wettbewerbs: - Lockerung der Lizensierungsbestimmungen für Finanzinstitutionen - Zulassung der Kapitalaufnahme an den Aktienmärkten für Finanzinstitutionen - Ausgabe von Sparzertifikaten durch Nicht-Banken - Plazierung der Einlagen öffentlicher Unternehmen bei nicht staatlichen Finanzinstitutionen bis zu 50% der Gesamteinlagen - Reduzierung der Mindestreservebestimmungen von 15% auf 2% der Einlagen - Harmonisierung der steuerlichen Gestaltung für Wertpapiere zur Förderung der Kapitalmärkte
1989	- Neufassung diverser Bestimmungen in den Bereichen Nicht-Banken Finanzinstitutionen, Kreditobergrenzen und Kapitaladäquanz, Joint-Venture und Fusionen von Finanzinstitutionen, Portfoliozusammensetzung der Bankinvestitionen - Privatisierung und Deregulierung der Jakarta Stock Exchange
1990	- Reduzierung der direkten Kreditlenkung durch Vorgabe relativer Voluminabestimmungen: 20% des Gesamtportfolios zugunsten kleiner Unternehmen und Kooperativen, 50% der Kredit-vergabe der ausländischen und der Joint-Venture Banken zugunsten exportorientierter Aktivitäten
1991	- Einführung der Standards der Bank für Internationalen Zahlungsausgleich hinsichtlich Kapital-ausstattung der Banken - Wiedereinsetzung der Kreditobergrenze für die Offshore-Kreditaufnahme öffentlicher Unternehmen, inklusive staatlicher Banken
1992	- Neufassung und Verabschiedung der Gesetze für die Bereiche Banken, Versicherung und Pensionsfonds - Zulassung der staatlichen Geschäftsbanken zur Privatisierung bis zu einer Beteiligung von unter 50% des Aktienkapitals
1993	- Etablieren einer privaten Clearing- und Settlement-Gesellschaft

1994	- Maßnahmen in den Bereichen der Publizitätspflicht, Rechnungswesen und Personalanforderungen an das Management der Finanzinstitutionen zur Vertiefung und Verbesserung der Aufsichtsaufgaben durch die Zentralbank - Begrenzung der Kreditvergabe an verbundene Unternehmen auf 20% des Eigenkapitals bzw. an einzelne Unternehmen auf 10% des Eigenkapitals - Vorbereitung eines revidierten Kapitalmarktgesetzes zur Schaffung einer höheren Transparenz auf diesen Märkten

Quelle: Eigene Darstellung auf der Basis von Bisat/Johnston/Sundararajan 1992, Chant/Pangestu 1994, Inamura/Kikuchi 1994, Nasution 1993

Wie aus der vorangegangenen Übersicht deutlich wird, vollzog sich die Liberalisierung des Finanzsystems in zwei weitreichenden und abrupt durchgeführten Schritten. Die Reformen in 1983 zielten auf eine Erhöhung der Spar- und der Investitionsquote im Privatsektor ab. Die Eliminierung der Zins- und Kreditkontrollen sollte eine an Effizienzkriterien ausgerichtete Mobilisierung und Allokation der inländischen Finanzmittel bewirken und hierüber die Abhängigkeit von den Bewegungen an den ausländischen Kapitalmärkten verringern. Das zweite Liberalisierungspaket mit der primären Zielsetzung der Wettbewerbserhöhung im institutionellen Bereich wurde 1988 umgesetzt. Die Maßnahmen dieses Paketes waren breiter gestreut: Erstens die Erhöhung der immer noch schwach ausgeprägten Mobilisierung privater Finanzaktiva durch Eliminierung der Wettbewerbsbeschränkungen, zweitens die Reduzierung der Staatsinterventionen im Finanzsystem und drittens die Umgehung der Ineffizienz der staatlichen Banken durch Förderung der privaten Geschäftsbanken.[177] Die Implementierung der Reformen hinsichtlich des Aufsichtswesens über die Finanzinstitutionen und die Schaffung umfassender gesetzlicher Rahmenbedingungen erfolgte erst nach dem Reformpaket in den Jahren 1990 und 1991. Ausgelöst wurden diese Maßnahmen durch die zu schnelle Expansion der Banken und Kapitalmärkte. Das gegenwärtige System ist jedoch immer noch durch Schwächen in der gesetzlichen Rahmengebung sowie des Berichtswesens charakterisiert. Im Aufsichtswesen dominieren weiterhin direkte und relativ bürokratische Kontrollen gegenüber einzelnen Unternehmen über den Aufbau eines systemorientierten Kontrollverfahrens.

Die Abb. VI gibt einen Überblick über einige Wachstumsindikatoren des indonesischen Finanzsystems. Die Liquiditätsindikatoren weisen ein kontinuierliches Wachstum und nach Durchführung der Liberalisierungsmaßnahmen in 1983 und 1988 deutliche Zuwächse auf.[178]

177 Das auf dem Ölboom basierende Wirtschaftswachstum bis 1983 wirkte sich nur begrenzt auf die Sparquote aus, da lediglich die Sparrate im öffentlichen Sektor durch die hohen Einnahmen aus dem Rohölgeschäft anstieg. Damit war die Sparquote jedoch zugleich direkt abhängig von der Entwicklung der Ölpreise. Diese Abhängigkeit sollte durch die Förderung im Privatsektor vermindert werden. Vgl. Cho/Khatkhate 1989, S.16 und Cole 1995, S.247.

178 Die Monetisierung der indonesischen Volkswirtschaft begann 1970 von einer wesentlich niedrigeren Basis als z.B. Thailand oder Malaysia und liegt auch heute noch wesentlich unter den Werten dieser bei-

Die Anzahl der Finanzinstitutionen nimmt nach 1988, aufgrund der Maßnahmen zur Erhöhung des Wettbewerbs und die damit verbundene Eliminierung der Eintrittsbarrieren, stark zu. Auf eine Belebung des Wettbewerbs deutet auch der schwindende Anteil der Zentralbank an den Gesamtfinanzvermögenswerten hin. Ausländische Finanzinstitutionen spielen mit einem durchschnittlichen Anteil an den Vermögenswerten in Höhe von 5% weiterhin eine untergeordnete Rolle. Die Kennziffer enthält jedoch nicht die Volumina der stark ansteigenden Zahl der Joint-Ventures, die zwischen indonesischen und ausländischen Institutionen gebildet wurden.[179]

Abbildung VI: Indonesien - Wachstum des Finanzsektors 1970-1994

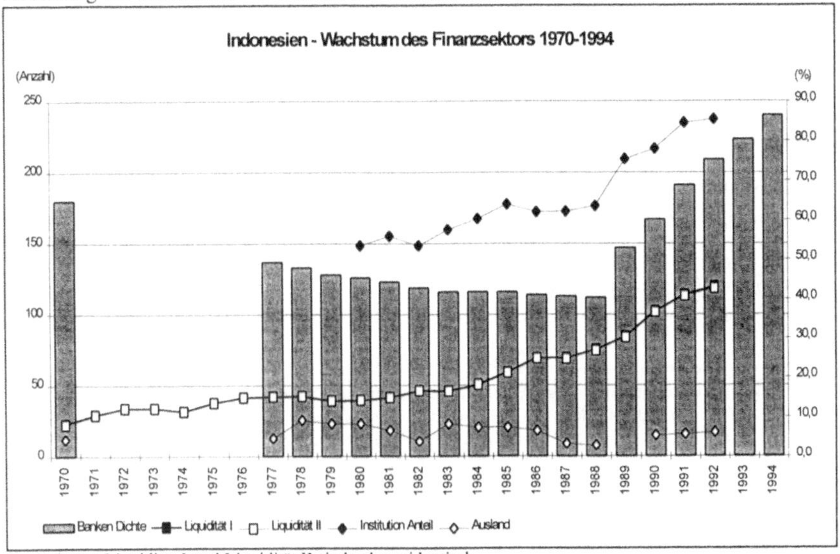

Anmerkung: Liquidität I und Liquidität II sind nahezu identisch.

Quelle: Eigene Berechnung auf Basis der Daten aus IFS (verschiedene Jahrgänge), Bisat/Johnston/ Sundararajan 1992, Fischer 1992b, Inamura/Kikuchi 1994 und Nasution 1993. Zur Erläuterung der Legende siehe Tabelle "Indikatoren Finanzsektor", Kapitel 4.2.

Der sehr hohe Anstieg der Anzahl der Finanzinstitutionen in Kombination mit einem unzureichenden gesetzlichen Rahmenwerk führte nach 1988 zu einer Reihe von Liquiditäts-

den Vergleichsländer. Vgl. hierzu die Graphiken zum Wachstum des Finanzsektors in den Länderanalysen Malaysia und Thailand.

179 Ausländische Beteiligungen an indonesischen Finanzinstitutionen sind bis zu einer Beteiligung von 85% am Gesamtkapital der Unternehmung möglich. 1992 existierten insgesamt 30 ausländische bzw. Joint-Venture Banken. Vgl. Inamura/Kikuchi 1994; S.148.

problemen und Insolvenzen einzelner Unternehmen im Finanzsektor.[180] Hierbei sind die Ursachen für die Probleme der Institutionen zwischen staatlichen und privaten Banken grundsätzlich zu unterscheiden. Die staatlichen Banken leiden in erster Linie unter den Folgen notleidender Kredite aufgrund nicht ausreichender Kreditwürdigkeitsprüfungen bei der Kreditvergabe in der Vergangenheit sowie unter der Ineffizienz veralteter Organisationsstrukturen, die ihre Wettbewerbsfähigkeit beeinträchtigen. Zudem ist die Struktur ihrer Kreditvergabe durch einen Schwerpunkt im primären und sekundären Sektor charakterisiert. Die privaten Banken sind zum überwiegenden Teil im Besitz großer Industriekonglomerate und daher stärker den Risiken einer extensiven Kreditvergabe an verbundene bzw. einzelne Unternehmen ausgesetzt. Der Schwerpunkt ihrer Kreditvergabe findet sich in dem stark wachsenden tertiären Sektor.[181] Die Regierung stellt für Krisenfälle keine direkte finanzielle Unterstützung über die Zentralbank bereit. Ein Fonds zur Absicherung der Einlagen des öffentlichen bzw. privaten Sektors existiert nicht, jedoch sind die Einlagen des Privatsektors bei den staatlichen Banken implizit durch den Staat garantiert. Auf der Kreditseite ist die Kreditvergabe an priorisierte Sektoren durch eine staatliche Versicherung abgedeckt. In den bisher aufgetretenen Liquidationsfällen reagierte die Zentralbank durch die Vermittlung von Übernahmen oder durch die Gewährung von rückzahlbaren Krediten zugunsten der betroffenen Unternehmen.[182] Diese harte Haltung sowie die Offenheit, mit der die Regierung die Probleme einzelner Institutionen angeht, führte dazu, daß die privaten Banken ihre Bemühungen zur

---

180 Detaillierte Statistiken zu dieser Problematik sind nicht vorhanden. Die Weltbank schätzt den Anteil der zweifelhaften und notleidenden Kredite auf ca. 15% des gesamten Kreditportfolios der Banken. Der Anstieg der Reserven zur Absicherung notleidender Kredite in den neunziger Jahren deutet jedoch an, daß die starke Ausweitung der Kreditvergabe in den späten achtziger Jahre nach Überwindung der Rezession auch die Qualität der Kreditportfolios der Banken negativ beeinflußt hat. Die Reserven der staatlichen Banken übersteigen die Reserven der privaten Banken. Allerdings ist nicht eindeutig erklärbar, ob dies in einer schlechteren Qualität der Kreditportfolios staatlicher Banken oder in dem Versuch der privaten Banken, die Jahresergebnisse durch Unterlassung der Reservenbildung zu erhöhen, begründet ist. Die gesetzlichen Vorschriften sowie die Verhaltensweisen der Kreditinstitute weisen Lücken in einigen zentralen Bereichen auf: Verspäteter Ausweis von notleidenden Krediten, keine expliziten Reservebestimmungen, uneingeschränkte Prolongation von Krediten, für die keine Zins- oder Tilgungszahlungen geleistet wurden, Einräumung einer großzügigen Kreditlinie nach einem Roll-Over-Prinzip („Evergreen Loans") sowie Kapitalisierung von nicht geleisteten Zinszahlungen. Eine Reihe dieser Schwächen soll durch die Implementierung der in 1994 beschlossenen Maßnahmen beseitigt werden. Vgl. Hanna 1994, S.23-25 und World Bank 1994, S.10

181 Vgl. Piazolo 1995, S.24.

182 Der Zusammenbruch der zehntgrößten Privatbank „Bank Summa" wird in erster Linie auf ein einseitiges Engagement im Immobiliensektor sowie auf eine extensive Kreditvergabe an verbundene Unternehmen zurückgeführt. Die Staatsbank Bapindo geriet durch betrügerische Absichten des Managements in eine finanzielle Schieflage. Es steht jedoch noch zur Disposition, ob die Bank nach der Verhaftung des Topmanagements liquidiert wird, da dies die erste Liquidation einer Staatsbank bedeuten würde. 1992 akzeptierte das Finanzministerium einen Kredit über 307 Mio. US$ zur Rekapitalisierung der staatlichen Banken. Auch hierin ist ein Anzeichen der Verschlechterung der Wettbewerbssituation staatlicher Banken zu sehen. Vgl. Chant/Pangestu 1994, S.258 und World Bank 1994, S.10.

Bereinigung der Kreditportfolios verstärkten und die Kreditwürdigkeitsprüfungen verschärften.

Tabelle XI gibt eine Übersicht über den Anteil der verschiedenen Institutionen am Gesamtfinanzsektor:

Tabelle XI: Indonesien - Anteil der Institutionen am Gesamtfinanzsektor (in %)

Jahr	1977	1982	1990	1992
Zentralbank	43,3	42,4	23,8	25,6
Staatliche Geschäftsbanken	38,5	37,9	36,3	33,3
Private Geschäftsbanken	8,3	5,8	23,4	26,6
Auslandsbanken	4,5	3,6	4,7	6,1
Staatliche Entwicklungsbanken	3,5	4,1	5,0	6,9
Sparinstitutionen	0,3	1,4	1,5	1,6
Sonstige Finanzinstitutionen [a)]	1,5	4,7	5,3	n.v. [b)]

a) Zu diesen zählen u.a. Finance Companies, Securities Companies und Merchant Banks sowie Spezialinstitute in den Bereichen Versicherung, Leasing und Factoring

b) n.v. = nicht verfügbar

Quelle: Eigene Darstellung auf Basis von Inamura/Kikuchi 1994.

Das Finanzsystem Indonesiens ist bis heute durch die überragende Stellung der staatlich kontrollierten Banken - inklusive einer in Teilbereichen als Geschäftsbank operierenden Zentralbank - insbesondere in der Kreditvergabe dominiert. Die staatlichen Banken verfügten durch den Zugang zu den Mitteln der Zentralbank („Liquidity Credits")[183], die Genehmigung zur Annahme der Einlagen der öffentlichen Unternehmen, steuerliche Vergünstigungen sowie die Erleichterungen im Aufbau des Filialnetzes über eine Reihe von Vorteilen gegenüber den anderen Finanzinstitutionen.[184] Es zeichnet sich jedoch nach Implementierung des zweiten Liberalisierungspaketes ein steiler Anstieg der Bedeutung der privaten Geschäftsbanken - in erster Linie zu Lasten der Zentralbank - ab. Die Zunahme bei den „Sonstigen Finanzinstitutionen" ist auf die steigenden Marktanteile der Versicherungen und Leasing-Unter-

183 Der Anteil der „Liquidity Credits" belief sich in 1983 auf ca. 37% der gesamten Kreditvergabe. Hiervon entfielen über 90% auf die staatlichen Banken. Bis 1992 konnte der Anteil an der gesamten Kreditvergabe auf ca. 12% gesenkt werden. Der Anteil der staatlichen Banken blieb jedoch konstant. Der hohe Anteil der „Liquidity Credits" liegt unter anderem darin begründet, daß sowohl Banken als auch Kreditnehmer durch eine Aufnahme in die staatlichen Programme aufgrund der wesentlich günstigeren Konditionen profitierten. Es bestand daher ein hoher Anreiz, die Investitionen an den Qualifizierungsmaßstäben der Programme zu orientieren. Erst die Streichungen mehrerer Kategorien, die Investitionen als förderungswürdig einstuften, reduzierten ab 1990 die Bedeutung der Programme. Vgl. Hanna 1994, S.5 und Chant/Pangestu 1994, S.250-251.

184 Vgl. Bisat/Johnston/Sundararajan 1992, S.32.

nehmen zurückzuführen. In diesem Marktsegment zeichnet sich dagegen ein Rückgang des Anteils der Finance Companies und der Merchant Banks ab.[185] Diese institutionelle Entwicklung ist im wesentlichen auf Marktkräfte zurückzuführen, da eine aktive Politik der Einschränkung der staatlichen Aktivitäten durch Regierung oder Zentralbank nicht erkennbar ist.[186]

Die Zinsentwicklung in Indonesien ist, bedingt durch die sprunghaften Inflationsbewegungen zwischen 1970 und 1983, durch eine hohe Volatilität charakterisiert, wie Abb. VII verdeutlicht. Die Zinsstruktur weist einen positiven Realzins mit moderaten Bewegungen nach den Liberalisierungsmaßnahmen von 1983 auf. Mit einem realen Zinssatz von 8-12% (Einlagen) bzw. 12-15% (Kredite) liegt das Zinsniveau seit 1983 über dem internationalen Standard.

Abbildung VII: Indonesien - Zinsstruktur 1970-1994

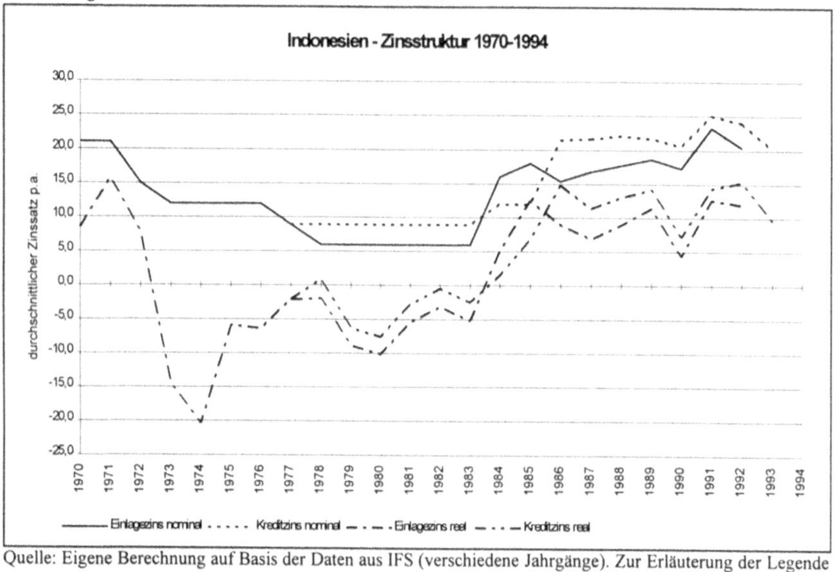

Quelle: Eigene Berechnung auf Basis der Daten aus IFS (verschiedene Jahrgänge). Zur Erläuterung der Legende siehe Tabelle "Indikatoren Finanzsektor", Kapitel 4.2.

Das hohe Zinsniveau ist u.a. in der Wechselkurspolitik begründet, die bedingt durch mehrere Abwertungen spekulative Operationen gegen die Rupiah auslöste. Aufgrund der offenen

185 Dieser Rückgang ist dadurch begründet, daß diese Institutionen keine Einlagen des Privatsektors annehmen dürfen. Dies ist den Vollbanken vorbehalten. Für die Merchant Banks beinhaltet diese Regelung eine zwangsweise Umwandlung zur Vollbank oder zur „Securities Company", um weiterhin wettbewerbsfähig zu bleiben.

186 Vgl. Cole 1995, S.230.

Kapitalbilanz schlagen sich Gerüchte über potentielle Wechselkursänderungen sofort in Kapitalbewegungen nieder. Der Gefahr einer möglichen Kapitalflucht wird durch das hohe inländische Zinsniveau begegnet. Inwieweit sich das nach der Reform in 1983 gebildete, relativ hohe reale Zinsniveau auf den Verschuldungsgrad der Unternehmen auswirkte, ist aufgrund der fehlenden Datenbasis nicht feststellbar. Jedoch läßt sich durch die Zunahme der notleidenden Kredite ein Zusammenhang herstellen, daß sich die Zinserhöhung auf stark verschuldete Unternehmen negativ ausgewirkt hat.

Die Begrenzung der Zinskontrollen auf die staatlichen Banken bis 1983 resultierte in eine Segmentierung der Zinssätze zwischen staatlichen und privaten Banken. Die realen Zinssätze des privaten Banksektors bewegten sich bereits vor der Liberalisierung auf positivem Niveau, jedoch spielte dieser Sektor - bezogen auf das Volumen - eine untergeordnete Rolle. Die deutliche Segmentierung wurde durch die Reformen in 1983 weitgehend beseitigt, wenngleich das Zinsniveau der privaten weiterhin geringfügig über dem der staatlichen Anbieter liegt.[187]

Als Folge der Wettbewerbsverschärfungen - insbesondere der hiermit verbundenen Kosten hinsichtlich Kontrolle und Prüfung der Kreditvergabe - nach der Reform in 1983 verringerte sich die Zinsmarge ebenso wie die Gesamtprofitabilität der Banken.[188] Dies zeigt sich u.a. in der Verringerung der nationalen Zinsspanne (siehe Abb. VIII) seit 1986. Hiervon betroffen waren in erster Linie die staatlichen Banken, deren bisherige Kreditpolitik nicht auf Marktmechanismen basierte, sondern auf dem erleichterten Zugang zu den durch die Zentralbank bereitgestellten Finanzmitteln und der direkten Allokation dieser Mittel durch die Zentralbank. Aufgrund dieser Präferierung bestand keine Notwendigkeit für die staatlichen Banken, die Kreditmittel durch die Mobilisierung von Einlagen aus dem Privatsektor zu finanzieren und hierüber für eine ausreichende Zinsmarge bzw. ein abgesichertes Kreditportfolio zu sorgen.[189]

---

187 Die realen Zinssätze - sowohl auf der Einlagen- als auch auf der Kreditseite - der privaten Banken betrug vor den Reformen in 1983 teilweise das Dreifache des realen Zinssatzes der staatlichen Banken. Diese Spanne hat sich nach 1983 bis auf einen Unterschied von 1-2% reduziert. Vgl. Hanna 1994, S.6.

188 Einer Kalkulation durch Hanna folgend, reduzierte sich die Gesamtkapitalrentabilität aller Banken von 2,8% in 1982 auf 0,9% in 1991. Die Eigenkapitalrentabilität verringerte sich im gleichen Zeitraum von 45,9% auf 16,6%. Vgl. Hanna 1994, S.20-21.

189 Vgl. Cho/Khatkhate 1989, S.65. Die „screening" und „monitoring" Funktionen im Bankensektor wurden weiterhin durch die starke Stellung der öffentlichen Unternehmen unterlaufen, die eine enge Bindung zu den Staatsbanken unterhalten.

Abbildung VIII: Indonesien - Zinsspannen 1970-1994

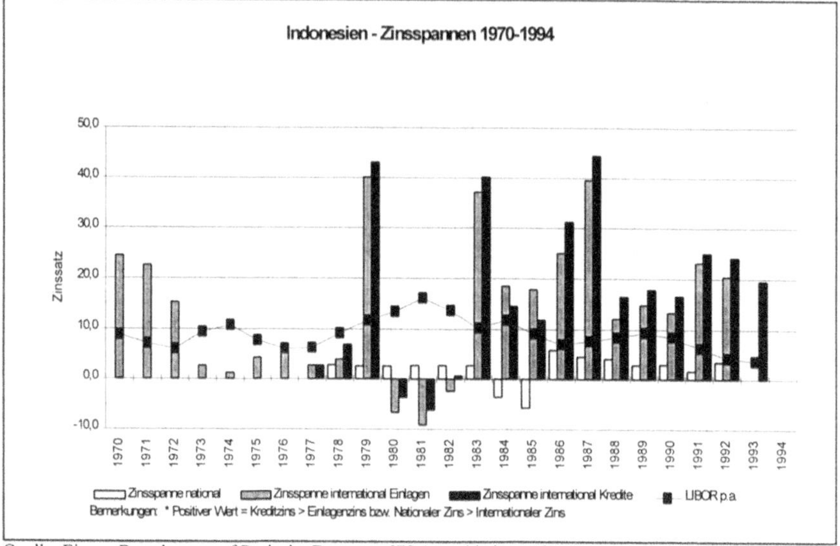

Quelle: Eigene Berechnung auf Basis der Daten aus IFS (verschiedene Jahrgänge). Zur Erläuterung der Legende siehe Tabelle "Indikatoren Finanzsektor", Kapitel 4.2.

Im internationalen Vergleich weist Indonesien nach der Durchführung der Reformen in 1983 ein höheres Zinsniveau auf. Diese Zinsspanne ist jedoch nicht allein durch die makroökonomischen Indikatoren - Wechselkurs und Inflation - begründet, sondern beinhaltet zusätzlich eine Risikoprämie aufgrund der relativ hohen Rechtsunsicherheit im indonesischen Finanzsystem sowie der schwach ausgeprägten Verfahren hinsichtlich „screening“ und „monitoring“ von Kreditnehmern und Investitionsprojekten. Desweiteren war die Regierung bestrebt, durch eine Hochzinspolitik die negativen Folgen der Kapitalflucht zu vermeiden.

Indonesien weist seit 1980 einen kontinuierlichen Anstieg der Kredite an den Privatsektor, gemessen am BIP, auf (siehe Abb. VIX).

Abbildung IX: Indonesien - Kreditallokation 1970-1994

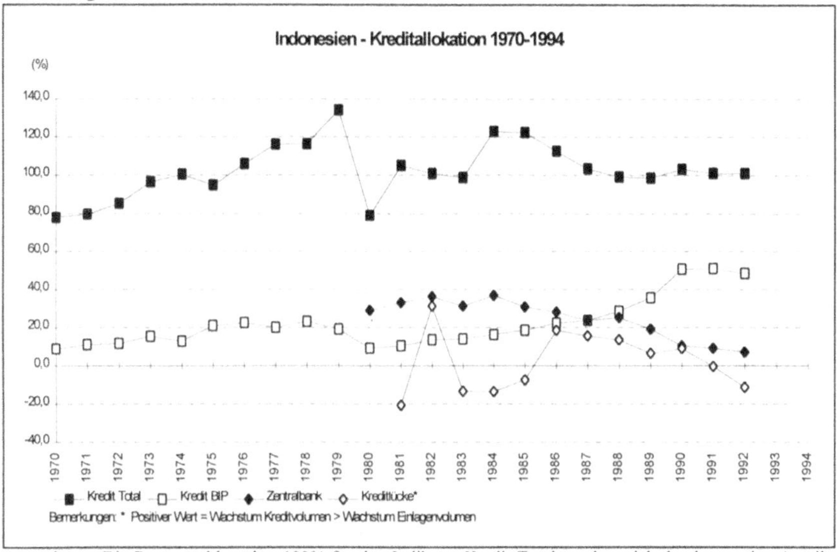

Anmerkung: Die Prozentzahlen über 100% für den Indikator Kredit Total ergeben sich durch negative Anteile (Rückzahlungen) in der Position Staatsverschuldung (Claims on Government) in der Gesamtposition.
Quelle: Eigene Berechnung auf Basis der Daten aus IFS (verschiedene Jahrgänge). Zur Erläuterung der Legende siehe Tabelle "Indikatoren Finanzsektor", Kapitel 4.2.

Die positiven realen Zinssätze nach 1983 führten damit nicht zu einer Einengung der Kreditvergabe, die durch Veränderungen hinsichtlich der Anforderungen an die Kreditwürdigkeit und die Finanzierungsstruktur der Unternehmen ausgelöst werden kann. Allerdings ist in diesem Zusammenhang die weiterhin bedeutende Rolle der durch die staatlichen Banken vergebenen „Liquidity Credits“ zu beachten. In Folge der zweiten Reform ist für den Zeitraum 1988 bis 1990 ein überproportionaler Anstieg zu verzeichnen. Das Kreditwachstum übersteigt als Folge der Liberalisierung das Einlagenwachstum mit zeitlicher Verzögerung nach 1985. Die Umkehrung nach 1990 kann auf die verstärkten Maßnahmen zur Mobilisierung der Sparmittel aus dem Privatsektor zurückgeführt werden. Ein weiterer Grund findet sich in der Stagnation der gesamten Kreditvergabe an den Privatsektor seit 1990, die in erster Linie durch das rasante Wachstum der Vorjahre und die verschärften Bestimmungen hinsichtlich Kapitalausstattung und Berichtswesen der Banken begründet ist.[190] Der Anteil der Zentralbank an der direkten Kreditvergabe reduzierte sich von über 20% in 1980 auf ca. 4% in 1992. Die hohe Zinsvolatilität nach 1983 wirkte sich in Verbindung mit der unzureichenden Rechtssicherheit hinsichtlich der Bereitstellung von Sicherheiten sowie der schwach ausge-

190 Vgl. Chant/Pangestu 1994, S.259-260.

prägten internen Risikokontrolle der Banken negativ auf die Bereitstellung langfristiger Finanzierungsmittel aus.[191]

Tabelle XII verdeutlicht die Entwicklung an den Kapitalmärkten:

Tabelle XII: Indonesien - Entwicklung der Kapitalmärkte

	1984	1986	1988	1990	1992
1. Aufgenommene Geldmittel (Millionen (Mio.) Rupiah)					
Aktien	13.951	769	57.481	11.805.117	n.v.
Renten	60.000	150.000	320.000	385.000	n.v.
	1984	1988	1990	1992	1994
2. Jakarta Stock Exchange					
Marktkapitalisierung (Milliarden (Mrd.) Rupiah)	91	482	12.440	24.800	103.800
Anzahl der notierten Unternehmen	24	24	123	153	217

Quelle: Eigene Darstellung auf Grundlage von Chant/Pangestu 1994, Cole/Slade 1992, Piazolo 1995

Auf die Kapitalmärkte ergaben sich keine Auswirkungen der Reformen in 1983 und 1988, so daß diese bis Ende der achtziger Jahre unbedeutend blieben. Erst die Schaffung eines gesetzlichen Rahmens sowie die Implementierung der steuerlichen Harmonisierung der Erträge aus Wertpapieren hat die rasante Entwicklung seit 1990 gefördert. Der Aktienmarkt bietet vor allem ausländischen Investoren die Möglichkeit, sich an expansiven Unternehmen zu beteiligen. Die Nutzung dieser Möglichkeit spiegelt sich in den hohen, durch ausländische Investoren getätigten Umsätzen - ca. 60% des Gesamtumsatzes an der Jakarta Stockexchange - an der Börse wider. Mit einer Marktkapitalisierung von ca. 30%, gemessen am BIP, hat sich die Börse in 1994 zu einem bedeutenden Finanzierungsmarkt entwickelt. Im Gegensatz dazu bleibt der Rentenmarkt bis 1994 weiterhin stark unterentwickelt.[192]

---

191 Die Finanzierung der Kredite mit einer durchschnittlichen Laufzeit von 10 Jahren erfolgte zum überwiegenden Teil durch Einlagen mit einer Laufzeit von durchschnittlich 2 Jahren. Die langfristigen Einlagen (18-24 Monate) weisen zwischen 1982 und 1986 einen Rückgang von 69% auf 8% auf, während die Einlagen mit einer Laufzeit zwischen 6 und 12 Monaten von 27% auf 67% anstiegen. Die durchschnittliche Laufzeit aller Kredite erhöhte sich zwischen 1983 und 1991 von 23,8 Monaten auf 26,6 Monaten. Die Vergleichszahlen für den Einlagenbereich weisen einen Rückgang von 5,8 auf 5,1 Monate auf, wenngleich sich die durchschnittliche Laufzeit bis 1986 auf 8,6 Monate erhöhte. Vgl. Cho/Khatkhate 1989, S.58 und Hanna 1994, S.17.

192 Vgl. Chant/Pangestu 1994, S.234-235 und Piazolo 1995, S.26

4.3.3 Orthodox-technische Analyse

4.3.3.1 Fiskalpolitik

Die Überwindung der externen makroökonomischen Schocks in den achtziger Jahren ist maßgeblich durch eine vorsichtige und auf Wiederherstellung der gesamtwirtschaftlichen Stabilität ausgerichteten Fiskalpolitk bestimmt. Der starke Rückgang der Einnahmen aus dem Ölgeschäft wurde durch die Regierung in erster Linie mit umfassenden Kürzungen auf der Ausgabenseite und nachfolgend mit der Mobilisierung der Einnahmen aus dem Nicht-Rohstoffsektor kompensiert. Die für das weitere Wachstum und die Reduzierung der Armut kritischen Ausgaben in den Bereichen Infrastruktur und Bildung wurden weitgehend beibehalten. Durch diese Kombination wirkte die Fiskalpolitik aktiv auf den Strukturwandel in den achtziger Jahren ein. Im Vergleich zu anderen Entwicklungsländern, die ebenfalls von den Preissteigerungen im Rohstoffsektor profitierten, zeichnete sich die indonesische Fiskalpolitik jedoch schon während der Boomphase 1973-1980 durch eine konservative Grundhaltung aus, indem hohe Fiskaldefizite und überproportionale Kreditaufnahme im Ausland vermieden wurden.[193] Die Regierung umging hierdurch die Gefahr, ein hohes Fiskaldefizit durch Antizipieren steigender Einnahmen aus dem Rohstoffsektor zu finanzieren. Die Einnahmen aus dem Ölgeschäft wurden zudem vorrangig für produktive Investitionen statt für die Erstellung von Prestigeobjekten oder die Finanzierung von Konsumausgaben verwendet.[194] Indonesien verfügt seit 1968 über eine konstitutionelle Begrenzung der Staatsausgaben durch das „Balanced Budget Law". Das Gesetz fordert eine Deckung aller geplanten Ausgaben durch geplante Reserven zuzüglich externer Kreditaufnahme und unterbindet durch diese Kombination die Finanzierung über die Inflationssteuer bzw. durch die Kreditaufnahme am inländischen Kapitalmarkt.[195]

---

193 In diesem Zusammenhang ist die Pertamina-Krise von Bedeutung. Die Einnahmen aus dem Ölgeschäft und eine extensive Verschuldung im Ausland ermöglichten der staatlichen Unternehmung Pertamina den Aufbau eines umfassenden Konglomerates, welches neben der Kernaktivität im Ölgeschäft u.a. eine Tankerflotte, eine Fluglinie, mehrere Freizeitressorts, Produktionsstätten im Agrar- und Stahlsektor sowie Immobilien beinhaltete. Um die Kontrolle über die enorme Expansion des Konzerns wieder zurückzugewinnen, führte die Regierung eine Genehmigungspflicht für langfristige Finanzierungen staatlicher Unternehmen an ausländischen Kapitalmärkten ein. Um diese Pflicht zu umgehen, ging Pertamina auf kurzfristige Finanzierungsformen über. Die sinkenden Einnahmen aus dem Ölgeschäft führten zu einer Liquiditätskrise des Konzerns und zwangen die Regierung zur Übernahme der Schulden, um den Zugang zu den internationalen Kreditmärkten weiterhin zu erhalten. Die Erfahrungen aus der Pertamina Krise führten zu einer Verschärfung der Kontrollen hinsichtlich der Verschuldung der öffentlichen Unternehmen im Ausland. Eine ausführliche Analyse der Krise findet sich in Woo/Glassburner/Nasution 1994, S.54-72.

194 Vgl. Thorbecke 1992, S.44.

195 Das Gesetz sieht jedoch keine Beschränkung der Kreditaufnahme im Ausland vor. Der inländische Kapitalmarkt kann jedoch im Rahmen der Geldpolitik durch die Ausgabe von Geldmarktpapieren im

Diese positive Ausgangslage ermöglichte die Finanzierung des aus dem Rückgang der Einnahmen aus dem Rohstoffsektor resultierenden Fiskaldefizits durch externe Kreditaufnahme und den Verzicht auf alternative Finanzierungsquellen wie etwa die Inflationssteuer. Zudem geriet Indonesien nicht, wie einige bereits in der Boomphase hoch verschuldete Entwicklungsländer, in die Problematik der internationalen Schuldenkrise. Die Kürzung der Ausgabenseite betraf insbesondere kapital- und importintensive Projekte, welche teilweise verschoben oder insgesamt abgebrochen wurden. Auf der Einnahmenseite sorgte der Aufbau eines effizienteren Steuersystems - Erweiterung der Steuerbasis und Übergang von direkten Steuern auf indirekte Verbrauchssteuern - für die notwendigen Zuwächse.[196] Die sich verschlechternde Weltwirtschaftslage Mitte der achtziger Jahre und die, bezogen auf die aufgebaute Auslandsverschuldung ungünstigen Wechselkursentwicklungen, zwangen die Regierung zur Ausweitung der restriktiven Maßnahmen im Fiskalbereich. Weiterhin wirkten sich die zu Beginn der Rezession reduzierten staatlichen Entwicklungsausgaben nun direkt auf die Binnenwirtschaft aus und führten zu einer weiteren Abschwächung der Inlandsnachfrage. Die Kürzungen der Ausgabenseite betrafen, neben einer Verschärfung der projektbezogenen Mittelreduzierung, auch die Reduzierung der Ausgaben in den „kritischen" Bereichen sowie das Einfrieren der Gehälter im öffentlichen Dienst. Insgesamt bewirkte die drastische Reduzierung der Staatsausgaben eine Stabilisierung der Gesamtwirtschaft, allerdings zu Lasten einer stark ansteigenden Auslandsverschuldung.[197]

Rahmen von Offenmarktoperationen genutzt werden. Das Gesetz ist im wesentlich ein Ausfluß der katastrophalen Ergebnisse der Wirtschaftspolitik unter Soekarno vor der Machtübernahme durch Suharto. Vgl. Asher/Booth 1992, S.60.

196 Die Änderungen im Steuersystem betrafen insbesondere die Verminderung der Abhängigkeit von den Steuereinnahmen aus den Erträgen der Rohstoffindustrie. Der zweite Bestandteil der Steuerreform beinhaltete eine Straffung der Gesetzgebung sowie Verbesserungen in den administrativen Bereichen und in der Effizienz des Steuerwesens. Ferner zielte die Reform auf die Beseitigung von marktwirtschaftlichen Verzerrungen sowie eine Zunahme der Steuergerechtigkeit ab. Die Steuereinnahmen aus der „Corporate Tax" aus dem Ölgeschäft beliefen sich zwischen 1980 und 1983 auf ca. 60% des gesamten Steueraufkommens. Zur Kompensation der Einnahmenrückgänge aus dem Rohstoffbereich führte die Regierung 1984 die Einkommenssteuer sowie 1985 die Mehrwertsteuer ein. Vgl. Thorbecke 1992, S.40-41 und Asher/Booth 1992, S.43-44. Eine ausführliche Diskussion der Reformen im Bereich der Steuerpolitik findet sich in Asher/Booth 1992.

197 Die externe Verschuldung im Verhältnis zum BIP erhöhte sich zwischen 1983 und 1987 von ca. 34% auf ca. 65%. In absoluten Zahlen bedeutet dies einen Anstieg von ca. 35 Mrd. US$ auf ca. 61 Mrd. US$. Der Anteil des Schuldendienstes an den gesamten Staatsausgaben stieg in diesem Zeitraum von 8,5% auf über 30% zu Lasten der Ausgaben für Entwicklung und Subventionen (Rückgang von 33% auf 18% bzw. 12,5% auf 6,4%). Der Anteil des Privatsektors an der langfristigen Auslandsverschuldung betrug in dieser Periode unter 5%, so daß die Hauptlast durch den öffentlichen Sektor getragen werden mußte. Vgl. IFS verschiedene Ausgaben und Asher/Booth 1992, S.58.

Nach Überwindung der Krisen in den achtziger Jahren sieht sich die Fiskalpolitik durch die wachsende Bedeutung des Privatsektors und privater Investitionen veränderten Herausforderungen gegenüber. Die Deregulierung in den verschiedene Bereichen - insbesondere im Finanzsektor und Handelssektor - sowie die Entwicklung einer stärker marktorientierten Geldpolitik erfordern die Fortsetzung einer restriktiven Fiskalpolitik um die makroökonomische Stabilität der Gesamtwirtschaft nicht zu gefährden. Weiterhin zielt diese Politik auf den Abbau der Auslandsverschuldung ab. Auf der Gegenseite erfordern die durch das rasante Wachstum der neunziger Jahre auftretenden Engpässe und Probleme in den Bereichen Infrastruktur und Umweltschutz eine Ausweitung der staatlichen Aktivitäten, da die Bemühungen einer verstärkten Einbindung des Privatsektors in diesen Bereichen bisher relativ erfolglos geblieben sind. Makroökonomische Ungleichgewichte sollen durch eine Kombination aus restriktiver Geldpolitik, welche jedoch aufgrund der offenen Kapitalbilanz und dem festen Wechselkurs nur begrenzt wirkt, verstärkter Mobilisierung der Steuereinnahmen aus dem Nicht-Rohstoffbereich und einem sehr engen Fiskalbudget vermieden werden.

4.3.3.2 Geldpolitik

Durch die Konstellation einer offenen Kapitalbilanz und eines sehr repressiven Finanzsystems war die Geldpolitik bis 1983 weitgehend durch direkte Kontrollen bestimmt, insbesondere in Form quantitativer und qualitativer Kreditlenkung im Bankbereich, der Festlegung für Kreditobergrenzen für staatliche Unternehmen sowie der staatlicher Festsetzung der Zinssätze.[198] Zwischen 1978 und 1982 bildete sich insbesondere bei den Staatsbanken ein hoher Liquiditätsüberschuß im Bankensektor, bedingt durch das hohe Wachstum der „Liquidity Credits" und der ausländischen Vermögenswerte im Bankensystem.[199] Dieser Überschuß wurde teilweise als inländische Währungsreserve in Rupiah oder in ausländischen Vermögenswerten gehalten. Im Zusammenhang mit den bestehenden Zinskontrollen bewirkte dies Verzerrungen in der Intermediationsfunktion, da durch die extensive Haltung ausländischer Reserven der Zentralbank die geldpolitische Kontrolle zunehmend entzogen wurde und für den staatlichen Bankensektor kein Anreiz zur Mobilisierung der Finanzressourcen gegeben war.[200] Erst die Reformen in 1983 öffneten für die Zentralbank den Weg für eine marktorientierte indirekte

---

198 Vgl. Binhadi/Meek 1992. S.102. Die Rolle der Zentralbank bis 1983 konzentrierte sich auf die Festlegung des Kreditwachstums und der individuellen Kreditlimits der Banken in Einklang mit dem projizierten Wirtschaftswachstum, der Inflationserwartung und der erwarteten Entwicklung der Zahlungsbilanz.

199 Diese Überschüsse werden in einer Studie von Woo/Nasution auf drei Gründe zurückgeführt: Erstens das schlechte Management der Staatsbanken, welches die Kreditvergabe an Kleinunternehmen behinderte, zweitens die Unfähigkeit der Staatsbanken wirtschaftlich erfolgversprechende und politisch gewünschte Investitionsprojekte zu selektieren und drittens die Forderung überzogener „Seitenzahlungen" der Bankangestellten von potentiellen Kreditnehmern. Vgl. Woo/ Nasution 1989, S.91

200 Vgl. Sundararajan/Molho 1988, S.327-328.

Gestaltung der Geldpolitik durch die Einführung von Geldmarktinstrumenten und Refinanzierungsfazilitäten durch die Zentralbank. Die Einführung des ersten Geldmarktinstrumentes „Sertifikat Bank Indonesia (SBI)“ und weiterer durch die Geschäftsbanken ausgegebener Geldmarktpapiere - „Surat Berharga Pasar Usang“ (SBPU) - stellen die wichtigsten geldpolitischen Maßnahmen zu Beginn der Reformen dar, über die die Zentralbank die Rückgewinnung der geldpolitischen Kontrolle erreichte.[201]

Im Zusammenhang mit der offenen Kapitalbilanz unter einem Regime fester Wechselkurse wirkte sich die zunehmende Bedeutung der internationalen Kapitalströme auch auf die Geldpolitik Indonesiens aus. Exogene Änderungen des internationalen Zinsdifferentials zwischen Indonesien und den übrigen Finanzmärkten sowie Änderungen der Erwartungen hinsichtlich der gesamtwirtschaftlichen Indikatoren Indonesiens beeinflussen das inländische Zinsniveau und die monetären Aggregate, reduzieren jedoch andererseits die Einflußmöglichkeiten der inländischen Geldpolitik. So erfordert z.B. die Implementierung einer restriktiven Geldpolitik durch den Verkauf von Offenmarktpapieren die Erhöhung des inländischen Zinsniveaus. Diese Erhöhung löst jedoch spekulative Kapitalströme aus dem Ausland aus. Die Beibehaltung eines realistischen Wechselkurses erfordert dann den Kauf ausländischer Währungen, wodurch die Geldmenge erhöht und damit die ursprüngliche Absicht einer Geldmengenkontraktion konterkariert wird.

Die offene Kapitalbilanz unter einem System quasi fester Wechselkurse (Managed Float Exchange Rate) schränkt damit die Möglichkeiten der Geldpolitik wesentlich ein, bringt aber auch Vorteile mit sich: Zum einen bietet die Kapitalbilanz ein verläßliches Stimmungsbarometer für die Wirtschaftspolitik, da sich positive bzw. negative Erwartungen schnell in Kapitalströmen in Form eines Kapitalzustroms oder der Kapitalflucht niederschlagen. Die Steuerung der Kapitalströme durch direkte Kapitalkontrollen gestaltet sich aufgrund der zahlreichen Umgehungsmöglichkeiten schwierig, so daß indirekte Maßnahmen eine bessere Alternative darstellen.[202] Der ungehinderte Zugang zu den internationalen Kapitalmärkten bewirkt eine Ausweitung der Finanzierungsmöglichkeiten für die Binnenwirtschaft. Desweiteren erhöht sich die Bedeutung der Fiskalpolitik in der Steuerung der

201 Bei den SBPU handelt es sich um Schuldtitel mit einer Laufzeit von 30-180 Tagen, die mit unterschiedlichen Konditionen für verschiedene Zwecke ausgegeben wurden. SBPU konnten durch den Privatsektor oder Finanzinstitutionen zur Finanzierung von Transaktionen oder Interbankengeschäften ausgegeben werden. Durch Abgabe des Indossaments übernimmt die Finanzinstitution die Verpflichtung zur Rückzahlung bei Fälligkeit. Die „Ficorinvest“, die sich zu 95% im Eigentum der Zentralbank befindet, übernahm die Aufgabe, den Sekundärmarkt für die SBPU aufzubauen, und erhielt zu diesem Zweck die Erlaubnis, die SBPU unter gewissen Bedingungen - u.a. Bankindossament - zu rediskontieren.

202 Zur Problematik der Öffnung der Kapitalbilanz und der Umgehung direkter Kapitalkontrollen siehe Mathieson/Rojas-Suárez 1993.

inländischen Wirtschaftspolitik, während die Geldpolitik direkt auf internationale Reserven und die Zahlungsbilanz einwirkt. Auf der Gegenseite erfordert die offene Kapitalbilanz eine konsistente Wirtschaftspolitik, insbesondere im Bereich der Ressourcenallokation. Diese Vorteile einer offenen Kapitalbilanz wurden von der indonesischen Wirtschaftspolitik geschickt genutzt.[203]

Um die Kontrolle über die Geldmengenaggregate zu verbessern und um die durch die Expansion des privaten Sektors stark ansteigende Kreditnachfrage einzudämmen, welche von einer leicht expansiven Geldpolitik begleitet wurde, setzte die Zentralbank ab 1990 eine Reihe von Maßnahmen um: 1990 eliminierte die Regierung die subventionierten Liquiditätskredite an den Bankensektor. 1991 wurde die Liquidität durch eine Verlagerung der Einlagen öffentlicher Unternehmen aus dem Bankensektor in SBI weiter eingeengt. Begleitend wurde eine Begrenzung der Kreditaufnahme an ausländischen Kapitalmärkten für staatliche Unternehmen und Banken eingeführt. Als Folge dieser Politik konnten die Ausweitung inflationärer Tendenzen verhindert und der Kapitalabfluß aufgrund des Anstiegs des inländischen Zinsniveaus in einen Kapitalzustrom umgedreht werden. Die Importe reduzierten sich bei einer gleichzeitigen Erhöhung der Exportleistung. Die Mindestreservesätze wurden 1988 von 15% auf 2% wesentlich gesenkt und dienen seit 1988 nur noch Sicherheitszwecken. Ein aktiver geldpolitischer Einsatz dieses Instrumentes erfolgt nicht, wenngleich die Senkung eine Reduzierung der Finanzierungskosten und damit eine Erhöhung des Kreditvergabevolumens mit sich brachte.[204]

4.3.3.3 Wechselkurspolitik

Die Wechselkurspolitik kann in zwei Phasen unterteilt werden. Von 1970-1978 war der Wert der Rupiah durch einen fixen Wechselkurs gegenüber dem Dollar (Kurs: 1US$ = 415 Rupiah) bestimmt. Seit 1978 besteht in Indonesien ein Wechselkursregime in Form eines Managed-Float/Crawling Peg Systems. Innerhalb dieses festen Wechselkursregimes versucht die Zentralbank, den Wert der Rupiah gegen einen Währungskorb - der maßgeblich durch den Dollar bestimmt ist - stabil zu halten, um einer Verschlechterung der Wettbewerbsverhältnisse für die Exportsektoren entgegenzutreten. Diese Politik der Beibehaltung der Wettbewerbsfähigkeit mündete in insgesamt drei Abwertungen des nominalen Wertes der Rupiah gegenüber dem

203 Vgl. Ahmed 1992, S.17.

204 Um das Kreditvolumen zu begrenzen, verpflichtet die Zentralbank die Geschäftsbanken zur Umwandlung der Ressourcen in SBI. Allerdings betrug die Laufzeit dieser Papiere nur zwischen drei und sechs Monaten. Vgl. Ahmed 1992, S.19.

US$, um ein vorteilhaftes Niveau des realen Wechselkurses gegenüber den wichtigsten Handelspartnern wieder herzustellen.

Die erste Abwertung 1978 betrug 50%. Die zweite Abwertung in 1983 um 38% war begleitet von Maßnahmen mit der Zielsetzung, die Rupiah als voll konvertierbare Währung zu etablieren. Zudem wurde die bisherige feste Bindung an den US$ gelockert. Die bisher letzte Wechselkursänderung wurde 1986 - ausgelöst durch den erneuten Verfall der Ölpreise - durch eine Abwertung um 45% gegenüber dem US$ vorgenommen. Den Abwertungen vorausgegangen war jeweils ein Anstieg der inländischen Inflation gegenüber den wichtigsten Handelspartnern. Seit der letzten Abwertung in 1986 verlor die Rupiah weiterhin leicht gegenüber dem Währungskorb an Wert. Insgesamt blieb der reale Wechselkurs jedoch bedingt durch die Maßnahme auf fiskalpolitischer und geldpolitischer Ebene konstant, so daß eine erneute Anpassung nicht notwendig erschien. Es erscheint jedoch sinnvoll, im Fall einer inländisch bedingten makroökonomischen Verzerrung - wie dies bei den vorangegangenen Abwertungen teilweise zu beobachten war - nicht erneut auf die Wechselkursanpassung als Lösung zurückzugreifen, sondern direkt Quellen der Verzerrung zu adressieren.

Die negativen Auswirkungen der Abwertungen auf die Auslandsverschuldung ließ der Regierung keine andere Wahl, als den Ausbau des nicht auf Rohstoffen basierenden Exportes voranzutreiben. In diesem Zusammenhang sind die unterstützenden Maßnahmen im Bereich der Handelspolitik und der Investitionsförderung zu erwähnen, die einen bedeutenden Bestandteil des Strukturanpassungsprogramms bildeten. Die Handelspolitik zeichnete sich bis Ende 1985 durch ein umfassendes und kompliziertes System nicht-tarifärer und tarifärer Handelsbeschränkungen aus.[205] Die Investitionsförderung beinhaltete insbesondere die Vereinfachung der Prüfungs- und Genehmigungsverfahren und eine Erweiterung der Tätigkeitsbereiche für ausländische Investitionen.[206] Desweiteren lockerte die Regierung die Vorschriften hinsichtlich Kapitalausstattung, Finanzierung und Beteiligung ausländischer Investoren an indonesischen Unternehmen. Die bisher restriktive Handhabung der Vergabe von Genehmigungen

---

205 1985 unterlagen ca. 1.700 Artikel mit einem Importwert von ca. 40% bezogen auf alle Gesamtimporte den Beschränkungen. Die Tarife betrugen für einige Produkte über 300%. Der Anteil der den nicht-tarifären Handelsbeschränlungen unterliegenden Importe wurde bis 1991 auf ca. 20% der Gesamtimporte reduziert, bei einer gleichzeitigen Senkung der effektiven Zolltarife von ca. 60% in 1985 auf ca. 30% in 1991. Für die exportorientierte Produktion wurden die Importverfahren - Vergabe der Importlizenzen, Erweiterung der Importkategorien - wesentlich erleichtert. Ahmed 1992, S.15-16.

206 Im Rahmen der Investitionspolitik wurde die bis 1985 geltende „Investment Priority List", welche die Investitionsmöglichkeiten für In- und Ausländer steuerte, wesentlich erweitert und 1989 in eine Negativliste umgewandelt, die lediglich die für ausländische Investitionen gesperrten Industriesektoren enthält. Im Zuge der weiteren Öffnung vergibt die Regierung zunehmend Investitionslizenzen in strategischen Industriebereichen, wie z.B. Telekommunikation, Energie oder Luftfahrt.

an ausländische Investitionsvorhaben wurde in eine aktive Förderung dieser Vorhaben durch Steuervergünstigungen, Zollerstattungen etc. umgewandelt.[207] Die Kombination dieser Maßnahmen mit der streng konservativen Fiskalpolitik Mitte der achtziger Jahre ermöglichte die notwendige Strukturanpassung und stärkte das Vertrauen in- und ausländischer Investoren in die Stabilität der indonesischen Wirtschaft. Das in den südamerikanischen Ländern aufgetretene Problem der massiven Kapitalflucht konnte in Indonesien weitgehend vermieden werden.[208]

4.3.4 Politisch-Ökonomische Analyse

Die wirtschaftliche Entwicklung Indonesiens seit 1970 findet ihre Wurzeln in der Machtübernahme durch Suharto in den späten sechziger Jahren. Für die mit diesem Machtwechsel verbundene Reform und deren Auswirkungen können sowohl die Crisis-Hypothese als auch die Honeymoon-Hypothese geltend gemacht werden. Die Reformen im Zusammenhang mit der Machtübernahme wurden durch eine tiefgreifende Krise ausgelöst, und das Ausmaß der Krise erleichterte die politische Durchsetzung. Zudem nutzte die neue Regierung mit der Einführung der „New-Order" die mit der Honeymoon-Hypothese verbundenen Vorteile. Der gesamte Reformblock konnte ohne nennenswerten Widerspruch aus der Öffentlichkeit umgesetzt werden.[209] Eine klare Bestätigung dieser Hypothesen für die Finanzreformen in der weiteren Entwicklung seit 1970 kann nicht getroffen werden. Die Krise um den Pertamina-Konzern führte nicht zu Reformen, sondern lediglich zu einer verstärkten Kontrolle hinsichtlich der Verschuldung von Staatsunternehmen an den internationalen Kreditmärkten. Allerdings bewirkte die Lösung dieser Krise die Stärkung eines technokratischen Expertenteams, welches Suharto bereits in der Aufbauphase nach der Machtübernahme beraten hatte. Die Handhabung

---

207 Vgl. Thorbecke 1992, S. 46-47.

208 Das Problem der Kapitalflucht in Zusammenhang mit den Erwartungen einer Abwertung der Rupiah wurde allerdings nicht nur über marktkonforme wirtschaftspolitische Maßnahmen erreicht. In 1986 verpflichtete das Finanzministerium die staatlichen Unternehmen zum Transfer ihrer bei den staatlichen Banken gehaltenen Einlagen in SBI in Höhe von ca. 1,4 Trillionen Rupiah. Diese zwangsweise Umwandlung - nach dem damaligen Finanzminister Sumarlin als „Sumarlin Shock I" bezeichnet - führte zum vorübergehenden Anstieg der Zinssätze für die SBI. Die Kapitalflucht sollte dadurch vermieden und eine Rückführung der ins Ausland transferierten Vermögenswerte erzielt werden. Der „Second Sumarlin Shock" in Zusammenhang mit Spekulationen über eine bevorstehende Abwertung der Rupiah in 1990 verpflichtete die staatlichen Banken zu einem Finanzmitteltransfer in Höhe von 8,1 Trillionen Rupiah. Vg. Inamura/Kikuchi 1994, S.130 und S.133.

209 Vgl. Azis 1994, S.386.

der Pertamina Krise wird daher als deutliches Zeichen des wachsenden Einflusses der Technokraten bewertet.[210]

Die Rezession zu Beginn der achtziger Jahre mündete in die beiden Anpassungsprogramme sowie in die erste Reform des Finanzsystems 1983. Die Motivation für die erste Reform läßt sich jedoch nicht mit einer Krise im Finanzsektor begründen, sondern ist im Gesamtzusammenhang mit dem umfassenden Anpassungsprogramm in einer schwierigen gesamtwirtschaftlichen Lage sowie mit internen Überlegungen bzgl. der Ausrichtung zugunsten eines mehr marktorientierten Systems zu sehen. Die nicht ausreichenden Ergebnisse in der Mobilisierung und Allokation von Ressourcen induzierten die nachfolgende Reform im Finanzsektor von 1988. Insgesamt läßt sich damit die Crisis-Hypothese für die Reformen im Finanzsektor nicht belegen. Ebenso ist die Honeymoon-Hypothese zu verwerfen, da in dem Beobachtungszeitraum kein Machtwechsel im Präsidentenamt stattgefunden hat und keine bedeutenden Umstrukturierungen in den Expertenteams bzw. den relevanten politischen Führungsgremien vorlagen. Allerdings verhalf die Rezession Mitte der achtziger Jahre den marktwirtschaftlich orientierten Technokraten zu einer höheren Gewichtung, da sie die Argumentationskraft der bis dahin vorherrschenden interventionistischen Wirtschaftspolitik schwächte und den Weg für die Deregulierung der inländischen Sektoren freigab.[211]

Das politische System Indonesiens ist durch eine strikt autoritäre Struktur in Form einer präsidialen Republik unter der Führung General Suhartos und die Dominanz einer einzelnen Partei gekennzeichnet. Mit der Person Suhartos werden direkt die wirtschaftlichen Erfolge der „New Order“ verbunden. Suharto konnte durch eine relativ flexible und pragmatische Handhabung seiner autoritären Politik unkontrollierbare gesellschaftliche Spannungen - insbesondere hinsichtlich einer radikalen Islamisierung - vermeiden.[212] Die Mehrzahl der politischen Entscheidungsträger besteht aus Bürokraten und nicht aus gewählten Politikern. Insbesondere in der Anfangsphase der „New-Order“ Periode sicherten die Einnahmen aus dem Ölgeschäft den Entscheidungsträgern ein hohes Maß an finanzieller Unabhängigkeit. Die negativen Er-

210 Die Umstellung in der Finanzierungsstruktur des Pertamina-Konzerns auf kurzfristige Kredite wird auch auf das Drängen dieses Expertenteams zurückgeführt, keine langfristige Verschuldung des Konzerns zuzulassen. Die daraufhin erlassene Genehmigungspflicht führte zur Verschärfung der finanziellen Schwierigkeiten des Konzerns und gab den Technokraten - im Insiderjargon aufgrund des Ausbildungsortes als „Berkeley Mafia“ betitelt - die Möglichkeit, die entstandene Krise zu bewältigen. Vgl. Azis 1994, S.387.

211 Vgl. MacIntyre 1992, S.147.

212 In diesem Zusammenhang ist zu bedenken, daß Indonesien mit ca. 190 Mio. Einwohnern weltweit an vierter Stelle steht. Ca. 300 Volksgruppen mit über 250 verschiedenen Sprachen und Dialekten verteilen sich auf ca. 930 der rund 13.600 Inseln Indonesiens. Das soziale und wirtschaftliche Gefälle zwischen einzelnen Regionen ist beträchtlich. Die offizielle Staatsreligion ist der Islam sunnitischer Ausrichtung, jedoch besteht allgemeine Religionsfreiheit. Radikalen islamischen Tendenzen wird mit entschiedener Härte begegnet. Vgl. Statistisches Bundesamt 1993a, S.23 und S.34 und Machetzki 1991, S.166.

fahrungen mit den Massenbewegungen in der Soekarno Ära resultierten in dem Versuch, über die Bildung von funktional ausgerichteten Organisationen die Entscheidungsträger von direktem Druck potentieller Interessengruppen zu isolieren. Die als wichtig erachteten Interessengruppen sind in der Organisation GOLKAR, die zugleich auch Regierungspartei ist, zusammen-geschlossen.[213] Ebenso wurden die ehemals neun Oppositionsparteien zu einem muslimischen Block („Development Unity Party") und einem zweiten Block (Indonesian Democratic Party), der die christlichen und sonstigen Gruppierungen umfaßte, vereinigt. Über diese Konstellation wird versucht, die auftretenden Fragen und Probleme aus verschiedenen sozialen Ebenen intern zu kanalisieren und eine offene Austragung potentieller Konflikte zu vermeiden. In die Organisation GOLKAR sind weiterhin alle Mitarbeiter im öffentlichen Dienst über die Civil Servants Corp. integriert.[214] Diese Struktur mündete 1985 in ein Gesetz, welches allen politischen und sozialen Organisationen die Bindung an eine Weltanschauung vorschreibt. Diese staatliche Ideologie „Pancasila" beinhaltet fünf soziale und humanitäre Prinzipien, denen weitreichende Auswirkungen hinsichtlich der sozialen Struktur zugeschrieben werden.[215]

Die politische Entscheidungsfindung ist theoretisch durch eine Vielzahl von Gremien bestimmt. Im Bereich der Wirtschaftspolitik sind dies das „Economic Stabilization Council", das „Cabinet on Economic Affairs" und das „Monetary Board".[216] In der Praxis entwickeln diese Gremien jedoch nur die Entscheidungsvorlagen zu verschiedenen wirtschaftspolitischen Fragestellungen zur Präsentation vor dem Präsidenten. Nach außen dringen generell nur die mit Zustimmung des Präsidenten verabschiedeten Entscheidungen. Die Arbeit der Gremien besteht daher in der Praxis in erster Linie in der Abklärung der Differenzen zwischen den Beteiligten und Präsentation einer Konsenslösung. Ideologische Kontroversen sind in der

---

213 Zu den aus der Soekarno Ära übernommenen Massenbewegungen zählen die Organisationen Arbeit, Jugend, Frauen, Bauern und Fischer. Die Führungsgremien dieser Organisationen werden durch den Regierungsapparat überwacht.

214 Vgl. Bhattacharya/Pangestu 1994, S.35.

215 Die fünf Prinzipien beinhalten: Glauben an Gott, Gebot der Menschlichkeit, nationale Einheit, Demokratie auf der Grundlage traditioneller Beratungs- und Einstimmungsverfahren und soziale Gerechtigkeit. Machetzki schreibt dieser staatlichen Ideologie drei Aspekte im politischen Leben Indonesiens zu: Erstens die klare Abgrenzung der politischen Ordnung gegenüber dem Kommunismus, dem westlichen Liberalismus und religiösem Fanatismus. Zweitens die Zurückhaltung des Militärs, eine gesamtnationale Führungsrolle zu übernehmen und zu mißbrauchen sowie drittens die Schaffung eines Klimas der Weltoffenheit, von welchem Indonesien im Hinblick auf die Bedeutung des Exportes abhängig ist. Vgl. Machetzki 1991, S.166-167.

216 Das „Economic Stabilization Council" unter Vorsitz des Präsidenten setzt sich aus den Führungsmitgliedern der mit ökonomischen Fragestellungen betroffenen Ministerien (Finanzen, Industrie, Transport etc.) und Institutionen (Zentralbank, Entwicklungsinstitutionen etc.) zusammen. Das „Cabinet on Economic Affairs" dient der parlamentarischen Diskussion wirtschaftspolitischer Angelegenheiten, und das „Monetary Board" diskutiert die Finanz- und Geldpolitik. Vgl. Bhattacharya/Pangestu 1994, S.36.

praktischen Politik äußerst selten vorzufinden. Es besteht jedoch ein allgemeiner Konsens, daß der wirtschaftlichen Entwicklung oberste Priorität eingeräumt wird.

Wirtschaftswissenschaftler spielen seit Beginn der „New Order“ eine zentrale Rolle in der politischen Struktur Indonesiens. Die positiven Ergebnisse im Zusammenhang mit der Stabilisierung der Wirtschaft nach der Soekarno-Ära sowie die Lösung der Pertamina-Krise haben den Einfluß dieser Gruppe verstärkt. Zudem besteht eine hohe Rückendeckung dieses technokratischen Expertenteams durch den Präsidenten, der für die Umsetzung der weitreichenden Entscheidungen - u.a. im Zusammenhang mit den Abwertungen der Rupiah - sorgte. Die innere politische Struktur ist weiterhin durch eine enge, historisch gewachsene Verbindung zwischen Wirtschaftswissenschaftlern und Militärs gekennzeichnet.[217] Die Streitkräfte übten in der Vergangenheit durch ihre Doppelfunktion als Garant für nationale Einheit und Sicherheit in militärischer und politischer Sicht eine dominierende Rolle aus. Die Bedeutung des Militärs ist allerdings in der jüngsten Vergangenheit durch den Generationswechsel in der Führungselite etwas zurückgedrängt worden. Es lassen sich zudem Bemühungen für eine Verschiebung der Exekutivgewalt auf der politischen und wirtschaftlichen Ebene zugunsten ziviler Personen und Organe erkennen.[218]

Im inneren politischen Zirkel bildete sich in den siebziger Jahren eine zweite wichtige Interessengruppe heraus, die insbesondere in der eher protektionistisch ausgerichteten Wirtschaftspolitik bis Mitte der achtziger Jahre versuchte, ihre Interessen verstärkt wahrzunehmen. Diese Gruppe setzt sich aus Technologen und national ausgerichteten Politikern zusammen. Ihr Einfluß blieb jedoch aufgrund der im Vergleich zu den Technokraten schwächer ausgebildeten Organisation und Rückendeckung durch Suharto eher unbedeutend. Erst seit Mitte der achtziger Jahre gewinnt diese Gruppierung unter dem charismatischen Minister für Wissenschaft und Technologie, Habibie, an Bedeutung.[219] Aufgrund dieser Interessengruppen besteht

---

217 Die Mehrzahl der marktorientierten Wirtschaftswissenschaftler stammt von der wirtschaftswissenschaftlichen Fakultät der University of Indonesia und lehrt u.a. an den bedeutenden Militärschulen. Die Zusammenarbeit zielt darauf ab, das Militär auf eine Führungsrolle sowohl in militärischen als auch in politischen Fragen vorzubereiten. Hieraus entwickelte sich eine institutionalisierte Beziehung zwischen Militär und Technokraten, und es erklärt die relativ offene Haltung der Militärs gegenüber Marktwirtschaft und Exportorientierung. Vgl. Bhattacharya/Pangestu 1994, S.38 und MacIntyre 1992, S.141.

218 Ein Beispiel für diese Verschiebung findet sich in der erstmaligen Besetzung der Führungsposition des Pertamina-Konzerns durch einen Zivilisten. Dennoch werden weiterhin eine Vielzahl der staatlichen Unternehmen durch Führungskräfte aus dem Militär geleitet Vgl. Machetzki 1991, S.164-165.

219 Habibie wird im Zusammenhang mit der Nachfolgeproblematik des öfteren als „Erbe“ Suhartos genannt. Der systematisch Ausbau seiner Kompetenzen ermöglichte Habibie die Kontrolle über die sogenannten „Strategischen Industrien“ (u.a. Flugzeugbau, Stahl, Maschinenbau, Schiffsbau, Telekommunikation, militärische Waffen und Elektronik). Die Weiterentwicklung dieser Industrien in den High-Tech-Bereich ist das erklärte Ziel. Der nach Ansicht des Ministeriums notwendige Schutz dieser Industrien durch eine

ein dauerhafter Konflikt zwischen den marktorientierten Ansätzen der Technokraten und den protektionistisch ausgerichteten Interessen der Technologen. Die Lösung dieses Konfliktes wird zum einen in einer pragmatischen Vorgehensweise und zum anderen in der starken Stellung des Präsidenten gesucht.[220]

Außerhalb des politischen Zirkels finden sich mit Ausnahme der Wirtschaftsverbände keine bedeutenden Interessengruppen. Die Gewerkschaften waren bis 1990 mit einem Streikverbot belegt, sind weitgehend depolitisiert und unterstehen einer strikten staatlichen Kontrolle. Die Presse übt eine Art Selbstzensur aus, indem sensible Themen nicht behandelt werden, und unterliegt zudem einer formalen Zensur durch den Staat. Es läßt sich jedoch insgesamt eine Tendenz in den aufstrebenden Mittelschichten und intellektuellen Kreisen erkennen, die Bevormundung durch den Staat in der Politik und im öffentlichen Leben nicht mehr wie gewohnt hinzunehmen. Ein weiteres Problemfeld findet sich in der Integration der chinesischen Minderheit. Das Chinesentum - charakterisiert durch einen überproportionalen Anteil am Unternehmertum im Verhältnis zum Anteil an der Gesamtbevölkerung - stellt in sich keinen direkten destabilisierenden Faktor dar, wurde jedoch in der Vergangenheit des öfteren als Auslöser und „Sündenbock" für ethnische Konflikte herangezogen. Dies führt u.a. dazu, daß das wirtschaftliche Potential dieser Gruppierung hinsichtlich Investitionskapital und Unternehmertum nur sehr begrenzt ausgeschöpft wurde.[221] Die generelle Beziehung zwischen dem Unternehmertum und dem Staat gestaltet sich relativ kompliziert. Aufgrund des in der Vergangenheit schwach ausgeprägten Privatsektors und der Dominanz der Chinesen im Unternehmertum existieren die formellen Beziehungen erst in jüngerer Zeit. Das Zusammenspiel zwischen Unternehmertum und Staat spielt sich daher weitgehend auf informeller und persönlicher Basis zwischen den beteiligten staatlichen Stellen und der Geschäftswelt ab. Unternehmer mit direkten Beziehungen zum inneren politischen Zirkel erhalten über diesen Weg überproportionale Vorteile gegenüber den Mitbewerbern.[222]

---

protektionistische Wirtschaftspolitik erfordert eine teilweise Abkehr von den Liberalisierungen in der Wirtschaftspolitik und ein verstärktes Engagement des Staates in diesen Sektoren

220 Vgl. Azis 1994, S.412. Azis bemerkt weiter, daß der Einfluß der jeweiligen Gruppen von der gesamtwirtschaftlichen Lage abhängt. Der Einfluß der Technokraten steigt in Zeiten der Krise bzw. wirtschaftlichen Rezession, während die Ingenieure und Nationalisten in der Boomphase und in Zeiten des wirtschaftlichen Aufschwungs die Oberhand gewinnen. Als Beweis hierfür führt Azis die Veränderung des Kabinetts zu Lasten der Technokraten nach den Wahlen in 1993 an. Vgl. Azis 1994, S.415.

221 Vgl. Machetzki 1991, S.166.

222 Es bestehen jedoch enge Beziehungen zwischen den sich formierenden Wirtschaftsverbänden und den Technokraten aus den Beraterteams des Präsidenten. MacIntyre schreibt diesen Beziehungen einen hohen Einfluß auf die Reformen im Handelsbereich zu. Vgl. MacIntyre 1992, S.150.

Die externe Unterstützung durch intellektuelle und finanzielle Hilfe spielt in der Durchführung der Reformen in Indonesien eine entscheidende Rolle. Die Beratungsleistungen der Weltbank, des IMF und der Harvard Advisory Group begleiteten sämtliche Reformen.[223] Die Konzepte der internationalen Organisationen wurden hierbei zum einen als externer Druck zur Erleichterung der Durchsetzung der Reformen genutzt. Auf der anderen Seite versuchten die Ministerien, die Reformplanung vor der Zusage einer Unterstützung der internationalen Organisationen fertigzustellen, um dadurch einen irreversiblen Eindruck der Reformvorhaben zu erwecken. Die finanziellen Zuwendungen durch die internationalen Organisationen waren beträchtlich. Nach Überwindung der Krise gewinnen jedoch die ausländischen Direktinvestitionen zunehmend an Bedeutung. Bereits mit Öffnung der Kapitalbilanz unterstrich Indonesien eine positive Grundeinstellung gegenüber ausländischen Beteiligungen, wenngleich eine weitgehende Öffnung der Beteiligungsmöglichkeiten erst nach den Reformen von 1988 stattfand. Zwischen 1988 und 1989 ist ein Anstieg der Direktinvestitionen von ca. 540 Mio. US$ auf ca. 735 Mio. US$ zu verzeichnen. In 1994 beliefen sich die genehmigten ausländischen Direktinvestitionen bereits auf 23,7 Mrd. US$. Davon wurden insgesamt ca. 7 Mrd. US$ realisiert.[224]

Das Strukturanpassungsprogramm in den achtziger Jahre erforderte von nahezu allen Gesellschaftsschichten Einkommens- und Konsumverzichte, so daß eine klare Definition der Reformverlierer bzw. Reformgewinner nicht möglich ist. Die Beibehaltung der Ausgaben in den kritischen Bereichen stellt jedoch zumindest den Versuch dar, Gesellschaftsschichten vor einem Rückfall in die absolute Armut aufgrund der Reformen zu bewahren.[225]

---

223 So wurde die Konzeption des Steuersystems weitgehend von der Harvard Advisory Group entworfen. Die Restrukturierung des Banksektors wird ebenfalls weitgehend mit Hilfe der Leistungen internationaler Unternehmensberatungen durchgeführt. Vgl. Asher/Booth 1992, S.42.

224 Die finanziellen Zuwendungen der offiziellen Organisationen zeigen im Laufe der achtziger Jahre einen ansteigenden Trend auf: Die Mittelzuwendung erhöhte sich von 0,9 Mrd. US$ in 1980 auf 2,7 Mrd. US$ in 1987 und liegt seit 1989 relativ konstant bei ca. 3 Mrd. US$ (ausgezahlte Zuwendungen abzüglich Tilgungszahlungen). Im gleichen Zeitraum stiegen die ausländischen Direktinvestitionen von 83 Mio. US$ (1970) auf 446 Mio. US$ (1987). Seit 1987 nehmen die Direktinvestitionen sprunghaft zu. Vgl. Husain/Jun 1992, S.39, Institut für Asienkunde 1995, S.18 und World Bank 1994.

225 Die Regierung führte in diesem Zusammenhang in den achtziger Jahren das INPRES-Programm zur Förderung der rückständigen Regionen durch. Das Programm beinhaltete die Finanzierung einer Reihe von arbeitsintensiven Projekten zugunsten der ländlichen Regionen. Eine ausführliche Darstellung des Programmes findet sich in Asher/Booth 1992, insbesondere S.68-73.

4.3.5 Bewertung der Glaubwürdigkeit

Die Ergebnisse der Reformen im indonesischen Finanzsektor sind im Gesamtkontext der wirtschaftlichen Entwicklung - widergespiegelt an den makroökonomischen Indikatoren und einer konsequenten Hinwendung zu Marktmechanismen - als erfolgreich zu bewerten. Die Detailanalyse ergibt jedoch ein uneinheitliches Bild, und es lassen sich eine Reihe von Inkonsistenzen feststellen, die auf die besondere Ausgangslage, eine unterschiedliche Geschwindigkeit in der Deregulierung der verschiedenen Märkte und auf politökonomische Überlegungen zurückzuführen sind:

1. Die indonesische Wirtschaftsstruktur ist zu Beginn der maßgeblichen Reformen im Finanzsektor durch eine dominierende Stellung der Staatsunternehmen in allen Bereichen und durch einen hohen Abhängigkeitsgrad der Wirtschaft vom Export nicht erneuerbarer Ressourcen gekennzeichnet. Der Aufbau des Exportes im sekundären Sektor vollzog sich unter einer protektionistisch ausgerichteten Handelspolitik. Das Finanzsystem ist durch eine Vielzahl von Restriktionen und die Segmentierung zwischen staatlichen und privaten Institutionen und Märkten gekennzeichnet. Die Liberalisierung setzt zudem in einem in der Rezession befindlichen gesamtwirtschaftlichen Umfeld ein. Insgesamt sind für die Durchführung der Reformen ungünstige Voraussetzungen gegeben. Auf der Gegenseite ist allerdings die konsequente Priorisierung der gesamtwirtschaftlichen Stabilität als oberstes Ziel der wirtschaftspolitischen Maßnahmen durch die Regierung hervorzuheben. Die offene Kapitalbilanz diente hier als wirksames Warnsignal für potentielle Abweichungen von dem stabilitätspolitischen Kurs. Das Balanced-Budget-Gesetz unterstützte diese Politik durch das Verbot der Staatsfinanzierung über die Zentralbank.

2. Der in Indonesien eingeschlagene Weg der volkswirtschaftlichen Öffnung weicht deutlich von der in der orthodox-technischen Literatur empfohlenen Reihenfolge der Liberalisierung ab. Unter einem durch Verzerrungen gekennzeichneten Realsektor öffnete Indonesien die Kapitalbilanz und liberalisierte anschließend das inländische Finanzsystem in zwei zeitlich auseinandergezogenen Schritten. Das System fester Wechselkurse und die Priorisierung eines stabilen, realistischen realen Wechselkursniveaus wurde beibehalten. Diese Kombination führte zu einer hohen Volatilität des Zinsniveaus, woraus sich negative Auswirkungen auf die Bereitstellung langfristiger Finanzierungsmittel ergaben. Parallel zu den Reformen im Finanzsektor wurden einige Deregulierungen in den Bereichen Handel, Investitionen und öffentliche Unternehmen durchgeführt. Jedoch weisen diese Bereiche bis heute deutliche Verzerrungen auf, so daß das Finanzsystem insgesamt als der am weitesten

deregulierte Wirtschaftsbereich gilt.[226] Auf makroökonomischer Ebene resultierte die zeitlich vorgelagerte Liberalisierung des monetären Sektors vor dem Realsektor zu einem Verlust der geldpolitischen Steuerungsmöglichkeiten. Der Aufbau einer indirekten geldpolitischen Steuerung und die Einführung der hierfür notwendigen Instrumente erfolgte gleichzeitig mit ihrer Nutzung. Das Fehlen adäquater primärer und sekundärer Kapitalmärkte bewirkte daher in der Vergangenheit wiederholt die Einsetzung nicht marktkonformer Maßnahmen (u.a. Sumarlin-Shocks, Einsetzen einer Obergrenze der Kreditaufnahme für staatliche Unternehmen).

Auf mikroökonomischer Ebene führte die Reihenfolge der Liberalisierung sowie das Timing der Maßnahmen ebenfalls zu Inkonsistenzen. Nach der ersten Reformwelle wurden zwar durch die Freigabe der Zinsen und die Abschaffung der Kreditkontrollen marktnahe Mechanismen im Finanzsektor eingeführt, jedoch behielten die staatlichen Banken durch die Fortführung einzelner Restriktionen deutliche Wettbewerbsvorteile gegenüber dem privaten Sektor. Diese Priorisierung wurde erst durch die zweite Reformwelle weitgehend eliminiert. Die staatlichen Banken nutzten den Zeitraum zwischen den Reformwellen nicht, um sich auf die absehbare Verschärfung des Wettbewerbs vorzubereiten. Durch die Fortführung des Systems der „Liquidity Credits“ bestand zudem kein direkter Anreiz, die Mobilisierung und Allokation der Finanzmittel den Marktkräften zu überlassen. Als Resultat dieser Inkonsistenz zeichnet sich eine Verschärfung des Problems notleidender Kredite im staatlichen Bankensektor an.

Die völlige Öffnung des Finanzsystems hinsichtlich des Wettbewerbs durch die Reformen in 1988 führte zu einem enormen Anstieg der institutionellen Dichte, wodurch zwar der Wettbewerb verschärft werden konnte, jedoch auch eine Reihe von Problemen entstand. Das Grundproblem liegt hier in den zeitlich auseinandergezogenen Maßnahmen hinsichtlich der institutionellen Gestaltung und der Einführung von Marktmechanismen. Die institutionellen Reformen des Aufsichts- und Berichtswesens, Maßnahmen zur Effizienzsteigerung des gesamten Rechtswesen sowie die Einführung interner Kontrollen bei den Finanzinstitutionen erfolgten jeweils nach der Einführung der Marktmechanismen. Die für den Finanzsektor essentiellen Funktionen des „screening“ und „monitoring“ von Investitionsprojekten werden daher nur unzureichend erfüllt. Die Institutionen standen damit einer stark ausgeweiteten Kreditvergabe ohne ausreichende institutionelle Kapazität gegenüber.

---

226 Vgl. Sjahrir/Brown 1992, S.134.

Kritisch in diesem Zusammenhang ist auch die Rolle der Zentralbank zu sehen. Diese ist zwar formell unabhängig, übernahm jedoch bis Mitte der achtziger Jahre teilweise die Funktionen einer Geschäftsbank. Zudem übte die Zentralbank nicht die ihr zugesprochene Funktion eines „lender of last resort“, sondern eher die Funktion eines „lender of first resort“ aus. Durch die Wahrnehmung dieser Funktion ist der Anteil der Finanzmittel, die direkt oder indirekt über die Zentralbank alloziiert werden, weiterhin hoch. In bezug auf die Handhabung von Krisenfällen zeichnet sich die Zentralbank durch eine harte Haltung aus, so daß eine Verschärfung des Problems der notleidenden Kredite durch „adverse selection“ oder „moral hazard“ vermieden werden konnte.

3. Die praktische Implementierung der Reformen wird durch die Ausprägung der politökonomischen Faktoren positiv beeinflußt, so daß auch unter ungünstigen makroökonomischen Rahmenbedingungen die Durchführung von Reformen möglich war. Die Planung erfolgt durch ein von politischen Zwängen weitgehend isoliertes Technokratenteam, welches ein hohes Maß an Unterstützung durch die Person Suhartos erhält. Präsident Suharto wiederum zeichnet sich durch eine starke Führungsposition aus und konnte in der Vergangenheit ein hohes Maß an Reputation aufbauen. Allerdings ist in diesem Zusammenhang das mit seiner Person verbundene Nachfolgeproblem nicht zu unterschätzen. Die Umsetzung der Reformen zeichnet sich durch einen hohen Pragmatismus und eine effiziente Administration aus. Nahezu alle Reformpakete konnten wie geplant und ohne nennenswerte Opposition durchgeführt werden. Diese Kombination sowie die, bezogen auf das Gesamtreformprogramm, bestehende konzeptionelle Konsistenz resultierte in eine insgesamt hohe Glaubwürdigkeit der Reformvorhaben. Das Problem der Zeitinkonsistenz, als einer der Hauptfaktoren des Verlustes der Glaubwürdigkeit in der Durchführung von Reformen, existiert daher nicht. Die These hinsichtlich der elementaren Bedeutung politökonomischer Faktoren und die Geltung des Glaubwürdigkeitskonzeptes wird damit unterstützt.

Es bestehen jedoch auf politökonomischen Überlegungen beruhende Inkonsistenzen im Zusammenhang mit den Reformen im Finanzsektor: Die Verschiebung der wirtschaftspolitischen Schwerpunkte - in Abhängigkeit von der gesamtwirtschaftlichen Lage - aufgrund des Richtungskonfliktes zwischen Technokraten und Technologen erzeugt diese Unstimmigkeiten. Beide Gruppen beeinflussen maßgeblich die Richtung und die Geschwindigkeit in der Deregulierung der indonesischen Wirtschaft. Kernpunkt des Konfliktes stellt hier die Rolle des Staates im Aufbau einer auf Marktmechanismen basierenden Wirtschaft dar. Desweiteren ist die institutionelle Bindung zwischen Wirtschaftsinteressengruppen und Staat relativ gering ausgeprägt und weitgehend auf informelle Kanäle beschränkt. Eine stärkere Einbindung, insbesondere potentieller Reformgewinner aus dem

Privatsektor, könnte den oben erläuterten Konflikt entschärfen und dem Privatsektor als Träger der gesamtwirtschaftlichen Entwicklung eine höhere Partizipation in der Entscheidungsfindung hinsichtlich wirtschaftspolitischer Fragestellungen ermöglichen.

Ein weiterer, die Glaubwürdigkeit negativ beeinflussender Faktor, findet sich in der unklaren Rolle der Zentralbank sowie in dem weiterhin hohen Einfluß des Staates auf den Finanzsektor, insbesondere in der Eigenschaft als Eigentümer von Finanzinstitutionen und durch die Vergabe subventionierter Kredite. Beide Faktoren wirken negativ auf die Erhöhung des Wettbewerbs im indonesischen Finanzsystem.

4.4 Malaysia

4.4.1 Überblick

Die folgende Graphik (Abb. X) gibt anhand einiger makroökonomischer Indikatoren einen Überblick über die gesamtwirtschaftliche Entwicklung Malaysias seit 1970:

Abbildung X: Malaysia - Makroökonomische Indikatoren 1970-1994

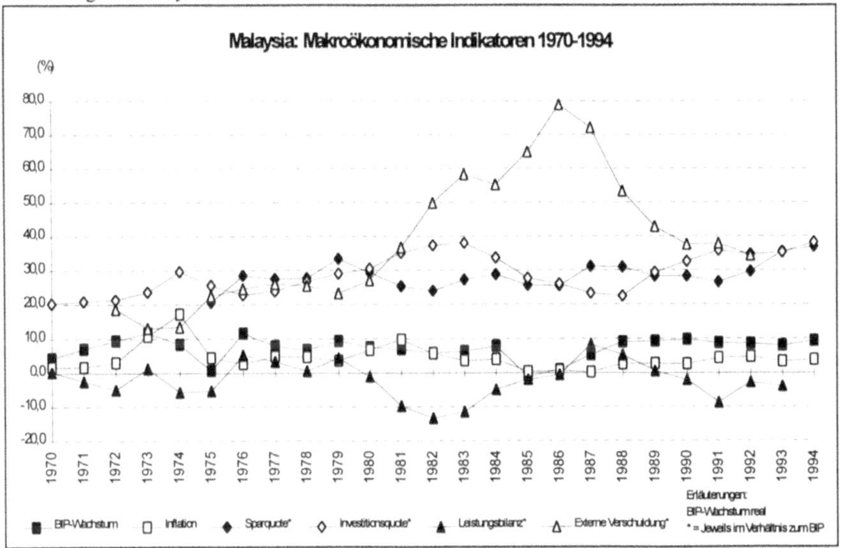

Quelle: Eigene Berechnung auf Basis der Daten aus IFS, World Bank, ADB und FAZ (verschiedene Jahrgänge).

Seit der Unabhängigkeit im Jahre 1957 hat Malaysias wirtschaftliche Entwicklung eine bemerkenswerte Leistung aufzuweisen. Ein kontinuierliches Wirtschaftswachstum mit einem Anstieg des realen BIP von durchschnittlich 8% - von 1989 bis 1993 sogar 8,7% - und mit einer relativ hohen Preisstabilität während der siebziger Jahre bis zur Gegenwart wurde lediglich durch eine einschneidende Rezession in den frühen achtziger Jahren (1980-1984) unterbrochen. Ein umfassendes Strukturanpassungsprogramm in den Jahren 1985-1987 sorgte für die schnelle Wiederbelebung der malaiischen Wirtschaft.[227] Weiterhin gelang Malaysia die

227 Das Anpassungsprogramm konzentrierte sich insbesondere auf die Wiederherstellung der internationalen Wettbewerbsfähigkeit des privaten Sektors. Die wichtigsten Maßnahmen beinhalteten eine drastische Senkung des Haushaltsbudgets durch eine umfassende Haushaltskonsolidierung und eine Reduzierung des Anteils der öffentlichen Unternehmen an der Bruttowert-schöpfung sowie eine nominale Abwertung

erfolgreiche Transformation von einer durch landwirtschaftliche Produkte und geringwertige Industriegüter geprägten Produktionsstruktur zur Industrienation mit einer Reihe von erfolgversprechenden Ansätzen hinsichtlich der Produktion von Hochtechnologiegütern[228]: In 1992 steuerte der produzierende Sektor ca. 29%, verglichen mit 13% in 1970, zum BIP bei, und der Beitrag des primären Sektors verringerte sich von 37% in 1970 auf 17% in 1992. Diese Transformation erhöhte den Anteil des Exportsektors am BSP von 48% in 1970 auf 83% in 1993 und brachte eine weitreichende Diversifikation der Produktionsstruktur mit sich.

Die externe Zahlungsposition Malaysias zeichnet sich durch einen kontinuierlichen Überschuß aus, wie die Akkumulation der internationalen Währungsreserven auf einen Betrag von über 25 Mrd. US$ bis Mitte 1995 zeigt. Die malaiische Volkswirtschaft ist weiterhin charakterisiert durch eine hohe Sparquote und ein hohes Investitionsniveau sowie durch eine umsichtige Geldpolitik, die sich insbesondere in einem relativ stabilen Geldmengenwachstum und einer geringen Inflation niedergeschlagen hat. Die überraschend schnelle Wiedergewinnung des Vertrauens der Konsumenten und der Investoren nach 1985 wird als einer der Hauptgründe für die erfolgreiche Überwindung der vorangegangenen Rezession genannt. Der rapide Anstieg des Wirtschaftswachstums in den letzten Jahren brachte jedoch auch eine Reihe von Negativeffekten mit sich: Der Inflationsindex stieg von 2,5% in 1988 auf den Höchstwert von 4,7% in 1992, das Zahlungsbilanzdefizit erhöhte sich, und aufgrund der nahezu vollständigen Kapazitätsauslastung der inländischen Wirtschaft traten Engpässe auf dem Arbeitsmarkt auf. Die Arbeitslosenquote sank von 7,6% in 1985 auf unter 4% in 1992. Malaysia bleibt auch in Zukunft, bedingt durch das offene System der Wirtschaft und die hohe Exportabhängigkeit, unter einem starken Beeinflussungsgrad externer Entwicklungen.

Wenngleich Malaysia mit einer robusten Wirtschaft und stabilen Fundamentaldaten in die zweite Hälfte der neunziger Jahre eintritt, sind intensive Bemühungen erforderlich, um die internationale Wettbewerbsfähigkeit zu erhöhen und um im Wettbewerb um ausländische Direktinvestitionen zwischen den "Emerging Markets" in Asien, Lateinamerika und Osteuropa weiterhin eine attraktive Rolle zu spielen. Die Herausforderung liegt in der weiteren Transformation der Produktionsstruktur in Hochtechnologiegüter und der Durchdringung neuer Märkte sowie in den notwendigen Produktivitätssteigerungen in der bestehenden Produkti-

---

des RM, welche wegen der geringen Inflation auch real wirksam werden konnte. Vgl. Wiebelt 1994, S.239-240.

228 So gehört Malaysia z.B. zu den weltweit führenden Produzenten im Bereich der Mikroprozessortechnik.

onsstruktur. Unter dem Motto "Vision 2020"[229] hat sich Malaysia das Ziel gesetzt, bis zum Jahr 2020 den Rang einer vollentwickelten Industrienation zu erreichen.

4.4.2 Entwicklung des Finanzsektors 1970-1995

Die nachfolgende Tabelle XIII gibt einen chronologischen Überblick über die für den Finanzsektor relevanten durchgeführten Reformmaßnahmen im Zeitraum 1970-1994:

Tabelle XIII: Malaysia - Chronologie der Reformen im Finanzsektor

Zeitpunkt	Reformmaßnahmen
seit 1970	- Freier Kapitalverkehr - Offene Kapitalbilanz - Faktisch keine Devisenkontrollen
1972	- Aufhebung der Zinskontrolle über langfristige Einlagen
1973	- Freigabe der Einlagezinsen der Nicht-Banken-Finanzinstitutionen
ab 1975	- Graduelle Reduzierung der quantitativen Kreditlenkung an die staatlich priorisierten Sektoren
1978	- Freigabe der Einlagen- und Kreditzinsen - Einführung von Geldmarktinstrumenten: "Banker's Acceptance (BA)" und "Negotiable Certifcates of Deposits (NCD)" - Eingliederung sämtlicher Finanzinstitutionen unter die Aufsicht der Zentralbank
1982	- Wiedereinsetzung der Kontrollen über Kreditzinsen durch das Basic-Lending-Rate Schema (BLR) [a)]
1985	- Wiedereinsetzung der Kontrollen über Einlagezinsen durch Bindung an die Zinssätze der zwei größten Geschäftsbanken - Regulierung des Kreditsektors durch Zinsobergrenzen für Kredite an priorisierte Sektoren - Zulassung der Nicht-Banken-Finanzinstitutionen zum Interbankenmarkt und zur Ausgabe von NCD - Einführung weiterer Finanzinstrumente ("Repurchase Agreements", etc.)
1987	- Aufhebung der Kontrolle über Einlagezinsen - Lockerung der Mindestliquiditäts- und Mindestreservebestimmungen durch eine zeitliche Aus-dehnung der Berechnungsbasis von einem Tag auf zwei Wochen
1989	- Verabschiedung und Umsetzung des "Banking and Financial Institution Act" mit dem Ziel der Schaffung einheitlicher Rahmenbedingungen ("Levelling the Playing Field") für alle Finanzinstitutionen - Richtlinien zur Regulierung und Überwachung der Kapitalmärkte und zum Aufbau der Sekundärmärkte für Wertpapiere

229 Das Motto gilt als Leitbild für die weitere Entwicklung Malaysias und umfaßt neben rein wirtschaftlichen Bereichen auch die Entwicklung von Staat und Gesellschaft mit einem Zeithorizont bis zu dem Jahr 2020.

1990	- Lockerung und institutionelle Gleichschaltung der Mindestliquiditäts- und Mindestreservebestimmungen durch Eliminierung der bisherigen täglichen Abweichungstoleranz von 2% bzw. 0,5% auf einen 14 tägigen Durchschnitt - Reduzierung der Kreditlenkung von sechs auf zwei Sektoren ("Bumiputera-Community"[b]) und "Small-Scale-Enterprises")
1991	- Vollständige Freigabe aller Zinssätze - Aufbau eines "International Offshore Financial Center" in Labun zur Erweiterung der internationalen Finanzaktivitäten
1992	- Verabschiedung des "Securities Commission Act" und des "Futures Industry Act" zur Regulierung des Handels mit Finanzinnovationen

a) Das BLR-Schema wurde 1983 eingeführt, da die Banken lediglich die Erhöhung, aber nicht die Senkung des Kreditzinssatzes an die privaten Wirtschaftssubjekte weitergegeben haben. Im Rahmen des Schemas ist der effektive Kreditzinssatz durch die BLR - ermittelt anhand der tatsächlichen Kosten der Mittelaufnahme der zwei führenden Geschäftsbanken und öffentlich in den Schalterhallen der Kreditinstitute publiziert - und eine von der Kreditwürdigkeit des Kreditnehmers abhängige Prämie determiniert.

b) Die Bumiputera-Community bezeichnet die ethnische Bevölkerungsgruppe der Malaien. Diese Gruppe stellt mit ca. 62% die stärkste Bevölkerungsgruppe in Malaysia dar. Die Malaien dominieren Politik und Verwaltung, während die Wirtschaft zu etwa 50% von Chinesen bestimmt wird, die jedoch nur ca. 30% der Gesamtbevölkerung vertreten. Unter der "New Economic Policy" seit 1970 als Folge gewalttätiger Zusammenstöße zwischen Chinesen und Malaien wurde die Abschaffung der Diskriminierung einzelner ethnischer Gruppen festgeschrieben, de facto sollte jedoch der Anteil der Malaien am wirtschaftlichen Einfluß von 3% in 1970 auf 30% in 1990 erhöht werden. Seit 1991 versucht die Regierung durch die "New Development Policy", die als Folge der "New Economic Policy" entstandene Besitzkonzentration und Einkommensdisparität innerhalb der Bumiputera-Community zu mildern. Diese Konzentration ist jedoch nicht in der stärkeren Beteiligung der Malaien am Wirtschaftsleben begründet, sondern durch das sogenannte "Ali-Baba-Management", indem Malaien als Strohmänner für chinesische Investoren agieren. Eine ausführliche Darstellung dieser Problematik findet sich u.a. bei Vennewald 1990 und Yasuda 1991.

Quelle: Eigene Darstellung auf Basis von Awang 1994, Bank Negara Malaysia (BNM) 1994, Fischer 1992a, Statistisches Bundesamt 1993b, Tseng/Crocker 1991 und Yusof et al. 1994.

Aus der Chronologie wird deutlich, daß Malaysia die Finanzreformen graduell durchführte. Ausgehend von einer relativ offenen Volkswirtschaft ohne Kapitalverkehrs- und Devisenkontrollen oder maßgebliche Beschränkungen im Handelssektor wurden durch die BNM sequentiell Reformen eingeleitet, die zur Etablierung eines Finanzsystems führten, welches bis auf einige Ausnahmen im Bereich der selektiven Kreditlenkung auf Marktmechanismen beruht.[230] Die Reformen wurden gradlinig verfolgt, lediglich in den Jahren 1982 und 1985 wurden bereits abgeschaffte Reglementierungen bzgl. der Zinskontrollen wieder eingesetzt. Diese sind

230 Die selektive Kreditlenkung basiert auf der staatlichen Vorgabe eines prozentualen Anteils an Krediten mit vorteilhaften Konditionen zugunsten priorisierter Sektoren am Gesamtkreditportfolio der Banken. Eine absolute quantitative Vorgabe hinsichtlich Sektor oder Region durch die Zentralbank existiert nicht, so daß den Banken eine eingeschränkte Entscheidungsbefugnis über die direkte Kreditvergabe vorbehalten bleibt. Desweiteren werden die Nominalzinssätze unter Beachtung der Finanzierungskosten der Banken sowie der Inflation zur Erzielung eines positiven Realzinses festgesetzt, um eine starke Verzerrung des Preisgefüges zu vermeiden. Diese Praxis bewahrte das Finanzsystem vor einer extensiven Kreditallokation mittels nicht marktkonformer Vergabemechanismen und verhinderte damit die Entstehung eines informellen Finanzsektors. Die Anzahl der priorisierten Sektoren wurde im Verlauf der Deregulierung von insgesamt sechs (Bumiputera-Community, Small Scale Enterprises, Agricultural Food Production, Individual Housing, Manufacturing und Agriculture-Building-Construction) auf zwei Sektoren (Bumiputera-Community und Small Scale Enterprises) reduziert. Weiterhin wurde eine direkte Kreditlenkung zur Finanzierung langfristiger Infrastrukturprojekte über die inländischen Entwicklungsbanken durchgeführt. Vgl. Institute of International Finance 1990, S.39 und Yusof et. al. 1994, S.284-286.

jedoch nach Wiederherstellung des makroökonomischen Gleichgewichts erneut graduell liberalisiert worden. Seit 1989 herrschen durch die Implementierung des "Banking and Financial Institution Act" relativ einheitliche Wettbewerbsbedingungen für alle Finanzinstitutionen, wodurch die bisherige Segmentierung zwischen den verschiedenen Institutionsgruppen verringert wurde.[231] Die Liberalisierungsbemühungen im traditionellen Finanzsektor werden als abgeschlossen betrachtet. Nachfolgende Reformen konzentrieren sich aus diesem Grund auf den Ausbau und die Reglementierung der Wertpapiermärkte sowie die internationale Integration des Finanzplatzes in den Weltmarkt, u.a. durch die Schaffung eines Offshore-Banking Center[232].

Nachfolgende Abb. XI verdeutlicht die Entwicklung des Finanzsektors in Malaysia:

Abbildung XI: Malaysia - Wachstum des Finanzsektors 1970-1994

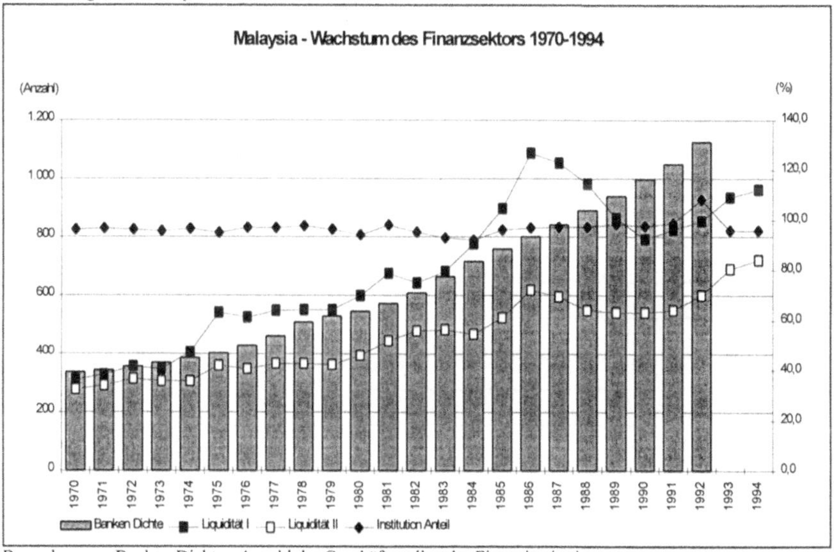

Bemerkungen: Banken Dichte= Anzahl der Geschäftsstellen der Finanzinstitutionen

231 Diese Segmentierung bestand insbesondere in der unterschiedlichen Behandlung hinsichtlich der Liquiditäts- und Reservebestimmungen zu Lasten der "Sonstigen Nichtstaatlichen Finanzinstitutionen" gegenüber den Banken. Ausländische Finanzinstitutionen, die einen Marktanteil von ca. 25% am Gesamtfinanzsektor besitzen, werden generell gegenüber den inländischen Mitbewerbern nicht benachteiligt. BNM betrieb in der Vergangenheit keine aggressive Marktpolitik zur Akquisition und Ansiedlung ausländischer Institutionen. Diese Haltung ändert sich jedoch mit der Verlagerung des Schwerpunktes der Reformpolitik zu Gunsten der Wertpapiermärkte und Innovation neuer Finanzierungsinstrumente. Vgl. Institute of International Finance 1990, S.41 und Awang 1994, S.156 und S.167.

232 Offshore-Finanzzentren dienen internationalen Finanztransaktionen, die nicht in der Landeswährung, sondern in den frei konvertierbaren Währungen (US$, DM, Schweizer Franken usw.) getätigt werden.

Berechnung auf Basis der Daten aus IFS (verschiedene Jahrgänge), BNM 1994, Shanmugan 1988. Zur Erläuterung der Legende siehe Tabelle "Indikatoren Finanzsektor", Kapitel 4.2.

Die Liquiditätskennzahlen weisen mit Ausnahme der Zeitperiode 1983-86 ein relativ kontinuierliches positives Wachstum im Verhältnis zum BIP und damit eine zunehmende Monetisierung der Volkswirtschaft auf. Der sprunghafte Anstieg in der Ausnahmeperiode ist durch die expansive Geldpolitik zur Überwindung der Liquiditätsengpässe nach Beendigung der Rezession begründet. Der Anteil der Zentralbank an der Bereitstellung von Finanzdienstleistungen ist unbedeutend, da die Kennzahl Institution Anteil bei ca. 100% liegt.

Malaysia verfügte bereits 1970 über ein durch institutionelle Vielfalt gekennzeichnetes Finanzsystem, wie aus der nachfolgenden Tabelle XIV deutlich wird. Der Anteil der Geschäftsbanken am gesamten Finanzsektor liegt etwa konstant bei 40%, dagegen nimmt der Anteil der Zentralbank am operativen Finanzgeschäft bis 1990 kontinuierlich ab und liegt danach konstant bei etwa 13%. Die steigenden Anteile der Bereiche Sonstige Banken und Sonstige Finanzinstitutionen verdeutlichen den fortschreitenden Diversifizierungsgrad, da insbesondere diese Institutionen für die Entwicklung und Einführung neuer Finanzinstrumente verantwortlich sind.

Tabelle XIV: Malaysia - Anteil der Institutionen am Gesamtfinanzsektor (in %)

Jahr	1970	1980	1990	1992
Zentralbank	20,7	17,5	12,4	13,4
Geschäftsbanken	38,8	43,4	39,7	39,3
Sonstige Banken [a)]	5,2	12,4	16,8	16,8
Pensionsfonds und Versicherungen	27,2	18,7	18,7	18,8
Staatliche Entwicklungsbanken	1,0	2,9	1,9	1,6
Sparinstitutionen	5,2	3,3	2,6	2,8
Sonstige Finanzinstitutionen [b)]	1,9	1,8	7,9	7,3

a) Zu diesen zählen "Finance Companies", "Merchant Banks" und "Discount Houses"
b) Zu diesen zählen u.a. Spezialinstitute in den Bereichen Immobilien, Venture-Capital, Leasing- und Factoring

Quelle: Eigene Darstellung auf Grundlage von Awang 1994 und BNM 1994.

Die nach der Liberalisierung ausgelöste Verschiebung in der Bedeutung der Institutionen sowie die Vereinheitlichung der Wettbewerbsstruktur läßt jedoch nicht den Schluß zu, daß sich der Wettbewerb im Finanzsektor wesentlich verschärft hat: Der Anteil der 10 größten Banken an den Gesamteinlagen liegt in 1990 bei etwa 75%, wobei die drei größten Banken mit ca. 35% (1991) an den Gesamtvermögenswerten sowie über einem Drittel der Geschäftsstellen aller Banken den Bankensektor dominieren.[233]

Malaysias Zinsstruktur (vgl. Abb. XII) ist mit Ausnahme des Beginns der Rezessionsphase durch positive Realzinsen - auch in den Perioden mit staatlicher Zinskontrolle - charakterisiert. Das durchschnittliche Zinsniveau bewegt sich nominal in einer Spanne zwischen 3-10% für Einlagen und 7-12% für Kredite. Die Liberalisierung der Zinsfestsetzung in 1978 führte zu einem moderaten Anstieg des Zinsniveaus, ebenso wie die weiteren Liberalisierungsmaßnahmen in 1987 und 1991. Ein exzessiver Anstieg der Realzinsen mit möglichen negativen Folgen konnte aufgrund der geringen Inflation vermieden werden. Lediglich die Periode 1985-1986 weist ein für Malaysia ungewöhnlich hohes Zinsniveau auf. Dies läßt sich in erster Linie auf den Beginn einer sehr restriktiv ausgerichteten Geldpolitik nach Überwindung der Rezession in dieser Periode zurückführen. Das Realzinsniveau bewegt sich im Beobachtungszeitraum für Einlagen zwischen -0,4 und 8,5% und für Kredite zwischen -1,1 und 11,2%.

Abbildung XII: Malaysia - Zinsstruktur 1970-1994

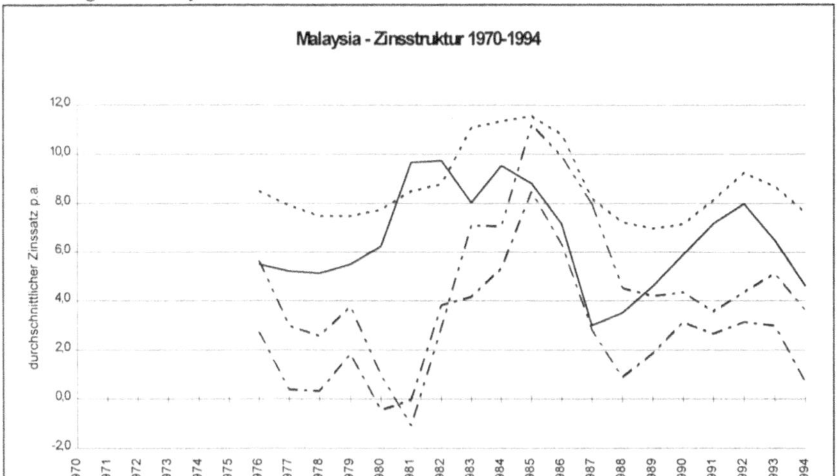

Quelle: Eigene Berechnung auf Basis der Daten aus IFS (verschiedene Jahrgänge). Zur Erläuterung der Legende siehe Tabelle "Indikatoren Finanzsektor", Kapitel 4.2.

---

233 Vgl. Yusof et al. 1994, S.303-304.

Die insgesamt moderaten Zinsbewegungen lassen die Priorisierung der gesamtwirtschaftlichen Stabilität als erstes wirtschaftspolitisches Ziel erkennen, deuten aber auch auf marktorientierte Ausgangsbedingungen vor den Reformen hin. Diese spiegeln sich in der bereits in der Vor-Reformperiode durch die Zentralbank gewährten Bandbreite für Kreditzinsen wider, die den Banken eine Spanne von 2-3% zur festgelegten "Prime Rate" als individuellen Entscheidungsspielraum läßt.

Die moderate Entwicklung des Zinsniveaus wird auch aus den nationalen Zinsspannen deutlich (siehe Abb. XIII). Der Anstieg bis Mitte der achtziger Jahre spiegelt die wirtschaftliche Gesamtentwicklung wieder, die auf der einen Seite durch einen rezessionsbedingten Anstieg der Kreditausfälle und andererseits durch Modernisierungsinvestitionen und quantitative Expansion (z.B. Erweiterung des Geschäftsstellennetzes) der Finanzinstitutionen charakterisiert ist. Die verbesserten wirtschaftlichen Rahmenbedingungen und der Rückgang der Kreditausfälle führten nach 1987 zur Verminderung der Zinsspanne.[234]

Abbildung XIII: Malaysia - Zinsspannen 1970-1994

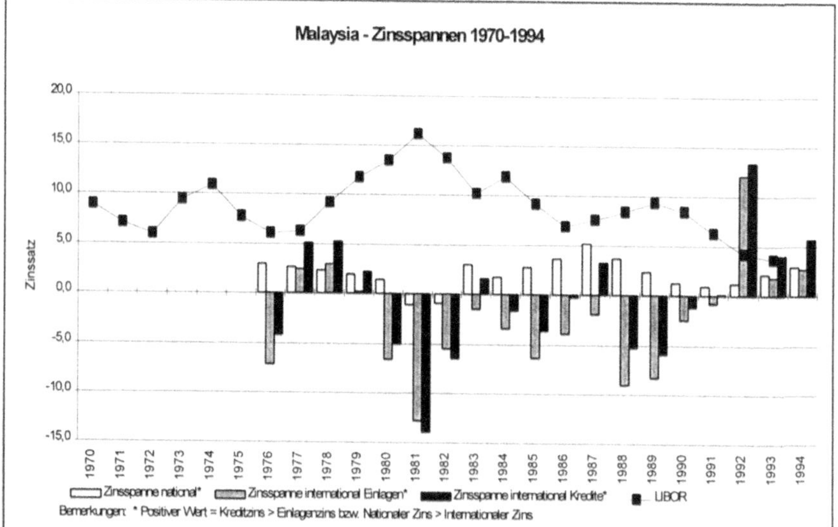

Quelle: Eigene Berechnung auf Basis der Daten aus IFS (verschiedene Jahrgänge). Zur Erläuterung der Legende siehe Tabelle "Indikatoren Finanzsektor", Kapitel 4.2.

234 Vgl. Yusof et al. 1994, S.300.

Im internationalen Vergleich weist Malaysia gegenüber dem internationalen Niveau ein niedrigeres nationales Zinsniveau in der Periode 1980-1991 auf. Erst 1992 liegen die durchschnittlichen nationalen Zinssätze über den Weltmarktzinsen. Diese Entwicklung ist u.a. in dem stark angestiegenen Zustrom von kurzfristigem spekulativem Auslandskapital seit 1992 begründet und wird durch diesen katalysiert. Die Zinsdifferenzen zwischen einzelnen Institutionsgruppen haben sich weder auf der Einlagen- noch auf der Kreditseite wesentlich geändert. Die Verringerung der Spanne im Einlagenbereich von ca. 1,3% auf ca. 0,75% zwischen Banken und den anderen Finanzinstitutionen zeigt an, daß Einlagen bei Nicht-Banken vermehrt als Substitut zu den traditionellen Bankeinlagen gesehen werden. Im Kreditsektor ist die geringe Ausweitung der Spanne durch die risikoreichere Klientel der Nicht-Banken begründet.[235] Die Liberalisierungsbemühungen zeigen auch Erfolge in der Struktur der Fristigkeit der Einlagen und Kredite, bezogen auf das gesamte Finanzsystem: Einlagen mit Laufzeiten über einem Jahr stiegen anteilig am Gesamtvolumen von 0,8% (1970) auf 15,4% (1992). Auf der Kreditseite stieg das Volumen mittelfristiger Kredite (1-4 Jahre) von 5,7% (1970) auf 14,4% (1990) und das der langfristigen Kredite über 4 Jahre von 16,6% (1970) auf 43,7% (1990) gemessen am Gesamtkreditvolumen. Der Zuwachs ist allerdings schwerpunktmäßig der Periode 1970-1980 zuzurechnen. In der langfristigen Finanzierung mit einer Laufzeit über 10 Jahren bestehen weiterhin hohe Defizite, so daß langfristige Investitionen mit kurzfristigen Finanzierungsmitteln refinanziert werden müssen.[236]

Im Bereich der Kreditallokation gibt Abb. XIV die starke Stellung des Privatsektors wieder. Der Anteil der Forderungen an den Privatsektor im Verhältnis zu den gesamten Kreditforderungen beträgt durchschnittlich 90%, im Verhältnis zum BIP weisen die Forderungen an den Privatsektor eine steigende Tendenz auf. Die quantitativ geringe Allokation der Kreditmittel an den öffentlichen Sektor steht auf den ersten Blick im Widerspruch zu der starken Expansion der öffentlichen Ausgaben zwischen 1979 und 1984. Die Finanzierung dieser Ausgaben erfolgte jedoch weitgehend über die Verschuldung im Ausland bzw. über die Nutzung der Geldmittel der verschiedenen Pensions- und Vorsorgefonds.

---

235 Vgl. Cho/Khatkhate 1989, S.36-37.

236 Vgl. BNM 1994, S.56.

Abbildung XIV: Malaysia - Kreditallokation 1970-1994

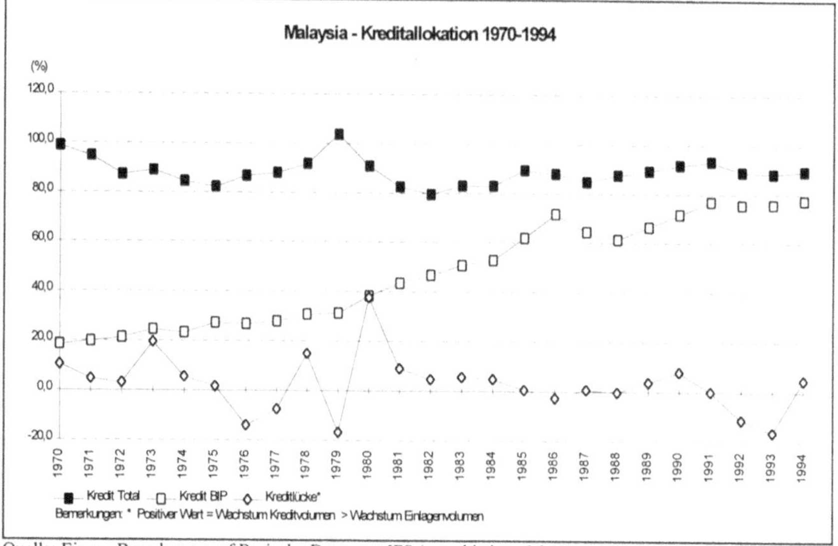

Quelle: Eigene Berechnung auf Basis der Daten aus IFS (verschiedene Jahrgänge). Zur Erläuterung der Legende siehe Tabelle "Indikatoren Finanzsektor", Kapitel 4.2.

Der Indikator Kreditlücke zeigt auf, daß Malaysia bis auf wenige Ausnahmejahre einen höheren Volumenzuwachs der Kredite gegenüber dem Volumenzuwachs der Einlagen zu verzeichnen hat. Dieses Ungleichgewicht korrespondiert spiegelbildlich zur Entwicklung der Leistungsbilanz, indem diese einen negativen Saldo aufweist, sowie zur Differenz zwischen Investitions- und Sparquote. Ein Ausgleich des Saldos findet für den Fall, daß die inländische Sparqoute nicht erhöht werden kann, durch eine Reduzierung der fiskalischen Ausgaben oder eine Erhöhung ausländischer langfristiger Kapitalströme statt. Diese Beziehung wird in der Rezessionsphase deutlich: Zwischen 1981 und 1985 besteht ein Wachstumsüberhang des Kreditsektors, begründet durch die Expansion öffentlicher Ausgaben, der zu einem Ungleichgewicht in der Leistungsbilanz führt. Ausländische Kapitalströme bleiben aufgrund der weltweiten Rezession aus, wodurch eine Lücke zwischen nationaler Investitionsrate und nationaler Sparrate von durchschnittlich 8,5% entsteht. Der Ausgleich erfolgt in den Jahren ab 1986 durch die Reduzierung der öffentlichen Ausgaben und einen Anstieg der Kapitalströme. Seit 1991 besteht erneut ein Ungleichgewicht durch den ansteigenden Kapitalbedarf für Investitionen und Konsum des privaten Sektors aufgrund des anhaltenden Wirtschaftswachstums.[237]

---

237 Vgl. Lin 1993, S.209-218.

Der Anteil der Kreditausfälle gemessen am gesamten Kreditportfolio der Banken stieg von 10,5% in 1985 auf 20,8% in 1986 bis zu einem Spitzensatz von 32,6% in 1987. Der Anstieg ist vornehmlich in den zeitlich verzögerten Auswirkungen der Rezession sowie in dem Zusammenbruch des Immobilienmarktes 1985/1986 begründet. Alleine in 1986 flossen über 55% aller neu vergebenen Kredite in den Immobiliensektor. In 1990 betrug der Anteil der Kreditausfälle wieder ca. 20%. Insgesamt spielte das Problem der Kreditausfälle in Malaysia im Vergleich zu anderen Entwicklungsländern eine eher untergeordnete Rolle, da der moderate Anstieg des Nominal- und Realzinsniveaus aufgrund des relativ geringen Verschuldungsgrades malaiischer Unternehmen nicht zu ernsthaften Finanzierungslücken auf realwirtschaftlicher Ebene führte. Weitere Gründe sind in der konservativen Kreditvergabe durch die Mehrzahl der Banken und in den relativ geringen Volumina der direkten Kreditvergabe durch den Staat zu Zinssätzen mit negativem Realzins, vor der Liberalisierung und während der Rezession zu finden.[238]

Seit Ende der achtziger Jahre nimmt die Bedeutung der Kapitalmärkte, unterstützt durch eine adäquate Gesetzgebung und erhöhte Anforderungen an die betrieblichen Rechnungslegung und die Wirtschaftsprüfung, rapide zu. Während 1980 noch ca. 98% aller Finanzierungsmittel durch Kredite der Banken bereitgestellt wurden, trägt der Kreditmarkt in 1990 nur noch ca. 65% aller Finanzierungsmittel. In 1993 übertrifft das Volumen der Kapitalmärkte den Kreditmarkt bereits. Nachfolgende Tabelle XV gibt die Entwicklung des Kapitalmarktes wieder:

238 Vgl. Cho/Khatkhate 1989, S.61. Die Folgen der Rezession führten 1985/1986 zur Intervention der BNM in insgesamt 24 "Deposit-Taking-Cooperatives" (ca. 2% der Gesamteinlagen) aufgrund eines massiven Abzuges der Einlagen sowie zusätzlich zur Stützung durch Kapitalbereitstellung von drei Geschäftsbanken (ca. 5% der Gesamteinlagen), die durch einen rapiden Anstieg der Kreditausfälle im Immobilienbereich und eine Reihe krasser Fehlentscheidungen im Management in Schieflage geraten waren. Vgl. Fischer 1992a, S.47 und World Bank 1989a, S.53. Eine ausführliche Darstellung über Ursachen und Ausmaß der Bankenkrise sowie über die durch die BNM eingeleiteten Maßnahmen zur Überwindung der Krise findet sich in Sheng 1992. Die Lösungsansätze der BNM konzentrierten sich auf die Gewährung kurzfristiger Finanz- und Managementhilfen im Rahmen eines umfassenden Sanierungskonzeptes. Langfristig standen adäquate geldpolitische Maßnahmen zur Sicherung einer ausreichenden Liquidität sowie ein verbessertes Instrumentarium zur Bankenaufsicht im Mittelpunkt.

Tabelle XV: Malaysia - Entwicklung der Kapitalmärkte				
	1970	1980	1990	1993
1. Aufgenommene Geldmittel (Mio. Ringgit Malaysian (RM))	**464**	**2.503**	**14.825**	**6.436**
Öffentlicher Sektor	388	2.346	3.798	1.230
Privatsektor	76	157	11.027	5.206
- Aktien	76	137	8.325	3.231
- Renten	-	20	2.703	1.975
2. Kuala Lumpur Stock Exchange				
Marktkapitalisierung (Mrd. RM)	-	43	132	620*
Umsatzvolumen (Mio. Stück)	455	1.482	13.138	107.756
Umsatzwert (Mrd. RM)	747	5.600	29.522	387.275
Anzahl der gelisteten Unternehmen	-	250	285	413
Anzahl der Brokerfirmen	-	34	53	58
Anzahl der Wertpapiergattungen	-	9	45	75

* Der sprunghafte Anstieg der Marktkapitalisierung ist durch die Privatisierung der Staatsunternehmen PROTON (Automobile), Tenaga Nasional (Energie) und Malaysian Airline System (Luftfahrt) begründet. Diese Unternehmen repräsentieren zusammen mit 14 weiteren kleineren Privatisierungen ca. ein Drittel der Marktkapitalisierung. Ihr Anteil an den neu aufgenommenen Finanzmitteln betrug 1992 ca. 60%.

Quelle: Eigene Darstellung auf Grundlage von Awang 1994 und Aziz 1994.

Die zunehmende Bedeutung der Kapitalmärkte ist u.a. in dem Rückzug des Staates aus den Wertpapiermärkten aufgrund des geringeren staatlichen Kapitalbedarfs begründet. Die bisherigen "crowding-out" Effekte durch das hohe Volumen staatlicher Wertpapieremissionen konnten zugunsten des Privatsektors abgeschwächt werden. Weitere Gründe für die verstärkte Nutzung der Kapitalmärkte finden sich in den immer noch unterentwickelten langfristigen Finanzierungsmöglichkeiten durch Bankenkredite sowie in den zahlreichen Steuervergünstigungen für Finanzierung durch die Kapitalmärkte.[239]

4.4.3 Orthodox-Technische Analyse

4.4.3.1 Fiskalpolitik

Malaysias Fiskalpolitik spielt in der Periode der Destabilisierung (1980-1984) sowie in der darauffolgenden Periode der Anpassung (1984-1987) die bedeutende Rolle. Drei Gründe sind

239 Vgl. Awang 1994, S.163-165 und Cole 1995, S.242-243. Zu den Steuervergünstigungen zählen u.a. Befreiung von der Einkommenssteuer auf Zinseinkünfte aus Anleihen sowie Befreiung von verschiedenen Steuern im Zusammenhang mit der Ausgabe von und dem Handel mit Anleihen.

als auslösende Faktoren für das aufgetretene makroökonomische Ungleichgewicht und die einschneidende Rezession in dieser Gesamtperiode zu nennen. Erstens die Rezession in den Ländern der Organisation of Economic Cooperation and Development (OECD) und die sich verschlechternden Terms of Trade[240], zweitens die außerordentlich expansive Fiskalpolitik und drittens die Aufwertung des nominalen und realen Wechselkurses.[241]

Die Erwartungen über einen anhaltenden Preisanstieg im Bereich der Exportgüter und Rohstoffe in den späten siebziger Jahren gaben den ursprünglichen Auslöser für die expansive Fiskalpolitik. Mit Einsetzen der Rezession wurde diese Politik weiter betrieben, um einen Ausgleich für die damit verbundenen externen Einflüsse zu schaffen. Die Staatsausgaben für Investitionen und Entwicklung betrugen zwischen 1976-1980 durchschnittlich 14% im Verhältnis zum BSP und zwischen 1981-1982 27% des BSP. Das konsolidierte Defizit des öffentlichen Sektors verzeichnete, gemessen am BSP, einen Anstieg von 8% in 1979 auf 22% in 1981 bis zum Höhepunkt von 52% in 1986. Parallel dazu weitete sich der Schuldendienst, gemessen an den laufenden operationalen Gesamtausgaben des öffentlichen Sektors, von 13% in 1979 auf 19% in 1985 aus. Unter der Annahme, daß staatliche Investitions- und Entwicklungsausgaben automatisch produktiv sind und damit ausreichend Einnahmen zur Deckung der Tilgung und Zinszahlung der aufgenommenen Finanzmittel erzielen, sah die jährliche Budgetplanung die Deckung der gegenwärtigen Ausgaben mit den zu erwartenden Einnahmen vor. Das aus der Nichterfüllung der Annahme entstandene Defizit führte zu einem externen Ungleichgewicht und zu bedeutenden makroökonomischen Auswirkungen durch die Finanzierung dieses Gleichgewichts. Die externe Verschuldung an den internationalen Kapitalmärkten stieg, gemessen am BIP, von ca. 23% in 1979 auf über 78% in 1986. Dieser Trend schwächte sich allerdings durch eine Reduzierung der Kreditaufnahme ab.

Mit Einsetzen des wirtschaftlichen Aufschwungs seit 1987 begann Malaysia mit der Rückzahlung der aufgenommenen Verbindlichkeiten. Anstelle der Finanzierung über die internationalen Kreditmärkte trat nun die Nutzung der Finanzmittel von Institutionen, die nicht dem Finanzsektor zugeschrieben werden. Dazu zählen insbesondere die Pensionsfonds (Employee Provident Fund) sowie die öffentlichen Nicht-Finanzunternehmen (Non-financial Public Enterprises)[242]. Trotz einer drastischen Reduzierung der Staatsausgaben nach 1982, stieg das

---

240 Die ToT verschlechterten sich zwischen 1979 und 1983 um ca. 22% und - nach einem Anstieg in 1984 um ca. 12% - zwischen 1985 und 1986 um ca. 31%. Nach einer Verbesserung in 1987 sind die ToT in etwa konstant geblieben.

241 Vgl. Demery/Demery 1992, S.36.

242 Der Employee Provident Fund dient der Altersvorsorge für Arbeitnehmer mit niedrigem bis mittlerem Einkommen und deckt ca. 70% der Arbeitnehmerschaft ab. Die Abgaben betragen ca. 20% der Löhne und Gehälter, aufgeteilt auf Arbeitnehmer und Arbeitgeber. Ca. 70 % dieser Mittel müssen laut Gesetz in

Budget für die staatlichen und halbstaatlichen Unternehmen kontinuierlich an. Der Anteil der Ausgaben dieser Unternehmen gemessen zu BIP stieg von 5% in 1979 auf 23% in 1982 und erreichte die Rekordmarke von 37% in 1988. Diese Entwicklung war durch die Bildung von Nebenhaushalten, die außerhalb des Gesamtbudgets stehen, möglich.[243]

In der auf die Rezession folgenden Anpassungsperiode 1985-1986 wechselte Malaysia zu einer restriktiven Fiskal- und mehr expansiv ausgerichteten Geldpolitik im Vergleich zu den früheren Jahren. Trotz weiterer externer Schocks, wie dem anhaltenden rapiden Verfall der Preise für die wichtigsten Exportgüter, trafen Malaysia die indirekten Effekte in Form einer geringen Binnennachfrage schärfer als die direkten Folgen des gesunkenen industriellen Outputs. Die Hauptexportgüter verzeichneten einen Rückgang von ca. 25% zwischen 1984 und 1986, wurden jedoch durch den Rückgang der Importe überkompensiert. Einer der Hauptgründe für diese Entwicklung ist in der starken Konzentration Malaysias auf die Produktion elektronischer Produkte zu sehen und hier insbesondere auf das Halbleiter- und Mikroprozessorgeschäft. Gerade dieser Wirtschaftszweig geriet in der betrachteten Periode international stark unter Druck.

Der wirtschaftliche Abstieg war jedoch auch intern begründet: Der starke Verfall des Immobilienmarktes mit einem Verlust von ca. 20% des Gesamtwertes aufgrund der unbegründet hohen Erwartungen an das Wachstum dieses Sektors, die gegenüber der Produktivität stärker ansteigenden Wachstumsraten der Arbeitskosten, sinkende Erträge und eine Verschlechterung der Cash-Flows im Privatsektor sowie einige strukturelle Faktoren, u.a. Schwächen im Finanzsystem.[244]

Drastische Einschnitte in die Ausgabenpolitik des öffentlichen Sektors, um das Defizit zu reduzieren, und die Implementierung neuer Investitionsförderprogramme[245] standen 1986 im Mittelpunkt der Fiskalpolitik. Der 1984 unternommene Versuch, Ressourcen aus dem Nontradables in den Tradables-Sektor umzulenken, zeigten durch die Reduzierung der Staatsausgaben und die Abwertung des RM erste Erfolge. Diese Impulse wurden jedoch durch den Rückgang der Erträge im Nicht-Finanzsektor der öffentlichen Unternehmen, die 1985 zum ersten Mal seit 1981 wieder Überschüsse erzielten, kompensiert. Die Staatseinnahmen stiegen

---

Staatsanleihen investiert werden und dienen daher zur Finanzierung des Staatsbudgets, insbesondere der Investitionen im Infrastrukturbereich. Zu den Non-Financial Public Enterprises zählen insbesondere einige Großkonglomerate, die auch heute noch einen wichtigen Wirtschaftsfaktor darstellen.

243 Vgl. Demery/Demery 1992, S. 37-38, Jomo 1990, S.179-180 und Salleh/Meyanathan 1993, S.6.

244 Vgl. World Bank 1989a, S.6-10.

245 Dazu zählen z.B. der "New Investment Fund", der "Small Industries Development Fund" oder auch Sonderprogramme wie das "Low Cost Housing Program".

von 2,4 Mrd. RM in 1970 auf 21,1 Mrd. RM in 1985 und sanken auf 18,1 Mrd. RM in 1987. Diese Entwicklung, kombiniert mit dem Anstieg des Yen, der Hauptwährung der malaiischen Auslandsverschuldung, ließen das Defizit erneut ansteigen. Die 1986 unternommenen Maßnahmen zur Förderung des privaten Sektors sowie die sich generell bessernden Bedingungen der Weltwirtschaft wirkten sich positiv auf die privaten Unternehmungen aus. Die Fiskalpolitik ist seit Ende der Rezession eher durch eine neutrale Rolle charakterisiert. In diesem Zusammenhang ist zu bemerken, daß die Reduzierung der Ausgaben zu etwa zwei Dritteln durch den Privatsektor getragen wurde, wo hingegen der öffentliche Sektor in den vorangegangenen Jahren für etwa zwei Drittel der Expansion der Ausgaben verantwortlich war.[246]

Die makroökonomische Destabilisierung Anfang der achtziger Jahre ist allerdings nicht nur in der reinen expansiven, auf falschen Voraussetzungen basierenden Fiskalpolitik zu sehen. Die Natur der mit öffentlichen Mitteln finanzierten Projekte, die administrative Struktur sowie die Inflexibilität der staatlichen Institutionen geben weitere Erklärungsansätze. Etwa 60% der Investitions- und Entwicklungsgelder flossen in Infrastrukturprojekte, vornehmlich in den Konstruktionsbereich, und trugen damit erheblich zur Überhitzung der Immobilienmärkte bei. Der spekulative Markt brach 1984/1985 durch den drastische Rückgang der öffentlichen Mittel und die revidierten Erwartungen bzgl. der zukünftigen Gesamtentwicklung zusammen.[247] Die Trägheit der für die Ausführung fiskalpolitischer Maßnahmen verantwortlichen öffentlichen Institutionen behinderte die Effektivität der neuen Fiskalpolitik und verursachte damit eine Zeitverzögerung, die die beabsichtigten Effekte der neuen Politik konterkarierten. Ein Grund mag hier in der Kombination von finanzieller Abhängigkeit von entsprechenden Ministerien und operationaler Autonomie der einzelnen Behörden zu finden sein.[248]

Weiterhin verstärkte die Kapitalflucht zwischen 1976 und 1985 die Zahlungsbilanz- und Verschuldungsprobleme. Schätzungen über den Abfluß inländischer Finanzmittel belaufen sich auf einen Gesamtbetrag von ca. 30 Mrd. RM in dieser Periode.[249] Die schlechte Renditelage der staatlichen Unternehmen - 1988 generierten 387 Unternehmen Gewinne in Höhe von ca. 4,7 Mrd. RM, verglichen mit 383 Unternehmen mit Verlusten in Höhe von 5,6 Mrd. RM - führte zu Privatisierungsüberlegungen. Bis Ende 1991 sind jedoch erst 40 Unternehmen durch den privaten Sektor übernommen worden und eine geringe Anzahl öffentlicher Projekte konnte privatisiert werden. Diese Privatisierungsbemühungen und neue Initiativen, um die

---

246 Vgl. Demery/Demery 1992, S.53.

247 Vgl. World Bank 1989a, S.8-9.

248 Vgl. Demery/Demery 1992, S.55-56, und Jomo 1990, S.182.

249 Laut IMF und Weltbank betrugen die Einlagen inländischer Nicht-Banken bei ausländischen Banken im September 1985 ca. 1 Mrd. US$, Schätzungen über weitere nicht erfaßte Kapitalabflüsse beliefen sich auf ca. 7,7 Mrd. US$ zwischen 1979 und 1985. Vgl. Jomo 1990, S.190.

Effektivität der staatlichen Einnahmen - u.a. durch ein verbessertes Steuersystem zur Erweiterung der Steuerbasis - zu erhöhen, reduzierten in 1992 den Anteil des öffentlichen Sektors an den Gesamtausgaben auf 25% gemessen am BSP von 37,3% in 1983. Dem Privatsektor ist damit nach Überwindung der Rezession die Aufgabe als Führungskraft in der weiteren wirtschaftlichen Entwicklung zugefallen.[250]

4.4.3.2 Geldpolitik

Die malaiische Geldpolitik steht unter der Leitung der Bank Negara Malaysia und wird unter folgenden vier Prinzipien durchgeführt: Erstens die Steuerung der Preisstabilität durch Zuhilfenahme traditioneller Instrumente der Geldpolitik um Geldangebot und -nachfrage gemäß den Bedürfnissen der Realwirtschaft, zweitens, die Erzielung einer ausgeglichenen Zahlungsbilanz, drittens das Schaffung eines Ausgleichs zu negativen Seiteneffekten hervorgerufen durch fiskalpolitische Maßnahmen und viertens die Verbesserung und Integration des Finanzsystems in die internationalen Märkte. Die Zielsetzung der BNM unterscheidet sich damit nicht wesentlich von den Zielen und Aufgaben anderer Zentralbanken.

Im Zuge der Durchführung der Geldpolitik durch die BNM und im Kontext mit den vorgenommenen Deregulierungsmaßnahmen ist eine Bewegung von direkten Interventionsmaßnahmen zu indirekt wirkenden marktnahen Maßnahmen zu bemerken, Diese beinhalten u.a. den Aufbau von Offenmarktgeschäften, geringere Nutzung von Reserveanforderungen, den Wechsel von selektiven zu generellen Refinanzierungsmöglichkeiten und die Abschaffung von Zinskontrollen. Dieser stärker am Markt orientierte Ansatz der Geldpolitik findet seine Begründung in der zunehmenden Bedeutung des privaten Sektors als Wachstumsmotor sowie im wachsenden Einfluß der internationalen Kapitalbewegungen auf die malaiische Wirtschaft.[251]

Generell wird der Geldpolitik eine eher passiv reagierende als aktiv agierende Rolle zugeschrieben. Als Antwort auf bestehende wirtschaftliche Probleme werden antizyklische Maßnahmen einer expansiven oder restriktiven Geldpolitik eingesetzt. Veränderungen in den Mindestreserve- und Liquiditätsanforderungen sind in der Vergangenheit die meistgenutzten Instrumente gewesen. Als wichtigste geldpolitische Maßnahme kann die Erlaubnis zur freien Zinsfestlegung durch die Geschäftsbanken sowie die Einführung neuer Geldmarktinstrumente Ende der siebziger Jahre angesehen werden. Diese Maßnahmen wurden ergriffen, um die

250 Vgl. Institute of International Finance 1990, S.31 und Salleh/Meyanathan 1993, S.23. Die Rolle der Privatwirtschaft wird in der Öffentlichkeit durch den Slogan "Malaysia Incorporated" propagiert.

251 Vgl. Awang 1994, S.158 und BNM 1994, S.435-436.

Inlandsnachfrage und die Mobilisierung inländischer Finanzmittel anzukurbeln. Steigende Inflation und das wachsende Zahlungsbilanzdefizit führten zur vermehrten Nutzung von Wechselkurs Swaps, um eine Einengung des Geldangebots zu signalisieren. Während der Rezessionsperiode zwischen 1981 und 1984 galt der Wiedergewinnung des Vertrauens des privaten Sektors in die malaiische Wirtschaft das Hauptaugenmerk. Der Schlüsselfaktor für die massive Verschlechterung der externen Zahlungsposition lag in der übertrieben expansiven Fiskalpolitik. In 1984 führten Gerüchte über eine mögliche Abwertung des RM zu einem bedeutenden Rückgang der Spareinlagen bei den Geschäftsbanken. Die durch die Verknappung der verfügbaren Geldmittel bewirkte Zinssteigerung führte zu einer ungesunden Wettbewerbsverschärfung und einem Abfluß in den informellen Sektor, der nicht an die staatlich festgelegten Einlagenzinsen gebunden war.[252] Die Kreditzinsen im Bereich der Geschäftsbanken wurden durch die individuell deklarierte "Base Lending Rate" der jeweiligen Banken sowie einer auf der Kreditwürdigkeit des Kreditnehmers basierenden Marge determiniert. Das Geldaggregat M2 gewann an Gewicht gegenüber dem bis dahin vorgezogenen Aggregat M1, um der fortschreitenden Monetisierung durch den sich diversifizierenden Finanzsektor Rechnung zu tragen. Weiterhin wurden eine Reihe von zusätzlichen Regelungen mit dem Ziel erlassen, die Überwachung des rapide wachsenden Bankensektors zu gewährleisten.[253]

Der plötzliche und rasche Verfall der ToT in 1985/1986, zusammen mit der restriktiven Geldpolitik verursachte deflationäre Effekte und bewegte die BNM, ihre Geldpolitik expansiver durch die Lockerung der Mindesreserve- und Liquiditätsanforderungen zu gestalten. Parallel dazu verlief die Implementierung der o.a. Fördermaßnahmen für den Privatsektor. Die Stabilisierung des Devisenmarktes und des Wechselkurses durch eine Senkung der Geldmarktzinsen standen 1986 im Mittelpunkt der Geldpolitik. Die hohen Kapitalabflüsse in dieser Periode unterliefen jedoch die Bemühungen des inländischen Liquiditätsaufbaus. Eine weitere Reduzierung der Liquiditätsanforderungen und die wiedergewonnene Stabilität im Devisenmarkt trugen zum allmählichen Liquiditätsaufbau in 1987 bei. Die Geldpolitik schlug nun um in das Management der überschüssigen Finanzmittel. Weitere Maßnahmen - u.a. die Abschaffung der Zinskontrollen, Lockerung der Mindestreserveanforderungen, Reglementierungen zur Verminderung der Zinsspanne zwischen Einlagen- und Kreditzins - wurden implementiert, um die Liquidität zu sichern.

Im Zeitraum 1988-1993 sah sich die Geldpolitik mit einem anhaltenden hohen Wirtschaftswachstum und damit verbundenen inflationären Tendenzen konfrontiert. Die Aufgabe

---

252 Der informelle Sektor spielt jedoch in der weiteren wirtschaftlichen Entwicklung keine wichtige Rolle, da die Kapitalmittel nach Überwindung der Rezession an den formellen Sektor zurückflossen.

253 Vgl. BNM 1994, S.14 und S.437-438.

der Balance zwischen dem Management der Überschußliquidität und der Inflationserwartungen auf der einen Seite sowie der Befriedigung der Bedürfnisse des realen Sektors auf der anderen Seite verkomplizierte sich durch die entgegengesetzten Zinsbewegungen auf den internationalen und einheimischen Finanzmärkten. Der Anstieg der realen Inlandszinsen sorgte für massive Zuflüsse ausländischer Finanzmittel. Der Großteil dieser Mittel ist kurzfristig und spekulativ auf Arbitragegeschäfte ausgelegt. Eine moderate Kreditvergabepolitik und die hohen Zuflüsse ausländischer Finanzmittel aus verschiedenen Quellen führten zu einem signifikanten Anstieg der Geldmenge. Die Gefahr der Störung der Restrukturierungsphase durch eine rezessive Geldpolitik und der Anstieg der Kapitalzuflüsse durch eine Hochzinspolitik veranlaßte die BNM zu Maßnahmen, die den vorangegangenen Reformen entgegengesetzt waren. Mindestreserveanforderungen wurden wieder erhöht, quantitative Beschränkungen im Kreditbereich eingesetzt und Geldmittel aus öffentlichen und halböffentlichen Institutionen unter zentrale Kontrolle gestellt.

Die restriktive Geldpolitik resultierte in einen Anstieg der Einlagen und eine moderate Kreditpolitik. Das Wachstum der Geldmenge blieb jedoch ungebrochen hoch, bedingt durch den immer noch hohen Zufluß an ausländischen Kapital, der auch durch Offenmarktoperationen und die Ausgabe von BNM-Finanztiteln nicht sterilisiert werden konnte. Eine weitreichende Sterilisation wurde zudem durch die Überlegungen der Verhinderung eines weiteren Anstiegs des inländischen Zinsniveaus unterlaufen. Das Finanzsystem wurde 1991 weiter liberalisiert, insbesondere durch die völlige Freigabe der Zinsen.[254]

4.4.3.3 Wechselkurspolitik

Seit 1973 existiert in Malaysia ein System der prinzipiell flexiblen Wechselkurse. Der Wert des RM "floated" gegen einen Währungskorb, der aus den Währungen der wichtigsten Handelspartner zusammengesetzt ist. BNM interveniert lediglich im Fall exzessiver Fluktuationen des RM. Seit 1985 wird der Wert des RM maßgeblich durch die Kräfte des freien Marktes, also damit durch Angebot und Nachfrage bestimmt. Das derzeitige Wechselkurssystem kann daher eher als "managed floating"bezeichnet werden, in Abgrenzung zu einem rein währungskorbgebundenen aber absolut freien System. Der Wechsel von einem starren zum flexiblen Wechselkurssystem wurde durch die Zahlungsbilanzprobleme zahlreicher Industrieländer

254 Vgl. Aziz 1994, S.6-7 und S.14-19.

sowie die allgemein herrschende Meinung über die ökono-mischen Vorteile eines flexiblen Systems begründet.[255]

Die Gesamtstabilität des RM zeigt unterschiedliche Resultate. Einer relativ stabilen Periode mit Schwankungen von etwa 2,8% gegen den Währungskorb von 1976 bis 1980 aufgrund der verbesserten Handels- und Zahlungsbilanz folgte eine etwa 4% Abwertung Ende 1980. Diese Abwertung liegt in der Verschlechterung der Leistungsbilanz begründet. Entgegen einer sich weiter verschlechternden Leistungsbilanz wertete der RM bis 1984 um rund 5% pro Jahr gegen den Währungskorb mit Ausnahme des US$ auf. Diese gegenläufige Bewegung liegt in dem hohen Anteil an ausländischen Finanzmitteln zur Finanzierung der öffentlichen Ausgaben im Zusammenhang mit der expansiven Fiskalpolitik sowie den extensiven Importen ausländischer Kapitalgüter zur Durchführung der öffentlichen Projekte begründet. Der jährliche durchschnittliche Gesamtbetrag an ausländischen Krediten betrug ca. 4,8 Mrd. RM, verglichen mit weniger als 1 Mrd. RM in vorhergehenden Jahren, und bedingte damit die hohe Nachfrage nach dem RM. Weiterhin sorgten die aktiven interventionistischen Maßnahmen der BNM gegen eine Abwertung des RM gegenüber dem US$ zu einer Aufwertung gegenüber den übrigen Währungen des Währungskorbes. Diese Wechselkurspolitik zielte auf die Erhaltung des Wertes des RM gegenüber dem Haupthandelspartner USA sowie gegenüber Singapur. Die Haltung gegenüber Singapur war hierbei rein politisch motiviert.[256]

Die andauernde Aufwertung war auf Dauer nicht mehr tragbar und forcierte Häufigkeit und Intensität spekulativer Attacken gegen den RM, unterstützt durch das wachsende Defizit der inländischen und ausländischen Zahlungsbilanzpositionen. Die spekulative Blase platzte im Oktober 1984 und die BNM intervenierte massiv, um den Druck auf den Devisenmarkt abzuschwächen. Desweiteren wurde die Beibehaltung eines stabilen Wechselkurses gegen den US$ aufgegeben. Von 1985 bis 1989 verliert der RM gegenüber dem Währungskorb an Wert, wodurch die Marktdetermination erkennbar wird. Ein weiterer Grund für die Abwertung findet sich in dem Rückgang der Zuflüsse auslän-dischen Kapitals in den Jahren 1984-1986. Im Kontext mit dem Anpassungsprogramm nach der Rezession 1983-1984 bewirkte die Wechselkursbewegung eine Wiederher-stellung der Wettbewerbsfähigkeit und eine Verlagerung der Produktionsressourcen zugunsten der "Tradable-Goods" im Exportsektor. Weiterhin

255 Zu den Vorteilen zählen u.a. die größere Unabhängigkeit in der Geldpolitik, die Fähigkeit der Isolierung der inländischen Wirtschaft gegen externe Schocks und die verbesserte Ressourcenallokation infolge der Abschaffung der verzerrenden Signale durch ein festes Wechselkurssystem.

256 Vgl. Lin 1991, S.159-161. Malaysia bildete zusammen mit Singapur und Brunei zwischen 1957 und 1973 eine Art Währungsunion, in der zwar drei nationale Währungen existierten, diese jedoch als Parallelwährungen im Umlauf waren. Die malaiische Regierung war danach darauf bedacht, eine gleiche Währungsstabilität wie Singapur zu erreichen.

konnte durch das Wechselkursregime die notwendige Dämpfung des privaten Konsums verstärkt werden. Nach 1989 blieb die Währung relativ stabil, und erst 1993 wertet der RM etwa 5,6 % im Vergleich mit 1991 gegen den Währungskorb auf. Für diese Entwicklung zeichnen das kontinuierliche starke Wirtschaftswachstum, das steigende Vertrauen in Malaysias Wirtschaft und vor allem die anhaltenden Kapitalzuflüsse im langfristigen Bereich verantwortlich.[257]

4.4.4 Politisch-Ökonomische Analyse

Die vorhergehenden Ausführungen zeigen, daß Malaysias wirtschaftliche Entwicklung in der betrachteten Zeitspanne nicht durch weitreichende existentielle Krisen gekennzeichnet ist. Die durch die "Crisis Hypothesis" begründeten verbesserten Erfolgsaussichten von Reformen treffen damit auf Malaysia nicht zu. Krisen spielen in den Reformbemühungen Malaysias nur insoweit eine Rolle, als daß sie die Reformen im Regelfall ausgelöst haben, jedoch für deren Erfolg oder Mißerfolg unerheblich waren. Ebenso läßt sich die Honeymoon versus Mandate-Hypothesis für Malaysia verwerfen. In dem betrachteten Zeitraum wurde Malaysia durch drei starke Premierminister (Tun Abdul Razak 1970-1976, Tun Hussein Onn 1976-1981 und Dato Seri Mahathir Mohammed seit 1981) geführt, wobei der Wechsel jedoch nicht auf wirtschaftliche oder politische Gründe in Form einer Ablösung des Regimes durch eine Krise zurückzuführen ist. Insbesondere Mahathir erfüllt durch eine klare pragmatische und zukunftsorientierte Politik die an eine visionäre Führung gestellten Voraussetzungen.[258] Ideologische interne Auseinandersetzungen auf der politischen Bühne werden generell vermieden und auf die außenpolitischer Ebene - insbesondere durch eine teilweise aggressive Argumentation für einen eigenständigen asiatischen Entwicklungsweg gegenüber der westlichen Welt - verlagert.

Das politische System Malaysias besteht aus einer parlamentarischen Demokratie, die jedoch faktisch durch ein Einparteiensystem mit einer klaren rechtskonservativen Ausrichtung gekennzeichnet ist. Die politische Macht ist in der Person des Premiers konzentriert. Programmatisch versucht die Einheitspartei durch den Zusammenschluß der wichtigsten ethnischen Bevölkerungsgruppen - Malaien (ca. 60% der Gesamtbevölkerung), Chinesen (ca. 30%) und

257 Vgl. BNM 1994, S.15-17, Demery/Demery 1992, S.52-53 und World Bank 1989a, S.19.

258 Dies zeigt sich deutlich sowohl in dem unter der "Vision 2020" durch Mahathir angedachten und in der Öffentlichkeit stark publizierten zukünftigen Entwicklungspfad Malaysias als auch in den durch Mahathir vorangetriebenen Strukturanpassungen seit seiner Amtsübernahme. Mahathirs Politik richtet sich innenpolitisch gegen die traditionellen Patronageverbindungen und Interessen-verflechtungen zwischen Politik und Wirtschaft, allerdings mit nur mäßigem Erfolg. Die Rückbesinnung auf asiatische und malaiisch-islamische Wertvorstellungen bildet die Grundlage dieser Politik. Wirtschaftspolitisch ist während seiner bisherigen Amtszeit ein Rückzug der Staatsbetriebe durch Privatisierungen und der verstärkte Ausbau des Hochtechnologiesektors zu verzeichnen.

Inder (ca. 8%) -, eine Koalition dieser Gruppen zu erzielen.[259] Die starke wirtschaftliche Vormachtstellung der Chinesen und damit verbunden Unzufriedenheit der Malaien führte zur ökonomischen Bevorzugung der Malaien. Die Parteienallianz unter der malaiischen Führung hat es jedoch bisher verstanden, potentielle ethnische Konflikte durch eine vorsichtige Diplomatie zu vermeiden. Bestehende oppositionelle Gruppen in Form politischer Parteien oder Gewerkschaften sind weitgehend ohne Einfluß. Zudem konsolidierte Tun Razak das politische System durch die Vereinigung der Allianz mit den meisten oppositionellen Parteien zur "Barisan National" (Nationale Front).[260] In diesem Kontext kann zwar der Versuch der Koalitionsbildung zwischen den Bevölkerungsgruppen sowie die zur Durchsetzung politischer Ziele geeignete politische Struktur als sozialer und politischer Konsens gewertet werden. Der zur Konsensbildung notwendige politische Dialog fehlt jedoch, bedingt durch die schwach ausgeprägten oppositionellen Kräfte. Die Gefahr politischer Instabilität aufgrund extremer religiöser Gruppen wird in Malaysia erkannt und durch hartes staatliches Durchgreifen im Regelfall sofort gebannt. Insgesamt kann das politische System Malaysias als sehr stabil angesehen werden, wenngleich demokratische Strukturen - z.B. in den Bereichen Meinungsfreiheit und politische Betätigung - nach liberalem westlichen Verständnis nur sehr gering ausgeprägt sind.[261] Es herrscht eine klare Ausrichtung auf eine ökonomisch geprägte Gesamtpolitik, in der individuelle "demokratische" Interessen und Belange nach westlichen Denkmustern in den Hintergrund gedrängt werden.

Wie oben bereits angedeutet, ist die Regierung durch eine stark pragmatische Ausrichtung charakterisiert. Die Wirtschaftspolitik und mit ihr verbundene Reformmaßnahmen werden durch technokratische Expertenteams geplant und in enger Zusammenarbeit mit den Regierungsstellen verabschiedet und implementiert.[262] Die straffe politische Führung gewährleistet

---

259 Seit 1959 regiert eine Parteienallianz, bestehend aus der "United Malay National Organization", der "Malayan Chinese Association" und des "Malayan Indian Congress", welche die drei wichtigsten Bevölkerungsgruppen repräsentieren. Die "United Malay National Organization" stellt die bedeutendste politische Kraft dar. Zum politischen Hauptthema wurde bei Gründung der Allianz die Beseitigung der Armut und die Schaffung einheitlicher Lebensstandards für alle Bevölkerungsgruppen erhoben. Dieses Thema zieht sich auch heute noch durch die Fünfjahrespläne, allerdings mit dem Schwerpunkt auf dem Ausbau der Chancengleichheit. Das Ziel der Beseitigung der Armut wurde erreicht. 1990 betrug der Anteil der Bevölkerung unter der Armutsgrenze nur noch ca. 13% (1976: 47%), der Anteil der absoluten Armut beträgt unter 2%. Der Gini-Koeffizient der Einkommensverteilung liegt mit 0,42 Ende der achtziger Jahre - nach einem leichten Anstieg auf 0,52 Mitte der siebziger Jahre - für ein Entwicklungsland relativ niedrig. Vgl. Salleh/Meyanathan 1993, S.39.

260 Vgl. Venewald 1991, S.152. Der geringe Einfluß oppositioneller Gruppen ist auch in den einseitigen Verfassungs- und Gesetzesänderungen im Wahlrecht und Wahlmodus zu Gunsten der malaiischen Gruppierungen begründet.

261 Vgl. Salleh/Meyanathan 1993, S.35-36 und Institute für Asienkunde 1995, Heft 3, S.168.

262 Für die Wirtschaftspolitik sind insbesondere die "Economic Planning Unit" und die "Implementation Coordination Unit" verantwortlich. Beide Einheiten unterstehen direkt dem Premierminister. Seit Ende

die Koordination zwischen einer stark verwalteten politischen Struktur und einer durch relativ hohe Effizienz charakterisierten Bürokratie. Der Bürokratie wird generell eine äußerst hohe Loyalität gegenüber der Regierung zugesprochen. Unter dem Slogan „Malaysia Incorporated“ existiert eine sehr enge wirtschaftliche Verbindung zwischen öffentlichem und privatem Sektor sowie zwischen diesen Sektoren und der Politik („Money-Politics“). Im Kontext der Reformen im Finanzsektor ist die ausgeprägte Rolle der BNM zu beachten. Der hoher Durchsetzungsgrad hinsichtlich der Überwachung des Sektors sowie die schnelle und effektive Handhabung und Lösung der aufgetretenen Probleme charakterisieren die Politik der BNM.[263] Zur Stabilität trägt weiterhin die Einsetzung strikterer Aufsichtsregelungen nach Krisenvorfällen bei. In Bezug auf Planung und Implementierung der Reformen übernimmt die Zentralbank eine sehr aktive Rolle, insbesondere in der Ausgestaltung gesetzlicher Rahmenbedingungen im Vorfeld anstehender Deregulierungen. Aus dieser Charakterisierung wird deutlich, daß die BNM dem Ziel der Stabilität des Finanzsektors gegenüber der Liberalisierung eine höhere Priorität einräumt.[264]

Die Rolle intellektueller und finanzieller externer Hilfe im Kontext der Reformbemühungen ist sehr beschränkt. Die Kapitalströme weisen durch einen Rückgang von 5,3 Mrd. US$ in 1982 auf 1,2 Mrd. US$ in 1989 einen fallenden Trend auf. Das Volumen der Kredite durch internationale Organisationen sowie privater ausländischer Kreditgeber ist mit Ausnahme des Rezessionsjahre 1983 und 1984, bezogen auf die Gesamtwirtschaft, bedeutungslos. Desweiteren wurde der Großteil dieser Kredite ohne Vergabekriterien ausgezahlt. Die politische Stabilität und die damit verbundene Glaubwürdigkeit bzgl. der vollständigen Durchführung der Strukturanpassungen und Reformbemühungen haben dazu beigetragen, daß Malaysia während und nach der Rezessionsphase jederzeit Zugang zu weiteren externen Finanzierungsmitteln hatte. Dies auch ungeachtet des hohen Verschuldungsgrades in dieser Periode. Signifikante Bedeutung besitzt lediglich das Volumen der ausländischen Direktinvestitionen, welches seit

---

der achtziger Jahre werden verstärkt externe Experten und Organisationen aus Wissenschaft und Wirtschaft in die Planungsaufgaben mit einbezogen.

263 Im Zusammenhang mit den aufgetretenen Krisen ist zu beachten, daß der malaiische Finanzsektor nicht über ein formelles Einlagensicherungssystem verfügt. Der Staat ist jedoch an einer Reihe von Finanzinstitutionen direkt beteiligt. Damit besteht eine indirekte Garantie der Einlagen, wodurch u.a. die umfassende Überwachung begründet ist. Vgl. Institute of International Finance 1990, S.41. Sheng führt in Bezug auf die Bankenkrise folgende Faktoren als ausschlaggebend für die schnelle Überwindung der Probleme an: Erstens, die prompte und vollständige Offenlegung der wirtschaftlichen Lage der betroffenen Institutionen; zweitens, die sofortige Gewährung zinsloser Finanzhilfen durch die BNM zur Überbrückung von Liquiditätskrisen und Verhinderung eines "Banken-Run"; drittens, fallweise Übernahme des Managements der Finanzinstitutionen durch die BNM und viertens, die erfolgreiche Strukturanpassung auf makroökonomischer Ebene, wodurch das Problem der Kreditausfälle erheblich reduziert werden konnte. Vgl. Sheng 1992, S.232-235.

264 Vgl. Cole 1995, S.245-247, Fischer/Reisen 1993, S.104 und Yusof et al. 1994, S.317-318.

1987 einen stark ansteigenden Trend aufweist. Diese Finanzierungsmittel fallen jedoch nicht unter die Kategorie externe Hilfe, sondern müssen als Folge der durchgeführten Wirtschaftspolitik gesehen werden. Der rapide Zuwachs der Mittel verdeutlicht das Vertrauen ausländischer Investoren in die malaiische Wirtschaft und unterstützt das hohe Maß an Glaubwürdigkeit der durchgeführten Reformen.[265]

Hinsichtlich der Identifikation von Reformverlierern bzw. Reformgewinnern lassen sich für Malaysia keine direkten Aussagen treffen. Lediglich der hohe Anteil an gelenkter Kreditvergabe aufgrund sozioökonomischer bzw. sozialpolitischer Faktoren spricht dafür, daß die Regierung versucht, die Belastungen der wirtschaftlichen Entwicklung möglichst gleichmäßig auf die Bevölkerung zu verteilen. Es stehen im Zusammenhang mit diesen Maßnahmen ebenso wie mit der Vorzugsbehandlung der Bumiputera jedoch eher allgemeine entwicklungspolitische Faktoren im Vordergrund.[266] Eine direkte Verknüpfung in Form einer Kompensation für Reformverlierer oder besonderen Behandlung potentieller Reformgewinner mit den durchgeführten Reformen im Finanzsektor läßt sich nicht herstellen.

4.4.5 Bewertung der Glaubwürdigkeit

Die Reformen Malaysias im Finanzsektor können - auch unter makroökonomisch ungünstigen Bedingungen - als erfolgreich bewertet werden. Aus den obigen Ausführungen lassen sich einige Schlußfolgerungen ziehen, die die Basiselemente dieses Erfolges und das hohe Maß an Glaubwürdigkeit der malaiischen Reformpolitik verdeutlichen:

1. Malaysia verfügt mit Ausnahme der Rezessionsphase über vorteilhafte Grundvoraussetzungen für Liberalisierungsmaßnahmen im Finanzsektor. Auf makroökonomischer Ebe-

---

265 Absolut betrug das Volumen der donorenfinanzierten Kredite in 1984 859,6 Mio. US$ nach 310,6 Mio. US$ in 1983. 1985 erfolgte jedoch eine drastische Reduzierung auf 73,8 Mio. US$. Im Bereich der privatfinanzierten Kredite wurden 1982 5,2 Mrd. US$ und 1983 4,1 Mrd. US$ gewährt. Hier erfolgte 1985 ebenfalls eine drastische Reduzierung auf 0,7 Mrd. US$. Seit 1987 sind diese Kapitaltransfers negativ. Die ausländischen Direktinvestitionen betrugen 1987 0,42 Mrd. US$, 1989 1,85 Mrd. US$ und stiegen bis 1994 auf ca. 4,3 Mrd. US$ (bewilligte Investitionen) an. Vgl. Husain/Jun 1992, S.8 und S.40 und Institut für Asienkunde 1995, Heft 1, S.13.

266 Die soziale Dimension der durch die Rezession Mitte der achtziger Jahre bedingten Strukturanpassungen wird ausführlicher in Demery/Demery 1992 diskutiert. Die Autoren kommen zu dem Schluß, daß die Maßnahmen positive Auswirkungen auf alle "armen" Bevölkerungsgruppen hatten. Verbesserungen konnten insbesondere in den ländlichen Gebieten (Kleinbauern etc.) und für die in der Fischerei Beschäftigten erzielt werden. Die Simulation durch mehrere alternative Anpassungsprogramme zeigt auf, daß die Regierung in bezug auf die Verminderung der Armut in den Bevölkerungsschichten mit niedrigen Einkommen die optimale makroökonomische Strategie umgesetzt hat.

ne stellt die Beibehaltung wirtschaftlicher Stabilität das Hauptelement dar. Mikroökonomisch unterstützen ein gesunder Realsektor, gekennzeichnet durch einen niedrigen Verschuldungsgrad, und ein ausreichend diversifiziertes Finanzsystem die Reformen. Das Finanzsystem ist zudem in der Lage, Reformen institutionell abzufangen. Liberalisierungsmaßnahmen resultieren nicht in einem unvorbereiteten Boom diverser Institutionen im Finanzsektor, wodurch die Gesamtstabilität des Systems beeinträchtigt werden kann. Auf administrativer Ebene sorgt eine effiziente Verwaltung und zeitnahe Gesetzgebung für die notwendige Infrastruktur.

2. Ausgehend von einem relativ liberalisierten Handel, einer offenen Kapitalbilanz und einem offenen Devisenverkehr führte Malaysia die Reformen im inländischen Finanzsektor durch. Die Liberalisierung und Deregulierung des inländischen Sektors erfolgte damit nicht vor der Öffnung der Volkswirtschaft in bezug auf die Kapitalbilanz. Strukturmaßnahmen im Realsektor auf Unternehmensebene sowie der Aufbau eines gesetzlichen Rahmens für den Finanzsektor werden vor oder zumindest zeitgleich mit den Liberalisierungsmaßnahmen implementiert. Hinsichtlich der Geschwindigkeit besteht eine graduelle Vorgehensweise, indem ein "stop and go approach" gewählt wird. Der gesamte Liberalisierungszeitraum erstreckt sich über ca. 20 Jahre. Die Zentralbank führt die Maßnahmen unter besonderer Berücksichtigung der gesamtwirtschaftlichen Lage sowie der Situation in betroffenen Unternehmenssektoren durch. Die Revidierung der Zinsliberalisierung Anfang der achtziger Jahre aufgrund der Rezession verdeutlicht dies und zeigt zudem, daß Malaysia über die notwendige Flexibilität in der Reformdurchführung verfügt.

3. Wie aus der Chronologie und den Ergebnissen der Reformen im Finanzsektor ersichtlich, liegen keine Faktoren vor, die Inkonsistenzen im Bereich der konzeptionellen, administrativen oder politischen Glaubwürdigkeit in der Planung und Umsetzung von Reformmaßnahmen und hinsichtlich Art und Umfang der Reformprogramme vermuten lassen. Regierung und Bürokratie genießen aufgrund der konsistenten Durchführung angekündigter Reformen und einer relativ ausgewogenen Verteilung sowohl der Gewinne als auch der Verluste im Rahmen der Liberalisierung ein hohes Maß an Reputation. Wenngleich das gegenwärtige politische System eng an die Person Mahathirs gebunden ist, herrscht über die Parteienallianz ein Konsens, der eine Richtungsänderung der Politik nach der Ablösung des Premierministers unwahrscheinlich macht. Ein Grant hierfür ist die enge Einbindung des Privatsektors in das politische System. In Bezug auf die Problematik der Zeitinkonsistenz zeigt sich, daß die Regierung lediglich in einem einzigen Fall - Wiedereinsetzung der Zinskontrollen in 1982 bzw. 1985 - innerhalb des Beobachtungszeitraums Reformvorhaben revidiert hat. Diese Abweichung bzw. Revidierung des ursprünglichen Reformvorhabens

ist jedoch nur schwer mit politökonomischen Argumenten zu begründen. Es liegt nahe, die Wiedereinsetzung der Zinskontrollen auf die Schaffung einer ausreichenden Zinsstabilität unter den Bedingungen einer offenen Kapitalbilanz und flexibler Wechselkurse in einer rezessiven Wirtschaftsphase zurückzuführen. Als weiterer Grund ist die Beseitigung der asymmetrischen Zinsentwicklung im Zusammenhang mit dem BLR-Schema zu nennen. Ein Zeitinkonsistenzproblem, welches auf einer Verringerung der Anpassungskosten, einkommenspolitischen oder wahltaktischen Überlegungen basiert, läßt sich nicht konstruieren.

Eine politisch unabhängige und durchsetzungskräftige Zentralbank zeichnet federführend für die Planung und Implementierung der Reformen. Gleiches gilt für die pragmatische Handhabung aufgetretener Krisen im Finanzsystem. Die Reformen werden durch eine gleichmäßige, marktorienierte Ausrichtung der Maßnahmen der Zentralbank, die wiederum dem wirtschaftspolitischen Ziel der Stabilität oberste Priorität einräumt, unterstützt. Abweichungen von diesem Kurs sind auf ökonomische Notwendigkeit und nicht auf politökonomische Argumentationen zurückzuführen. Die politökonomische Analyse zeigt, daß Inkonsistenzen in bezug auf die Glaubwürdigkeit nicht identifiziert werden können. Die wirtschaftliche Rezession Malaysias in den achtziger Jahren ist zwar auf politische Entscheidungen in der Fiskalpolitik zurückzuführen, die Auswirkungen dieser Entscheidungen wurden jedoch konsistent in die Planung und Implementierung der Reformen im Finanzsektor miteinbezogen.

4.5 Philippinen

4.5.1 Überblick

Die makroökonomische Entwicklung der Philippinen zwischen 1970 und 1994 ist als Übersicht in der Abb. XV dargestellt. Die Abbildung verdeutlicht, daß die Philippinen ein lediglich moderates Wirtschaftswachstum von durchschnittlich 4,5% im Beobachtungszeitraum erzielen konnten. Die Spar- und Investitionsquote liegt bei ca. 20%. Parallel zu einem kontinuierlichen Leistungsbilanzdefizit steigt die Auslandsverschuldung bis zur schwersten Wirtschaftskrise (1984-1986) stark an. Die Inflation liegt bei durchschnittlich 17%. Hierbei sind jedoch die extremen Ausschläge in Zusammenhang mit der Wirtschaftskrise zu berücksichtigen.[267]

Abbildung XV: Philippinen - Makroökonomische Indikatoren 1970-1994

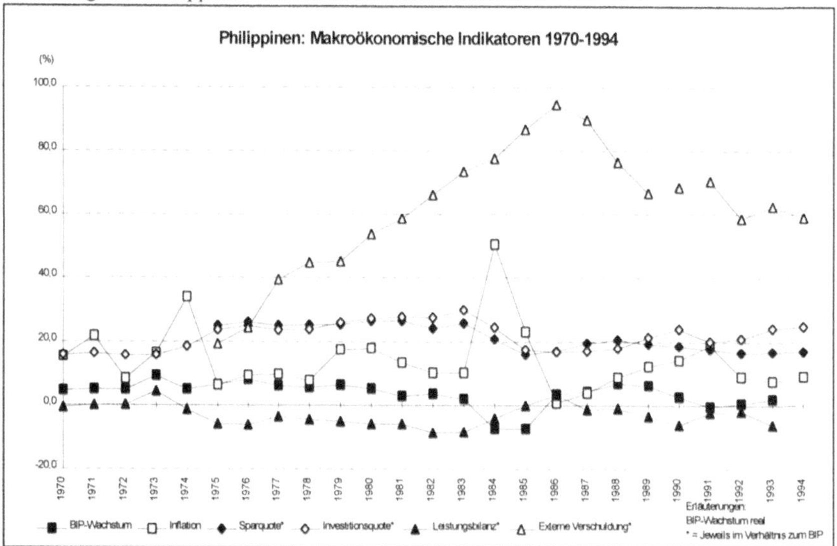

Quelle: Eigene Berechnungen auf Basis der Daten aus IFS, World Bank, ADB und FAZ (verschiedene Jahrgänge).

267 In diesem Zusammenhang ist zu erwähnen, daß die Philippinen in der Zeit nach dem zweiten Weltkrieg bis Mitte der sechziger Jahre im Vergleich zu den südostasiatischen Nachbarstaaten ein weitaus höheres Wirtschaftswachstum aufweisen. Der rasche Aufbau des industriellen Sektors zur Produktion leichter bis mittlerer Konsumgüter im Rahmen der verfolgten Importsubstitution war bereits Anfang der sechziger Jahre weitgehend abgeschlossen. In Kombination mit einem relativ weit entwickelten tertiären Sektor resultierte dies im höchsten Pro-Kopf-Einkommen in der Region. Vgl. Dohner/Haggard 1992, S.15.

Die Zusammensetzung des BSP ist zu jeweils einem Drittel auf den landwirtschaftlichen, den industriellen und den Dienstleistungssektor verteilt. Der sekundäre Sektor weist hierbei einen Zuwachs bis 1980 auf, verliert jedoch gegenüber dem landwirtschaftlichen Sektor aufgrund der Wirtschaftskrisen in den achtziger Jahren wieder an Bedeutung. Diese Zusammensetzung spiegelt sich nur bedingt in der Beschäftigungsstruktur wider, da sich der Anteil des primären Sektors auf ca. 50% der gesamten Beschäftigung beläuft.[268]

Der Beobachtungszeitraum läßt sich grob in drei Phasen einteilen:[269]

1. Die Jahre 1970 bis 1979 sind durch ein sektoral und sozial unausgeglichenes Wirtschaftswachstum charakterisiert. Begünstigt durch protektionistische Maßnahmen im Rahmen eines Importsubstitutionsprogramms und eine massive Unterstützung durch Investitionen im öffentlichen Sektor, zeichnet sich diese Periode durch das höchste durchschnittliche Wachstum (ca. 6% BSP-Wachstum p.a.) aus. Die Finanzierung dieser Entwicklung erfolgte weitgehend durch Kreditaufnahme im Ausland. Weitere unterstützende Einflußfaktoren stellten die insgesamt positive Weltwirtschaftslage und die finanziellen Hilfen der internationalen Organisationen dar. Trotz einer Verdopplung des BSP pro Kopf bis 1979 (von ca. 300 US$ in 1970 auf ca. 590 US$ in 1979) profitierten nur einige soziale Schichten von dieser Entwicklung. Hierzu zählen die mit Grundbesitz und Produktionsvermögen ausgestatteten Traditionsfamilien und - in weitaus geringerem Ausmaß - die Beschäftigten im sekundären Sektor sowie auf regionaler Ebene die Beschäftigten in den Ballungszentren. Die Entwicklungsstrategie war einseitig auf den Binnenmarkt und die Produktion einfacher Konsumgüter beschränkt. Die exportorientierte Industrieproduktion konzentrierte sich auf wenige Produktlinien - insbesondere auf Verarbeitung und Re-export importierter Halbfertigprodukte - und trug in dieser Periode nur ca. 15% zum gesamten industriellen Output bei.

2. Das unausgeglichene Wachstum der siebziger Jahre führte in der zweiten Phase 1980-1985 zu einer tiefen Rezession. Ausgelöst durch den zweiten Ölschock, das stark ansteigende internationale Zinsniveau und die sich verschlechternden ToT, wirkte sich die in der Vorperiode durchgeführte Strukturänderung negativ auf das wirtschaftliche Wachstum aus. Auch die kurzfristige Steigerung der öffentlichen Ausgaben zur Abschwächung der externen Einflüsse konnte den Rückgang des Wirtschaftswachstums nicht verhindern. Die Zah-

---

268 Diese ungleiche Entwicklung zwischen Zusammensetzung des BSP und der Beschäftigungsstruktur ist u.a. in den geringen Produktivitätszuwächsen im primären Sektor sowie im Ausbau kapitalintensiver Industrien im sekundären Sektor nach 1970 begründet. Vgl. Dohner/Haggard 1992, S.15.

269 Vgl. Dohner/Haggard 1992, S.33-35 und S.45-46, Lamberte et al. 1992, S.14-17.

lungsbilanzkrise Ende 1983 in Kombination mit einer Serie von Abwertungen des Peso zwischen 1983 und 1985 führte zu einem Inflationsanstieg auf über 50% in 1984. Die zur Unterbindung der Kapitalflucht und Eindämmung der Inflation durchgeführte restriktive Geldpolitik und die in diesem Zusammenhang festgesetzten hohen Nominalzinssätze verschlechterten die Ertragsaussichten der Unternehmen. Dies schlug sich in einem Rückgang der industriellen Produktion um ca. 10% in 1984 nieder. Als Folge der wirtschaftlichen Rezession stieg die Arbeitslosigkeit insbesondere in den städtischen Ballungszentren.[270]

3. Die dritte Phase seit 1986 ist weitgehend durch Stabilisierungs- und Anpassungsmaßnahmen im realen sowie monetären Sektor geprägt. In 1986 wurde die autoritäre Regierung unter Marcos durch das demokratische System unter Aquino abgelöst. Die Reduzierung der staatlichen Ausgaben und die Durchführung einer Reihe von Strukturanpassungsmaßnahmen und Reformen (u.a. im Agrar- und Handelssektor sowie in der Steuerpolitik) zur Förderung der exportorientierten Wirtschaft resultierten in eine wirtschaftliche Erholung. Der Regierungswechsel trug maßgeblich zur Rückgewinnung des Vertrauens der philippinischen Wirtschaftswelt bei und ermöglichte eine erneute Kreditvergabe durch die internationalen Organisationen zur Wiederbelebung und Stabilisierung der philippinischen Wirtschaft. Diese Entwicklung war zudem durch die sich allgemein bessernde Weltwirtschaftslage begünstigt. Kapazitätsengpässe in der industriellen Produktion und eine schwache Infrastruktur führten 1989 jedoch wiederum zu einer Abschwächung des Wachstums und einem erneuten Anstieg der Inflation auf über 10%. Seit 1991 befinden sich die Philippinen auf einem stabileren Wachstumspfad, der in etwa an die Wachstumsraten der anderen hier betrachteten Volkswirtschaften heranreicht.

---

270 In Bezug auf die auslösenden externen Faktoren unterscheiden sich die in den Philippinen gemachten Erfahrungen nicht wesentlich von denen der anderen Entwicklungsländer, die in dieser Zeitperiode rezessive Tendenzen aufweisen. Das Ausmaß der Krise in den Philippinen wurde jedoch durch das extensive „rent-seeking" Verhalten der Regierung Marcos - insbesondere durch die Bereicherungen der Familie Marcos und des inneren Kreise ihrer Vertrauten (Cronisym) - extrem verschärft. Siehe hierzu ausführlicher Kapitel 4.5.4.

4.5.2 Entwicklung des Finanzsektors 1970-1995

Tabelle XVI gibt einen chronologischen Überblick über die Ausgangsbasis und die Reformen bzw. Wiedereinsetzung nicht marktkonformer Maßnahmen im Beobachtungszeitraum:

Tabelle XVI: Philippinen - Chronologie der Reformen im Finanzsektor

Zeitpunkt	Reformmaßnahmen
seit 1970	- Funktionale und regionale Beschränkung der Finanzinstitutionen durch staatlich vorgegebene Spezialisierung - Selektive direkte Kreditvergabe, teilweise direkt durch die Zentralbank, an priorisierte Sekto ren [a)] - Weitgehend freier Kapitalverkehr - Absicherung der Einlagen durch einen Einlagensicherungsfonds [b)]
1972	- Eingliederung sämtlicher Finanzinstitutionen mit Ausnahme des Versicherungsmarktes unter die Aufsicht der Zentralbank - Anhebung der Anforderung an die Mindestkapitalausstattung der Banken und Beschränkung des maximalen Eigenkapitalbesitzes einer Person (20%) bzw. eines Unternehmens (30%) - Etablieren diverser Regulierungen zur Erreichung einer weitgehenden Spezialisierung unter den Finanzinstitutionen (Quasi-Banking-Operations)
1975	- Einführung einer Zinsobergrenze für Einlagen, mit Ausnahme der Geldmarktinstrumente
1980	- Teilweise Rücknahme der funktionalen Beschränkungen mit dem Ziel der Aufhebung der Spezialisierung und dem Aufbau eines Universalbankensystems [c)] - Erhöhung der Mindestkapitalausstattung in Abhängigkeit von der Ausweitung der Geschäftstätigkeit - Freigabe der Zinssätze für langfristige Einlagen - Einführung diverser Maßnahmen zur Verbesserung im Berichtswesen, des Risikomanagements und der Risikovorsorge der Finanzinstitutionen
1981	- Freigabe der Zinssätze für langfristige Kredite
1982	- Freigabe der Zinssätze für kurzfristige Einlagen - Reduzierung der Mindestreserveanforderungen - Einführung marktorientierter geldpolitischer Instrumente und Refinanzierungsmöglichkeiten über die Zentralbank
1983	- Freigabe der Zinssätze für kurzfristige Kredite - Einführung diverser Maßnahmen zur Verbesserung der Aufsichtsfunktion der Zentralbank
1984	- Freigabe des Wechselkurses und Bestimmung des Wechselkurses über den Devisenmarkt, jedoch unter hoher Einflußnahme der Zentralbank
1985	- Reduzierung der selektiven Kreditvergabe, Anpassung der Zinssätze der Programme an den aktuellen Marktzins, Rückführung der Programme aus der Zuständigkeit der Zentralbank in die entsprechenden Ministerien
1989	- Lockerung der Bestimmungen hinsichtlich der Zulassung neuer Banken und der Ausweitung des Geschäftsstellennetzes

1993	- Implementierung des „Central Bank Act" zur Stärkung der Position der Zentralbank in der Aufsichtspflicht, insbesondere in der Kreditvergabe an Einzelpersonen und verbundene Unternehmen - Lockerung der Restriktionen für die Beteiligung ausländischer Banken an philippinischen Finanzinstitutionen (maximal 40% des Eigenkapitals)

a) Die Kreditportfoliobestimmungen umfassen u.a.: Investition oder Kreditvergabe der in einem bestimmten Sektor bzw. Region mobilisierten Finanzmittel zu 75% an den gleichen Sektor bzw. die gleiche Region, Alloziierung von mindestens 25% der gesamten Kreditvergabe an die Programme der Agrarreformen, Alloziierung von mindestens 10% der Kreditvergabe an kleine Unternehmen.
b) Der Einlagensicherungsfonds (Philippines Deposit Insurance Company) spielt jedoch aufgrund der unzureichenden finanziellen und personellen Ausstattung in der weiteren Entwicklung des Finanzsystems - insbesondere in der Handhabung der Krise zu Beginn der achtziger Jahre - eine untergeordnete Rolle.
c) Hierzu zählen u.a. die funktionale Ausweitung der Geschäftstätigkeiten der Sparinstitutionen und Rural Banks auf die Ebene der Vollbanken, die Zulassung der Geschäftsbanken zu den Aktivitäten der Investmentgesellschaften, der Zugang der Investmentgesellschaften zu Refinanzierungsmöglichkeiten der Zentralbank sowie die Ausweitung der Geschäftstätigkeiten auf Devisenoperationen.

Quelle: Eigene Darstellung auf Basis von Bisat/Johnston/Sundararajan 1992, Lamberte 1989, Lamberte/Llanto 1993, Okuda 1989 und Tseng/Corker 1991.

Die Tabelle verdeutlicht, daß umfassende und systematische Reformbemühungen erst Anfang der achtziger Jahre durchgeführt worden sind. Die Reformen wurden initiiert, da das Finanzsystem den Anforderungen der Realwirtschaft in der Wachstumsphase der siebziger Jahre nicht genügte.[271] Die Implementierung der Reformen verlief dabei zeitgleich mit der schweren Rezessionsphase sowie der hiermit verbundenen Bankenkrise in der philippinischen Wirtschaft. Die Maßnahmen seit 1985 zielen weitgehend darauf ab, die vorangegangenen Reformen zu vervollständigen und insbesondere die institutionellen Rahmenbedingungen im Finanzsystem zu stärken.

Die Auswirkungen der Rezessionsphase Anfang der achtziger Jahre auf das Finanzsystem und die dort durchgeführten Reformen werden in Abb. XVI deutlich. Die Reformen bewirkten, bezogen auf den gesamten Beobachtungszeitraum, lediglich eine moderate Steigerung der Liquiditätskennzahlen. Hierbei ist zu berücksichtigen, daß der Anstieg der Liquidität zwischen 1975 und 1983 teilweise auf die expansive Fiskalpolitik und die Bemühungen der Regierung, die Liquiditätsprobleme der Finanzinstitutionen und regierungsnahen Konglomerate abzuschwächen, begründet ist.[272] Für die unmittelbare Periode nach der Liberalisierung in 1980 ergeben sich bis zum Höhepunkt der Rezession in 1984 positive Effekte in Form eines Liquiditätsanstiegs und einer Erhöhung der Bankendichte.

271 Die Aktivitäten der Institutionen konzentrierten sich insbesondere auf die Finanzierung der meist verbundenen Unternehmen durch kurzfristige Geldmarktinstrumente, die keiner Zinssatzbeschränkung unterlagen. Ein schwacher Wettbewerb unter den Institutionen und fehlende langfristige Finanzierungsmittel zwangen die Großunternehmen zum Aufbau eigener Institutionen oder zur Kreditaufnahme an den internationalen Kreditmärkten. Vgl. Lamberte 1989, S.47ff.

272 Vgl. Lamberte et al. 1992, S.318.

Abbildung XVI: Philippinen - Wachstum des Finanzsektors 1970-1994

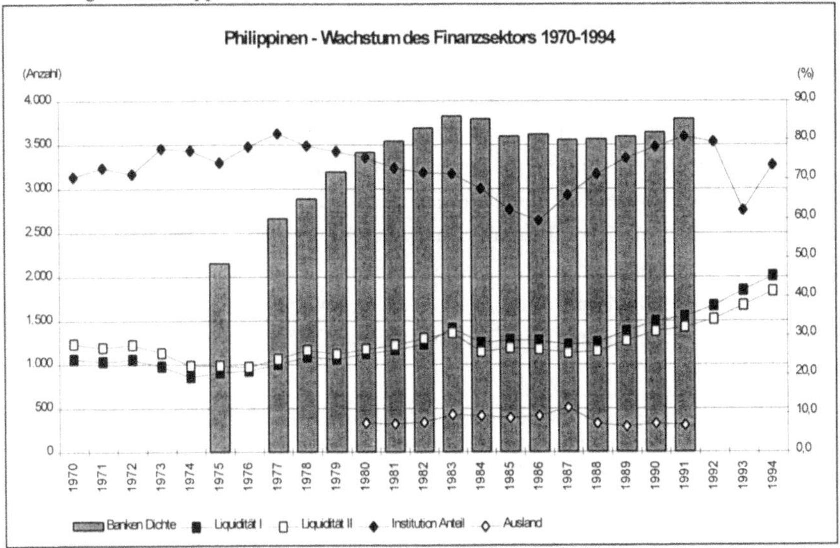

Bemerkungen: Banken Dichte = Anzahl der Geschäftsstellen der Finanzinstitutionen
Quelle: Eigene Berechnungen auf der Basis von IFS (verschiedene Ausgaben), Lamberte/Llanto 1993 und Yap et al. 1995. Zur Erläuterung der Legende siehe Tabelle "Indikatoren Finanzsektor", Kapitel 4.2.

Seit Überwindung der Rezession in 1985 weisen die Liquiditätskennziffern eine - wenngleich auf niedrigem Niveau - kontinuierliche Steigerung auf. Erst 1991 erreichten die Liquiditätskennziffern wieder das Niveau von 1983. Der Anstieg in der Anzahl der Institutionen bis 1983 ist auf die Diversifizierungsstrategie und die räumliche Beschränkung der Institutionen in den siebziger Jahren zurückzuführen. Die Rücknahme dieser Beschränkungen sowie die mit der Rezession verbundene Bankenkrise Mitte der achtziger Jahre führte zu einer Reihe von Zusammenschlüssen bzw. Schließungen von Finanzinstitutionen. Die Zulassung neuer Institutionen bzw. die Ausweitung des Geschäftsstellennetzes bestehender Institutionen war bis 1989 sehr restriktiv. Diese Entwicklung wird auch im Indikator Institution Anteil deutlich, der zwischen 1977 und 1986 stark rückläufig ist. In dieser Periode übernahm die Zentralbank weitgehend die Verbindlichkeiten der insolventen Staatsbanken, die ihrerseits zur Übernahme der Verbindlichkeiten insolventer Finanzinstitutionen herangezogen wurden, sowie die Absicherung des Einlagensicherungsfonds. Der Anteil ausländischer Institutionen ist im Beobachtungszeitraum nahezu unverändert.

Die Finanzkrise findet ihren Ausgangspunkt in den durch die protektionistische Handelspolitik und die staatliche Kreditlenkung hervorgerufenen Verzerrungen des Binnenmarktes, die extensive Kreditvergabe an verbundene Unternehmen[273] sowie in einem allgemeinen Vertrauensverlust in das Finanzsystem aufgrund einer Reihe von Manipulationen und Betrügereien im Bereich der Geldmarktaktivitäten.[274] Die Niedrigzinspolitik, der überbewertete Wechselkurs sowie die protektionistischen Maßnahmen zum Schutz der inländischen Industrie erhöhten die Attraktivität nicht profitabler Industrieunternehmen. Der Verschuldungsgrad der meisten Unternehmen lag jedoch bedingt durch die Kreditfinanzierung des Wachstums in den siebziger Jahren im internationalen Vergleich relativ hoch.[275] Die Liquiditätskrise zu Beginn der achtziger Jahre wirkte sich negativ auf die durch kurzfristige Geldmarktkredite gekennzeichnete Finanzierungsstruktur der Unternehmen aus. Die Rückzahlungsverpflichtung der Finanzinstitutionen in Kombination mit dem Anstieg der Kreditausfälle führte zu Liquiditätsproblemen bei einer Vielzahl von Finanzinstitutionen.[276] Zur Verhinderung weiterer Bank-

---

273 Diese Kredite werden als DOSRI (directors, officers, stockholders and related interests) - Kredite bezeichnet und waren Hauptgegenstand der Manipulationen im Finanzsystem. Die Kredite wurden gegen geringere Sicherheitsleistungen der Kreditnehmer zu äußerst günstigen Konditionen vergeben und dienten in erster Linie der Finanzierung risikoreicher Investitionen. Im Verlustfall wurde der Kreditausfall durch Einlagen gedeckt, während potentielle Gewinne alleine von den Kreditnehmer abgeschöpft wurden. Diese Art der Kreditvergabe entspricht dem klassischen Fall einer „adverse selection". Das Ausmaß der Kreditausfälle führte u.a. zu diversen Bilanzmanipulationen indem Verluste überhaupt nicht oder unterbewertet bilanziert wurden. Gegenüber dem Mißbrauch dieser Kredite war die Zentralbank trotz existierender Restriktionen machtlos, da der „Deposit Secrecy Act" eine offene Bewertung der Aktiva der Kreditnehmer verhinderte. Der Wert der Aktiva determinierte jedoch die Höhe der DOSRI-Kredite. Vgl. Lamberte 1989, S.10 und Lamberte/Llanto 1993, S.9. Eine detaillierte Schilderung der wichtigsten Einzelfälle im Zusammenhang mit den DOSRI-Krediten findet sich in Lamberte 1989, S.52ff.

274 Den Auslöser der Vertrauenskrise bildet die sogenannte „Dewey Dee Affair". Der Industrielle Dewey Dee flüchtete 1981 aus den Philippinen und hinterließ Verbindlichkeiten in einer Höhe von ca. 800 Mio. Pesos, die durch den Geldmarkt finanziert worden waren. Der hierdurch ausgelöste Abzug der Einlagen institutioneller und privater Investoren ließ den Geldmarkt zusammenbrechen und führte zum Bankrott einer Reihe von Investmenthäusern. Ausschlaggebend ist jedoch der mit der Affäre verbundene Vertrauensschwund in das Gesamtsystem, der zu umfangreichen Umschichtungen der Einlagen zu Gunsten der Großbanken oder Institutionen führte, die als vertrauenswürdiger eingestuft wurden. Direkt betroffen von dieser Umschichtung waren insbesondere die kleinen ländlichen Banken sowie die Sparinstitutionen. Eine ausführliche Analyse der Finanzkrise in den Philippinen findet sich in Nascimento 1991.

275 Der Verschuldung des nicht-öffentlichen Sektors verdoppelte sich zwischen 1972 und 1980. Die anteilige Kreditaufnahme an den ausländischen Kreditmärkten vervierfachte sich im gleichen Zeitraum. Vgl. Nascimento 1991, S.185.

276 Offizielle Daten über die Finanzierungsstruktur und den Anteil der Kreditausfälle an der gesamten Kreditvergabe sind nicht vorhanden. Cho/Khatkhate und Nascimento folgern aus der Auswertung der Bilanzierungsdaten von ca. 1.000 Großunternehmen einen scharfen Anstieg des Verschuldungsgrades (ausgedrückt im Verhältnis Fremdkapital zu Eigenkapital) von 315% in 1979 auf 442% in 1986 mit einem gleichzeitigen Ertragsrückgang, der 1982 und 1983 zu negativen Erträgen führte. Der Anteil überfälliger Kredite am Gesamtkreditportfolio stieg von 11,5% in 1983 auf den Spitzenwert von 19,3% in 1986 und reduzierte sich nach Überwindung der Bankenkrise. Zwischen 1980 und 1986 schrumpfte der Gesamtwert der Vermögenswerte im Finanzsektor um real ca. 44%, und die Kreditvergabe an den Privatsektor verringerte sich um ca. 63%. Vgl. Cho/Khatkhate 1989, S.61 und Nascimento 1991, S.209. Auf der Einlagenseite führte die Finanzkrise zu einem Gesamtverlust von ca. 7,6 Mrd. Pesos zwischen 1980 und 1987. Davon wurden 3,5 Mrd. Pesos durch die Einlagenversicherung aufgefangen, während Verluste in der Höhe von 4,1 Mrd. Pesos direkt von den Sparern getragen werden mußten. Vgl. Lamberte 1989, S.69.

Runs übernahmen die staatlichen Banken die Verbindlichkeiten der insolventen Institutionen bzw. die gesamten Unternehmen. Die Zahlungsbilanzkrise in 1983-1984, das hiermit verbundene Moratorium in bezug auf die Rückzahlung der Auslandsschulden und die politische Unsicherheit verschärften das Liquiditätsproblem und den Vertrauensverlust. Die staatlichen und privaten Banken gerieten zunehmend in eine finanzielle Schieflage. Trotz weitreichender Finanzhilfen der Zentralbank führte die Finanzkrise zur Schließung von insgesamt 185 Institutionen zwischen 1981 und 1988. Die Kapitalflucht stieg insbesondere in der Periode 1980-1983 überproportional an.[277]

Im Zusammenhang mit der Finanzkrise ist die Rolle der Zentralbank kritisch zu betrachten. Die Nutzung der Zentralbank als Finanzierungsinstitut für Entwicklungsaufgaben und als Finanzierungsquelle für die in Schieflage geratenen Finanzinstitutionen führte zur Vernachlässigung ihrer geldpolitischen und stabilitätspolitischen Aufgaben. Zwischen 1983 und 1992 beliefen sich die akkumulierten Verluste der Zentralbank auf ca. 190 Mrd. Pesos. Die Verluste werden im wesentlichen vier Faktoren zugeschrieben: Erstens die Zins- und Tilgungszahlungen im Rahmen der Rückführung der Auslandsverschuldung und aufgrund der Ausgabe hochverzinslicher kurzfristiger Geldmarktpapiere zur Eindämmung der Inflation nach 1985 zweitens die Vergabe zinsloser bzw. niedrigverzinster Kredite im Rahmen der Haushaltsfinanzierung und der Finanzierung der staatlichen Förderprogramme auch nach der Freigabe der Zinssätze, drittens die Währungsverluste im Zusammenhang mit der Refinanzierung der Zentralbank über die internationalen Kreditmärkte und die Abwertungen des Pesos sowie viertens die finanziellen Belastungen im Zusammenhang mit der Bankenkrise. Die Lösung der finanziellen Probleme und verstärkte Wahrnehmung der geld- und stabilitätspolitischen Auf-

277 Vgl. Lamberte 1991, S.85-86. Die finanziellen Hilfen durch die Zentralbank und den Staat zur Unterstützung der illiquiden bzw. insolventen Unternehmen im Finanzsektor und im Nicht-Finanzsektor betrug in 1980 ca. 5,3 Mrd. Pesos (ca. 13,6% der gesamten Staatsausgaben) und stieg bis 1984 auf ca. 20,3 Mrd. Pesos (ca. 21% der gesamten Staatsausgaben) an. Die Maßnahmen zur Überwindung der Krise beinhalteten neben der direkten Finanzhilfe zur Überbrückung von Liquiditätsengpässen insbesondere: Rekapitalisierung durch staatliche Beteiligungsgesellschaften, Gesamtübernahme durch staatliche Unternehmen, Liquidation - insbesondere kleiner Finanzinstitutionen - oder Zusammenführung von Finanzinstitutionen, teilweise Neubesetzung oder Unterstützung des Managements. Des weiteren wurde ein separates Restrukturierungsprogramm für die zwei größten staatlichen Banken durchgeführt, deren Kreditportfolio in 1985 zu 80% aus notleidenden Krediten bestand. Das Programm beinhaltete u.a. die Überführung der nichteinbringbaren Forderungen in den staatlichen „Asset Privatization Trust" und erhöhte damit weiter die öffentliche Verschuldung. Vgl. Nascimento 1991, S.220ff. Zur ausführlichen Darstellung der Programme für die Staatsbanken siehe Sorinao 1992, S.37-42. Eine quantitative Untersuchung über die Kapitalflucht in den Philippinen anhand mehrerer alternativer Meßmethoden findet sich in Vos 1992. In eigenen Berechnungen verzeichnet Vos einen Anstieg der Kapitalflucht von ca. 0,7 Mrd. US$ in 1979 auf ca. 1,3 Mrd. in 1980 und ca. 2,9 Mrd. US$ in 1981 bzw. 2,4 US$ in 1982. Akkumuliert ergeben sich für den Zeitraum 1976-1982 ca. 9,1 Mrd. US$ und für den Zeitraum 1983-1986 ca. 3,3 Mrd. US$. Nach 1986 ist ein deutlicher Rückgang dieser Kapitalströme zu verzeichnen. Vgl. Vos 1992, S.510.

gaben der Zentralbank bildet einen Bestandteil des zur Umsetzung anstehenden „Central Bank Act“ von 1993.[278]

Aus der Bankenkrise resultierten eine Reihe von Maßnahmen, die der Zentralbank eine effizientere Handhabung potentieller Krisen im Finanzsystem gewährleisten sollen:

- Explizite Ankündigung durch die Zentralbank, lediglich bei Liquiditätsproblemen Überbrückungshilfen zu gewährleisten, jedoch nicht in Fällen der Insolvenz.
- Anhebung der Mindestkapitalausstattung der Finanzinstitutionen in Abhängigkeit von dem Umfang der Geschäftstätigkeit.
- Verbesserungen in der Wahrnehmung der Aufsichtspflicht gegenüber den Finanzinstitutionen durch Standardisierung der Berichterstattung, der Risikobewertung und der Kreditsicherung.
- Verschärfung der Bestimmungen zum Schutz gegen Insiderverstöße.

Die konkrete Umsetzung der Maßnahmen bleibt jedoch bis heute unzureichend und ist in der Implementierung des „Central Bank Act“ erneut aufgegriffen worden.[279]

Ausgehend von einer relativ diversifizierten Struktur weisen die Anteile der verschiedenen Institutionen nur geringe Veränderungen auf (siehe Tabelle XVII):

Tabelle XVII: Philippinen - Anteil der Institutionen am Gesamtfinanzsektor (in %)[a)]

Jahr	1970	1980	1986	1991
Geschäftsbanken	56,6	56,8	59,0	63,3
Sparinstitutionen	3,6	4,2	4,4	5,0
Rural Banks	2,8	2,2	2,3	1,7
Staatliche Institutionen mit Sonderaufgaben	12,4	13,1	6,4	3,1
Versicherungen	23,7	11,6	17,7	19,4
Investment Institutions	-	10,1	5,8	2,7
Sonstige Institutionen[b)]	0,9	2,0	4,4	4,8

a) Ohne Zentralbank-Vermögenswerte. Die Bewertung der Vermögenswerte der Zentralbank gestaltet sich aufgrund der manipulierten Bewertung der Währungsreserven und sonstiger Vermögenswerte im Zusammenhang mit der Finanzkrise Mitte der achtziger Jahre schwierig. Es liegen keine systematischen Untersuchungen hinsichtlich Größe, Zinsstruktur und Entwicklung des informellen Finanzsektors vor. Der informelle Sektor bedient in erster Linie individuelle Kleinkredite im Privatsektor.

b) Hierzu zählen insbesondere: Trust Operations, Venture Capital Unternehmen, Wertpapierhändler etc.

Quelle: Eigene Darstellung aus Lamberte/Llanto 1993, Yap et al. 1995

278 Als Lösungsansatz ist u.a. eine Bereinigung der Kreditportfolios der Zentralbank vorgesehen, in dem die Forderungen auf den Staatshaushalt übertragen werden sowie der vollständige Rückzug der Zentralbank aus den entwicklungspolitischen Finanzierungsaufgaben. Vgl. Lamberte/Llanto 1993, S.10 und S.96.

279 Vgl. Lamberte 1991, S.77.

Die Geschäftsbanken dominieren das Finanzsystem und verzeichnen seit 1991 einen leichten Anstieg. Der Ausbau des Handels mit Geldmarktinstrumenten bewirkte die Zunahme der Investmenthäuser in den siebziger Jahren. Die Ausweitung des Universalbankensystems führte in Kombination mit den Zusammenschlüssen und der Konsolidierung der Finanzinstitutionen Mitte der achtziger Jahre aufgrund der Finanzkrise wieder zu einem Rückgang des Anteils der Investmentgesellschaften. Trotz bestehender Beschränkungen durch die Aufsicht der Zentralbank zeichnet sich das Finanzsystem durch eine enge wirtschaftliche und personelle Verflechtung mit verbundenen Unternehmen aus dem Finanzsektor bzw. aus weiteren Wirtschaftssektoren aus. Die meist in Familienbesitz befindlichen bzw. durch die Industriellenfamilien während der sechziger Jahre aufgebauten Banken dienen bis heute vorrangig der Finanzierung der eigenen verbundenen Unternehmen und existieren nur teilweise als eigenständiger Unternehmenszweig.[280] Die personelle Verflechtung bewirkte im Aufbau des Universalbankensystems durch die Reformen eine Verminderung des Wettbewerbs und eine Stärkung der oligopolistischen Struktur des Finanzsystems.[281] Der Anteil der staatlichen Geschäftsbanken an den Gesamtvermögenswerten des Finanzsystems hat sich von ca. 33% in 1980 auf 36% in 1986 erhöht, wobei die staatlichen Banken eine über dem Durchschnitt liegende Risikokonzentration aufweisen. Die teilweise abgeschlossene Privatisierung der staatlichen Banken führt seit 1986 zu einem Rückgang des Staates im Bankensektor auf ca. 20% (1991).

Trotz einer kontinuierlichen Anpassung an das internationale Zinsniveau sind die Zinssätze bis zur Liberalisierung generell durch negative Realzinsen charakterisiert. Die geringen Zinsdifferentiale zwischen kurzfristigen und langfristigen Finanzierungsmitteln behinderten den Aufbau einer adäquaten Fristentransformation, so daß langfristige Finanzierungsformen stark unterentwickelt blieben. Die freie Zinssetzung im Geldmarkt führte zu einer Verlagerung der Finanzierung in diesen Bereich bis zum Zusammenbruch des Geldmarktes im Zusammenhang mit der Finanzkrise.

---

280 Vgl. Lamberte 1989, S.8-10. Die gesamte philippinische Wirtschaftsstruktur ist durch sogenannte „interlocking directorates“ in Form der gleichzeitigen Wahrnehmung mehrerer Vorstandspositionen in verschiedenen Wirtschaftsunternehmen charakterisiert. 1983 bestand diese Form der personellen Verflechtung zwischen nahezu allen Finanzinstitutionen, wodurch sich im Finanzsystem trotz einer Vielzahl an Institutionen eine hohe Machtkonzentration zu Gunsten einiger weniger Familien bildete. Im Bereich der Staatsunternehmen war diese Verflechtung extrem ausgeprägt: In 1985 hielten 39 Einzelpersonen zehn oder mehr Vorstandspositionen und weitere 32 Einzelpersonen zwischen fünf und neun Vorstandspositionen inne. Vgl. Haggard 1990, S.228.

281 U.a. stieg der Anteil der fünf größten Banken an den Gesamteinlagen von 30,7% in 1981 auf 51,9% in 1990. Der Herfindahl Koeffizient verzeichnet im gleichen Zeitraum, bezogen auf den Bankensektor, einen Anstieg von 0,044 auf 0,074. Vgl. Lamberte/Llanto 1993, S.43.

Abb. XVII verdeutlicht die Entwicklung der Zinsstruktur des philippinischen Finanzsystems im Beobachtungszeitraum:

Abbildung XVII: Philippinen - Zinsstruktur 1970-1994

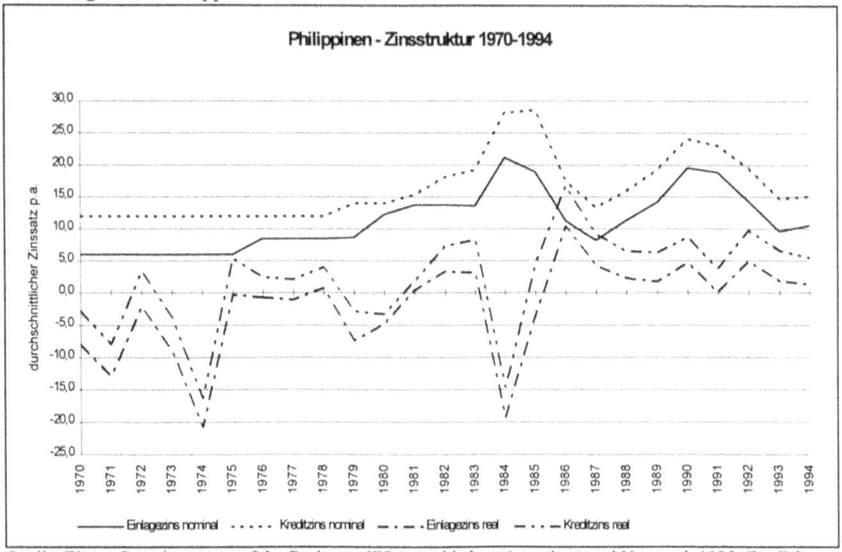

Quelle: Eigene Berechnungen auf der Basis von IFS (verschiedene Ausgaben) und Yap et al. 1995. Zur Erläuterung der Legende siehe Tabelle "Indikatoren Finanzsektor", Kapitel 4.2.

Die Zinsstruktur weist nach vollständiger Freigabe der Zinssätze in 1983 mit Ausnahme des Hochinflationsjahres 1984 ein moderates reales Niveau auf. Der Einfluß der Inflationsbewegungen spiegelt sich deutlich in den Zinsschwankungen wider. Durch das stark schwankende Zinsniveau wurde das Ziel der Fristenverlängerung und der Aufbau eines Marktes für langfristige Finanzierungen auch nach der Reformdurchführung verfehlt.[282] Exzessiv hohe reale Einlagen- oder Kreditzinsen traten nicht auf. Die Begründung für dieses niedrige Zinsniveau liegt in der oligopolistischen Struktur des Finanzsystems und der Bedeutung der „interlocking directorates“: Im Vordergrund steht die Finanzierung der verbundenen Unternehmen zu mög-

282 In 1991 haben über 80% der Kredite der Geschäftsbanken eine Fälligkeit von unter einem Jahr. Dieser Anteil lag 1986 noch bei ca. 70%. Dies ist auch bedingt durch die Ausgabe kurzfristiger, hochverzinster Staatsanleihen zur Absorbierung der Überschußliquidität nach 1986 sowie durch die bis 1992 geltenden hohen Mindestreservesätze von 25%, die durch den Kauf dieser Papiere erfüllt werden konnten. Für die Finanzinstitutionen bestanden daher keine Anreize, langfristige Finanzierungen aufzubauen. Vgl. Lamberte/Llanto 1993, S.30.

lichst günstigen Kreditkonditionen bzw. zu einem möglichst niedrigen Zinssatz. Die Anlage der erwirtschafteten Gelder erfolgt dagegen im Ausland.

Die Bewertung der Profitabilität des Finanzsektors in Folge der Reformen ist durch die Finanzkrise erschwert, da die Institutionen in erster Linie in die Überwindung der Liquiditätskrise und die Abwendung der Insolvenz involviert waren. Überlegungen hinsichtlich der Profitabilitätssteigerung rückten demgegenüber in den Hintergrund.

Abbildung XVIII: Philippinen - Zinsspannen 1970-1994

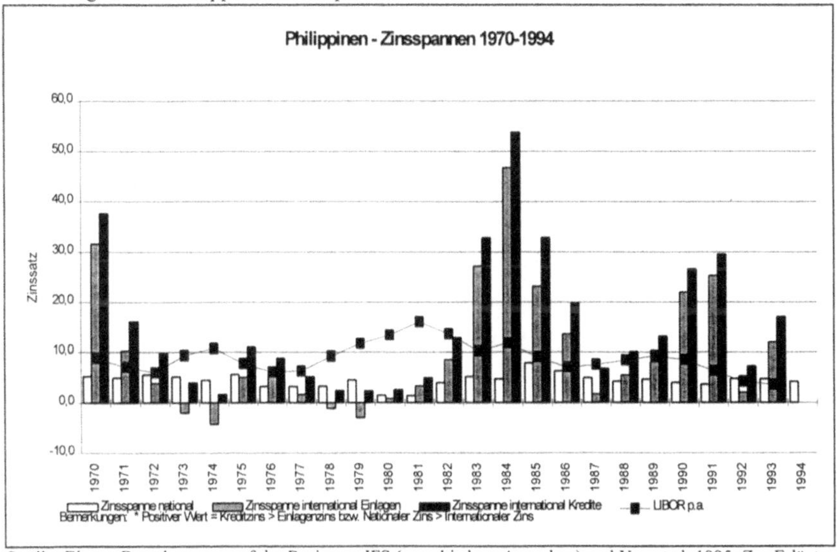

Quelle: Eigene Berechnungen auf der Basis von IFS (verschiedene Ausgaben) und Yap et al. 1995. Zur Erläuterung der Legende siehe Tabelle "Indikatoren Finanzsektor", Kapitel 4.2.

Aus Abb. XVIII wird jedoch eine Ausweitung der nationalen Zinsspanne nach den Reformen ersichtlich. Dies ist u.a. auf den Ausbau der oligopolistischen Struktur im Bankensektor zurückzuführen. Hiermit korrespondiert auch der kontinuierliche Anstieg der Rentabilität im Bankensektor nach der Finanzkrise.[283] Das inländische Zinsniveau liegt im internationalen Vergleich, bedingt durch die inflationären Tendenzen und die Wechselkursbewegungen, über

283 Die Gesamtkapitalrendite der Universalbanken verzeichnet zwischen 1981 und 1990 einen Anstieg von 1,3% auf 2,3%, die der Commercial Banks von 0,9% auf 2,2% und die der Staatsbanken von 0,7% auf 4,7%. Alle Banken mußten im Zusammenhang mit der Finanzkrise in den Jahren 1984 und 1985 einen Rückgang der Renditen hinnehmen. Vgl. Lamberte/Llanto 1993, S.44.

dem internationalen Niveau. In Folge der rezessiven Entwicklung weitete sich der Zinsunterschied in den Perioden 1982 bis 1985 sowie 1990 bis 1991 deutlich aus.

Auch in der Kreditallokation (siehe Abb. XVIX) sind die Folgen der Finanz- und Wirtschaftskrise deutlich zu erkennen: Der Indikator Kredit BIP weist bis 1983 eine steigende Tendenz auf. Die Jahre 1984-1985 verdeutlichen den Rückgang der Kreditvergabe durch die Privatbanken. Dieser Rückgang nach Beendigung der Finanzkrise ist im wesentlichen auf die abwartende Haltung der Finanzinstitutionen in einem politisch und wirtschaftlich unsicheren Umfeld begründet. Zudem präferierten die Banken die Anlage in die hochverzinslichen, kurzfristigen Staatsanleihen gegenüber einer Erhöhung der Kreditvergabe bzw. einer Erhöhung des Kreditzinses zur Ergebnisverbesserung.[284] Die Zunahme der Staatsinterventionen in der Kreditallokation - u.a. begründet durch die Kreditprogramme an priorisierte Sektoren - in den siebziger Jahren wird über den Indikator Kredit Total ersichtlich.

Abbildung XIX: Philippinen - Kreditallokation 1970-1994

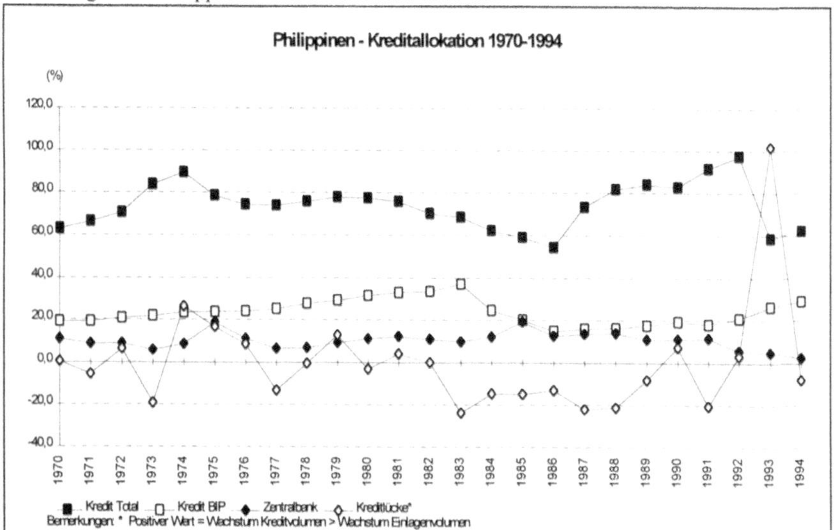

Quelle: Eigene Berechnungen auf der Basis von IFS (verschiedene Ausgaben). Zur Erläuterung der Legende siehe Tabelle "Indikatoren Finanzsektor", Kapitel 4.2.

Erst nach Überwindung der Rezession nimmt die Kreditallokation durch die Geschäftsbanken wieder die dominierende Rolle ein. Korrespondierend dazu steigt der Indikator Zentralbank

284 Vgl. Bisat/Johnston/Sundararajan 1992, S.69

zwischen 1977 und 1984. Ab 1985 schwindet der Einfluß der Zentralbank in der direkten Kreditvergabe. Über den Indikator Kreditlücke läßt sich keine eindeutige Aussage treffen. Lediglich in der Periode 1983-1987 korrespondiert der Wert mit der Zurückhaltung in der Kreditvergabe durch die Finanzinstitutionen. Die Bewegungen im Jahr 1993 sind im Zusammenhang mit der Bilanzbereinigung der Zentralbank zu sehen.

Tabelle XVIII verdeutlicht die Entwicklung der Kapitalmärkte in den Philippinen:

Tabelle XVIII: Philippinen - Entwicklung der Kapitalmärkte

	1986	1990	1992	1994
Philippine Stock Exchange				
Gesamte Marktkapitalisierung (Mrd. Pesos)	11,5	28,5	77,0	1.360
Marktkapitalisierung/BIP (%)	6,7	14,2	28,8	80,6
Stock Exchange Index	813	651	1.150	2.780
Anzahl der gelisteten Unternehmen	138	153	172	189

Quelle: Eigene Darstellung auf Grundlage von Lamberte/Llanto 1993, Nomura 1995 und Rodrigio 1993.

Sowohl der Markt für festverzinsliche Wertpapiere als auch der Aktienmarkt sind relativ unterentwickelt.[285] Als Finanzierungsquelle - insbesondere in der langfristigen Finanzierung - gewinnt lediglich der Aktienmarkt seit 1990 aufgrund der großen Zinsvolatilität in der Kreditfinanzierung an Bedeutung. Im Aktienmarkt sind zudem verstärkt Tendenzen erkennbar, daß stabile Großunternehmen diese Finanzierungsquelle nutzen und das spekulative Element der Beteiligungsfinanzierung in den Hintergrund treten lassen.[286] Zur Vereinfachung der Abwicklung wurden die zwei bisher existierenden Börsen (Manila Stock Exchange und Makati Stock Exchange) zur Philippine Stock Exchange vereinigt, wenngleich beide Institutionen als Handelsplätze weiter bestehen. Die Entwicklung der Kapitalmärkte wurde weiterhin durch eine Reform der steuerlichen Behandlung der Dividendenerträge sowie durch einen Ausbau des rechtlichen Rahmenwerkes gefördert.

---

[285] In 1990 wurden lediglich 30 der 153 gelisteten Werte aktiv gehandelt. Die vier „Blue-Chips" Ayala Corporation, Philippine Long Distance Telephone, Philippine National Bank und San Miguel dominieren den Markt. Im Juni 1990 beträgt das Volumen dieser vier Unternehmen ca. 60% der gesamten Marktkapitalisierung und ca. 95% des Gesamtumsatzes. Vgl. Rodrigo 1995, S.185.

[286] In 1990/1991 nahmen die beiden Großunternehmen MERALCO und Ayala Land Kapital in der Höhe von 11 Mrd. Pesos bzw. 14 Mrd. Pesos über den Aktienmarkt. Beide Emissionen konnten ohne Schwierigkeiten hinsichtlich ihrer Volumina plaziert werden.

4.5.3 Orthodox-technische Analyse

Aufgrund der besonderen Rahmenbedingungen auf den Philippinen werden die Ausführungen der orthodox-technischen Analyse der Wirtschaftspolitik auf das Wesentliche beschränkt. Diese Rahmenbedingungen zeichnen sich insbesondere im politischen System durch die Verhängung des Kriegsrechts und die nachfolgende Personifizierung der Politik unter dem Regime Marcos aus. In der durch makroökonomische Störungen und tiefe Rezession sowie Finanzkrise charakterisierten Periode zwischen 1979 und 1984 wurde der Großteil der Reformen im Finanzsystem durchgeführt, ohne daß eine konsistente Struktur in den Bereichen Fiskal-, Geld- und Wechselkurspolitik erkennbar ist. Vielmehr ist die Wirtschaftspolitik durch das Spannungsverhältnis zwischen den Bestrebungen der Machterhaltung durch Marcos und den Bemühungen der internationalen Organisationen, die philippinische Wirtschaft durch ein Krisenmanagement aus der Rezession zu führen, determiniert.

4.5.3.1 Fiskalpolitik

Die gesamte Beobachtungsperiode ist durch eine expansive Fiskalpolitik in den Jahren 1970 bis 1984 und durch die Versuche einer Rückführung der hierdurch verursachten Staatsverschuldung in der Zeit nach Überwindung der Rezession in 1985 gekennzeichnet. Die unter Marcos betriebene Politik der Importsubstitution wurde weitgehend durch die Kreditaufnahme im Ausland finanziert. Der Hauptanteil der Verschuldung der philippinischen Wirtschaft gegenüber dem Ausland fällt entweder direkt auf den öffentlichen Sektor zurück oder bestand aus Garantieverpflichtungen der öffentlichen Hand zugunsten des Privatsektors.[287] Aufgrund der Verschlechterung der gesamtwirtschaftlichen Lage ab 1980 und des damit verbundenen Verlustes der internationalen Kreditwürdigkeit nimmt im Zeitraum 1980-1983 die Kreditaufnahme über die Zentralbank stark zu. Desweiteren ermöglichte die Liberalisierung im Finanzsystem Anfang der achtziger Jahre eine erhöhte Kreditaufnahme im inländischen Bankensystem. Diese Entwicklung führte - verstärkt durch die schwach ausgeprägten Finanzmärkte - zu crowding-out Effekten im privaten Sektor, indem die Finanzinstitutionen Portfolioumschichtungen zugunsten der nun vermehrt ausgegebenen Schuldtitel der öffentlichen Hand durchführten und damit die Liquiditätsengpässe im realen Sektor verschärften. Nach Überwindung der Rezession nimmt die Finanzierung des Haushaltes über die Zentral-

---

287 Der Anteil der Netto-Kreditaufnahme im Ausland zur Finanzierung des Staatshaushaltes betrug im Zeitraum 1975 bis 1984 durchschnittlich 57%. In den Jahren 1977 bis 1980 liegt dieser Wert aufgrund der schwachen Mobilisierung inländischer Ressourcen zwischen 73% und 104%. Vgl. Canlas 1989, S.101. Der Anteil des Privatsektors an der gesamten langfristigen Verschuldung im Ausland lag 1975 bei ca. 60% und reduzierte sich bis 1988 kontinuierlich auf ca. 9%. Vgl. Lamberte et al. 1992, S.171.

bank stark ab. Demgegenüber tritt die Mittelaufnahme im inländische Finanzsystem in den Vordergrund.[288]

Im Verhältnis zum BIP weist der öffentliche Sektor 1975 erstmals ein Defizit von 3% aus, das sich bis 1981 auf 7,3% ausweitet. Nach eine Rückführung des Fehlbetrages auf ca. 2,6% in 1985 schwankt das Defizit zwischen 2-3%. Die gesamten Staatsausgaben im Verhältnis zum BSP betragen im Zeitraum 1975-1985 ca. 16%. Dieser Wert liegt im Zeitraum 1985-1990 aufgrund des stark angestiegenen Schuldendienstes (Anstieg von ca. 3% auf über 9%, gemessen am BSP, zwischen 1975 und 1989) bei über 20%. Der Staatshaushalt weist seit 1986 unter der Annahme der Subtraktion der Schuldendienste einen Überschuß aus. Hierüber wird die Bedeutung der Auslandsverschuldung für die gesamtwirtschaftliche Entwicklung der Philippinen deutlich.[289]

In direktem Zusammenhang mit der hohen Auslandsverschuldung stehen insbesondere die folgenden Problemkreise:

- Verwendung der Finanzmittel für unproduktive Zwecke und zugunsten der öffentlichen Unternehmen: Mit anfänglicher Zustimmung der Weltbank und des IMF flossen die Finanzmittel größtenteils in überdimensionierte Infrastrukturprojekte sowie in den Ausbau der Energieversorgung. So setzte die Regierung Marcos in 1979 auch gegen den Widerstand der internationalen Organisationen die Planung der „Eleven Major Industrial Projects" durch.[290] Die Zahl der Staatsunternehmen stieg von 120 in 1975 auf 303 in 1984. Die Staatsunternehmen waren generell durch hohe Ineffizienz und eine starke personelle Verflechtung zu dem Marcos Regime gekennzeichnet. Dies resultierte in eine kontinuierlich wachsende Belastung des Staatshaushaltes bei einem gleichzeitig stagnierendem Beitrag zum BIP. Nach der Machtübernahme beschloß die Regierung Aquino, lediglich ca. 80 Unternehmen im Staatsbesitz weiterzuführen. Etwa 120 Unternehmen sollten zur Privati-

---

288 Vgl. Canlas 1989, S.102 und Manasan 1991, S.128-129.

289 Vgl. zu den Zahlen Lamberte et al. 1992, S.10-13 und Manasan 1991, S.112.

290 Die Durchführung dieser Projekte stand im krassen Widerspruch zu der von den internationalen Organisationen verlangten Strukturanpassung, die auf eine Förderung der arbeitsintensiven und exportorientierten Industrien ausgerichtet war. Die elf Projekte bestanden ausschließlich aus kapitalintensiven Investitionen im Bereich der Schwerindustrie (u.a. Stahl, Energie und Chemie) und sollten die zweite Stufe der Importsubstitution realisieren. Die Investitionssumme belief sich auf ca. 6 Mrd. US$. Der Vergleich mit den Investitionskosten je Arbeitsplatz verdeutlicht die Überdimensionierung der Projekte: Die durchschnittliche Investitionssumme je Arbeitsplatz im verarbeitenden Sektor liegt bei ca. 20.000 US$, während sich die Kosten im Rahmen der Projekte auf über 500.000 US$ belaufen. Vgl. Dohner/Haggard 1992, S.34-35.

sierung vorbereitet werden, während die restlichen Unternehmen aufgelöst bzw. mit den noch bestehenden Staatsunternehmen verschmolzen wurden.[291]

- Kapitalflucht: Parallel zum Anstieg der Auslandsverschuldung stieg insbesondere durch den Kapitaltransfer der „Cronies" sowie durch die zunehmende politische Instabilität das Volumen der im Ausland plazierten Kapitalströme an. Zwischen 1981 und 1982 betrug allein die Differenz der neu aufgenommenen Auslandskredite und der identifizierbaren Verwendung der Finanzmittel in den Philippinen ca. 1,9 Mrd. US$. In dieser Zahl sind die sonstigen Möglichkeiten, wie z.B. die Manipulation durch Über- oder Unterfakturierung oder den Interbanken-Transfer, nicht enthalten.

- Kurzfristige Finanzierung: Aufgrund des Verlustes an Kreditwürdigkeit nahm der Anteil der Kredite mit variablem Zinssatz und der Anteil kurzfristiger Kredite am internationalen und inländischen Kapitalmarkt seit 1980 überproportional zu. Die Finanzierungskosten erhöhten sich hierdurch deutlich. Der überwiegende Teil dieser Kredite diente zudem nicht der Finanzierung von Handelsgeschäften, sondern ersetzte fällig gewordene Langzeitkredite bzw. deckte den Finanzierungsbedarf für die gestiegenen Kosten der Energieimporte ab.

Zur Lösung des Verschuldungsproblems der Philippinen sind eine Reihe von Maßnahmen in Zusammenarbeit mit den internationalen Gläubigern getroffen worden. Die Rückführung der Auslandsverschuldung gestaltet sich allerdings aufgrund einer Reihe von konzeptionellen und organisatorischen Schwächen sehr langwierig.[292]

Die Einnahmenseite des Staatshaushaltes basiert in erster Linie auf den Steuereinnahmen. Diese liegen jedoch mit einer Steuerquote von unter 15%, ausgedrückt im Verhältnis der gesamten Steuereinnahmen zum BIP, im Vergleich zu den anderen Volkswirtschaften in der Region weit unter dem Durchschnitt. Steuerumgehung und Steuerhinterziehung sind weit

---

291 Zu den unproduktiven Investitionen durch den öffentlichen Sektor zählt z.B. der Bau des „Bataan" Atomkraftwerkes oder des „Chico River Basin" Damms. Beide Projekte wurden nicht fertiggestellt. Die Investitionssumme für den Reaktorbau beläuft sich auf ca. ein Zehntel der gesamten Verschuldung der Philippinen. Manasan beziffert die Faktorproduktivität der Privatwirtschaft Ende der siebziger Jahre etwa auf das Fünffache der Produktivität des öffentlichen Sektors. In den Jahren 1980-1982 verschlechterte sich dieses Verhältnis auf das Neunfache. Zur Verbesserung der Überwachung und zur Einführung effizienzsteigernder Maßnahmen wurde 1986 das „Government Corporate Monitoring und Coordinating Committee" eingesetzt. Die Ergebnisse der Arbeit des Komitees stehen noch aus, jedoch wirken auch hier insbesondere politökonomische Faktoren negativ auf die Durchführung der Restrukturierungen ein. Bis Ende 1991 gingen ca. 65% der zur Privatisierung vorgesehenen Staatsunternehmen an den Privatsektor über. Vgl. Jayasuriya 1992, S.57 und Soriano 1992, S.27ff.

292 Ein Überblick über die in den Philippinen durchgeführten Maßnahmen und internationalen Abkommen im Zusammenhang mit der Schuldenproblematik findet sich in Yap 1990.

verbreitet. Zudem existiert eine regressive Steuerstruktur mit einem Anteil der indirekten Steuern von ca. 60% am Gesamtaufkommen. Diese Situation konnte auch durch eine Reihe von Maßnahmen im Bereich der Steuerpolitik nicht wesentlich verbessert werden.[293]

4.5.3.2 Geldpolitik

Eine strukturierte Geldpolitik läßt sich im Beobachtungszeitraum - insbesondere in der Marcos Ära - nur bedingt identifizieren, da die Zentralbank durch eine vollkommene Abhängigkeit von der Regierung Marcos geprägt war und weitgehend der Finanzierung der Importsubstitutionsstrategie diente. Zudem machte die durch die Regierung betriebene Monetisierung der Staatsverschuldung die rudimentären Bemühungen der Geldpolitik zur Eindämmung der Inflation in der Rezessionsperiode zwischen 1980 und 1984 zunichte. Diese Haltung bewirkte u.a. die Verschärfung der Rezession in 1984 durch die Zahlungsbilanzkrise und den nahezu vollständigen Verlust der internationalen Währungsreserven der Zentralbank. [294]

Eine aktive Rolle kommt der Zentralbank erst wieder mit der Umsetzung des Anpassungsprogramms der internationalen Organisationen zur Überwindung der Finanzkrise in 1984 zu, in dem der Zentralbank wieder die Wahrnehmung ihrer ursprünglichen geldpolitischen Aufgaben übertragen wurde. Die Zahlungsbilanzkrise führte zu einem drastischen Rückzug der ausländischen Kredite und Finanzmittel. Zur Eindämmung der Inflation leitete die Zentralbank ein Paket restriktiver geldpolitischer Maßnahmen ein, wodurch die Inflation wieder auf das alte Niveau gedrückt werden konnte.[295]

4.5.3.3 Wechselkurspolitik

Der Wert des Peso gegenüber dem US$ als wichtigster Handelswährung ist in der Periode 1970-1979 durch eine relativ hohe Stabilität charakterisiert. Die Regierung Marcos forcierte die Importsubstitution durch einen überbewerteten Wechselkurs sowie eine protektionistische Handelspolitik.[296] Der Ausgleich des Leistungsbilanzdefizites wurde durch die Verschuldung

---

293 Eine Übersicht über die Maßnahmen in der Steuerpolitik bietet Soriano 1992, S.4ff.

294 Vgl. Canlas 1989, S.104-105.

295 Das Maßnahmenpaket umfaßte insbesondere die Erhöhung der Mindestreserveanforderungen, die quantitative Reduzierung der Refinanzierungsmöglichkeiten bei der Zentralbank und die Ausgabe hochverzinster Staatspapiere. Vgl. Yap et al. 1995, S.318.

296 Die Philippinen weisen Ende der siebziger Jahre im regionalen Vergleich die höchsten nominalen Handelstarife für den verarbeitenden Sektor auf. Zusätzlich existierten eine hohe Anzahl quantitativer Restriktionen. In 1980 fielen ca. 550 Produkte unter die regulierten Handelstarife, weitere 1300 Produkte fielen unter die Kategorie „banned". Der effektive Zolltarif betrug ca. 44% in 1980. Im Zuge der Handelsreformen ab 1980 reduzierte sich dieser Satz auf 25% bis 1985. Die Zahl der regulierten Produkte verringerte sich bis 1986 auf 675 und die Zahl der Produkte in der Kategorie „banned" bereits 1982 auf 428. Die kapitalintensiven, meist durch eine hohe Ineffizienz charakterisierten Industrien wurden gegenüber den arbeitsintensiven Industrien und dem primären Sektor durch die protektionistischen Maßnahmen

im Ausland erzielt. Die Anpassungen des Wechselkurses erfolgten erst durch eine Reihe von Abwertungen zu Beginn der achtziger Jahre, nachdem die philippinische Wirtschaft weitgehend nicht mehr international wettbewerbsfähig war. Abb. XX zeigt die Entwicklung des Wechselkurses zwischen 1979 und 1994:

Abbildung XX: Philippinen - Wechselkursentwicklung 1979-1994

Quelle: Eigene Darstellung auf der Basis von IFS (verschiedene Ausgaben)

Zwischen 1980 und 1989 wertet der Peso kontinuierlich ab. Die Regierung befindet sich in dem Dilemma, auf der einen Seite durch eine Abwertung des Peso die internationale Wettbewerbsfähigkeit zumindest beizubehalten und auf der anderen Seite die inflationären Tendenzen der Abwertungen sowie die damit verbundene Kapitalflucht abzuschwächen. Die aus diesem Grunde betriebene Hochzinspolitik wirkt sich im Gegenzug nachteilig auf die Investitionstätigkeit aus. Das Dilemma wird durch die unter den Erwartungen gebliebenen Zuströme ausländischen Kapitals verschärft. Seit 1989 ist der Wert des Pesos gegenüber den wichtigsten Handelswährungen relativ stabil.

priorisiert. Die Begründung für diese Politik findet sich u.a. in dem „Cronyism"-System der Regierung Marcos. Vgl. Jayasuriya 1992, S.59-61.

4.5.4 Politisch-Ökonomische Analyse

Die Ausprägung der politisch-ökonomischen Faktoren in den Philippinen ist in erster Linie durch den Aufbau und die Tragweite des politischen Systems unter Marcos sowie durch die Beseitigung und Umgestaltung dieses Systems unter der Regierung Aquino und Ramos determiniert.

Die Ära Marcos beginnt 1966 mit der Wahl Marcos zum Präsidenten und erfährt ihren deutlichsten Einschnitt durch die Verhängung des Kriegsrechts in 1972, wodurch der Übergang zur Diktatur vollzogen wurde. Die unter Marcos implementierte Politik einer „New Society“ wurde durch die nationale und internationale Wirtschaft sowie durch die internationalen Organisationen in der Anfangsphase weitgehend unterstützt, trotz einer äußerst repressiven Behandlung oppositioneller Kräfte.[297] Die fehlende politische Basis ersetzte Marcos durch ein System extrem enger und persönlicher Bindung einzelner Personen insbesondere aus der philippinischen Wirtschaftswelt an sein Regime bzw. seine Person. Diese Unternehmer bzw. Politiker - die sogenannten „cronies“ - versorgte Marcos als Gegenleistung für die politische Unterstützung aus wirtschaftlicher Sicht mit Monopolstellungen ihrer Unternehmen sowie mit stark verbilligten Finanzmitteln zur Finanzierung ihrer Investitionen. Das politische und wirtschaftliche System war zu Beginn der Rezession in 1980 durch eine vollkommene Privatisierung der Politik zugunsten der Person Marcos sowie des inneren Machtzirkels charakterisiert.[298] Die Richtungsänderung in der protektionistischen Wirtschaftspolitik und die

297 Die Verhängung des Kriegsrechts wurde von Marcos u.a. mit der Gefahr einer Revolution durch politische Kräfte aus dem extremen linken oder rechten politischen Spektrum begründet. Tatsächlich wurde die politische Stabilität der Philippinen durch die wirtschaftlichen Veränderungen beeinflußt, indem der traditionelle Konsens der philippinischen Eliten aus Wirtschaft, Politik und Grundbesitz auseinanderzubrechen drohte. Der wirtschaftliche Aufschwung stellte die gesellschaftliche Führung der Eliten in Frage und begünstigte die politische Partizipation aller sozialen Klassen. Marcos verhinderte durch die Verhängung des Kriegsrechts zum einen direkt seine Entmachtung, da nach der philippinischen Verfassung die Ausübung des Präsidentenamtes auf zwei Legislaturperioden beschränkt ist. Zum anderen erzeugte Marcos durch die Unterdrückung oppositioneller Kräfte und die materielle Bindung der alten Elite an sein Regime ein zumindest an der Oberfläche stabiles politisches System. Zur historischen Bildung und Transformation der Eliten in der philippinischen Gesellschaft siehe ausführlicher Doronila 1985 und Wurfel 1979.

298 Außerhalb des eigentlichen Staatsapparates bestand der „cronyism“ in folgenden Formen: Einführung von Produktions- und Handelsmonopolen für die wichtigsten Güter des Primärsektors, Aufbau von Konglomeraten im Industriesektor, insbesondere in dem durch die protektionistische Handelspolitik geschützten Bereich der Importsubstitution, und die Nutzung des Staatsapparates zur Finanzierung über die internationalen Kreditmärkte sowie zum Erwerb internationaler Finanzhilfen und ausländischer Direktinvestitionen. Die Kontrolle über den Kokosnußsektor durch Eduardo Cojuangco, der in Personalunion Direktor der „Coconut Planters Federation“, Leiter der „Philippine Coconut Authority“, Präsident der „United Coconut Planters Bank“ und der „United Coconut Mills“ sowie Eigentümer mehrerer Saatfarmen war, ist ein typisches Beispiel der Ämterhäufung. Über diese Konstellation kontrollierte Cojuangco ca. 93% der Kokosnußverarbeitung und ca. 80% der Kokosnußölexporte. Weiterhin führte Cojuangco den

Einsetzung der Liberalisierungspolitik mit Beginn der Rezession wird auf drei Faktoren zurückgeführt: Erstens die Richtungsänderung innerhalb der politischen Entscheidungsträger in Regierung und Parlament, zweitens der Druck der internationalen Organisationen IMF und Weltbank, die durch ihre kontinuierliche Präsenz und das Ausmaß der finanziellen Unterstützung einen deutlichen Machtfaktor stellten, und drittens die simple Notwendigkeit einer Richtungsänderung, um die Rezession, aufgrund der weltwirtschaftlichen Entwicklung und der vorhersehbaren Finanzierungsproblematik für die stark verschuldete philippinische Wirtschaft, abzuwenden.[299] Gegen die Interessengruppen aus der Wirtschaft implementierte Marcos mit Hilfe der internationalen Organisationen die Reformen im Finanzsektor sowie im Handelssektor zwischen 1980 und 1984. Das verhängte Kriegsrecht wurde 1981 durch Marcos wieder aufgehoben.[300]

Die sich weiter verschlechternde wirtschaftliche Lage und damit verbundene Unzufriedenheit der Unternehmer, die politische Instabilität im Zusammenhang mit der Ermordung Benigno Aquinos sowie die Unsicherheit über Marcos gesundheitlichen Zustand begünstigten die Machtablösung Marcos durch Corazon Aquino in 1986. Unter Aquino standen die Förderung der Privatwirtschaft und der Rückzug des Staates aus dem Wirtschaftsgeschehen sowie Handhabung der unter Marcos aufgelaufenen Auslandsverschuldung im Vordergrund. Die unter Marcos begonnene Öffnung der philippinischen Wirtschaft wurde durch weitreichende Handelsreformen unterstützt. Einen weiteren wichtigen Aspekt bildete die Bekämpfung der Armut und die Schaffung sozialer Gerechtigkeit. Insgesamt ist die Periode unter Aquino durch das Etablieren demokratischer Strukturen und den Aufbau einer auf dem neuen politischen System basierenden Wirtschaftsstruktur gekennzeichnet.[301] Dies zeigt sich auch in der poli-

---

„Coconut Consumers Fund“ und den „Coconut Industry Development Fund“. Über diese Fonds konnten bis 1982 ca. 10 Mrd. Pesos mobilisiert werden, von denen lediglich ca. 2 Mrd. Pesos an die Farmer ausgezahlt wurden. Der Restbetrag floß direkt an den Unternehmer Cojuangco. Vgl. Dohner/Haggard 1992, S.18ff. und S.37-38.

299 Lindsey mißt den beiden ersten Faktoren kaum Bedeutung bei, da sie im wesentlichen auf den Einfluß institutioneller Gruppen begründet sind. Durch die Alleinherrschaft Marcos verfügten jedoch weder inländische Entscheidungsträger oder Expertenteams noch Vertreter der internationalen Institutionen über den entsprechenden Einfluß. Vgl. Lindsey 1992, S.85.

300 Die Aufhebung des Kriegsrechts führte unmittelbar zu einer Wiederbelebung der oppositionellen Kräfte aus den Reihen der Gewerkschaften und der Kirche. Eine bedeutende Stellung nimmt weiterhin der „non-crony“ Wirtschaftssektor ein, der durch den Makati-Business-Club repräsentiert wurde. Dieser Verband, dessen Gründung in dem Aufbau eines Gegengewichts zu den personellen Verflechtungen unter Marcos und einer Gegenbewegung zu den linksgerichteten Interessengruppen motiviert ist, übernahm in der Regierung eine zentrale Stellung in der Wirtschaftspolitik, insbesondere in der Implementierung der Handelsreformen.

301 Die unter Aquino durchgeführten Reformen zeigten insgesamt nur geringe Erfolge. Insbesondere die Maßnahmen im Agrarsektor - Neuverteilung des Agrarlandbesitzes und Anhebung der Einkommen in diesem Sektor - sowie die Privatisierung der in der Marcos Ära gebildeten Staatsbetriebe blieben weitgehend erfolglos. Neben den hier beschriebenen internen Problemen trugen zudem eine Reihe von extern

tischen Zusammensetzung der Koalition unter Aquino: Im Vordergrund der politischen „Bewegung" unter Aquino, die Parteien und gesellschaftliche Kräfte aus dem gesamten politischen Spektrum vereinte, stand eindeutig die Machtablösung Marcos. Eine klare ideologische Ausrichtung sowie ein ausformuliertes parteipolitisches oder wirtschaftspolitisches Programm lag nicht vor. Den ersten Ansatz für ein solches umfassendes Programm bildete der „Medium-Term Philippine Economic Development Plan 1987-1992".[302] Erst mit der Machtübernahme der Regierung Ramos in 1992 ist auf der Basis eines relativ stabilen politischen Systems eine Abkehr von dem durch kurzfristige Maßnahmen der Aquino Regierung betriebenen Krisenmanagement zugunsten langfristiger Verbesserungen der Strukturschwächen erkennbar.[303]

Die Zusammensetzung der oppositionellen Gruppen gegen Wirtschaftsreformen im allgemeinen sowie die Reformen im Finanzsektor hat sich auch durch die Machtübernahme Aquinos nicht wesentlich geändert. In erster Linie bildet das in den durch Handelsprotektion und Subventionen geschützten bzw. begünstigten Sektoren tätige Unternehmertum die stärkste oppositionelle Kraft. Im Agrarsektor blieben die Reformen aufgrund der weiterhin bestehenden Vorherrschaft der Großgrundbesitzer und deren starker Präsenz im Kongreß erfolglos. Die durch die „interlocking directorates" gekennzeichneten Wirtschaftskonglomerate konnten auch unter Aquino nicht aufgebrochen werden und bilden insbesondere dann einen Gegenpol, wenn ihre Besitzstände - bezogen auf das Finanzsystem, z.B. die Schwächung der Position der eigenen Finanzinstitutionen durch eine Erhöhung des Wettbewerbs oder die weitere Reduzierung der subventionierten Kreditvergabe an den Agrarsektor - angegriffen werden. Gerade durch die engen personellen Verflechtungen in der philippinischen Wirtschaftsstruktur sowie zwischen Wirtschaft und Politik bilden die Unternehmer einen kritischen Erfolgsfaktor in der Implementierung der Reformvorhaben. Eine weitere oppositionelle Gruppe bildet das Militär. Unter Marcos wurde das Militär - ähnlich den Wirtschaftsvertretern - durch die Vergabe von Posten im Staatsdienst auf lokaler Ebene in das „crony" System einbezogen und hierüber von Marcos u.a. zur Unterdrückung der politisch oppositionellen Gruppen herangezogen. Da die militärische Führungsspitze unter Aquino keine wesentlichen Änderungen erfuhr, bildete das Militär einen bedeutenden Machtblock, der weiterhin der alten Ordnung unter Marcos verschrieben war. Desweiteren entwickelten sich im Zuge der Demokratisierung oppositionelle Gruppen im Parlament. Die Mehrzahl der Abgeordneten besteht jedoch weiterhin aus Unternehmern oder Großgrundbesitzern bzw. vertritt die Interessen dieser Wählergruppe. Die Bei-

bedingten Faktoren zur schleppenden Wirtschaftsentwicklung bei. Dazu zählen vor allem verschiedene Naturkatastrophen (diverse Erdbeben, Vulkanausbrüche und Taifune) sowie die Folgen des Golfkrieges, die sich durch einen starken Rückgang der Finanztransfers philippinischer Gastarbeiter in der Golfregion negativ auf die Sparquote auswirkten.

302 Vgl. Jayasuriya 1992, S.53-54.

303 Vgl. Yap 1993, S.11ff.

behaltung bzw. die Ausweitung der Finanzsubventionen und Kreditprogramme auf sektoraler oder regionaler Ebene trägt damit entscheidend zur eigenen Nutzenmaximierung in Form materieller Vorteile bzw. der Wiederwahl bei.[304]

Diesen oppositionellen Gruppen gegenüber steht die unter Marcos aufgebaute und zentralisierte „National Economic Development Authority“ (NEDA), welche jedoch unter Marcos lediglich eine Alibifunktion zur Erhöhung der Glaubwürdigkeit seiner Wirtschaftspolitik ausfüllte. Die Erfüllung dieser Funktion diente in erster Linie der Zusammenarbeit mit IMF und Weltbank. Ausgestattet mit hoch ausgebildeten Akademikern und Technokraten, bildete die NEDA das Verbindungsglied zu diesen Institutionen. Die fehlende politische Basis und die absolute Abhängigkeit des einzelnen von dem Wohlwollen Marcos bewirkte jedoch die politische Bedeutungslosigkeit der NEDA. Die formale Entscheidungsgewalt lag aufgrund der Machtbefugnisse bei Marcos. Zudem waren die mit der Implementierung beauftragten Institutionen - z.B. die Zentralbank - ebenfalls mit engen Vertrauten Marcos' besetzt. Erst unter der demokratischen Regierung Aquino erhielt die NEDA ein höheres Gewicht. Jedoch besteht auch hier weiterhin ein tiefer Interessenkonflikt zwischen der stark marktorientierten Ausrichtung der NEDA und den die Interessengruppen aus der Wirtschaft vertretenden Ministerien - insbesondere dem Finanz- und dem Handelsministerium - sowie der Zentralbank. Die NEDA besitzt in diesen Auseinandersetzungen aufgrund der geringen Unterstützung der Regierung nur sehr geringe Durchsetzungskraft.[305]

Einen weiteren wichtigen Faktor bildet die externe Hilfe durch die internationalen Organisationen, in erster Linie die Weltbank und den IMF. Mit Ausnahme der Jahre 1962 und 1982 erhielten die Philippinen in der Beobachtungsperiode jährliche finanzielle Hilfeleistungen durch IMF und Weltbank. Das Volumen der Finanzierungsmittel stieg von 0,425 Mrd. US$ in 1980 auf 1,086 Mrd. in 1983. Nach Überwindung der Rezession reduzierten sich diese Mittel, erreichten dann aber in 1989 einen neuen Höchstwert mit 1,35 Mrd. US$. Der Anteil der Finanzhilfen an den gesamten Kapitalströmen (offizielle Finanzhilfen und private Mittel inklusive ausländischer Direktinvestitionen) betrug 1980 ca. 12% und lag in 1989 immer noch bei ca. 58%. Trotz eines Anstiegs der ausländischen Direktinvestitionen verzeichnen die Philippinen zwischen 1986 und 1989 einen negativen Saldo der Kapitalströme. Dies ist haupt-

---

304 Vgl. Menkhoff 1992, S.80 und Tolentino 1989, S.328-329.

305 Vgl. Lindsey 1992, S.85-88. Wissenschaftler der „University of the Philippines“ bildeten schon gegen Ende der Marcos Ära einen Expertenstab innerhalb der NEDA, der einen Maßnahmenkatalog zur Reaktivierung der Wirtschaft entwarf. Das sogenannte „Yello Book“ bildete nach der Machtübernahme durch Aquino u.a. die Grundlage der Reformen. Die Leitung der NEDA wurde der durch ihre scharfe Kritik an Marcos hervorgetretenen Professorin Solita Monsod übertragen. Vgl. Dohner/Haggard 1992, S.69-70 und Haggard 1990, S.247.

sächlich auf den Rückfluß der an den internationalen Märkten aufgenommenen Kredite im ausländischen Privatsektor zurückzuführen.[306] Der überwiegende Teil der Finanzhilfen war an strikte wirtschaftspolitische Bedingungen der Organisationen gebunden, jedoch gelang die Durchsetzung dieser Bedingungen erst mit dem Anpassungsprogramm im Zusammenhang mit der Überwindung der Rezession in 1984. Die Bedingungen forderten hierbei direkt die von Marcos aufgebaute politische Basis heraus. Unter Aquino entspannte sich das Verhältnis zwischen internationalen Organisationen und Regierung. Dies spiegelt sich u.a. in dem starken Anstieg der Finanzhilfen unter der Regierung Aquino wider.[307] Intellektuelle Hilfe gewährleistete ein ständig präsenter Beratungsstab der Organisationen.[308]

Die Essenz der Crisis-Hypothese läßt sich für die Durchführung der Reformen nicht belegen. Das Reformpaket unter Marcos wurde vor dem Beginn der Rezession Anfang der achtziger Jahre initiiert und damit nicht durch die Rezession ausgelöst. Für die unter Aquino implementierten kleineren Reformschritte ist die Crisis-Hypothese ebenfalls nicht haltbar. Ebenso muß die Honeymoon-Hypothese verworfen werden, da die Reformen unter Marcos sowohl initiiert als auch implementiert wurden. Ein Machtwechsel lag nicht vor. Für die Maßnahmen der Aquino-Regierung in den Bereichen Handel, Eigentum und Landreform ist die Honeymoon-Hypothese haltbar, da die Regierung Aquino zumindest zu Beginn ihrer Amtszeit über einen beträchtlichen Vertrauensvorschuß verfügen konnte. Dieser zeigte sich zum einen in den Wahlergebnissen sowie in der verstärkten Wiederaufnahme ausländischer Hilfe in intellektueller und finanzieller Form. Eine Reihe von Reformen konnte daher nur aufgrund des Machtwechsels durchgesetzt werden.[309]

---

306 Vgl. Husain/Jun 1992, S.41.

307 Die Bedingungen der internationalen Organisationen beinhalteten insbesondere die Steuerpolitik, die Restrukturierung der Finanzinstitutionen, die Entflechtung der Monopole im Agrar- und Industriesektor sowie die Abschaffung der Handelsrestriktionen. Eine Reihe dieser Auflagen wurden durch Marcos formell akzeptiert, jedoch in der Praxis nicht durchgesetzt. Vgl. Dohner/Haggard 1992, S.53.

308 In diesem Zusammenhang wird die Rolle der internationalen Organisationen in der Entwicklung der philippinischen Wirtschaft zunehmend kritisch gesehen. Die kontinuierliche finanzielle Hilfe der Organisationen unterstützte bis zur Rezession die offensichtlich inkonsistente Wirtschaftspolitik der Marcos Regierung und trug damit zur Verschärfung der Krise bei. Über die genaue Verwendung der an Konzessionen gebundenen Mittel herrscht bis heute Unklarheit. Ein wesentlicher Teil der Finanzhilfen scheint nicht der ursprünglichen geplanten Verwendung zugeflossen ist. Eine ausführliche, wenngleich einseitige Kritik der Weltbankpolitik in den Philippinen findet sich in Bello/Kinley/Elinson 1982 sowie Broad 1988.

309 Die Regierung Aquino war zudem durch den Umstand begünstigt, daß das unter Marcos in 1983/1984 eingeleitete drastische Anpassungsprogramm zum Zeitpunkt der Machtübernahme erste Erfolge aufwies. Somit besaß die Regierung Aquino die Möglichkeit, die Kosten des Programms weiterhin der alten Regierung anzulasten, während die Erfolge auf ihre Politik zurückgeführt werden konnte.

Hinsichtlich der Faktoren Reformgewinner und Reformverlierer läßt sich keine klare Aussage treffen, da die - wenn auch nur gering vorhandenen - Reformerfolge zu Beginn der Reform unter Marcos durch die nachfolgende Finanzkrise nicht wahrgenommen werden konnten. Die Reformen unter Aquino zielten weitgehend auf die Stabilisierung des gesamten Finanzsektors ab, so daß sich auch hier keine expliziten Gewinner oder Verlierer identifizieren lassen. Es lassen sich lediglich Tendenzen erkennen, daß die Maßnahmen aufgrund der Erfahrungen in der Finanzkrise insbesondere der Absicherung kleiner Sparer und Kreditnehmer gelten. Diese Gruppe trug durch das schwach ausgeprägte Einlagensicherungssystem die Hauptlast aus den Verlusten der Finanzkrise.

4.5.5 Bewertung der Glaubwürdigkeit

Der nur mäßige bzw. in Teilbereichen ausgebliebene Erfolg der Reformen im philippinischen Finanzsektor ist wesentlich auf die politische Konstellation und das Ausmaß des „Cronyism-Systems" unter Marcos zurückzuführen. Dieses System hat wesentlich zur Untergrabung der Glaubwürdigkeit der gesamten philippinischen Wirtschaft und damit auch des Finanzsektors beigetragen. Es lassen sich jedoch aus dem Gesamtbild einige Schlüsse ziehen, die nicht in unmittelbarem Zusammenhang mit dem Marcos System stehen, sondern auf Inkonsistenzen in der Planung und Durchführung der Reformen sowie auf die Bedeutung oppositioneller Interessengruppen schließen lassen:

1. Die Reformen im Finanzsektor wurden - abgesehen von den negativen Auswirkungen des Marcos-Regimes auf die Gesamtwirtschaft - unter denkbar ungünstigen Rahmenbedingungen durchgeführt. Zum einen lagen insbesondere aufgrund der Handelspolitik sowie der Einflußnahme auf das Finanzsystem über die Fiskalpolitik makroökonomische Verzerrungen vor. Zum anderen war der Realsektor auf mikroökonomischer Ebene - in erster Linie bedingt durch den hohen Verschuldungsgrad sowie die auf eine Fortführung der Importsubstitution ausgerichteten Produktionsstruktur - auf die Reformen völlig unvorbereitet. Dies trifft auch auf den Finanzsektor zu, der durch einen hohen Anteil notleidender Kredite gekennzeichnet war. Die hohe Auslandsverschuldung ließ der Regierung wenig Spielraum potentielle kurzfristige Einkommens- und Produktionsrückgänge abzufangen. Die Administration war - gewollt oder ungewollt - weitgehend unfähig, die Durchführung der Reformen zu begleiten. Einen kritischen Erfolgsfaktor stellt hierbei die Zentralbank dar, die schon vor der Liberalisierung keine unabhängige Stellung in der Gesamtwirtschaft besaß, sondern vorrangig den Interessen der Regierung diente. Die fehlenden bzw. unzureichenden gesetzlichen Reglementierungen hinsichtlich der Handhabung von Insolvenzen

und Liquiditätsengpässen im Finanzsektor unterminierten die Position weiter. Im Resultat zeigte die Zentralbank nur langsame und schwache Reaktionen auf Probleme im Finanzsektor, wie die Handhabung der DOSRI-Kredite und die vorgefallenen Manipulationen zeigten.

2. Ausgehend von einer offenen Kapitalbilanz, führte die philippinische Regierung die Reformen im Finanzsystem vor einer Restrukturierung in dem durch Wettbewerbsschwächen gekennzeichneten Realsektor durch. Diese Schwächen wurden auf makroökonomischer Ebene durch die simultane Liberalisierung in der Handelspolitik teilweise eliminiert, konnten jedoch aufgrund der politischen Ausprägung des Marcos-Systems nicht vollständig beseitigt werden. Innerhalb des Finanzsystems wurde die Reformsequenz zunächst durch eine graduelle Zinsliberalisierung eingeleitet. Erst nach der Unterbrechung durch die Rezession und der in diesem Zusammenhang durchgeführten Maßnahmen zur Wiederherstellung des gesamtwirtschaftlichen Gleichgewichts führte die Regierung Aquino Reformen im Bereich des Aufsichtswesens durch. Seit Ende der achtziger Jahre stehen Maßnahmen zur Erhöhung des Wettbewerbs im Vordergrund. Diese Sequenz führte dazu, daß die potentiellen positiven Effekte der Reformen sich nicht auf den Finanzsektor auswirkten: Zum einen führte die Zinsliberalisierung ohne eine simultane Durchführung zur Erhöhung des Wettbewerbs zum Ausbau der oligopolistischen Strukturen und konterkarierte damit die beabsichtigen Auswirkungen der Reformen. Zum anderen resultierten die fehlenden Maßnahmen im Aufsichtswesen - unterstützt durch die Ausprägungen des Marcos-Regimes - in eine Reihe von Manipulationen im Finanzsystem.

3. Das politische System Marcos' weist die Charakteristika einer schwachen Diktatur auf: Es besteht eine Entwicklung, die zu einer Privatisierung der Politik führt. Die Ausprägung und das Ausmaß des „cronyism" zeigen diese Entwicklung auf. Auf der Gegenseite gelingt es dem Regime weder, dieses System zu institutionalisieren noch eine Struktur gemäß dem „Capitalist Development State" zu etablieren.[310] Gerade in dieser Struktur wird den Technokraten eine starke und von politischer Einflußnahme isolierte Stellung zugewiesen. Im Fall der Philippinen ist diese Stellung durch die personellen Verflechtungen und die Anwendung einer diskretionären Politik durch Marcos unterlaufen worden. Auch unter

[310] Das Modell des „Capitalist Development State" wird von Johnson durch folgende Elemente charakterisiert: „The model's elements are stable rule by a political-bureaucratic elite not acceding to political demands that would undermine economic growth; co-operation between public and private sectors under the overall guidance of a pilot planning agency; heavy and continuing investment in education for everyone, combined with policies to ensure the equitable distribution of the wealth created by high-speed growth; and a government that understands the need to use and respect methods of economic intervention based on the price mechanism." Johnson 1987, S.145.

Aquino bessert sich diese Konstellation nicht wesentlich. Es existiert weiterhin eine durchsetzungsschwache Regierung, die zwar durch externe Organisationen - insbesondere IMF und Weltbank - zu den Reformmaßnahmen gedrängt wird, diese jedoch innenpolitisch aufgrund der starken oppositionellen Kräfte nicht durchsetzen kann. Bezogen auf den Finanzsektor zeigt das Verhalten der Unternehmer diese Problematik auf: Der positiven Einstellung zur Verbesserung in der Mobilisierung der Finanzressourcen steht eine ablehnende Haltung zu Maßnahmen mit dem Ziel einer effizienteren Allokation dieser Mittel gegenüber.

Für die Finanzsektorreformen in den Philippinen lassen sich demzufolge eine Reihe von Inkonsistenzen feststellen, ausgelöst durch konzeptionelle und administrative Schwächen. Unter die Kategorie der konzeptionellen Schwächen fällt insbesondere die zeitliche Verlagerung der Reformen im Bereich Aufsichtswesen und Wettbewerbserhöhung an das Ende der Reformsequenz sowie die Beibehaltung des hohen Staatseinflusses durch den Anteil der öffentlichen Unternehmen im Finanzsektor und die Kreditlenkungsprogramme. Zu den maßgeblichen administrativen Inkonsistenzen zählen die schwach ausgeprägte Bürokratie und die fehlende Unabhängigkeit der Zentralbank. Ebenso verdeutlichen die Entwicklungen auf den Philippinen das Problem der Zeitinkonsistenz: Eine Reihe von Reformen wurde sowohl unter dem Regime Marcos als auch unter dem Regime Aquino im Umfang reduziert und/oder vollständig abgebrochen. Diese Inkonsistenzen trugen nachhaltig zu einem Verlust an Glaubwürdigkeit in die Wirtschaftspolitik der Philippinen bei. Die Auswirkungen spiegeln sich deutlich in der schleppenden gesamtwirtschaftlichen Entwicklung sowie in einzelnen wirtschaftlichen Entwicklungen wider. Zu diesen Entwicklungen zählt insbesondere das Problem der Kapitalflucht sowie die Zurückhaltung ausändischer Investoren in Bezug auf Direktinvestitionen in den Philippinen. Die Erfahrungen mit den Reformen im Finanzsektor in den Philippinen unterstreichen eindeutig die ausschlaggebende Bedeutung der politökonomischen Faktoren für den Erfolg bzw. Mißerfolg der Liberalisierungsbemühungen.

4.6 Thailand

4.6.1 Überblick

Abb. XXI gibt einen Überblick über einige makroökonomische Indikatoren der gesamtwirtschaftlichen Entwicklung Thailands im Beobachtungszeitraum:

Abbildung XXI: Thailand - Makroökonomische Indikatoren 1970-1994

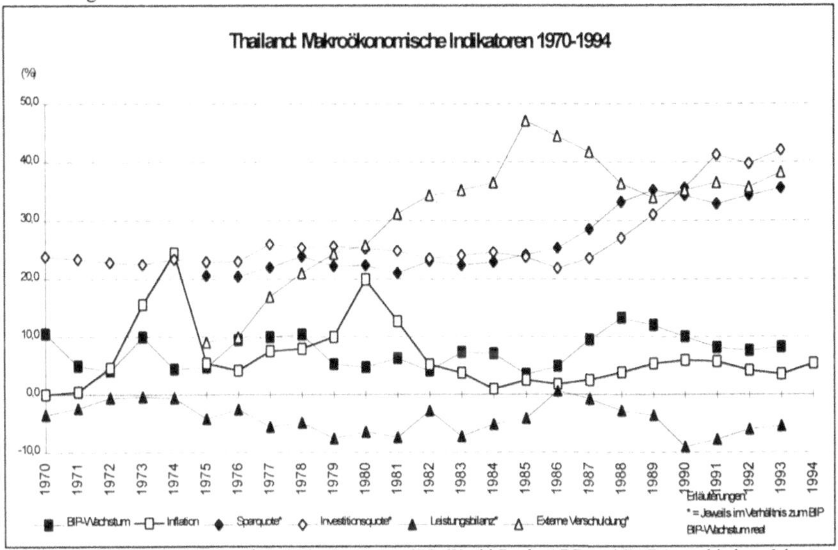

Quelle: Eigene Berechnungen auf Basis der Daten aus IFS, World Bank, ADB und FAZ (verschiedene Jahrgänge).

Zu Beginn der siebziger Jahre hat Thailand erfolgreich die Umwandlung eines vom primären Sektor abhängigen Agrarstaates zu einer leicht diversifizierten Volkswirtschaft mit einem wachsenden produzierenden Gewerbe durchgeführt. Im hohen Grade abhängig von dem begrenzten Binnenmarkt, erreichte der produzierende Sektor bereits Ende der sechziger Jahre die gegebenen inländischen Wachstumsgrenzen im Rahmen der verfolgten Importsubstitution. Im Gegensatz zu den durch die Importsubstitution stark ansteigenden Importen im Bereich Rohstoffe und Kapitalgüter blieb die Exportindustrie mit einem geringen Volumen und Diversifizierungsgrad rückständig. Diese Entwicklung führte zu strukturellen Verzerrungen in der

Handels- und Zahlungsbilanz, die nur teilweise durch Zahlungen für thailändische Dienste im Zusammenhang mit dem Vietnamkrieg kompensiert werden konnten.[311]

Seit 1970 läßt sich die thailändische Wirtschaftsentwicklung in zwei Entwicklungsabschnitte aufteilen: Die erste Periode im Zeitraum 1970-1985 ist durch eine Verschiebung der Wirtschaftsaktivität zugunsten exportorientierter Wirtschaftszweige sowie durch eine Reihe externer Schocks und der entsprechenden inländischen Anpassungen auf diese Schocks geprägt. Ausgelöst durch die beiden Ölkrisen und die damit verbundenen weltweiten Rezessionen, zwangen insbesondere folgende drei Faktoren die thailändische Wirtschaft zur Durchführung von Anpassungsmaßnahmen: Die Verschlechterung der ToT[312], der scharfe Inflationsanstieg nach den Ölkrisen und das Zahlungsbilanzdefizit, welches Ausdruck der ansteigenden Auslandsverschuldung ist. Um eine weitere Verschlechterung der Wirtschaftslage nach dem ersten Ölschock 1972 zu vermeiden, erhöhte die Regierung die öffentlichen Ausgaben sowie die Infrastrukturinvestitionen, beides finanziert durch Kreditaufnahme im Ausland. Weitere Maßnahmen bildeten Preiskontrollen zur Dämpfung der Inflation und die Einführung von Zolltarifen sowie Handelsbarrieren, welche vornehmlich der Abschottung des Binnenmarktes und der Erzielung von Staatseinnahmen dienten.[313]

Die sich erholende inländische Konjunktur wurde 1979 erneut durch die zweite Ölkrise getroffen. Trotz der steigenden Exportleistung führte eine stark defizitäre Handelsbilanz und die rasche Akkumulation externer Schulden zu einer Wirtschaftskrise. Externe Ursachen sind wiederum in den ungünstigen ToT sowie der überraschenden Schließung der US-Militärbasen zu finden, die einen nicht zu unterschätzenden Wirtschaftsfaktor darstellten.[314] Preiskontrollen und übermäßig hohe Zolltarife verzerrten das inländische Preisniveau, intensiviert durch eine ständige Aufwertung des realen Wechselkurses und negative Realzinsen. In Zusammenarbeit mit dem IMF und der Weltbank implementierte die thailändische Regierung Anfang der

311 Vgl. Robinson et al. 1991, S.6-7.

312 Die ToT entwickelten sich im Beobachtungszeitraum wie folgt: Zwischen 1974 und 1977 verschlechterten sich die ToT insgesamt um ca. 42%. Nach einer leichten Erholung mußte 1980-1982 eine erneute Verschlechterung um insgesamt ca. 27% absorbiert werden. Seit 1983 sind die ToT relativ stabil (Verbesserung insgesamt ca. 0,2%). Vgl. IFS verschiedene Ausgaben.

313 Bhattacharaya/Lin kommen in ihrer Studie über Thailand, Indonesien, Korea, Malaysia und die Philippinen zu dem Schluß, daß die durchschnittlichen nominalen Handelstarife in Thailand das höchste Niveau aufweisen. Im Bereich der nichttarifären Hemmnisse - insbesondere der quantitativen Restriktionen - liegt Thailand im Mittelfeld. Vgl. Bhattacharaya/Lin 1988. Die für die Exportsektoren negativen Auswirkungen der Handelspolitik wurden durch umfassende Exportförderprogramme bzw. Ausnahmegenehmigungen zur Umgehung der Handelsbarrieren eliminiert bzw. zumindest abgeschwächt.

314 Die US-Militärhilfe betrug zwischen 1970 und 1974 jährlich ca. 2% des BIP. Weiterhin erzielte Thailand erhebliche Überschüsse im Dienstleistungssektor und kam durch die geographische Lage als Frontstaat in den Genuß vergünstigter Kredite und sonstiger Transferleistungen.

achtziger Jahre ein umfassendes Stabilisierungsprogramm, welches um die folgenden drei Prinzipien zentriert war: Erstens die Rückführung des Fiskal- und Zahlungsbilanzdefizits; zweitens die Eliminierung der Preisverzerrungen, und drittens die Umkehr des protektionistischen Kurses im Bereich der Handelspolitik. Die Ergebnisses des Programmes waren jedoch eher moderat aufgrund der weiterhin ungünstigen Entwicklung der ToT, der Tendenz einer chronischen Überbewertung der budgetierten Staatseinnahmen und des unelastischen Steuersystems. Überdurchschnittliche Resultate erzielte das Anpassungsprogramm lediglich im Finanzsektor, der nun positive Realzinsen aufwies und dadurch eine tiefere Monetisierung der Wirtschaft sowie einen Wachstumsschub im inländischen Bankensektor auslöste.[315]

Die zweite Periode ab 1986 kann mit einem durchschnittlichen jährlichen Wachstum des BIP von ca. 11% und einer moderaten Inflation als Boomperiode umschrieben werden. Vorteilhafte Veränderungen der Weltwirtschaft, wie z.B. der Verfall der Ölpreise, ein niedrigeres internationales Zinsniveau und die Neuausrichtung der Wechselkurse der wichtigsten Handelspartner, sowie Anstrengungen der asiatischen „Newly Industrialized Countries (NIC)“[316], Produktionen aus Kostengründen in asiatische Billiglohnländer auszulagern, förderten die wirtschaftliche Gesundung Thailands. Die treibende interne Kraft bildete der expandierende und sich diversifizierende Sektor der produzierenden Industrie. Der Exportboom in diesem Sektor und der hohe Zuwachs privater Investitionen[317] resultierten vornehmlich aus der Abwertung des thailändischen Bath, der Eliminierung der meisten Exportzölle und -steuern sowie aus dem weiterhin relativ günstigen inländischen Produktionskostenniveau, welches sich positiv auf ausländische Investoren auswirkte.

Die Fiskalpositionen verbesserten sich und resultierten 1989 in einen Überschuß im öffentlichen Sektor. Durch den anhaltenden Boom kamen eine Reihe von strukturellen Problemen, insbesondere Engpässe in der Infrastruktur und Knappheit an ausgebildeten Arbeitskräften, zum Vorschein. Aufgrund der hohen spekulativen Kapitalzuflüsse und des Leistungsbilanzüberschusses entstand ein exzessives Geldmengenwachstum. Eine weitere Verschlechterung der Zahlungsbilanz und enorme spekulative Preissteigerungen im Immobilienbereich und an der Aktienbörse bildeten weitere Problemkreise. Einige Reformen im Finanzsektor und die Einführung neuer Finanzinstrumente kombiniert mit einer restriktiven Fiskalpolitik,

315 Vgl. Robinson et al. 1991, S.8-9.

316 Zu den NIC zählen Hong Kong, Korea, Taiwan und Singapur.

317 Der Zuwachs privater Investitionen zeigt sich deutlich in der Entwicklung der ausländischen Direktinvestitionen nach Überwindung der Rezession. In 1985 betrugen die (genehmigten) ausländischen Investitionen ca. 163 Mio. US$, in 1989 ca. 1.699 Mio. US$ und stiegen bis auf 10,8 Mrd. US$. Vgl. FAZ (verschiedene Ausgaben).

unterstützten die Reduzierung der überschüssigen Liquidität und dämpften die Kreditnachfrage. Das hohe Zahlungsbilanzdefizit blieb jedoch weiterhin bestehen.[318]

Gegenwärtig sieht sich Thailands Wirtschaft mit Herausforderungen in drei Bereichen konfrontiert: Erstens operiert die Wirtschaft durch das anhaltend hohe Wirtschaftswachstum der letzten Dekade ständig an der Stufe zur Überhitzung. Die Zahlungsbilanzdefizite sind nun durch die rasante industrielle Entwicklung und nicht mehr durch die Fiskalpolitik bedingt. Zweitens bleibt Thailand in hohem Maße verwundbar gegenüber externen Schocks. Dies zeigt sich deutlich in der Richtungsänderung der Kapitalströme. Während in der ersten Phase 1970-1985 ausländisches Kapitals überwiegend in Form von Krediten nach Thailand floß, bestehen die Kapitalströme seit 1986 zum überwiegenden Anteil aus ausländischen Direktinvestitionen. An die Stelle der Kreditwürdigkeit sind damit Investitionsklima und gesamtwirtschaftliche Kontinuität sowie verstärkt Wettbewerbsüberlegungen als Entscheidungskriterien getreten. Drittens sieht sich Thailand wachsenden Strukturproblemen in den Bereichen Infrastruktur, Umwelt und Arbeitsmarkt sowie systematischen Problemen durch den andauernden Prozeß der Umgestaltung zur High-Tech- und Dienstleistungsgesellschaft, durch inflationäre Tendenzen, durch Deregulierungsmaßnahmen der inländischen Märkte und im Bereich der Einkommensverteilung gegenüber.

4.6.2 Entwicklung des Finanzsektors

Tabelle XIX gibt einen Überblick über die Ausgangssituation und die wichtigsten Reformen im thailändischen Finanzsektor zwischen 1970 und 1994.

Tabelle XIX: Thailand - Chronologie der Reformen im Finanzsektor

Zeitpunkt	Reformmaßnahmen
seit 1970	- Zinskontrollen für Einlagen und Kredite - Direkte Kreditlenkung durch quantitative Vorgaben (prozentualer Anteil der Einlagen) an priorisierte Sektoren bzw. bei Nichterfüllung der Vorgabe Zwangseinlage bei den nationalen Entwicklungsbanken sowie durch verbilligte Refinanzierungskonditionen - Diverse Devisenkontrollen und direkte Kapitalkontrollen - Tarifäre und nicht-tarifäre Handelsbeschränkungen
1979	- Einführung des „Government Bond Repurchase Market" zur Verbesserung kurzfristiger Liquiditätspositionen der Banken

318 Vgl. Robinson et al. 1991, S.10.

1980	- Abschaffung der bisher geltenden starren Zinsobergrenze (15%) durch Erlaß des „Financial Institutions Lending Rate Act", wodurch die Zinsfestlegung auf das Finanzministerium übertragen wurde
1985	- Übergang zu marktorientierten Instrumenten (u.a. Offenmarktpapiere) im Bereich der Geldpolitik - Gleichschaltung der Zinsdifferentiale für Finanzierungsinstrumente mit verschiedenen Laufzeiten
1989	- Abschaffung der Zinsober- bzw. Zinsuntergrenzen für langfristige Finanzierungsmittel und Einlagen bei „Finance Companies" sowie Befreiung von der Einkommenssteuer für Kapitaleinkünfte für Einlagen über 200.000 Baht
1990	- Eliminierung aller Zinskontrollen auf Termineinlagen - Liberalisierung der Devisenbeschränkungen durch Freigabe der Fremdwährungskäufe ohne vorherige Genehmigung der Bank of Thailand (BoT) - Reduzierung der Restriktionen zur Erweiterung des Zweigstellennetzes - Reduzierung der Importzölle im Rahmen des 7. Entwicklungsplanes
1991	- Liberalisierung der Devisenbeschränkungen durch Freigabe aller Fremdwährungstransaktionen im Zahlungsverkehr - Ausweitung des Empfängerkreises der direkten Kreditprogramme - Erweiterung der Geschäftsfelder der Finanzinstitutionen (u.a. Leasing-Geschäfte, Wertpapieremission)
1992/1993	- Freigabe aller Zinsen und Einführung verschiedener Maßnahmen zur Schaffung von Preistransparenz in der Zinssetzung durch die Finanzinstitutionen* - Aufbau des „Bangkok International Banking Facilities" (Offshore-Banking) - Implementierung des „Securities and Exchange Act" sowie der „Securities and Exchange Commission"
1994	- Eliminierung aller Devisenbeschränkungen mit Ausnahme einer Volumenbegrenzung auf 10 Mio. US$ sowie des Kaufs von ausländischen Wertpapieren oder Immobilien

* Zu den Maßnahmen zählt die öffentliche Bekanntgabe des Minimumzinssatzes für Kredite sowie der Maximalspanne, die diesem Zinssatz aufgeschlagen wird. Den Banken wird so die Möglichkeit genommen, einen höheren Zinssatz als den öffentlich bekanntgegebenen zu verlangen. Ein ähnliches System gilt für die Einlagenzinsen. Diese Maßnahmen sollen der Erhöhung des Wettbewerbs unter den Institutionen dienen.

Quelle: Eigene Zusammenstellung auf Basis von Akrasanee/Jansen/Pongpisanupichit 1993, Easterly/Honohan 1990, Greenwood 1988, Vichyanond 1994.

Wie aus obiger Chronologie deutlich wird, war das thailändische Finanzsystem bis 1989 durch Zinsober- bzw. Zinsuntergrenzen sowie eine Vielzahl von regulierenden Eingriffen im Bankensektor und Devisenkontrollen gekennzeichnet. Trotz des hohen Grades an Regulierung gelang es dem Finanzsektor, mit der wirtschaftlichen Entwicklung in den sechziger und siebziger Jahren mitzuhalten, so daß der Finanzsektor keinen Engpaß in der wirtschaftlichen Entwicklung darstellte. Dies liegt hauptsächlich in der langsamen Gesamtentwicklung dieser Periode, einer durch geringe Kapitalintensität gekennzeichneten Wirtschaftsstruktur und der begrenzten Offenheit der Volkswirtschaft begründet. Die Ausrichtung der Entwicklungsstrategie auf die Exportmärkte und die Mitte der achtziger Jahre einsetzende Rezession - einschließlich der Finanzkrise von 1985 - zwangen die Regierung zur graduellen Öffnung des Systems, um damit die Funktionsfähigkeit des Finanzsektors zu erhöhen. Die expansive Exportstrategie verlagerte den Schwerpunkt des Systems von der Allokation zur Mobilisierung inländischer Ressourcen, um das notwendige Kapital zur Finanzierung der Exportstrategie zur Verfügung zu stellen. Aufgrund der scharfen Rezession konzentrierten sich die Reformen im Finanzsektor Mitte der achtziger Jahre auf die Unterstützung notleidender Finanzinstitutionen und die Stärkung des Überwachungssystems. Maßnahmen zur Öffnung des Systems und der Märkte wurden auf den Zeitpunkt nach Überwindung der Rezession verlegt.[319]

Die Gründe für die dann einsetzende Liberalisierung, die durch umfassende Maßnahmen in den späten achtziger Jahren begann, lassen sich einerseits auf der internationalen Ebene finden. Die Abkommen im Rahmen internationaler Verhandlungen wie z.B. GATT bzw. WTO, eine wachsende Integration der Volkswirtschaften im regionalen Umfeld Indochinas und auf überregionaler Ebene sowie ehrgeizige Pläne für einen Ausbau Bangkoks als regionales Finanzzentrum in Indochina und als potentieller Nachfolgeplatz für Hongkong nach 1997 fallen unter diese Kategorie. Andererseits gelten die schwache Mobilisierung inländischer Finanzaktiva und die sich ausweitende Kluft zwischen vorhandenen Finanzressourcen und für Investitionen benötigte Finanzmittel als interne Gründe. Die bis zu diesem Zeitpunkt hauptsächlich eingesetzten Maßnahmen der Kreditpolitik - direkte Kreditlenkung und Zinskontrollen - führten zu einem Anstieg der Intermediationskosten. Desweiteren charakterisieren die oligopolistische Bankenstruktur sowie die unterentwickelten Kapitalmärkte einen ineffizienten Finanzsektor. Thailändische finanzpolitische Autoritäten sprechen zudem von einer „jetzt" vorhandenen Bereitschaft, das System zu liberalisieren.[320]

Das Gesamtwachstum des Finanzsektors (siehe Abb. XXII) weist anhand der Liquiditätskennziffern eine kontinuierlich positive Monetisierung der Volkswirtschaft auf. Die Werte der Liquiditätskennzahlen haben sich im Beobachtungszeitraum fast verdoppelt. Der Anteil des Bankensektors an den gesamten inländischen Vermögenswerten des Bankensektors beträgt 1994 fast 100% (1970 ca. 73%), wodurch der Einfluß der Zentralbank im Zeitablauf stark zurückgedrängt wurde.[321] Die Schwankungen des Indikators Banken Dichte sind durch die Auswirkungen der Finanzkrise begründet, die zu Verschmelzungen und Schließungen einiger Institutionen führte.

---

319 Vgl. Vichyanond 1994, S.17-20.

320 Vgl. Ekamol 1993, S.120 und Lian 1994, S.298.

321 Der direkte Anteil staatlicher Institutionen (BoT, Entwicklungsbanken, usw.) im Finanzsektor ohne die Beteiligungen an den Geschäftsbanken lag 1970, gemessen an den Gesamtvermögenswerten, über 50% und beträgt 1990 immer noch über 20%. Dieser hohe Anteil wird intensiv zu Zwecken der Staatsfinanzierung bzw. zur Finanzierung der staatlichen Kreditlenkung herangezogen. Der Staat besitzt zudem die Mehrheit der Anteile an der zweitgrößten Geschäftsbank (90% iger Besitz der Krung Thai Bank) sowie Minderheitsbeteiligungen an einer Reihe kleinerer Geschäftsbanken. Vgl. Lian 1994, S.300-301 und Robinson et al. 1991, S.21.

Abbildung XXII: Thailand - Wachstum des Finanzsektors 1970-1994

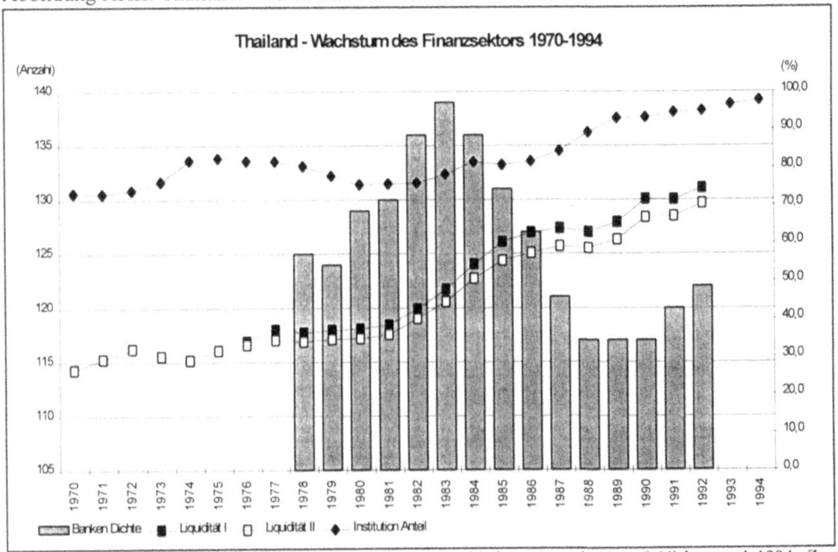

Quelle: Eigene Berechnungen auf der Basis von IFS (verschiedene Ausgaben) und Vichyanond 1994. Zur Erläuterung der Legende siehe Tabelle "Indikatoren Finanzsektor", Kapitel 4.2.

Das Finanzsystem ist durch die dominierende Stellung der Handelsbanken (Commercial Banks) sowohl in bezug auf Einlagen- und Kreditvolumen als auch in bezug auf die Anzahl der Niederlassungen und angebotenen Dienstleistungen bestimmt. Daneben existiert eine Vielzahl von weiteren Finanzinstitutionen wie etwa Finanzierungs- und Investmentgesellschaften, Versicherungen sowie anderen Institutionen, die jedoch insgesamt nur einen Anteil von unter 30%, gemessen an allen Vermögenswerten des Finanzsektors, halten. Öffentliche Institutionen existieren in Form von „Government Saving Banks“, landwirtschaftlichen und sektorenbezogenen Instituten mit Spezialaufgaben. Die dominierende Stellung des reinen Bankensektors wird durch Tabelle XX verdeutlicht. Es fällt auf, daß die institutionelle Seite des Finanzsystems ein relativ statisches Bild bietet. Lediglich der Anteil der „Finance Companies“ konnte zu Lasten der „Staatlichen Entwicklungsbanken“ und der „Sonstigen Finanzinstitutionen“ erhöht werden. 1992 existierten insgesamt 29 Banken, von denen 15 in thailändischem Eigentum sind. Dies bedeutet eine Steigerung um lediglich 3 thailändische Banken seit 1941.[322] Im Gegensatz zu den Strukturen anderer asiatischer Länder existieren in

322 Eine mögliche Begründung für dieses statische Bild findet sich in der noch relativ jungen Liberalisierungsphase des thailändischen Finanzsystems. Die institutionelle Öffnung und die Entwicklung der Kapi-

Thailand keine Institutionen im Bereich Pensionsfonds, die teilweise für die hohen Sparquoten in diesen Ländern verantwortlich sind, so daß die Mobilisierung von Sparmitteln den Banken bzw. „Finance Companies" überlassen wird. Die moderate Entwicklung der Investitions- und Sparquote (vgl. Abb. XXI) verdeutlicht, daß diese Funktion lediglich in der Folgeperiode der Rezession (1985-1989) hinreichend erfüllt wurde.

Tabelle XX: Thailand - Anteil der Institutionen am Gesamtfinanzsektor (in %)[a)]

Jahr	1977	1980	1990	1992
Geschäftsbanken	67,3	66,7	70,1	68,0
Finance Companies	14,9	14,7	14,3	18,1
Versicherungen	1,3	1,4	1,9	1,8
Staatliche Entwicklungsbanken	12,8	13,1	10,4	9,2
Sparinstitutionen	0,8	1,0	2,2	2,0
Sonstige Finanzinstitutionen [b)]	3,0	2,9	1,1	0,9

a) Ohne BoT Vermögenswerte
b) Zu diesen zählen u.a. „Pawnshops", „Credit Foncier Companies", „Agricultural Cooperatives"

Quelle: Eigene Darstellung aus Vichyanond 1993, S.6-7.

Im gesamten Finanzsystem sind insbesondere der Bankensektor und der Bereich der „Finance Companies" durch eine hohe Konzentration und oligopolistische Strukturen gekennzeichnet. Innerhalb der 15 thailändischen Banken halten die drei Größten in 1992 über 50% der Vermögenswerte des Bankensektors. Die Geschäftspolitik dieser drei Banken - insbesondere in der Zinssetzung - beeinflußt weitgehend das Verhalten der Mitbewerber. Der durch die Abschaffung der Zinskontrollen intensivierte Wettbewerb ist bisher nur potenten Großkunden zugute gekommen. Kleinanleger bzw. Kleinkreditnehmer, die nicht das Potential besitzen, sich über die internationalen Kapitalmärkte zu finanzieren, sind durch diese oligopolistische Struktur benachteiligt. Die fünf größten „Finance Companies" halten 1990 ca. 30% der gesamten Vermögenswerte in diesem Sektor. Hier ist bemerkenswert, daß sich die Konzentration seit 1986 verstärkt hat und sich Eigenkapital- bzw. Umsatzrendite der Unternehmen kontinuierlich erhöht haben. Zudem ist der überwiegende Teil der „Finance Companies" unter der Kontrolle oder in Mehrheitsbesitz der Banken, wodurch deren Marktstellung erheblich ausgebaut wird. Die bisherigen Liberalisierungsmaßnahmen haben auf diese Strukturen bisher keine Auswirkungen. Im Beobachtungszeitraum konnte lediglich die Anzahl der Geschäftsstellen - von 335 in 1960 auf 2.852 in 1992 - stark ausgebaut werden.[323] Durch die Öffnung

talmärkte, welche generell die Antriebsfeder für Innovationen neuer Finanz-instrumente darstellen, wird erst seit Beginn der neunziger Jahre intensiv gefördert.

323 Vgl. Vichyanond 1994, S.33-34 und S.40.

der Kapitalmärkte und die Eliminierung diverser Devisenbeschränkungen refinanzieren sich die Banken verstärkt über die internationalen Kapitalmärkte. Hieraus resultiert, daß die Bestrebungen der Zentralbank, die Mobilisierung der inländischen Ressourcen zu erhöhen, unterlaufen werden. Die Summe ausländischer Verbindlichkeiten stieg von ca. 11 Mrd. Baht in 1989 auf über 94 Mrd. Baht in 1992. Neben den Institutionen im formellen Finanzsektor existiert in Thailand ein informeller Sektor, der insbesondere in ländlichen Gebieten eine wichtige Rolle spielt.[324] Insgesamt läßt sich jedoch ein Trend der Verlagerung von Finanzaktiva aus dem informellen Sektor in den formellen Sektor des Finanzsystems feststellen. Gleiches gilt für eine verstärkte Nutzung der Kreditmittel aus dem formellen Sektor. Dies ist vornehmlich in der Zins-struktur, dem verbesserten Service und der höheren Sicherheit des formellen Sektors begründet. Der Marktanteil der ausländischen Banken am thailändischen Finanzsystem beträgt 1992 lediglich 3%.[325]

Die Zinsstruktur im thailändischen Finanzsystem ist in Abb. XXIII dargestellt:

324 Die relative Größe des informellen Sektors im thailändischen Finanzsystem ist aufgrund der unzureichenden Datenlage schwer zu ermitteln. Akranasee/Jensen/Pongpisanupichit beziffern auf der Grundlage verschiedener Primärstudien den Anteil der Kreditvergabe des informellen Sektors im Agrarbereich auf 36% in 1963. Dieser Anteil liegt heute bei ca. 14%. 1980 wird der Anteil des informellen Sektors an der gesamten Kreditvergabe an den Privatsektor auf ca. 17% geschätzt, wobei jedoch der Anteil in den ländlichen Regionen ein Vielfaches beträgt. Vgl. Akranasee/ Jensen/Pongpisanupichit 1993, S.99.

325 Ausländische Banken sind gegenüber inländischen Banken schlechter gestellt, da sie keine Zweigstellen eröffnen dürfen und als Tochterfirmen keine eigenständige juristische Einheit bilden, wodurch ihnen der Zugang zu den Kapitalmärkten versagt ist. Desweiteren bestehen erhebliche Benachteiligungen in der steuerlichen Behandlung ausländischer Banken. Vgl. Robinson et al. 1991, S.20.

Abbildung XXIII: Thailand - Zinsstruktur 1970-1994

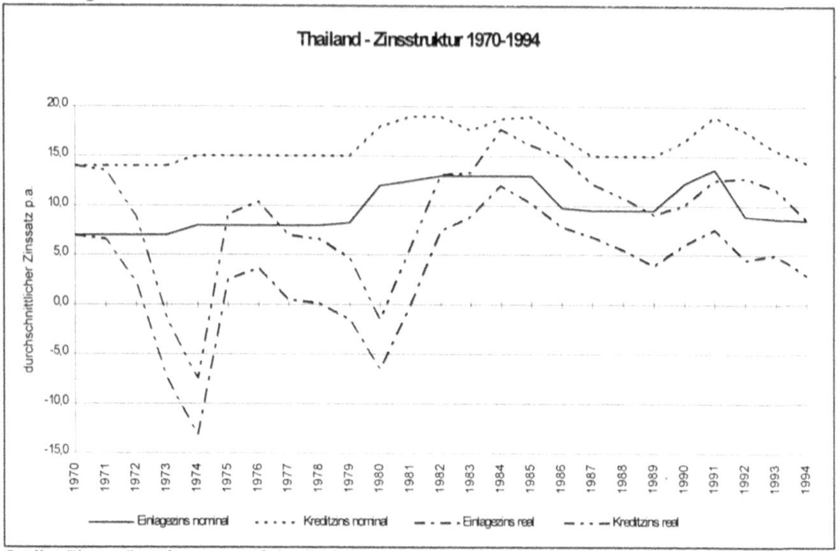

Quelle: Eigene Berechnungen auf der Basis von IFS (verschiedene Ausgaben) und Greenwood 1988. Zur Erläuterung der Legende siehe Tabelle "Indikatoren Finanzsektor", Kapitel 4.2.

Die Struktur zeigt deutlich die Korrelation zwischen der Rezessionsphase 1973/74 bzw. der internationalen Hochzinsphase 1980/81 und dem Inflationsanstieg in diesen Perioden, der sich in negativen realen Zinssätzen niedergeschlagen hat. Während der nominale Zinssatz bis zur Liberalisierung 1990 relativ stabil durch die BoT festgesetzt wurde, weisen die realen Zinssätze in diesen Phasen Schwankungen auf. Seit 1980 bewegt sich der Realzins im positiven Bereich mit einer insgesamt moderaten Bandbreite sowohl für Einlagen (4-12%) als auch für Kredite (9-17%). Nach Einsetzen der Finanzreform 1990 ist im Zuge der Freigabe der Zinssätze ein Anstieg des nominalen und realen Zinsniveaus zu verzeichnen.

Die nationale Zinsspanne (vgl. Abb. XXIV) bewegt sich im Beobachtungszeitraum relativ konstant zwischen 4% und 7%. International liegt das inländische Zinsniveau im Kreditbereich generell über dem ausländischen Niveau. Dies erklärt zum einen die hohe Auslandsverschuldung in Form der Kreditaufnahme Anfang bis Mitte der achtziger Jahre und die daraus resultierenden Probleme einer nicht ausreichenden Mobilisierung der inländischen Ressourcen. Zum anderen werden die Bestrebungen der BoT deutlich, durch restriktive Kapitalkontrollen die fortschreitende Auslandsverschuldung einzudämmen, um die makroökonomische Stabilität in einem System fester Wechselkurse und starrer Zinsen nicht zu gefährden.

Abbildung XXIV: Thailand - Zinsspannen 1970-1994

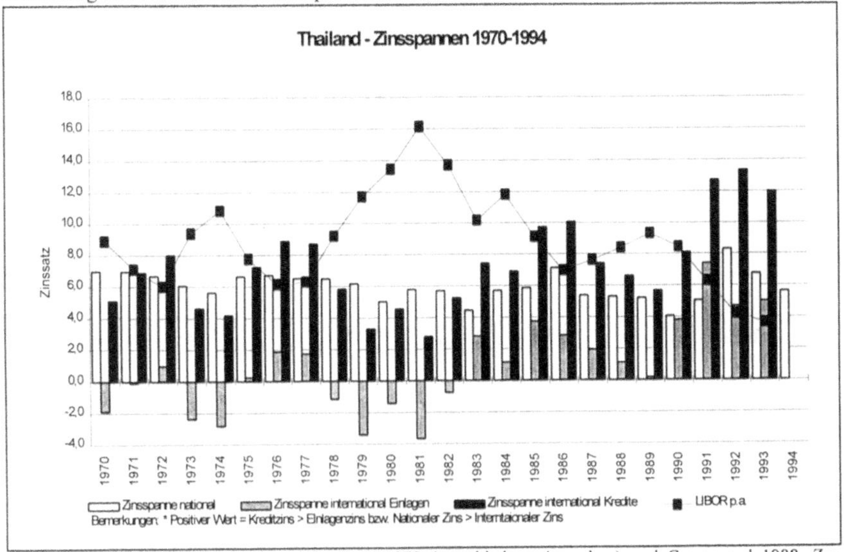

Quelle: Eigene Berechnungen auf der Basis von IFS (verschiedene Ausgaben) und Greenwood 1988. Zur Erläuterung der Legende siehe Tabelle "Indikatoren Finanzsektor", Kapitel 4.2.

Die ausländischen Kapitalströme haben sich seit 1985 in zweifacher Hinsicht geändert: Kapitalströme fließen verstärkt in den privaten Sektor zu Investitionszwecken aber nicht mehr in Form von Krediten, sondern als Direktinvestitionen. Im Einlagenbereich liegt das Zinsniveau für Einlagen in dieser Periode unter dem internationalen Niveau. Auch hier stehen die Kapitalkontrollen in Zeiten hoher Inflation für den Versuch, eine potentielle Kapitalflucht zu verhindern.

Die effektive Zinsmarge des Bankensektors hat sich im Zuge der Liberalisierung des Finanzsystems erhöht. Sie betrug 1987 0,84 % und ist bis 1993 auf 2,3% angestiegen.[326] Der Anstieg der Marge unterstreicht die oligopolistische Struktur des Finanzsystems und wird durch die weithin konstante nationale Zinsspanne auch nach den Liberalisierungsmaßnahmen seit 1990 unterstrichen.

Thailand weist nach der Überwindung der Rezession und mit Beginn der Liberalisierung seit 1987 einen Anstieg bei den Indikatoren Kredit Total und Kredit BIP auf, wie aus Abb. XXV ersichtlich ist.

326 Vgl. Vichyanond 1994, S.83.

Abbildung XXV: Thailand - Kreditallokation 1970-1994

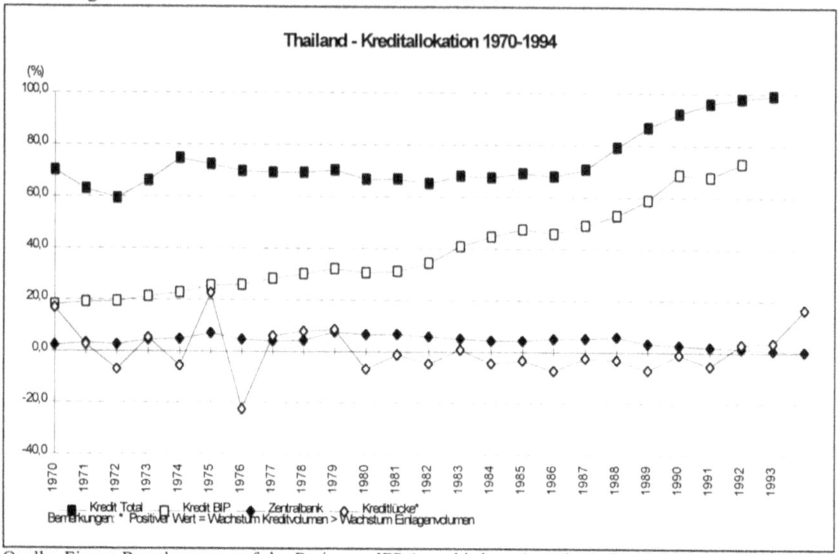

Quelle: Eigene Berechnungen auf der Basis von IFS (verschiedene Ausgaben). Zur Erläuterung der Legende siehe Tabelle "Indikatoren Finanzsektor", Kapitel 4.2.

Beide Indikatoren lassen, ebenso wie der niedrige Wert des Indikators Zentralbank, auf den wachsenden Stellenwert des Privatsektors schließen. Das Wachstum des Einlagenvolumens liegt zwischen 1980 und 1990 unwesentlich über dem Wachstum des Kreditvolumens. Seit 1991 hat sich dieser Trend umgekehrt. Dies läßt sich einerseits durch den überproportionalen Anstieg der Investitionsquote erklären. Andererseits kann das höhere Wachstum des Kreditvolumens als Folge der Liberalisierungsmaßnahmen im Bereich der direkten Kreditlenkung und der Ausweitung der Geschäftsfelder bewertet werden. In den Jahren vor 1979 spiegelt der Indikator zeitverzögert die Turbulenzen durch die Rezession 73/74 sowie den internationalen Zinsanstieg Ende der siebziger Jahre wider.

Thailands Finanzmärkte (vgl. hierzu Tabelle XXI) sind mit Ausnahme des Aktienmarktes in bezug auf Handelsvolumen und angebotene Finanzinstrumente immer noch stark unterentwickelt.

Tabelle XXI: Thailand - Entwicklung der Kapitalmärkte

	1975	1980	1990	1993
Stock Exchange of Thailand (SET)				
Gesamte Marktkapitalisierung (Mrd. Baht)	5	103	819	3.600
Marktkapitalisierung/BIP (%)	1,7	15,7	39,9	105,3
Mobilisierte Finanzmittel durch gelistete Unternehmen (Mio. Baht)	100	700	46.600	55.300*
Mobilisierte Finanzmittel/BIP (%)	0,1	0,1	2,1	2,2
Umsatzwert (Mio. Baht)	560	6.543	627.232	2.201.148
SET Index	84	125	613	1.683
Notierte Unternehmen	21	77	214	347

* = 1992

Quelle: Eigene Darstellung auf Grundlage von Agtmael 1993, Nomura 1995 und Vichyanond 1994.

Sekundärmärkte sind praktisch nicht existent. Die schwache Entwicklung der Kapital- und Geldmärkte ist teilweise der restriktiven Fiskalpolitik während der achtziger Jahre sowie den engen Vorschriften hinsichtlich der Ausgabe von langfristigen Finanzierungsinstrumenten für Unternehmen zuzuschreiben. Auf der anderen Seite stieg die Marktkapitalisierung der Wertpapiermärkte im Verhältnis zum BIP von weniger als 16% in 1980 auf über 50% in 1990. Hierbei ist zu beachten, daß aufgrund der Marktenge und des im Vergleich zu westlichen Kapitalmärkten rückständigen Aufsichtswesens der Markt stark spekulativ ausgerichtet ist. Der Anteil ausländischer Investoren am Gesamtumsatz der SET lag 1990 bei ca. 14%.[327]

Besondere Aufmerksamkeit in der Entwicklung des Finanzsystems in Thailand kommt der schweren Finanzkrise von 1983 zu. Eklatante Schwächen in den Managementpraktiken - darunter z.B. die Ausweitung von Krediten und Garantieversprechungen an verbundene Unternehmen ohne entsprechende Sicherheiten oder die übermäßige Konzentration der Kreditvergabe an einzelne Industriesektoren bzw. einzelne Unternehmen - und im Aufsichtswesen lösten in Kombination mit einer stark restriktiven Geldpolitik und einer allgemein schwachen Konjunkturlage die Krise aus. Die Bank of Thailand war gezwungen, durch sofortige Liquiditätsbereitstellung - im Rahmen des sogenannten „Lifeboat-Scheme" - und subventionierte Kredite sowie die Einsetzung von Interim-Managements bzw. die vollständige Übernahme von Finanzinstitutionen durch die in staatlichem Besitz befindliche Krung Thai Bank zu intervenieren. Weiterhin wurde der „Financial Institution Development Fund" mit dem Ziel der Unterstützung für bedrohte Institutionen im Finanzsektor unter Kontrolle der BoT ge-

327 Vgl. Lian 1994, S.312

gründet. Die Anzahl der „Finance Companies" reduzierte sich durch die Rücknahme von Lizenzen und die Verschmelzung einiger Institutionen von 127 in 1982 auf 107 in 1987.[328] Die verschärften Maßnahmen der BoT zur Erzielung einer höheren Stabilität im Bankensektor resultierten in einen Anstieg der Rückstellungen für unsichere Kredite bei einem konstanten Gesamtkapital/Riskokapital-Verhältnis.[329]

Nach Überwindung der Krise lag die Priorität der Autoritäten in der Wiederherstellung der wirtschaftlichen und finanziellen Stabilität. Wie oben schon erwähnt, forcierten und ermöglichten die wirtschaftlichen Entwicklungen auf internationaler Ebene sowie die eigene rasante Entwicklung der thailändischen Wirtschaft die Ergreifung weiterer Deregulierungsschritte. Zwischen 1990 und 1992 implementierte die BoT einen umfassenden Reformplan im Finanzsektor mit folgenden Inhalten:[330]

1. Deregulierung der Zinsen und der Portfoliobestimmungen der Finanzinstitutionen: In 1992 wurden alle Zinsgrenzen abgeschafft und einige Maßnahmen zur Erreichung einer Markttransparenz ergriffen, um die Öffentlichkeit mit korrekten und aktuellen Preisinformationen über die Märkte zu versorgen. Die BoT reduzierte ihre Rolle in der Intervention im Bereich der Kreditallokation und schaffte damit die Voraussetzungen einer effizienteren Ressourcenallokation. Dennoch wurden einige regulative Maßnahmen beibehalten, um die Stabilität des Systems zu gewährleisten und einen angemessenen Beitrag des Finanzsystems zur gesamtwirtschaftlichen Entwicklung zu sichern. Als Beispiel dient das modifizierte Programm zur Förderung rückständiger Regionen. Die Bestimmungen zwangen die Banken, diesen Regionen einen bestimmten Anteil der Gesamtkreditvergabe zuzuführen. Die bisherige Zweckbindung an landwirtschaftliche Projekte wurde im modifizierten Programm auf Handel und Immobilien ausgeweitet. In 1993 schaffte die BoT die noch bestehenden Eintrittsbarrieren und Geschäftsbeschränkungen - so z.B. das Halten einer

---

328 Vgl. Naris 1993, S.262-264, Robinson et al. 1991, S.22 und World Bank 1990, S.54. Von der Krise betroffen waren insgesamt 44 „Finance Companies" mit einem Anteil von ca. 12% sowie fünf Banken mit einem Anteil von über 25% an den Gesamtvermögenswerten des Finanzsystems. Die Partizipation im „Lifeboat-Scheme", dem sich insgesamt 25 Finance Companies anschlossen, erforderte von den Institutionen u.a. die Abschreibung der entstandenen Verluste, die Aussetzung von Dividendenzahlungen sowie detaillierte Sanierungspläne. Desweiteren wurde bei allen Institutionen eine Kapitalherabsetzung vorgenommen. 25% des Grundkapitals sowie die Mehrheit der Stimmrechte wurden befristet mit einer Option für eine spätere Rückübertragung auf die ehemaligen Eigentümer auf das Finanzministerium übertragen. Im Gegenzug stellten die BoT und staatlichen Banken die notwendige Liquidität zur Sanierung zur Verfügung.

329 Das Verhältnis der Rückstellungen zum Gesamtkapital stieg von ca. 3% Mitte der achtziger Jahre auf durchschnittlich 8% Anfang der neunziger Jahre.

330 Vgl. Ekamol 1993, S.120-125, Lian 1994, S.304-305, Robinson et al. 1991, S.25-26 und Vichyanond 1994, S.84-86.

adäquaten Summe an Staatsanleihen vor der Eröffnung neuer Niederlassungen - für einheimische Banken vollständig ab.

2. Entwicklung eines adäquaten Überwachungs- und Frühwarnsystems: Die BoT führte verschiedene Maßnahmen zur Verbesserung der Überwachungsfunktion und der Schwachstellenanalyse ein. Hierzu zählen vor allem die Revision und Anpassung des „Commercial Bank Act“ und der „Act of Undertaking of Finance Business, Securities Business and Credit Foncier Business“. Weiterhin wurden die Richtlinien der Bank für Internationalen Zahlungsausgleich zur Sicherstellung einer angemessenen Kapitalausstattung übernommen und ersetzten die veralteten nationalen Richtlinien.

3. Erhöhung des Wettbewerbs und der Förderung der Entwicklung innovativer Finanzinstrumente in den Finanzmärkten: Den Finanzinstitutionen wurde die Ausweitung der Geschäftstätigkeit gestattet, um eine Verlagerung der Erträge aus zinsbasierten zu gebührenbasierten Geschäften zu erreichen. Banken ist es jetzt gestattet, stärker im Beratungsgeschäft und im Investmentgeschäft tätig zu werden. Weitere Bestrebungen zielen darauf ab, Finanzierungs- und Investmentgesellschaften den Status der Vollbanken zu verleihen, um die oligopolistische Struktur des Finanzsektors zu durchbrechen. Auf der internationalen Ebene etablierte die BoT 1993 die "Bangkok International Banking Facilities", um die Integration in die Weltfinanzmärkte voranzutreiben. Diese Institution zielt zugleich durch die Zulassung neuer Banken und Finanzinstitute auf eine Erhöhung des Wettbewerbs ab.

4.6.3 Orthodox-Technische Analyse

Thailands Makroökonomik konzentriert sich auf die folgenden Prinzipien: Gewährung eines stabilen Wechselkurses und Aufbau ausreichender internationaler Reserven, Vermeidung inflationärer Tendenzen sowie Beibehaltung einer mit unabhängigen Zentralbank, die diese Prinzipien garantieren soll. Bis Anfang der neunziger Jahre verfolgte Thailand ein System fester Wechselkurse mit teilweise geöffneter Kapitalbilanz und kontrolliertem inländischem Zinsniveau. Thailands makroökonomische Politik kann generell als antizyklisch und stabilisierend bewertet werden, jedoch ist nicht eindeutig, in welchem Ausmaß die erfolgreiche Wirtschaftsentwicklung einer bewußten antizyklischen Politik oder automatischen Anpassungsprozessen zugeschrieben werden kann. Thailand hat den Weg einer graduellen und kontrollierten makroökonomischen Politik unter den Prämissen der Stetigkeit, Vorhersehbarkeit und Stabilität eingeschlagen.

4.6.3.1 Fiskalpolitik

Im Zeitraum 1970 bis 1978 war die Fiskalpolitik aufgrund des hohen Wirtschaftswachstums, mit Ausnahme der ersten Ölkrise 1973/74, durch ein höheres Wachstum der Staatseinnahmen im Verhältnis zu den Staatsausgaben gekennzeichnet. Die öffentliche Verschuldung konnte daher relativ niedrig gehalten werden.[331] Das sich abschwächende Wachstum zwischen 1979 und 1982 und die nachfolgende Rezession lösten durch die Verringerung des Steueraufkommens bzw. die Schrumpfung der Steuerbasis einen Einnahmenrückgang aus, der nur teilweise durch den Inflationsanstieg ausgeglichen wurde. Die im Rahmen des gemeinsam mit IMF und Weltbank durchgeführten Stabilisierungsprogrammes implementierten Maßnahmen zur Konsolidierung des Staatshaushaltes bestanden aus einer restriktiven Lohnpolitik im öffentlichen Sektor, Kürzungen der Ausgaben für Kapitalgüter im öffentlichen Sektor und Preissteigerungen sowie einem geringeren Investment im Bereich der öffentlichen Unternehmen. Jedoch wurden diese Maßnahmen teilweise durch die steigenden - aus der hohen Auslandskreditaufnahme bis 1985 resultierenden - Schuldendienste aufgewogen.

Einer der entscheidenden Faktoren, der eine raschere Reduzierung des Fiskaldefizits behinderte, war die ständige Überbewertung der Staatseinnahmen sowie die systemimmanente Inflexibilität im Budgetierungsprozeß.[332] Die Überbewertung der Staatseinnahmen belief sich dabei zeitweilig auf über 1,5% des BIP. Im Zuge der restriktiven Fiskalpolitik drehte sich diese Situation mitte der achtziger Jahre ins Gegenteil um und führte so zu einer Unterschätzung der Staatseinnahmen bis zu rund 2% des BIP. Die Staatseinnahmen hatten zudem absolut einen Anstieg zu verzeichnen Die Einnahmenstruktur basierte jedoch im wesentlichen auf den Einkünften aus Zöllen. In der jüngeren Vergangenheit bemühte sich die Fiskalpolitik, bedingt durch den Abbau der Exportzölle und aufgrund der in internationalen Abkommen geforderten Rückführung aller Handelszölle, um einen Ausbau der Steuerbasis sowie um Effizienzverbesserungen in der Steuereintreibung. Als Resultat stiegen die Gesamteinnahmen, gemessen am BIP, von 16% in 1985 auf über 20% in 1990. Auf der Ausgabenseite gestaltet sich die Fiskalpolitik stärker nachfrageorientiert, anstatt wie bisher die öffentlichen Bedürfnisse zu antizipieren. Die Gesamtausgaben fielen daher von ca. 20% am BIP in den frühen achtziger Jahren auf ca. 15% am BIP in 1990. Parallel verzeichnet Thailand 1988 ein Wachstum

331 Das Defizit in diesem Zeitraum beträgt zwischen ca. 5 und 2,5 % im Verhältnis zum BSP. Der Anteil der Steuereinnahmen an den Gesamteinnahmen beläuft sich auf ca. 90%; die öffentliche Verschuldung im Verhältnis zum Bruttosozialprodukt liegt bei ca. 10%. Im Zusammenhang mit der Rezession steigt die öffentliche Verschuldung gemessen am BSP 1984 auf 19% und erreicht 1986/1987 mit ca. 25% ihren Höhepunkt. Seit 1988 beträgt sie konstant ca. 21%. Vgl. Chaipat 1993, S.202.

332 Diese Inflexibilität verhinderte, daß bereits budgetierte Ausgabenpositionen gekürzt oder vollständig gestrichen werden konnten.

der Staatseinnahmen um ca. 25% im Vergleich zu einer Wachstumsrate der Ausgaben von ca. 3%.[333]

Die insgesamt sehr konservative Fiskalpolitik mit einer relativ niedrigen Staatsverschuldung verhinderte zum einen eine übermäßig hohe Auslandsverschuldung Thailands und die damit verbundenen Probleme einer Schuldenkrise. Zum anderen bestand für die Regierung kein Anlaß, den Staat durch eine Inflationssteuer zu finanzieren, die Mitte der achtziger Jahre für einige Entwicklungsländer in der Hyperinflation mündete. Durch diese Politik wurden zudem Fehler, wie etwa Planung und Durchführung extrem kapitalintensiver Projekte, vermieden. Die Vermeidung dieser Fehler fand ungeplante Unterstützung in den Kapazitätsengpässen im boomenden Bausektor, so daß trotz anwachsender Budgets in den späten achtziger Jahren der öffentliche Sektor in diesem Bereich nur sehr zurückhaltend investierte. Die Schattenseite dieser äußerst restriktiven Ausgabenpolitik zeigt sich heute in den bestehenden infrastrukturellen Engpässen, die auch durch die Anstrengungen, den Privatsektor verstärkt zur Durchführung dieser Projekte heranzuziehen, nicht abgebaut werden konnten.

Seit 1989 kennt Thailand einen fiskalischen Überschuß. Das Hauptaugenmerk richtet sich nun auf Maßnahmen zur Erreichung einer gerechteren Einkommensverteilung[334] und auf die Stimulation wirtschaftlichen Wachstums in bisher vernachlässigten ländlichen Gebieten. Weiterhin spielt die fiskalische Komponente im wirtschaftspolitischen Management des gegenwärtigen Booms eine wichtige Rolle durch die passive Duldung eines Anstiegs des fiskalischen Überschusses und durch die Vermeidung überzogener kapitalintensiver Ausgaben, welche nach Abflachen des Wachstums in die aus der Vergangenheit bekannten Verschuldungsprobleme des öffentlichen Sektors führen können.

4.6.3.2 Geldpolitik

Bis 1986 diente die von der Bank of Thailand geführte Geldpolitik in erster Linie dem Ausgleich von inländischem Geldangebot und Geldnachfrage. Als Hauptinstrument der eher passiven Geldmengensteuerung setzte die BoT die von ihr kontrollierten Zinssätze für Kredite

---

333 Vgl. Chaipat 1993, S.201-208.

334 Trotz eines Anstiegs der Realeinkommen und eines Rückgangs des Anteils der unter dem Existenzminimum lebenden Bevölkerung ist die thailändische Einkommensstruktur sehr stark durch regionale Disparitäten gekennzeichnet. Die höchsten Einkommenszuwächse werden im Ballungs-zentrum um Bangkok erzielt, wohingegen der Nordosten (Grenzgebiet Laos/Kambodscha) kaum Zuwächse verzeichnen kann bzw. sogar rückläufige Tendenzen aufweist. Im internationalen Vergleich rangiert Thailand unter den Ländern mit der größten Wohlstandslücke 1995 an sechster Stelle. Vgl. ausführlicher zu dieser Thematik Medhi 1993.

ein, um hierüber Einfluß auf die von ihr kontrollierten Komponenten der Geldbasis zu nehmen.[335] Seit 1986 sieht sich die Zentralbank durch die hohen Kapitalzuflüsse aus dem Ausland gezwungen, eine aktivere Rolle in Geldpolitik zu übernehmen. Die anhaltende wirtschaftliche Expansion und die durchgeführten Deregulierungs- bzw. Liberalisierungsmaßnahmen zwingen die Zentralbank, marktorientierte Instrumente einzubringen und zu nutzen, um eine effektive Geldpolitik durchzuführen. Nach Elimierung der Zinskontrollen stützt sich die Zentralbank dabei vornehmlich auf Offenmarktoperationen. Weiterhin wurden einige Interventionen an den Devisenmärkten durchgeführt, um den Wechselkurs zu stabilisieren. Mindesreserve- und Liquiditäts-instrumente existieren in erster Linie zu Sicherheitszwekken und werden nicht aktiv eingesetzt.

Gemessen an der jährlichen Änderungsrate von M1 und M2 können die folgenden geldpolitischen Zyklen in Thailand identifiziert werden (siehe Abb. XXVI):

Abbildung XXVI: Geldpolitische Zyklen in Thailand

Geldpolitische Zyklen in Thailand

Zeitraum	**Geldmengenbewegung** (definiert anhand des Aggregates M2, +/- = expansive bzw. restriktive Geldpolitik)
1970-1973	+
1973-1975	-
1976-1980	+
1980-1981	-
1981-1983	+
1984-1985	-
1986-1987	+
1987-1988	-
1988-1990	+
1991-1993	-

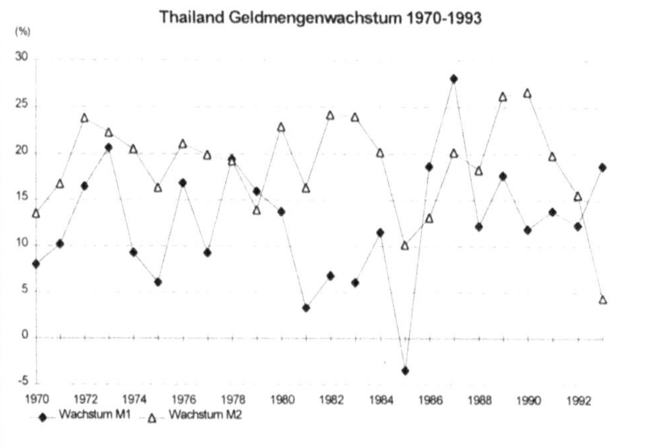

Quelle: Eigene Darstellung auf der Basis von Greenwood 1988 und Robinson et al. 1991.

Aus der vorangehenden Tabelle wird deutlich, daß die thailändische Geldpolitik Gegenstand zahlreicher Richtungsänderungen war und die Änderungsraten einen unstetigen Verlauf auf-

335 Vgl. Bhanupong 1993, S.196.

zeigen. Dies ist durch die Politik eines festen Wechselkurses, repressiver inländischer Zinspolitik und einer teilweise geöffneten Kapitalbilanz bedingt. Eine effektive Geldpolitik über einen kurzfristigen Zeithorizont hinaus wird unmöglich, so daß die Zentralbank auf diskretionäre Maßnahmen zurückgreift.[336] Darüber hinaus ist die Instabilität in externen Faktoren und einer eher passiven Rolle der Regierung in den Phasen der Geldmengenausweitung begründet. Demgegenüber übernimmt die BoT in den Zeiten der Geldmengenkontraktion eine aktivere Rolle in der Durchführung geldpolitischer Maßnahmen. In 1984 wurde ein flexibleres Wechselkurssystem eingeführt, und 1986 leitete die BoT die Phase der finanziellen Liberalisierung insbesondere in Form der Abschaffung von Zinsober- und -untergrenzen ein. Die stark zunehmenden ausländischen Kapitalströme zwangen die BoT ab 1988 zu einer sehr restriktiven Geldpolitik, um inflationäre Tendenzen einzudämmen.

Mit den ersten zwei Dreijahresplänen (1990-1992 und 1993-1995) zur Deregulierung und Modernisierung des thailändischen Finanzsystems verschlechterten sich für die BoT die Möglichkeiten der direkten Einflußnahme auf die Geldpolitik. Unter diesen Bedingungen gewinnen indirekte Maßnahmen an Bedeutung und verstärken den Druck auf die BoT, neue marktorientierte Instrumente und Methoden einzuführen. Zusätzlich sieht sich die BoT einer Reihe von Konflikten ausgesetzt, die durch die volle Liberalisierung der Zinsen und die nur teilweise Liberalisierung des Kapitalverkehrs sowie die immer noch repressiven Regelungen des Markteintritts ausländischer oder neuer inländischer Finanzinstitutionen bedingt sind.

4.6.3.3 Wechselkurspolitik

Die folgende Tabelle XXII gibt einen kurzen Überblick über die verschiedenen Wechselkurssysteme, welche die thailändische Regierung seit 1970 eingesetzt hat:

Tabelle XXII: Thailands Wechselkurssysteme

Zeitraum	Wechselkurssystem
bis 03/1978	Fester Wechselkurs gegen den US$
03/1978-11/1978	Fester Wechselkurs gegen einen Währungskorb auf täglicher Basis
11/1978-07/1981	Fester Wechselkurs gegen den US$ auf täglicher Basis
07/1981-11/1984	Fester Wechselkurs gegen den US$
seit 11/1984	Pegged-System gegen einen Währungskorb

Quelle: Eigene Darstellung auf der Basis von Vichyanond 1994, S.60-61.

336 Vgl. Easterly/Honohan 1990, S.7.

Der Wechsel von dem Par-Value-System auf das System der täglichen Fixierung des Baht gegen einen Währungskorb war von der Absicht getragen, den Baht von den Bewegungen einer einzigen Währung - in diesem Fall des US$ - abzukoppeln. Um eine größere Flexibilität und Marktorientierung in der Kursfestlegung zu erreichen, involvierte der „Exchange Equalisation Fund" als verantwortliches Organ der BoT für die Wechselkurspolitik die Banken und stoppte die einfache Ankündigung des Kurses für den Bankensektor. Die aus dem Bestreben der Stabilisierung des Baht/US$ Wechselkurses resultierende Überbewertung des Baht und eine sich rapid verschlechternde Zahlungsbilanz führten zu dem festen Wechselkurssystem in 1981. Der festgesetzte Kurs von 21 Baht je US$ gegenüber dem vorhergehenden Kurs war gleichbedeutend mit einer 1%igen Abwertung des Baht. Die Abwertung war jedoch nicht ausreichend, um die Stabilität im Finanzsektor wieder herzustellen und die Exporte ausreichend zu unterstützen. Spekulative Erwartungen aufgrund der Einbindung der Banken in die Kursfestlegung führten zu einer zweiten Abwertung in Höhe von 8,7% im Juli 1981. Die zwei Abwertungen im Jahr 1981 signalisierten die Abkehr von der bisher passiven, auf inländische Anpassungen im Fall externer Einflüsse bedachten Währungs- und Wechselkurspolitik.[337]

Die anhaltende Verschlechterung der Zahlungsbilanzsituation, die Verschlechterung der ToT und der weiterhin aufwertende US$ mündeten in die zweite große Abwertung des Baht, um den Erfolg der eingeleiteten Exportpromotion zu gewährleisten. Im November 1984 wurde der Baht um weitere 15% gegen den US$ abgewertet. Die Abwertungen von 1981 und 1984 wurden unter dem Pegged-System gegen den US$ durchgeführt. Dieses System war verantwortlich für zwei Nebeneffekte, die die Abwertung teilweise kompensierten: Erstens war die Abwertung des Baht gegen den US$ relativ gering gegenüber den Wechselkursbewegungen des Baht im Verhältnis zu anderen Währungen, induziert durch die Bewegungen der übrigen Währungen zum US$. Zweitens folgte den beiden Abwertungen eine sofortige Aufwertung des realen Wechselkurses aufgrund der Aufwertung des US$ gegenüber den übrigen Währungen.[338]

Um die Flexibilität im System zu erhöhen und um die obigen Nebeneffekte auszuschließen, übernahm der Exchange Equalisation Fund das Pegged-System gegen einen Währungskorb, basierend auf dem Gewicht einzelner Währungen im Verhältnis zum thailändischen Gesamthandelsvolumen. Die hohe Abhängigkeit des thailändischen Handels von US$ - rund 80% des gesamten Handelsvolumens wird in US$ abgewickelt - macht ein stabiles Verhältnis Baht/US$ unabdingbar.

---

337 Vgl. Greenwood 1988, S.312-313.

338 Vgl. Warr/Bhanupong 1989, S.8-10.

Das System fester Wechselkurse und die gleichzeitige Steuerung der Geldmenge durch eine diskretionäre Geldpolitik der Zentralbank, wie sie in Thailand durchgeführt wurde, ist unter den Bedingungen einer offenen Kapitalbilanz nicht haltbar. Die thailändische Kapitalbilanz ist daher durch zahlreiche Restriktionen gekennzeichnet, die sich in drei Gruppen zusammenfassen lassen:[339]

1. Zinsober- bzw. Zinsuntergrenzen, die einen extremen Anstieg der Realzinsen und damit verbundene Kapitalströme verhindern.

2. Direkte Kapitalkontrollen durch die BoT, insbesondere zum Schutz vor Kapitalflucht in den Perioden expansiver Geldpolitik (u.a. Besitz von Fremdwährungspositionen für Inländer nur in Ausnahmefällen, Nutzung der internationalen Geldmärkte zur Absicherung von Währungspositionen nur kurzfristig und nur für Banken sowie Importeure bzw. Exporteure).

3. Kontrolle über die Fremdwährungspositionen des Bankensektors durch quantitative Restriktionen (seit 1986 sind die Nettopositionen - positiv oder negativ - auf 10 US$ Mio. bzw. 40% des Nettowertes der Gesamtbank beschränkt).

Zur Stabilisierung des Devisenmarktes im Verbindung mit den weiteren Maßnahmen einer Deregulierung, führte die BoT eine Reihe von Überwachungsfunktionen im Devisenmarkt ein. Die gegenwärtigen Bestimmungen erlauben sowohl Inländern das Halten von Fremdwährungskonten als auch Ausländern das Halten von Konten, die in Baht nominiert sind. Insgesamt sind aufgrund der gelockerten Bestimmungen die Aktivitäten in den Forward-Märkten und im Bereich der Kreditaufnahme an den internationalen Kapitalmärkten gestiegen. Gegenwärtig bestimmen drei Kerninhalte die Maßnahmen des Exchange Equalisation Fund: Erstens die kurzfristige Anpassung des Wechselkurses an den Währungskorb auf einer täglichen Basis, zweitens, die mittel-fristige Bestimmung des Wechselkurses unter besonderer Berücksichtigung des Devisenhandels der Banken und drittens die Minimierung der Wechselkursschwankungen im Hinblick auf den für die Wirtschaftsentwicklung dominierenden Exportsektor.

339 Vgl. Easterly/Honohan 1990, S.5 und Warr/Bhanupong 1989, S.7.

4.6.4 Politisch-Ökonomische Analyse

Thailands gesamtwirtschaftliche Entwicklung ist im Beobachtungszeitraum durch drei externe makroökonomische Schocks - die Ölkrisen 1973 und 1979 sowie den starken Anstieg des internationalen Zinsniveaus 1980 - gekennzeichnet, die zu Verzerrungen der Binnenwirtschaft führten. Desweiteren bildet der Anstieg der Kapitalströme seit 1986 ein Problemfeld. Die Reaktion auf diese Schocks in Form einer Liberalisierung im Finanzsektor erfolgte, wenn überhaupt, jeweils nach den Schocks. Hierbei ist zu beachten, daß die aufgetretenen makroökonomischen Störungen nicht als direkte Folge der Liberalisierungen zu identifizieren sind.[340] Das Finanzministerium in Zusammenarbeit mit der Zentralbank weist eine äußerst strikte Beibehaltung des Stabilitätsprinzips in Form einer niedrigen Inflation und einer geringen Staatsverschuldung auf. Im Zusammenhang mit den negativen Folgen der Rezession 1984 führte diese starre Haltung nach Meinung einiger Kritiker zur Verschärfung der wirtschaftlichen Lage. Eine flexiblere Handhabung - insbesondere eine vorgezogene Abwertung des Wechselkurses vor 1984 - hätte nach Meinung dieser Kritiker die negativen Folgen der Rezession gemildert.[341] Die „Crisis-Hypothese" kann bezogen auf das Strukturanpassungsprogramm durchaus bejaht werden. Für die Reformen im Finanzsektor läßt sich jedoch nur insoweit eine Verknüpfung herstellen, als daß die Krise im Bankensektor 1983 in einer Verschärfung der Aufsicht über den Finanzsektor resultierte. Die Liberalisierung des Finanzsystems setzte erst 1989 in der Boomphase durch die graduelle Freigabe der Zinsen ein.

Thailand erhielt im Rahmen der Strukturanpassung zwischen 1981 und 1985 externe Finanzierungshilfen durch die Weltbank in Höhe von 325,5 Mio. US$ (Structural Adjustment Loans) und durch den IMF in Höhe von 1,5 Mrd. SDR (Special Drawing Rights) (Stand by Arrangements) bzw. 203 Mio. SDR (Compensatory Financing Facilities).[342] Insgesamt war Thailands gesamtwirtschaftliche Entwicklung aufgrund einer knapp ausreichenden inländischen Kapitalakkumulation nicht abhängig von externen Finanztransfers. Die internationale

---

340 Vgl. Akranese/Jansen/Pongpisanupichit 1993, S.50-51.

341 Für die Verzögerung der Abwertung in 1984 werden folgende politische Gründe genannt: Bereits die Abwertung in 1981 stieß bei den in der Importsubstitution tätigen Unternehmen und beim Militär, welches Rüstungsgüter im Ausland beschaffen mußte, auf Ablehnung, da diese ihre Interessen gefährdet sahen. Die Erwartung einer deutlicheren Abwertung in Höhe von fast 15% in 1984 führte im Vorfeld zu lautstarken öffentlichen Protesten dieser Interessengruppen, so daß die Regierung eine zeitliche Verzögerung als geeignet ansah, um eine entsprechend starke Lobby unter den Wirtschaftsverbänden durch eine verstärkte Exportförderung aufzubauen. Im Jahr 1984 protestierte dann nur das Militär öffentlich über Rundfunk und Fernsehen gegen die durchgeführte Abwertung. Die Unternehmerseite entschied sich in einer Abwägung gegen einen verstärkten Einfluß des Militärs und für die langfristigen eigenen Wirtschaftsinteressen. Ein Protest dieser Gruppe blieb weitgehend aus. Vgl. Loathamatas 1992, S.40-41 und Phongpaichit 1992, S.23.

342 Vgl. Robinson 1991, S.9.

Organisationen unterstützten Thailand zudem durch Expertenteams, die während der Implementierung der Anpassungsprogramme beratende Funktionen ausübten. Der Weltbank wird hierbei eine führende Rolle in der Strategieänderung von der Importsubstitution zur Exportpromotion Ende der siebziger Jahre zugeschrieben. Die Erfolge blieben jedoch durch die restriktive Haltung der Regierung, die einen drastischen Einnahmenrückgang befürchtete, begrenzt. Erst die Rezession in 1981 bewegte die Regierung zur Strategieänderung.[343]

Bis 1978 herrschte in Thailand mit einigen Unterbrechungen eine Militärdiktatur unter verschiedener Führung. Seit 1978 besteht das politische System in Form einer konstitutionellen Monarchie und ist durch einen langwierigen Transformationsprozeß zu einer demokratischen Struktur charakterisiert. Der Prozeß ist durch eine Reihe von Putschversuchen unterbrochen worden. Es läßt sich jedoch insgesamt eine kontinuierliche Entwicklung zu einer demokratischen Staatsform erkennen. Dies zeigt sich u.a. in den seit 1978 vollzogenen Machtwechseln und parlamentarischen Wahlen auf Landes- und Lokalebene, die alle innerhalb der konstitutionellen Bahnen verliefen. Thailand wurde durch eine Reihe von Politikern und Premierministern geführt, die sich jedoch nicht durch die Eigenschaften einer visionären Führung auszeichnen. Weitaus größere Bedeutung erhält der Königsthron, der zwar keine direkte politische Macht ausübt, jedoch in allen Bevölkerungsschichten und in allen Interessengruppe eine übergeordnete Instanz darstellt.[344]

Im Zusammenhang mit der Planung und Implementierung wirtschaftspolitischer Reformen nehmen die Stellung der oppositioneller Kräfte und die Bildung eines sozialen und politischen Konsens eine zentrale Rolle ein. Oppositionelle Kräfte sind aufgrund der fortschreitenden Demokratisierung im Militär und durch die nach Beendigung der Militärdiktatur entstandenen Wirtschaftsinteressengruppen entstanden.[345] In jüngerer Zeit sind zu diesen Gruppen neue

---

343 Vgl. Phongpaichit 1992, S.19.

344 Borner/Brunetti/Weder identifizieren den Königsthron und die durch König Bhumibol aufgebaute Reputation als ausschlaggebenden Faktor für die politische Stabilität Thailands. Vgl. Borner/Brunetti/Weder 1995, S.117. Die Rolle des Königs wird von Pretzell folgendermaßen definiert: „Der König ist die wichtigste einigende Kraft in der nationalen Politik. Alle Legitimität geht im Zweifel von ihm aus. Schon oft war es sein Wort, das eine drohende Krise abwendete, eine akute entschärfte oder beendete. Die Autorität des Königs beruht auf thailändischer Tradition und auf der Persönlichkeit des gegenwärtigen Königs Bhumibol. Die in der Verfassung verankerten Rechte des Königs sind eine Huldigung an seine Autorität, nicht ihre Grundlage. Der König übt sie aus, wie man rituelle Aufgaben ausübt: Als vornehme Pflicht zum Wohle des Volkes. Die Person des Königs ist sakrosankt". Pretzell 1995. S.208. Die Rolle des Throns ist in diesem Zusammenhang durch eine kritische Stellung gegenüber den Militärs charakterisiert, die in mehreren Fällen zu einem Rückzug des Militärs aus dem politischen Geschehen führte. Seine Autorität hatte König Bhumibol zuletzt durch die Beendigung der Unruhen in 1992, die zu einem Militärputsch zu eskalieren drohten, unter Beweis gestellt.

345 Vgl. Loathamatas 1992, S.38. Zu diesen Wirtschaftsinteressengruppen zählen in erster Linie die Dachverbände verschiedener Branchen und Industriegruppen. Die wichtigsten Vertreter sind das „Joint Public

politische Parteien sowie eine wachsende Anzahl außerparlamentarischer Interessengruppen hinzugekommen, deren Kritik sich in erster Linie gegen die Folgen des raschen Wachstums auf ökologischer und sozialer Ebene richtet. Oppositionelle Kräfte in Form organisierter Gewerkschaften oder sonstiger Arbeitnehmervertreter bleiben ohne Einfluß.[346] Die in den Zeiten der Militärdiktatur dominierende bürokratische Elite hat dagegen ihre Machtstellung weitgehend eingebüßt. Das Zusammenspiel dieser Interessengruppen ist in der Vergangenheit insbesondere durch das konfliktreiche Verhältnis zwischen einer generell pro-demokratisch eingestellten Wirtschaft und dem traditionell verhafteten Militär gekennzeichnet.[347]

Die politischen Parteien haben erst in den neunziger Jahren an Format gewonnen. In den vorangegangenen Jahrzehnten trat das politische Programm einer Partei gegenüber der Chance, bei der nächsten Wahl in den Kreis der Regierungskoalition aufgenommen zu werden, in den Hintergrund. Politiker schlossen sich dementsprechend den Parteien mit den höchsten Erfolgsaussichten an oder gründeten eigene Parteien. Stabilität zeichnet sich erst in den letzten Jahren durch die Infragestellung alter hierarchischer Traditionen und eine größere Ernsthaftigkeit in der Politik ab.[348] Insgesamt kann das politische System durch eine starke Machtkonzentration zugunsten der Interessengruppen der Wirtschaft gekennzeichnet werden. Jedoch ist auch diese einflußreichste Gruppe, ebenso wie alle weiteren Interessengruppen bzw. gesellschaftlichen Gruppierungen, kein geschlossenes Lager mit einer starren Position. Vielmehr

---

Private Sector Consultative Committee", der „Board of Trade", die „Federation of Thai Industries", die „Thai Chamber of Commerce" und die „Thai Bankers' Association". Der wachsende Einfluß der Wirtschaft auf die Politik zeigt sich signifikant in dem stark ansteigenden Anteil der Geschäftsleute und Unternehmer unter den Parlamentariern von ca. 20% Mitte der fünfziger Jahre auf ca. 70% Ende der achtziger Jahre sowie in der Berücksichtigung der Wirtschaftsinteressengruppen in der Planung der Entwicklungspläne seit 1980. Diese Entwicklung des politischen Lebens in Thailand wird von Kritikern als „Millionärsdemokratie" bewertet, die auf einer engen Verflechtung zwischen Finanz- und Industriekapital sowie politischem Einfluß basiert. Ökologische und verteilungspolitische Aspekte geraten dabei zunehmend in den Hintergrund und verschärfen die bereits bestehenden regionalen und verteilungspolitischen Disparitäten.

346 Vgl. Doner/Laothamatas 1994, S.434-435 und Phongpaichit 1992, S.16.

347 Bis 1980 übte das Militär durch die Ernennung des Premiers und diverser Minister entscheidenden Einfluß auf die politische Landschaft aus. Mit Ende des Indochinakrieges wurde die politische Rolle des Militärs in Frage gestellt. Jedoch beanspruchten Kreise in der militärischer Führung bis heute die Position einer der Verfassung übergeordneten Autorität, die nach eigenem Urteil in das politische Geschehen eingreift, wenn sie die grundlegende Ordnung Thailands in Gefahr sieht. Desweiteren war das Militär durch den Rückgang ausländischer Finanzmittel vollständig auf die inländischen Ressourcen zur Finanzierung der Ausgaben angewiesen. In den achtziger Jahren stand daher die Beibehaltung des Status Quo - insbesondere in der finanziellen Unterstützung - im Mittelpunkt der politischen Interessen dieser Gruppe. Eine ausführliche Diskussion und detaillierte Darstellung über die Machtstellung des Militärs in Thailand findet sich in Muscat 1994.

348 So wurde in der Vergangenheit Politik häufig mit dem Slogan „Politics is a matter of fun." umschrieben und generell als ein Spiel um Macht und Prestige in Form von Ansehen und Privilegien angesehen. Erstaunlicherweise galt Reichtum dabei als sekundäre Notwendigkeit und nicht als vorrangig erstrebenswertes Ziel. Vgl. Pretzell 1995, S.209.

ändern sich Haltung, Position und Zusammensetzung dieser Gruppierungen mit der herrschenden politischen Stim-mung, den eigenen Interessen oder sonstigen aus wirtschaftlichen oder sozialen Rahmenbedingungen abgeleiteten Motiven.[349] Ein Zeichen für diese „Flexibilität" ist u.a. auch das Fehlen bzw. die Bedeutungslosigkeit extremer Strömungen in Gesellschaft und Politik.

Die interne Organisation der mit der Planung und Durchführung der Wirtschaftspolitik beauftragten Institutionen ist durch eine Besetzung mit zumeist in den USA ausgebildeten Technokraten gekennzeichnet, die möglichst weit von politischen Zwängen abgekoppelt werden.[350] Die innere personelle Besetzung der Teams wird deutlich durch die Interessenverbände der Wirtschaft beeinflußt. Der Zentralbank wird eine weitgehend unabhängige Stellung zugesprochen, die jedoch in der jüngsten Zeit durch die Liberalisierung des Finanzsystems und den damit in bezug auf die bisherige Geldpolitik einhergehenden Verlust geldpolitischer Autonomie unterlaufen wird. Im Zusammenhang mit der Handhabung von Krisen im Finanzsystem erscheint es in der Zukunft fraglich, ob die bisher betriebene Politik weitergeführt werden kann. In der abzusehenden Öffnung des thailändischen Finanzsystems wird die Zentralbank die Entscheidung treffen müssen, ob ineffiziente Institutionen im Finanzsektor geschlossen werden sollen oder wie bisher auf Staatskosten saniert werden. Ebenso fraglich erscheint die bisherige Praxis, unzureichende Regelungen in den Bereichen Aufsicht und Kontrolle im Konkursfall einer Institution durch den Austausch des Managements auszugleichen. Die Besetzung der Schlüsselpositionen einiger Finanzinstitutionen durch Mitarbeiter der BoT verwässert das Aufsichtswesen zusätzlich.[351]

---

349 Vgl. Doner/Laothamatas 1994, S.428-429.

350 Vgl. Doner/Laothamatas 1994, S.426. Zu diesen Institutionen zählt in erster Linie das dem Premierminister unterstellte National Economic and Social Development Board, das bestrebt ist, die intellektuellen Kapazitäten in den Bereichen Wirtschaftsplanung und -steuerung zusammenzuziehen. Das Board betreibt analog zum Finanzministerium und zur Zentralbank eine äußerst konservative Fiskal- und Geldpolitik. In der Rezessionsperiode und dem darauffolgenden Boom zeichnete das Board u.a. auch verantwortlich für die Planung und Durchführung bzw. die Blockierung diverser Großprojekte im Infrastrukturbereich. Es läßt sich eine behutsame und an Wirtschaftlichkeitskriterien orientierte Vorgehensweise identifizieren, die versucht, Entscheidungen auf Konsensbasis aller Beteiligten zutreffen. Diese Vorgehensweise zielt auf eine Absicherung gegenüber den verschiedenen Interessengruppen auch unter sich wandelnden politischen Kräfteverhältnissen sowie einen Schutz gegen entwicklungspolitische Modetrends ab. Die aus der entwicklungspolitischen Praxis bekannten sogenannten Entwicklungsruinen konnten durch diese Politik weitgehend vermieden werden. Auch hier zeigt sich deutlich die konservative Haltung und die Priorisierung des Sicherheits- und Stabilitätsdenkens innerhalb der Wirtschaftspolitik. Die wichtigsten weiteren Institutionen sind auf Regierungsebene das Finanzministerium und, dem Premierminister untergeordnet, das „Budget Bureau". Vgl. Phongpaichit 1992, S.12-13 und Rüland 1989, S.125-126.

351 Vgl. Naris 1992, S.264. Muscat bewertet die Rolle der Zentralbank in den achtziger Jahren kritisch, da die von ihr betriebene Politik - insbesondere in den Bereichen Kreditlenkung und Krisenhandhabung - von politischen und nicht von ökonomischen Kriterien geleitet wurde. Diese Interventionen sind jedoch im Vergleich zu ähnlichen Strukturen in Taiwan oder Korea, bezogen auf das Volumen, relativ moderat

Analog zur Crisis-Hypothesis muß die Honeymoon/Mandate Hypothesis für die Implementierung der Finanzreformen in Thailand verworfen werden. Ein Zusammenhang zwischen Regimewechsel und Reformen ergibt sich nur im Rahmen des Strukturanpassungsprogramms. Eine explizite Nutzung der Medien zum einseitigen Vorteil einer bzw. einiger weniger Interessengruppen läßt sich nicht identifizieren.

In Bezug auf die Reformen im Finanzsektor läßt sich keine Tendenz einer bevorzugten Behandlung von Reformverlierern durch Kompensationsmaßnahmen bzw. von Reformgewinnern erkennen. Die Erfahrungen aus dem Strukturanpassungsprogramm, aus welchem das Militär und die auf Importsubstitution ausgerichteten Indutriezweige als eindeutige Verlierer hervorgingen, haben gezeigt, daß die Regierung auch im Fall massiver Opposition eine Kompensation nicht gewährt. Im Gegenzug wurden die aus Sicht der Regierung zukunftsträchtigen Sektoren - in erster Linie der Exportsektor - durch Kreditsubventionen und direkte Kreditlenkung gefördert. Diese Maßnahmen bildeten jedoch aufgrund des relativ geringen Volumens und einer eher diskretionären Vergabe kein in sich geschlossenes Kompensationspaket. Ebenso beinhalteten die Maßnahmen keine antizipatorische Komponente, indem sie etwa vor der Durchführung der Reformen zu einer konkreten Strategie ausgebaut wurden.[352]

4.6.5 Bewertung der Glaubwürdigkeit

Eine Beurteilung der Reformen in Thailands Finanzsektor gestaltet sich schwierig, da die Liberalisierung erst in den neunziger Jahren eingeleitet wurde und daher der Zeithorizont für die Erfahrungen aus diesen Reformen relativ kurz ist. Es lassen sich dennoch einige signifikante Merkmale der allgemeinen Wirtschaftspolitik in Thailand identifizieren, die auf die Reformpolitik im Finanzsektor übertragen werden können.

1. Thailands Makroökonomik ist streng an den Prinzipien der Stetigkeit, Vorhersehbarkeit und Stabilität ausgerichtet mit dem Bestreben keine plötzlichen Richtungswechsel zu vollziehen. Die verantwortlichen politischen Institutionen, unterstützt durch eine starke Zentralbank, versuchen, diese Prinzipien durch den diskretionären Einsatz orthodoxer Mittel in

aufgetreten. Es ist der BoT damit prinzipiell gelungen, ihre Unabhängigkeit zu bewahren und für eine hohe Stabilität in der Geldpolitik zu sorgen. Vgl. Muscat 1994, S.278-279.

352 Vgl. Doner/Laothamatas 1994, S.443-444.

einem relativ geschlossenen volkswirtschaftlichen System einzuhalten. Zur Verfügung stehende bzw. erforderliche wirtschaftspolitische Instrumente werden dem zunehmenden Grad der wirtschaftlichen Öffnung angepaßt bzw. eingeführt. Insgesamt läßt sich eine kontinuierliche Entwicklung zu einem marktnahen Wirtschaftssystem erkennen. Die markanten gesamtwirtschaftlichen Reformen - insbesondere die Strukturanpassung nach der Rezession - sind jeweils durch Krisen induziert worden. Die Überwindung der Krisen gelang durch umfassende Anpassungsprogramme, teilweise unterstützt durch externe Hilfe und begünstigt durch einen internationalen wirtschaftlichen Aufschwung

2. Das Strukturanpassungsprogramm im Zusammenhang mit der Rezession Mitte der achtziger Jahre verdeutlicht, daß eine Restrukturierung des Realsektors der Öffnung im Finanzsektor vorausgegangen ist. Die bisherigen Reformen im Finanzsektor lassen auf eine graduelle Liberalisierung des inländischen Finanzsektors unter der Prämisse makroökonomischer Stabilität schließen. Der Liberalisierung ging eine Ausweitung und Verschärfung aufsichtsrechtlicher Maßnahmen voraus, die sich heute auf einem vergleichsweise hohen quantitativen und qualitativen Niveau befinden. Die Implementierung und Durchführung dieser Maßnahmen wird durch die oligopolistischen Strukturen erleichtert. Der Wechsel zu einer marktnahen Geldpolitik, gesteuert durch indirekte geldpolitische Instrumente, erfolgt parallel zur Öffnung der Kapitalbilanz und der Liberalisierung des Finanzsektors.

Die Reformmaßnahmen stehen damit zwar in Einklang mit der gesamtwirtschaftlichen Entwicklung, haben jedoch im Finanzsektor nicht zu einer signifikanten Erhöhung des Wettbewerbs geführt. Die weitere Öffnung des Finanzsektors insbesondere für den ausländischen Wettbewerb wird durch die Beibehaltung diverser Restriktionen - u.a. in den Bereichen Markteintritt bzw. Marktaustritt - verzögert. Durch verschiedene Maßnahmen - insbesondere die Erweiterung der Geschäftsfelder inländischer Finanzinstitutionen in Richtung eines Universalbankensystems und den Aufbau eines Offshore-Zentrums - versucht Thailand, die oligopolistischen Strukturen aufzubrechen, um das inländische System wettbewerbsfähiger zu gestalten. Die Erfahrungen seit Beginn der neunziger Jahre haben jedoch gezeigt, daß diese Bemühungen bisher keinen Erfolg haben.

Zusammenfassend umschreibt Muscat die thailändische Wirtschaftspolitik wie folgt: „... the timing appears (a) slower than it should have been based on economic criteria, (b) appropriate for waiting until bureaucratic and/or political feasibility had been reached, and (c) adequate for avoiding seriously damaging consequences and for capturing the intended benefits. In short, it is a decision process neither brisk not disciplined, but effective in final outcomes and sustained within the general parameters and objectives of the overall policy framework."[353] Die Reformmaßnahmen werden makroökonomisch durch eine strikt stabilitätsorientierte Zentralbank begleitet. Auf mikroökonomischer Ebene zeigt insbesondere die Handhabung aufgetretener Krisen die Schwächen im Aufsichtswesen des Finanzsystems auf, die eine Abkehr von der durch die BoT betriebene „father knows best"[354] - Politik nahelegt.

3. Die politisch-ökonomische Analyse der Reformpolitik in Thailand läßt den Schluß zu, daß Glaubwürdigkeitsprobleme hinsichtlich der Planung der Reformen nicht vorliegen. Es bestehen jedoch Inkonsistenzen, die in der starken Stellung der oppositionellen Kräfte bzw. Interessengruppen begründet sind. Die Isolierung der Entscheidungsträger von politischem Druck konnte nicht vollständig vollzogen werden. Es bestand im Gegenteil ein hoher Einfluß verschiedener Gruppen, der sich dadurch äußerte, daß die Entscheidungsträger im direkten Spannungsfeld zwischen Wirtschaftsinteressengruppen und dem Militär standen. Die Erfahrungen im Zusammenhang mit der Abwertung des Baht 1981 und 1984 verdeutlichen den Einfluß der Interessengruppen, die zu Inkonsistenzen führten. Durch die Koalitionsbildung einzelner Interessengruppen traten in dem durchgeführten Strukturanpassung Zeitinkonsistenzprobleme auf. Es resultierte aus dieser Problematik jedoch keine Reduzierung des Reformumfanges oder Umkehr gegenüber der ursprünglichen Reformplanung, sondern die Reformen sind lediglich mit einer Zeitverzögerung gegenüber der ursprünglichen Maßgabe implementiert worden. Ob der Rückgriff auf den König zur Lösung derartiger Probleme auch in der Zukunft ausreichen wird, scheint fraglich, zumal es sich bei dem derzeitigen Amtsinhaber um eine Ausnahmeerscheinung handelt.

Ein bedeutendes Gewicht für die insgesamt erfolgreiche Strukturanpassung nimmt der zunehmende politische Einfluß der Wirtschaftsinteressengruppen ein, die prinzi-piell als Reformgewinner identifiziert werden können und verstärkt an den wirtschaftspolitischen Fragestellungen partizipieren. Die oppositionellen Tendenzen aus diesen Interessengruppen waren in ihrer Gesamtheit jedoch nicht so extrem, daß die Anpassungen im Realsektor - insbesondere im tragenden Privatsektor - in ihrer Glaubwürdigkeit unterminiert wurden. Dies zeigt sich u.a. auch in dem Vertrauen, welches der thailändischen Wirtschaft Anfang der achtziger Jahre durch die Bereitstellung öffentlicher und privater externer Finanzierungsmittel bzw. seit Mitte der achtziger Jahre in Form von ausländischen Direktinvesti-

353 Muscat 1994, S.222.
354 Naris 1992, S.264.

tionen entgegengebracht wird. Insgesamt wird deutlich, inwieweit politökonomische Faktoren die Reformen im Finanzsektor beeinflussen können. Die Erfahrungen in Thailand bieten ein Beispiel, wie weitreichende Inkonsistenzen mit negativen Auswirkungen auf den gesamten Reformumfang durch den Einbezug der Rahmenbedingungen und eine explizite Berücksichtigung politökonomischer Einflußfaktoren vermieden werden können.

5 Vergleichende Analyse der empirischen Befunde der Finanzsystem liberalisierung in der betrachteten Ländergruppe

5.1 Bedeutung der Rahmenbedingungen

In den hier betrachteten Länderstudien wurden die Reformen bzw. Teile der Reformen in einer gesamtwirtschaftlichen Situation vorgenommen, die durch eine zunehmende Verzerrung oder eine Stagnation der makroökonomischen Lage gekennzeichnet war. Es bestand jedoch - mit Ausnahme der Philippinen - nicht unmittelbar die Gefahr einer gesamtwirtschaftlichen Krise. Generell wurden die Reformbemühungen nicht unter den vorteilhaften Bedingungen einer hohen makroökonomischen Stabilität in Form eines befriedigenden Wachstums, einer stabilen Zahlungsbilanz und eines stabilen Preisgefüges durchgeführt. Hierdurch konnte der politökonomische Handlungsspielraum für die Regierung erweitert werden, da der notwendige Erklärungsbedarf für Reformmaßnahmen entfiel. Im Gegensatz zu den Philippinen reagierten Malaysia, Indonesien und Thailand schnell und vorbeugend auf die Anzeichen einer rezessiven Wirtschaftsentwicklung und erreichten durch eine strikte Umsetzung notwendiger Anpassungsprogramme relativ schnell wieder ihre wirtschaftliche Stabilität. Als Resultat ergaben sich hierdurch positive Effekte auf die Reformvorhaben, und eine Reduzierung oder Umkehr des Reformprozesses erfolgte nicht. Generell bleibt jedoch die Frage offen, ob aus wohlfahrtstheoretischer Sicht - konkretisiert durch den orthodox-technischen Ansatz - eine Minimierung der Anpassungskosten von Reformen im Finanzsektor unter makroökonomisch günstigen Rahmenbedingungen eher erreicht werden kann als unter den hier beobachteten, durch Verzerrungen gekennzeichneten, Ausgangssituationen.

Auf mikroökonomischer Ebene zeichnen sich Malaysia und Thailand durch eine im Vergleich zu Indonesien und den Philippinen stärker ausgebaute finanzielle Infrastruktur hinsichtlich des Überwachungs- und Regulierungssystems aus. Damit bestand gleich-zeitig eine für die Reformmaßnahmen ausreichende Informationsstruktur vor der Durch-führung von Reformen im Finanzsektor. Diese Rahmenbedingungen zusammen mit einer ausbalancierten institutionellen Entwicklung im Finanzsystem werden als Gründe für das relativ geringe Problem der notleidenden Kredite und das moderate Ausmaß der Finanzkrisen in Malaysia und Thailand gesehen. Die Erfahrungen in Thailand mit der Finanzkrise zu Beginn der achtziger Jahre bewegten die Regierung dazu, die weiteren Reformen in Bezug auf die Einführung von Marktmechanismen zeitlich hinter den Aufbau der Rahmenbedingungen zu verlagern. Eine gleichzeitige Einführung von Marktmechanismen und den damit verbundenen Steuerungs- und Kontrollinstanzen wurde so vermieden. Die Betrachtung der Rahmenbedingungen für die Finanzinstitutionen - insbesondere der Banken als Hauptträger der Reformen im Finanzsektor - muß über die Zusammensetzung des Vermögensportfolios hinausgehen und bezieht die Informationsstruktur, den Faktor Humankapital sowie die Ausprägungen hinsichtlich interner Regelungen und Entscheidungsprozesse sowie der verfügbaren Technologie mit ein. Thailand bietet hier wiederum das Beispiel für die Implementierung von Reformen, nachdem die Rahmenbedingungen in diesen Bereichen als ausreichend bewertet wurden. Das Gegenbeispiel hierzu bilden Indonesien für die Bereiche Humankapital sowie interne Regelungen im Zusammenhang mit der übermäßigen Expansion des Bankensektors nach 1988 und die Philippinen für eine generelle Vernachlässigung der Rahmenbedingungen auf mikroökonomischer Ebene im Zusammenhang mit den Reformen unter Marcos.

Allen Ländern gemeinsam ist ein relativ schwach ausgeprägtes und teilweise ineffizientes Steuersystem. Die offene Kapitalbilanz in Malaysia und Indonesien - hier zusätzlich das „Balance Budget Law" - induzierte jedoch die notwendige Fiskaldisziplin. Ein Rückgriff auf die Finanzierung staatlicher Ausgaben in Form der Inflationssteuer bzw. über die inländischen Kapitalmärkte fand nicht statt. Das Gegenbeispiel der Philippinen zeigt die Folgen einer Nutzung dieser Finanzierungsquellen, nach Ausschöpfung externer Quellen. Der Aufbau eines effizienten Steuersystems als Finanzierungsquelle der Staatsausgaben bleibt damit ein wichtiger Bestandteil eines umfassendes Reformprogramms im Finanzsystem sowie eine komplementäre Maßnahme zur Reformdurchführung.

Gleichzeitig verdeutlicht diese allen Ländern gemeinsame Schwachstelle die Problematik des Aufbaus institutioneller Kapazitäten zur Bewältigung von Reformvorhaben: Die Begleitung der Reformen im Finanzsektor erfordert zum einen auf der Seite des Staates technische Expertise - u.a. in den Bereichen Aufsichtswesen, Restrukturierung der in finanzielle Schwierigkeiten geratenen Finanzinstitutionen und Privatisierung staatlicher Finanzinstitutionen - während der Initiierungs- und der Konsolidierungsphase. Zum anderen ist im Privatsektor ein Umlernen des Managements und der Beschäftigten hinsichtlich der durch die Reformen gewonnenen „Freiheiten" erforderlich, begründet durch den Rückzug des Staates als vorgeschobenes Entscheidungsgremium in der Allokation der Finanzressourcen. Besondere Bedeutung erlangt dieses Umdenken in der Erfüllung der Screening- und Monitoring-Funktionen sowie der Übernahme der bisher staatlichen Wahrnehmung der Zinsfestlegung und der Kreditlenkung. Weiterhin ist der Aufbau von Anreizsystemen für die Beschäftigten bzw. die mit der Reformdurchführung Beauftragten in beiden Sektoren notwendig, um die mit den Reformen verbundenen neuen Aufgaben bzw. Freiheiten ihrer Bestimmung entsprechend auszufüllen. Ein den Reformen vorgeschalteter Aufbau der institutionellen Kapazitäten erscheint in der betrachteten Ländergruppe lediglich in Malaysia und Thailand den Anforderungen genügt zu haben.

5.2 Bewertung von Abfolge, Zeitpunkt und Geschwindigkeit der Reformen

Die folgende Übersicht (Tabelle XXIII) faßt Liberalisierungsabfolge und -geschwindigkeit der Reformen im Finanzsektor in der betrachteten Ländergruppe zusammen und stellt sie der aus dem orthodox-technischen Ansatz abgeleiteten, idealtypischen Vorgehensweise gegenüber:

Tabelle XXIII: Vergleich der Liberalisierungsabfolge und -geschwindigkeit der Reformen im Finanzsektor

	Fiskal- und geldpolitische Stabilisierung	Liberalisierun inländisches Finanzsystem	Handelsreform und Reformen im Realsektor	Liberalisierung externer Kapitalverkehr	Speed	Stabilisierungsprogramm
Idealtypische Abfolge[a]	1	2/3	2/3	4	n.b.	n.b.
Indonesien	2[b]	2/3[1]	3[2]	1	S[c]	P[d]
Malaysia	2[b]	2[1]	1/2	1	G	-
Philippinen	3	2[2]	3[2]	1[2]	G	P
Thailand	1[b]	3[2]	2[2]	3[2]	G	-

Legende: Die Zahlen geben jeweils den Rang in der Liberalisierungsabfolge wieder.
G = Graduelle Liberalisierung, S = Schockverfahren, n.b. = nicht eindeutig bestimmbar
P = Parallele Umsetzung eines umfassenden Stabilisierungsprogramms im Realsektor
[1] = umfassende Reformen, [2] = begrenzte bzw. partielle Reformen

Bemerkungen:

a) Die idealtypische Abfolge ergibt sich aus der herrschenden Meinung des in Kapitel 3.2.1 beschriebenen orthodox-technischen Ansatzes.

b) Dem Stabilitätsziel wird während der gesamten Reformvorhaben oberste Priorität eingeräumt. Explizite Maßnahmen zur Stabilisierung sind im Zusammenhang mit den Reformen im Finanzsektor bzw. zur Vorbereitung dieser Reformen nicht vorgenommen worden.

c) Die Liberalisierung des indonesischen Finanzsektors vollzog sich in zwei abrupt durchgeführten Schritten, die die wichtigsten Liberalisierungselemente enthielten.

d) Die parallele Durchführung eines Stabilisierungsprogramms bezieht sich nur auf das erste Reformpaket im Finanzsektor.

Quelle: Eigene Darstellung.

Der Vergleich zeigt, daß keine der betrachteten Volkswirtschaften die Reformen im Finanzsektor gemäß der idealtypischen Reformabfolge des orthodox-technischen Ansatzes durchgeführt hat. Insbesondere die Liberalisierung des externen Kapitalverkehrs erfolgt nicht, wie in diesem Ansatz gefordert, als letzter Liberalisierungsschritt, sondern steht überwiegend am

Anfang der Abfolge. Den Ländern Indonesien, Malaysia und Thailand, die sich gegenüber den Philippinen durch eine wesentlich erfolgreichere Liberalisierung des Finanzsektors abgrenzen, ist die sehr hohe Priorisierung der fiskal- und geldpolitischen Stabilität gemeinsam. Eine eindeutige Bewertung hinsichtlich der Geschwindigkeit und des Timing der Liberalisierung läßt sich nicht treffen. Die Volkswirtschaften zeichnen sich hier - mit Ausnahme der Philippinen - durch eine starke Berücksichtigung der gesamtwirtschaftlichen Lage aus. Je nach Ausprägung dieser Lage ändern sich die Geschwindigkeit und das Timing der Reformen.[355]

Die unterschiedlichen Ausprägungen von Abfolge, Zeitpunkt und Geschwindigkeit der Reformen aus makroökonomischer Sicht lassen keine einheitliche Struktur erkennen. Dagegen lassen sich in der Betrachtung der mikroökonomischen Ebene, insbesondere aus institutioneller Sicht, einige Gemeinsamkeiten identifizieren. Nachfolgende Ausführungen verdeutlichen diese Aspekte:

- Wettbewerb im Finanzsektor:
  Alle vier Volkswirtschaften weisen auch nach der Liberalisierung einen mangelnden Wettbewerb auf. Insbesondere in Thailand und den Philippinen bestehen weiterhin die bereits vor der Liberalisierung existierenden oligopolistischen Strukturen. Die Maßnahmen zur Erhöhung des Wettbewerbs erfolgten am Ende der Liberalisierungsmaßnahmen im Finanzsektor. Inwieweit diese Maßnahmen greifen werden, ist aufgrund der zeitlichen Nähe dieser Maßnahmen noch nicht abschätzbar. In Indonesien und Malaysia zeichnet sich zwar, angetrieben durch die Zulassung ausländischer Institutionen, eine Erhöhung des Wettbewerbs ab, die durch die Liberalisierung erhoffte schnelle Verschärfung des Wettbewerbs und damit verbundene potentielle Erhöhung der Effizienz im Finanzsektor blieb jedoch aus. Die nur schwachen Auswirkungen im Wettbewerb zeigen sich u.a. in der Zinsstruktur, indem die oligopolistischen Finanzsektoren die durch die Liberalisierung eliminierten Zinskontrollen über ihre institutionellen Verbände faktisch beibehielten.[356] Ebenso wurde durch die Reformen keine Verbesserung in der Bereitstellung langfristiger Finan-

---

355 Diese Strategie wird insbesondere am Beispiel Thailands deutlich. Der ehemalige Gouverneur der BoT, Ekamol Kiriwat, beschreibt Speed und Timing des Liberalisierungsprozesses folgendermaßen: „Before the financial reform was launched the authorities kept watchful eyes on the performance of the financial institutions to assess their readiness to operate under a deregulated environment. The timing of the implementation of deregulation measures was crucial to ensure a smooth and successful transition. The authorities judged the readiness of financial institutions on the following grounds: the old style of family managerial control has been largely replaced by professional management, capital adequacy of most banks and finance and securities companies has increased, the portfolio quality of financial institutions as a whole has improved and the profitability of the institutions has risen sharply.“ Ekamol 1993, S.120.

356 Dieses Verhalten der Banken bzw. der Bankverbände, die dadurch den Staat in der Zinsfestsetzung ablösten, zeigt sich besonders deutlich in Indonesien und Thailand. Vgl. Fischer/Reisen 1993, S.101 und Cole/Slade 1992, S.136

zierungsformen bewirkt. In Indonesien und in den Philippinen ist dies u.a. auf die Volatilität der Zinsen sowohl im Einlagen- als auch im Kreditbereich zurückzuführen.[357] Die Märkte für Beteiligungskapital und Rentenpapiere befinden sich noch in der Aufbauphase. Insbesondere die Kapitalmärkte für Rentenpapiere und Anleihen zeichnen sich zusätzlich durch einen hohen Anteil staatlicher Wertpapieremissionen aus, wodurch der private Sektor aus diesem Segment zurückgedrängt wird. Insgesamt ist festzustellen, daß der Erhöhung des Wettbewerbs im Finanzsektor nicht genügend Bedeutung beigemessen wurde. Als Begründung hierfür, kann das ausgeprägte Stabilitätsdenken herangezogen werden, welches Wettbewerbs- und Effizienzüberlegungen in den Hintergrund rücken läßt.

- Aufsichtswesen, Berichtswesen und finanzielle Vorsichtsregeln:
  In Indonesien und in den Philippinen erfolgten die Reformen hinsichtlich des Aufsichtswesens, Berichtswesen und finanzielle Vorsichtsregeln: am Ende der Reformabfolge. Im Gegensatz dazu wurden die Reglementierungen in diesem Bereich in Thailand und Malaysia zeitlich vor der oder zumindest simultan mit der Liberalisierung eingeführt. Vor dem Hintergrund, daß alle Volkswirtschaften rezessive Wirtschaftsphasen durchliefen, trug diese Vorgehensweise dazu bei, daß das Ausmaß des Problems notleidender Kredite in Malaysia und Thailand minimiert werden konnte. In den Philippinen hat das unzureichende Aufsichtswesen - zusätzlich zu dem „Cronyism-System" - wesentlich zur Verschärfung des Problems beigetragen. In Indonesien bewirkte der durch die Öffnung des Finanzsystems hervorgerufene sprunghafte Anstieg der Anzahl der Finanzinstitutionen eine deutliche Verschlechterung in der Qualität der Kreditportfolios der Banken. Auch hier liegt einer der Gründe in dem unzureichenden Aufsichts- und Berichtswesen. Die Erfahrungen zeigen, daß Probleme in Bezug auf eine Verschlechterung der Kreditportfolios vermieden werden können, indem die institutionellen Gestaltung vor die Einführung von Marktmechanismen vorverlagert wird.

- Handhabung der Krisenfälle und des Problems notleidender Kredite:
  Die Handhabung dieses Problembereiches erfolgte in den vier Volkswirtschaften hinsichtlich der Ausprägung formeller Bestimmungen und der tatsächlichen Durchsetzung bestehender Reglementierungen unterschiedlich:[358] In Malaysia trat durch das bereits bestehende strenge Aufsichtswesen das Problem notleidender Kredite im Zusammenhang

---

357 Hier erscheint eine tiefergehende Analyse des Zusammenhangs zwischen der absoluten Höhe des realen Zinsniveaus und der Volatilität des Zinsniveaus im Rahmen einer Liberalisierung des Finanzsystems notwendig, um eine eindeutige Aussage zutreffen.

358 In diesem Zusammenhang ist zu bemerken, daß keine der Liberalisierungsmaßnahmen in direkter Folge eine der in den Volkswirtschaften aufgetretenen Krisen im Finanzsystem nach sich zog. Vgl. Fischer/Reisen 1993, S.95.

mit der Liberalisierung des Finanzsystems nicht bzw. nur in sehr geringem Umfang auf. Indonesien löste das Problem über eine konsequente Linie der weitgehend unabhängigen Zentralbank, wodurch eine Verschärfung der Situation durch die Negativeffekte der „adverse selection" und des „moral hazard" vermieden werden konnte. In ähnlicher Weise, jedoch wesentlich abgeschwächt, wurde die Krise im thailändischen Finanzsektor überwunden. Die aufgetretenen Schwächen im Aufsichtswesen wurden im Anschluß an die Krise vor der weiteren Liberalisierung des Systems weitgehend eliminiert. Im Gegensatz dazu stehen die Erfahrungen in den Philippinen. Die durch einen hohen Grad an politischer Abhängigkeit gekennzeichnete Zentralbank ging - unterminiert durch eine unzureichendes rechtliches Rahmenwerk - die Probleme nur zögerlich an, wodurch sich die Finanzkrise wesentlich verschärfte. Auch nach Einführung diverser Maßnahmen zur Verbes-serung des Aufsichtswesens, ist die Zentralbank aufgrund der weiterhin bestehenden personellen Verflechtungen nicht ausreichend in der Lage, ihre Funktionen in diesem Bereich hinreichend zu erfüllen.

Diese Ausführungen verdeutlichen die Unterschiede in Abfolge, Zeitpunkt und Geschwindigkeit der Reformen in den verschiedenen Volkswirtschaften sowohl auf makro- als auch auf mikroökonomischer Ebene. Dennoch wurden die Reformen prinzipiell - allerdings nur sehr eingeschränkt in den Philippinen - erfolgreich durchgeführt. Katastrophale wirtschaftliche Auswirkungen, wie sie etwa in den Reformen im Finanzsektor in den südamerikanischen Volkswirtschaften aufgetreten sind, konnten generell vermieden werden. Die unkonventionellen Liberalisierungsstrategien basieren teilweise auf den länderspezifischen Besonderheiten und hier wiederum insbesondere auf den Ausprägungen der mikroökonomischen Ebene. Der Einfluß der länderspezifischen Besonderheiten auf Erfolg oder Mißerfolg einer Liberalisierung unterstreicht die Notwendigkeit eines ganzheitlichen Ansatzes mit dem Kernelement der Glaubwürdigkeit, der diese Faktoren explizit berücksichtigt. Gleichzeitig läßt diese Notwendigkeit den Schluß zu, daß eine allgemeingültige Formel über Ablauf, Zeitpunkt und Geschwindigkeit der Liberalisierung im Finanzsektor den länderspezifischen Besonderheiten nicht gerecht wird.

5.3 Einfluß der Staatsinterventionen

Eine abschließende Beurteilung über das genaue Ausmaß und die spezifischen Formen der Staatsinterventionen kann auch nach der Analyse der hier betrachteten Volkswirtschaften nur schwer getroffen werden. Relevanter als das exakte Determinieren des Staatseinflusses in

Form einer quantitativen Angabe - z.B. über den Anteil der staatlichen Vermögenswerte am gesamten Finanzsystem - erscheint daher auch die Identifizierung einzelner Sektoren und Bereiche im Finanzsystem, in denen Staatsintervention notwendig ist oder in denen Staatsintervention durch die Behebung von Marktversagen das Finanzsystem - im Sinne der Forderungen von Stiglitz und über den Katalog von Vittas hinaus - optimieren kann. Aus diesen Überlegungen leitet sich eine notwendige Modifizierung des Verständnisses staatlicher Intervention ab, die staatliche Eingriffe zwischen die Extrempositionen der Liberalisierungsökonomen und der Neostrukturalisten positioniert und ihnen eine konstruktive Rolle überträgt.

In diesem Zusammenhang definiert Evans als Ergebnisse einer Analyse verschiedener Formen der Staatsintervention in südamerikanischen, afrikanischen und asiatischen Volkswirtschaften diese modifizierten Sichtweise der Staatsintervention folgendermaßen:

> „The comparative evidence argues strongly in favor of focusing more on state capacity as an important factor in policy choice and outcomes and helps clarify structures and processes that underlie capacity. Most specifically, this analysis challenges tendency to equate capacity with insulation. It suggests instead that transformative capacity requires a combination of internal coherence and external connectedness that can be called embedded autonomy."[359]

Aus den Länderanalysen lassen sich folgende Schlüsse ableiten, die diese Sichtweise der Staatsintervention in einzelnen Aspekten konkretisiert:

- Kreditmärkte auf der funktionellen Seite und der Bankensektor auf der institutionellen Seite stellen auch nach einer weitgehenden Liberalisierung, wie z.B. in Malaysia, die wichtigsten Medien der Intermediationsfunktion dar. Initiierung und Förderung des Ausbaus alternativer Finanzmärkte und Finanzinstitutionen bilden den ersten Schwerpunkt der staatlichen Aktivitäten. Dies insbesondere im Hinblick auf die in allen Ländern schwach ausgeprägte Fristentransformationsfunktion im Kreditbereich, die durch einen Ausbau der Kapitalmärkte für langfristige Finanzierungstitel gestärkt werden kann. Die Rolle des Staates liegt hier allerdings nicht wie in der Vergangenheit in der Wahrnehmung des operativen Geschäfts, sondern in der Schaffung der notwendigen Anreize zur Bildung der Märkte und Institutionen sowie in deren rechtlicher Absicherung.

---

359 Evans 1992, S.176.

- Die Bedeutung des „Gutes" Information im Finanzsektor zeigt einen weiteren Wirkungsbereich des Staates auf: Die Entwicklung und Implementierung durch-setzungsfähiger Maßnahmen zum Aufbau bzw. zur Verbesserung eines Rechnungslegungs- und Wirtschaftsprüfungssystems sowie eines professionellen Bank- bzw. Finanzwesens unter einem einheitlichen rechtlichen Rahmenwerk. Dieses Rahmenwerk muß die prompte Durchsetzung vertraglicher Pflichten und unverzügliche Ahndung von Manipulationen und Betrügereien im Finanzsystem garantieren. Das Beispiel der Philippinen zeigt die Folgen einer nachlässigen Handhabung des „Gutes" Information. Zu diesem Bereich gehört auch die Bewertung und Überwachung der institutionellen Struktur im Finanzsystem gerade während des Reform-prozesses, da durch das repressive System bislang verdeckte Schwächen im Finanzsystem signifikant werden können. Neben den technischen Maßnahmen erfordert diese Bewertung ein hohes Maß an politischer Durchsetzungskraft, da mit der Auf-deckung dieser Schwächen die traditionellen „Besitzstände" einzelner Unternehmen oder Personen des Finanzsektors angegriffen werden können. Die Entscheidung über die Handhabung - z.B. Liquidation oder Rekapitalisierung insolventer Unternehmen - dieser Schwächen schließt sich hieran an. Die unverzügliche und konsequente staat-liche Intervention in diesem Bereich ermöglicht - wie die Handhabung der Finanz-krisen in Thailand und Malaysia zeigt - die Lösung der Problematik unter Minimierung des Risikos und der Kosten durch potentiell notleidende Kredite.[360]

- Die Länderanalysen haben aufgedeckt, daß auch nach den Liberalisierungsmaßnahmen einige Bereiche weiterhin unter hohem Einfluß des Staates stehen. Dazu gehören in erster Linie die Kreditlenkung im Sinne entwicklungspolitischer Ziele sowie der hohe Anteil des Staates am operativen Geschäft der Finanzinstitutionen, insbesondere im Bankensektor. Resultat dieser Interventionen in der Vergangenheit war eine Verschärfung des Problems notleidender Kredite und ein nur schwacher Anstieg des Wettbewerbs im Finanzsektor.

---

360 Ein ausführlicher Maßnahmenkatalog hinsichtlich der Mindestanforderungen an Aufsichtswesen und rechtliches Rahmenwerk findet sich in Polizatto 1992. Polizatto unterscheidet zum einen in Maßnahmen, die der Risikominimierung und Sicherheit der einzelnen Institutionen und des Gesamtsystems dienen (Prudential Regulation). Hierzu zählen: Markteintrittskriterien; Kapitalausstattung; Diversifikation des Vermögenportfolios und Geschäftsaktivitäten; Klassifizierung und Vorsorgemaßnahmen hinsichtlich erwarteter Vermögensverluste; Insiderregeln und Regelung der Aktivitäten mit verbundenen Unternehmen; Umfang, Häufigkeit und Inhalt interner und externer Prüfungen, Behandlung illiquider oder insolventer Institutionen, Einlagensicherungssysteme. Zum anderen bilden Maßnahmen zur Überwachung der Aktivitäten der Bank- bzw. Finanzinstitutionen und zur Durchsetzung der Regeln und Bestimmungen in diesem Sektor den zweiten Block (Banking Supervision). Hierzu zählen: Harmonisierung der Überwachung gemäß den Standards der Bank für Zahlungsausgleich (Basle Concordat), Überwachungsmethoden (direkte und indirekte Betriebsprüfung), interne Organisations- und Kontrollstruktur sowie Management- und Informationssysteme der Finanzinstitutionen zur Verbesserung der Informationstransparenz und -verfügbarkeit.

Demgegenüber hat sich der staatliche Einfluß in den Bereichen der sonstigen direkten Eingriffe in den Marktmechanismus, insbesondere in der Zinsfestsetzung, stark verringert bzw. wurde durch die Implementierung marktkonformer Instrumente - z.B. in der Geldpolitik - in eine indirekte Einflußnahme umgewandelt. Von dieser Politik gingen in der Regel positive Effekte auf das Finanzsystem aus. Ein weiterer Rückzug des Staates - insbesondere der Zentralbank - aus dem operativen Geschäft sowie aus der direkten Kreditlenkung erscheint notwendig. Im Bereich der entwicklungspolitischen Zielsetzung bietet die institutionelle Ausgliederung dieser Funktionen aus den in staatlichem Besitz befindlichen Finanzinstitutionen einen Lösungsansatz. Allerdings gilt auch für diese Institutionen eine Ausrichtung des operativen Geschäftes an den gegebenen Marktkriterien.

In Verbindung mit dem Einfluß des Staates auf das Finanzsystem steht die Identifi-kation und Eliminierung der „weichen Budgetrestriktionen". Die Reformen im Finanzsektor in Indonesien, Malaysia und Thailand weisen eine kontinuierliche Entwicklung marktkonformer Mechanismen auf, die darauf abzielt, Preis-verzerrungen im Finanzsystem zu beseitigen. Die relative hohe gesamtwirtschaftliche Stabilität im gesamten Beobachtungszeitraum und die schnelle Wiedergewinnung dieser Stabilität nach Überwindung intern oder extern bedingten Wirtschaftskrisen kann als weiteres Indiz dafür gesehen werden, daß die Problematik der „weichen Budgetrestriktionen" für die betrachtete Ländergruppe nicht bestand. Dagegen zeichnet sich in den Philippinen die unstete und diskretionär vorgehende Wirtschaftspolitik unter Marcos durch die Elemente dieser Problematik - u.a. der hohe Anteil der ineffizienten Staatsunternehmen, die Deckung unternehmerischer Verluste durch den Staat bzw. die Zentralbank, die Nichtahndung von Manipulationen und Verstößen im Finanzsystem - aus und trug damit zu dem nur schwachen Erfolg der Reformen bei. Die Mehrzahl dieser „weichen Budgetrestriktionen" war in den Philippinen politisch motiviert.[361]

- Einen weiteren kritischen Erfolgsfaktor im Reformprozeß stellt die Zentralbank hinsichtlich ihrer Stellung und ihres Aufgabengebietes dar. In ihrer Rolle als „Bank der Banken" nimmt die Zentralbank eine besondere Stellung durch ihre Verknüpfung zum Staat auf der einen Seite und zum allgemeinen Finanzsektor auf der andern Seite ein. Diese Stellung er-

361 Raiser konstruiert zu dieser Thematik einen Index und setzt diesen Index mit durchgeführten Reformen in einer Reihe von Entwicklungsländern in Beziehung. Die Länder Indonesien, Malaysia und Thailand erzielen in dieser Studie einen deutlich unter dem Durchschnitt liegenden Indexwert, der in Folge der Reformen eine sinkende Tendenz aufweist und in der Gesamtbetrachtung zwischen 1977 und 1989 relativ stabil ist. Demgegenüber liegt der Index für die Philippinen zwar nicht wesentlich über diesen Vergleichswerten, weist jedoch unter der Regierung Marcos einen starken Anstieg auf, der erst durch die Regierung Aquino wieder auf das alte Niveau gedrückt werden konnte. Vgl. Raiser 1993, S.28ff.

fordert die Wahrnehmung der durch die staatliche Wirtschaftspolitik definierten Aufgaben - z.B. Währungsstabilität und Sicherung des Zahlungssystems - sowie die Versorgung und Sicherung des Finanzsektors mit Liquidität und die Umsetzung eines effektiven Finanzsystems. Dabei ist zu berücksichtigen, daß die Zentralbank selbst integraler Bestandteil dieses Systems ist und keine von dem System isolierte bzw. losgelöste Instanz darstellt. Die Erfahrungen in der betrachteten Ländergruppe zeigen die Unterschiede in der Ausprägung der Stellung der Zentralbank im Reformprozeß auf: In Malaysia beruhen Initiierung und Führen der Reformen zum Großteil auf der BNM. In Indonesien hält die Zentralbank eine ähnlich starke und sehr konservative Stellung inne. Sie bildet damit einen Gegenpol zu dem strikt marktorientierten und auf schnelle Implementierung bedachten Finanzministerium. Die thailändische Zentralbank ist weitgehend durch das Finanzministerium dominiert und folgt der graduellen, teilweise übertrieben vorsichtigen Liberalisierungspolitik des Ministeriums. Die Philippinen bilden mit einer unter Marcos von der Politik nahezu vollkommen abhängigen Zentralbank das negative Gegenbeispiel in Form einer „staatlichen Finanzierungsquelle". Erst mit dem Regierungswechsel unter Aquino und der Befreiung von den „Altlasten" war die Zentralbank wieder in der Lage, ihre wirtschaftspolitischen Aufgaben zu übernehmen.

Die angestrebte Unabhängigkeit der Zentralbank, über die generell eine optimierte Wahrnehmung der geld- und stabilitätspolitischen Aufgaben erreicht werden soll, ist ihrerseits stark politökonomischen Einflußfaktoren ausgesetzt. Dies ergibt sich logischerweise aus der Positionierung der Zentralbank innerhalb des wirtschaftlichen Gesamtgefüges. In diesem Gefüge existieren die politökonomischen Kräfte und Akteure, die ihren Einfluß auf die Zentralbank geltend machen.[362] Innerhalb dieses Beziehungsgeflechtes existiert die Zentralbank gerade nicht als eine „apolitische" oder „entpolitisierte" Institution, wodurch der Grad der Unabhängigkeit eingeschränkt wird. Die Beachtung der politökonomischen Einflußfaktoren in der Gestaltung der Unabhängigkeit der Zentralbank gewinnt damit entscheidend an Bedeutung.

---

362 Diese Kräfte und Akteure lassen sich analog dem Katalog der politökonomischen Einflußfaktoren abbilden. Bowles/White nennen insbesondere die folgenden Elemente: Inländische sozioökonomische Kräfte (z.B. Finanzsektor, Industriesektor oder Arbeitsmarkt), inländische Akteure und Prozesse innerhalb der institutionellen Sphäre des Staates bzw. des politischen Systems (z.B. Politiker, Ministerien, die Zentralbank als eigener politischer Faktor) und internationaler politischer und wirtschaftlicher Druck (z.B. führende Industrienationen, ausländische Zentralbanken). Vgl. Bowles/White 1994, S.244ff.

5.4 Ausprägung der politökonomischen Faktoren

Tabelle XXIV gibt einen Überblick über die Ausprägung der politökonomischen Einflußfaktoren in den betrachteten Volkswirtschaften.

Tabelle XXIV: Bewertung der politökonomischen Einflußfaktoren

Einflußfaktor	**Indonesien**	**Malaysia**	**Philippinen**	**Thailand**
Crisis-Hypothese	N	N	N	N
Externe Hilfe	J[a)]	N	J	J[a)]
Autoritärer bzw. rechtsgerichteter Regimetyp	J	J	J/N[f)]	JM[h)]
Honeymoon-Hypothese	N	N	N	N
Schwache Opposition	J[b)]	J	N	N
Sozialer Konsens und politische Basis	JM[c)d)]	JM[c)d)]	N	NM[d)]
Visionäre Führung	J	J	N	N
Übergang zur Demokratie	N	N	J	J
Technokratisches Expertenteam	J	J	N/J[g)]	J
Umfassendes Programm	J	J	N	J
Kompensation der Reformverlierer bzw. Identifikation der Reformgewinner	N[e)]	N[e)]	N	JM[e)]

Legende:
J = Hypothese bejaht, JM = Hypothese modifiziert bejaht, N = Hypothese verneint, NM = Hypothese modifiziert verneint, J/N = Änderung im Zeitverlauf

Erläuterungen:

a) Zuwendungen in Form von finanzieller und intellektueller Hilfe der internationalen Organisationen. Mit fortschreitender Entwicklung nehmen jedoch die ausländischen Direktinvestitionen die dominierende Rolle ein.

b) Oppositionelle Kräfte finden sich in erster Linie in den Interessenverbänden der Wirtschaft.

c) In Indonesien sowie in Malaysia besteht kein Konsens im eigentlichen Sinne, da der für die Bildung eines Konsenses notwendige Dialog fehlt. Die Führung eines Dialoges ist wiederum nur durch pluralistische gesellschaftliche, wirtschaftliche und politische Kräfte und Institutionen möglich. Dies ist jedoch durch die dominierende Rolle der GOLKAR-Vereinigung in Indonesien bzw. der Barisan National in Malaysia nicht der Fall.

d) Ein sozialer Konsens und eine politische Basis bestehen prinzipiell hinsichtlich der Priorisierung der wirtschaftlichen Entwicklung als oberstem Entwicklungsziel.

e) Die Beibehaltung finanzieller Hilfen in den sozialpolitischen und sozioökonomischen Bereichen läßt jedoch darauf schließen, daß eine sozial ausgewogene wirtschaftliche Entwicklung angestrebt wird.

f) Übergang des Regimetyps in ein Mitte-Links-Bündnis unter Aquino sowie zu einem rechtskonservativen Regime unter Ramos.

g) Das Expertenteam gewinnt erst unter Aquino an Bedeutung, besitzt jedoch weiterhin eine geringe Durchsetzungskraft.

h) Die politische Umgestaltung in ein demokratisches System ist durch die Einflußnahme des Militärs in der Vergangenheit erschwert worden. Eine eindeutige ideologische Ausrichtung des Systems ist nicht identifizierbar.

Quelle: Eigene Darstellung.

Aus der Analyse der politökonomischen Einflußfaktoren lassen sich für die hier betrachteten Volkswirtschaften eine Reihe von Aussagen über die Liberalisierung von Finanzsystemen ableiten:

- Gesamtwirtschaftliche Krisen stellen keine notwendige Bedingung oder Grundvoraussetzung für eine Reform im Finanzsektor dar, sondern wirken als Anreiz, Reformen zu planen und nachfolgend zu implementieren. Es ist jedoch lediglich eine geringe Tendenz festzustellen, Reformen in Zeiten einer gesunden wirtschaftlichen Gesamtverfassung durchzuführen. Hier steht die Abwägung erhöhter Anpassungskosten im Fall einer Reformdurchführung unter ungünstigen gesamtwirtschaftlichen Verhältnissen gegenüber der Erleichterung der politischen Umsetzung in Krisenzeiten weiterhin zur Diskussion. Die Honeymoon-Hypothese muß hinsichtlich der Reformen im Finanzsektor für die betrachtete Ländergruppe verworfen werden und läßt daher keine allgemeingültige Aussage zu.

- Externe Hilfe in Form finanzieller Zuwendungen und intellektueller Unterstützung sichert Reformvorhaben ab. Langfristig gewinnt hierbei die intellektuelle Hilfe in Form von Wissentransfer und Training zugunsten der inländischen Entscheidungsträger und Politiker - insbesondere mit der Zielsetzung des Aufbaus einer effizienten institutionellen Struktur - gegenüber der rein monetären Unterstützung an Bedeutung. Jedoch zeigt das Gegenbeispiel Philippinen unter der Regierung Marcos, daß externe Hilfe zur Verzögerung der notwendigen Anpassung zu Lasten der gesamtwirtschaftlichen Wohlfahrt mißbraucht werden kann. Die Überwachung der an Bedingungen gebundenen finanziellen Hilfen bleibt damit als Problem bestehen.[363]

- Es läßt sich keine direkte Beziehung zwischen autoritärem/rechtsgerichtetem Regime und erfolgreichen Reformen herstellen, vielmehr deuten die Erfahrungen in Malaysia und Indonesien auf die Bedeutung einer ausgeprägten - im Idealfall visionären - Führungskraft für die Planung und Implementierung von Reformen hin. Das Beispiel Thailand zeigt auf, daß sich ein gradueller Übergang eines vormals autoritär ausgerichteten Regimes zu einem demokratischen politischen System nicht negativ auf Wirtschaftsreformen auswirken muß. Die Philippinen verdeutlichen die Problematik eines schwachen autoritären Systems. Erst durch die Beendigung dieses Systems konnten wirtschaftliche Verbesserungen erzielt wer-

363 Im Zusammenhang mit der Bedeutung der monetären externen Hilfe ergaben die Untersuchungen der Weltbank, daß Volkswirtschaften mit einem sehr niedrigen Volkseinkommen überproportional von diesen Zuwendungen profitieren, während Länder mit mittlerem Volkseinkommen keine nennenswerte Erhöhung der Wachstumsraten des Volkseinkommens registrierten. Vgl. hierzu ausführlich World Bank 1992.

den. Allerdings kann aus dem Beispiel der Philippinen nicht der Umkehrschluß gezogen werden, daß lediglich eine demokratische Nachfolgeregierung nach Marcos diese Verbesserungen erzielen konnte. Insgesamt rückt die politische Ausrichtung des Regimes gegenüber der inneren Ausgestaltung der Führungs- und Entscheidungsinstanz in den Hintergrund.

Die Positionierung und ferner die Zusammensetzung des mit Planung und Durchführung des Reformvorhabens beauftragten Technokratenteams gewinnt daher an Bedeutung: Eine relativ weitgehende Abkoppelung von politischen Zwängen und Institutionalisierung der Expertenteams erhöht die Erfolgschancen einer Reform. Desweiteren trägt eine Verlagerung der Machtverhältnisse im Staatsgebilde zugunsten der „Kontrollministerien" und Exekutiveinheiten und zu Lasten der „Ausgabeministerien" positiv zum Reformerfolg bei.[364] Die Abhängigkeit des Expertenteams von der Entscheidungs- und Durchsetzungskraft der Regierung bleibt jedoch auch unter Zuhilfenahme der Modelle zur Implementierung von Wirtschaftsreformen (vgl. Kapitel 3.2.2) bestehen. Am Beispiel der Philippinen wird deutlich, daß die mangelnde Autorität der Regierung nicht mittels der Kompetenz des Technokratenteams kompensiert werden kann. Die Stellung der Zentralbank - als potentieller Träger eines von politischem Druck weitgehend isolierten Expertenteams - im Kontext der Planung und Durchführung von Reformen wurde bereits in Kapitel 5.3 diskutiert.

- Die Bewertung der Faktoren „Politische Basis" und „Sozialer Konsens" gestaltet sich in Bezug auf die betrachtete Ländergruppe schwierig. Die autoritär politische Struktur in Malaysia, Indonesien und den Philippinen (unter der Amtszeit Marcos') sowie das von westlichen Denkmustern abweichende Verständnis der politischen Kultur in Thailand resultierte in einer lediglich schwach ausgeprägten parlamentarischen bzw. direkten politischen Opposition. Demgegenüber gewinnen die außerparlamentarischen Organisationen und Interessengruppen an Bedeutung. Hier steht jedoch nicht der Versuch einer Zersplitterung dieser Interessengruppen im Vorder-grund staatlichen Handelns, sondern die „Nutzung" dieser oppositionellen Gruppen bzw. die Stärkung der unterstützenden Gruppen. Wichtiger als eine zersplitterte Opposition erscheint die Bildung einer „geschlossenen" Regierung und eines „geschlossenen" Expertenteams, sowie eine erhöhte Partizipation der für den Reformerfolg signifikanten Interessensgruppen.

---

364 Hier taucht wiederum das Paradoxon zwischen Marktkräften und Staatseinfluß auf: Eine Ausweitung der marktkonformen Kräfte in der Volkswirtschaft erfordert eine gleichzeitige Erhöhung der Kontrollaktivitäten des Staates in Bezug auf die wirtschaftspolitischen Einflußfaktoren, die das Wirtschaftsgeschehen bestimmen, und eine Steigerung der administrativen Effizienz. Kahler tituliert diesen scheinbaren Widerspruch als „Orthodox Paradox". Vgl. Kahler 1990, S.55ff.

In bezug auf die Bildung eines sozialen Konsenses - z.B. in Form eines „Sozialpaktes" zwischen Regierung, politischen Parteien, Unternehmern, Gewerkschaften etc.[365] - fehlt aufgrund der o.a. politischen Eigenarten die Grundvoraussetzung zur Konsensbildung in Gestalt des politischen Dialogs. Es besteht jedoch eine generelle Einigung darüber, daß der Erzielung eines hohen Wirtschaftswachstums oberste Priorität eingeräumt wird. Ein sozialer Konsens läßt sich hieraus insgesamt jedoch nur schwer ableiten.

- Das Ausmaß direkter Kompensation für die potentiellen Verlierer der Reformen im Finanzsektor war nicht signifikant. Für Thailand und Indonesien bestand eine Form der Kompensation, indem spezielle Förderprogramme zur Absicherung des Existenzminimums aufgelegt bzw. auch unter schwierigen makroökonomischen Bedingungen beibehalten wurden. Generell ging jedoch von dieser Bevölkerungsschicht keine direkte oppositionelle Bewegung gegen die Durchführung von Reformen aus.[366] Den in diesem Zusammenhang relevanten Gruppen - insbesondere den Wirtschaftsinteressenverbänden - wurde keine direkte Kompensation gewährt. Vielmehr unterstützten weitere langfristig angelegte und hinsichtlich der Reformen komplementäre wirtschaftspolitische Maßnahmen - u.a. Sicherung eines realistischen Wechselkurses oder die Gewährung von Exportanreizen - die wirtschaftlichen Aktivitäten dieser Gruppen und erzielten hierüber eine indirekte Förderung potentieller Reformgewinner.

Die hier erzielten Ergebnisse decken sich mit den Ergebnissen einiger empirischer Studien im Zusammenhang mit der Bewertung politökonomischer Einflußfaktoren auf die Durchführung gesamtwirtschaftlicher Strukturanpassungsprogramme.[367]

---

365 Ein solcher Pakt wurde z.B. zur Umsetzung der Reformen in Mexiko zwischen den beteiligten Interessengruppen gebildet. Der 1987 geschlossene „Economic Solidarity Pact" verpflichtete die Regierung zu fiskalpolitischer Disziplin sowie zu einer restriktiven Geldpolitik und forderte von den Tarifparteien eine Zustimmung zu Lohn- und Preiskontrollen. Siehe hierzu ausführlicher Aspe 1992.

366 Eine ausführliche Diskussion des Dilemmas hinsichtlich des Schutzes der unter dem Existenzminimum lebenden Bevölkerung und des Anreizes für eine Regierung, diesen Schutz bei einer gleichzeitigen Vernachlässigung der politisch einflußreichen Interessengruppen zu gewähren, findet sich in der im Auftrage der UNICEF durchgeführten Studie „Adjustment with a Human Face. Vgl. Cornia/Jolly/Stewart 1987.

367 Zu den aktuellen Studien zählen Bates/Krueger 1993c (betrachtete Ländergruppe: Ägypten, Brasilien, Chile, Ecuador, Ghana, Korea, Sambia und Türkei.), Haggard/Webbs 1994 (betrachtete Ländergruppe: Chile, Mexiko, Nigeria, Polen, Spanien, Senegal, Thailand und Türkei), Nelson 1990b (betrachtete Ländergruppe: Argentinien, Brasilien, Chile, Costa Rica, Dominikanische Republik, Ghana, Jamaika, Kolumbien, Mexiko, Nigeria, Peru, Philippinen und Sambia) sowie Williamson 1994b (betrachtete Ländergruppe: Australien, Brasilien, Chile, Indonesien, Kolumbien, Korea, Mexiko, Neuseeland, Polen, Portugal, Spanien und Türkei)

5.5 Bewertung des Konzeptes der Glaubwürdigkeit

Die in den Kapitel 5.1-5.4 erläuterten Bestandteile des Reformprozesses ergaben in ihrer Gesamtheit für die Volkswirtschaften Indonesien, Malaysia und Thailand eine in sich konsistente Vorgehensweise der Liberalisierung der Finanzsysteme. Die Charakteristika der Reformen der einzelnen Volkswirtschaften weisen dabei hinsichtlich der Rahmenbedingungen und Vorgehensweise in der Implementierung der Reformen signifikante Unterschiede auf. Es lagen grundsätzliche keine Inkonsistenzen in konzeptioneller, administrativer oder politischer Form vor. Im Hinblick auf die von der idealtypischen Vorgehensweise des orthodox-technischen Ansatzes stark abweichenden Reformprozesse wird das Übergewicht der politökonomischen Faktoren im Erklärungsansatz für den Erfolg von Reformen deutlich. Die Ausprägung dieser Faktoren minimierte insbesondere das Problem der Zeitinkonsistenz, wenngleich dieses in Teilbereichen der Reformen in Indonesien und Thailand dennoch existiert und generell wiederum auf politökonomische Faktoren zurückzuführen ist. Grundlage des Erfolges der Reformen bildete der Faktor Glaubwürdigkeit, der den orthodox-technischen und - weitaus stärker - den politisch-ökonomischen Ansatz der Reformen durchzog. Dies verdeutlicht die Stellung des Faktors Glaubwürdigkeit als zentrales Element der beiden grundlegenden Ansätze und hebt die essentielle Bedeutung einer hohen Glaubwürdigkeit für die erfolgreiche Durchführung von Reformen hervor.

Die Auswirkungen dieser Glaubwürdigkeit zeigten sich insbesondere in der schnellen und konsequenten Überwindung der Krisen in der Gesamtwirtschaft und im Finanzsektor der Länder Indonesien, Malaysia und Thailand. Weiterhin spricht der jederzeitige Zugang dieser Ländergruppe auf Finanzressourcen der internationalen Kreditmärkte und die Beibehaltung der finanziellen Unterstützung der internationalen Organisationen für ein hohes Maß an Glaubwürdigkeit. Ein deutlicheres Indiz ergibt sich zudem aus der nach der Durchführung von Reformen stark angestiegenen Partizipation des privaten Sektors an der gesamten Wirtschaftsentwicklung in Form einer verstärkten Investitionstätigkeit des inländischen Privatsektors sowie der Direktinvestitionen des ausländischen Privatsektors.

Die Philippinen bilden hierzu das Gegenbeispiel: Erst unter veränderten politökonomischen Bedingungen, ausgelöst durch den Regierungswechsel zwischen Marcos und Aquino, konnten andauernde Reformerfolge erzielt werden. Aber auch nach dem Regierungswechsel blieben einige Hemmfaktoren aus dem politökonomischen Bereich bestehen, die zu einer Reduzierung des Reformumfangs bzw. zu einer zeitlichen Dehnung der Reformen führte. Hieraus entwikkelte sich in den Philippinen das Problem der Zeitinkonsistenz in weitaus größerem Maße als in den Vergleichsländern.[368]

Als Ergebnis aus den länderspezifischen Analysen lassen sich folgende Maßnahmen zur Erhöhung der Glaubwürdigkeit im Zusammenhang mit Finanzsystemreformen ableiten:

➢ Aus der orthodox-technischen Sichtweise von Reformen im Finanzsektor:
  - Die hohe Priorisierung der gesamtwirtschaftlichen Stabilität als wirtschaftspolitisches Ziel zur Erzielung einer relativ stabilen makroökonomischen Ausgangssituation, unterstützt durch eine „gesunde" finanzielle Struktur der Unternehmen im Finanz- und im Realsektor.
  - Die Identifikation und Beseitigung weicher Budgetrestriktionen.
  - Der Aufbau eines effizienten Steuersystems als Instrument der Fiskalpolitik.
  - Die Schaffung und stärkere Betonung einer ausreichenden institutionellen Ausprägung des Finanzsektors, einschließlich des Aufbaus einer minimalen Basis an „financial skills" sowohl bei den Finanzinstitutionen als auch bei den Aufsichtsinstanzen.
  - Der Ausbau eines effektiven Aufsichtswesens sowie eines adäquaten rechtlichen Rahmenwerkes und die Bereitstellung der dafür notwendigen Finanz- und Humanressourcen.
  - Die direkte und umfassende Lösung des Problems notleidender Kredite zur Schaffung einheitlicher Bedingungen im Reformprozeß sowie der Aufbau eines „Frühwarnsystems" zur Identifizierung sich anbahnender Krisen im Finanzsektor.

➢ Aus der politisch-ökonomischen Sichtweise von Reformen im Finanzsektor:
  - Eine weitaus stärkere Einbeziehung des politisch-ökonomischen Ansatzes in die Planung und Durchführung wirtschaftlicher Reformen mit dem Ziel der Identifizierung und weitgehenden Eliminierung der politökonomischen Barrieren hin-sichtlich der Umsetzung der Reformen.
  - Die Bildung einer geschlossenen und duchsetzungsfähigen Regierung mit einer ausgeprägten Führungskraft.
  - Die Verschiebung des Mittelpunktes der Wirtschaftspolitik von den ausgabenorientierten bzw. repräsentativen zu den ausführenden und kontrollierenden Instanzen der Regierung, insbesondere in der Reformperiode.

---

368 Hier ist allerdings anzumerken, daß sich das Problem der Zeitinkonsistenz in der Liberalisierung des Finanzsystems der Philippinen gegenüber den Reformen in den anderen Wirtschaftsbereichen - z.B. Privatisierung und Agararreform - relativ moderat darstellt.

- Die Erhöhung der Machtbefugnisse und Einwirkungsmöglichkeiten der Technokraten mit dem Idealziel der Bildung von „Technopols".
- Die Restrukturierung des Verhältnisses Regierung - Interessengruppen durch:
    1. Bildung von Spitzenverbänden, die auf nationaler Ebene verhandeln und im Falle der Nichteinhaltung der Vereinbarungen die staatliche Gewalt zur Lösung der Kontroverse heranziehen können. Über eine Institutionalisierung des Verhältnisses zwischen dem öffentlichen und dem privaten Sektor wird eine direkte Partizipation des privaten Sektors an der Entscheidungsfindung der Politik ermöglicht. Über diese Partizipation bietet sich zudem ein Weg der Kontrolle über die Regierungsaktivitäten.
    2. Etablieren von wirtschaftspolitischen Programmen und administrativen Kapazitäten, die die Risiken der wirtschaftlichen Anpassung sozialisieren.
    3. Aufbau politischer und wirtschaftlicher Instanzen, die es Politikern ermöglichen, der Versuchung redistributiver politischer Strategien zu widerstehen und die Machtverhältnisse zugunsten technokratischer Expertenteams zu verschieben.
    4. Eine Modifikation der Sichtweise staatlicher Interventionen sowie der Aufbau eines Maßnahmenkataloges, der dieser Sichtweise entspricht.
- Die explizite Beachtung von Vergabekriterien und Anreizwirkungen ausländischer Hilfe sowohl auf finanzieller als auch auf intellektueller Ebene.

➢ Die Zusammenführung beider Ansätze resultiert in einem ganzheitlichen Ansatz, der die bisher eher partiell ausgerichtete Sichtweise der Reformen im Finanzsektor deutlich erweitert:
  - Eine explizite Berücksichtigung und Analyse **sowohl** der technisch-orthodoxen **als auch** der politisch-ökonomischen Einflußfaktoren auf Reformvorhaben. Diese Analyse ist darauf ausgerichtet, Elemente zu eliminieren, die die Glaubwürdigkeit untergraben, sowie Maßnahmen zu identifizieren, die die Glaubwürdigkeit erhöhen und damit zur Vermeidung inkonsistenter bzw. zeitinkonsistenter Reformen beitragen. Als Resultat dieser Analyse ergibt sich ein länderspezifisch individuelles Reformvorhaben unter Berücksichtigung der existierenden Rahmenbedingungen sowie einer individuellen Gestaltung von Abfolge, Timing und Geschwindigkeit der Reformen.

  - Hinsichtlich des Timing von Reformen im Finanzsektor sollte eine Regierung Finanzreformen in Zeiten hoher gesamtwirtschaftlicher Stabilität aggressiv, in Zeiten der Instabilität dagegen nur verhalten angehen. Insgesamt sind die makro- und mikroökonomischen Rahmenbedingung nie optimal, jedoch besteht eine enge Verflechtung zwischen realem und monetärem Sektor, so daß sich positive Rahmenbedingungen im realen Sektor auch auf die Erfolgsaussichten der Liberalisierung im Finanzsektor auswirken. Die Berücksichtigung dieser Forderung grenzt sich stark von der bisher in der Praxis beoachteten Handhabung des Faktors Timing ab. Auch in der hier betrachteten Ländergruppe wurden Reformen gerade nicht in Zeiten hoher Stabilität durchgeführt.

- Reformen, die die „initial conditions“ des Finanzsektors hinsichtlich Portfoliostruktur, Informationskapital und Humankapital der Finanzinstitutionen explizit berücksichtigen, sind erfolgversprechender. Dazu zählt weiterhin die Vermeidung abrupter Portfolioumschichtungen sowie sprunghafter Volumenausweitungen im Kreditbereich, die durch die Reformen im Realsektor ausgelöst werden können.

- Die politische Unabhängigkeit einer starken Zentralbank, einschließlich des Aufbaus fähiger Forschungs- und Implementierungsinstanzen, ist ein kritischer Erfolgsfaktor erfolgreicher Reformen. Der Zentralbank fällt dabei neben ihren Steuerungs- und Aufsichtsfunktionen die Unterstützung der Reformen durch das Stimulieren bestehender und neuer Märkte bzw. Institutionen zu. Die Rolle der Zentralbank als Auslöser und Antreiber der Reformen verwirklicht teilweise die für erfolgreiche Reformen hilfreiche Implementierung eines Technokratenteams.

6 Fazit

Die Analyse der Liberalisierung in den Finanzsystemen der südostasiatischen Wachstumsstaaten Indonesien, Malaysia, Philippinen und Thailand zeigt, daß ein einheitlicher Liberalisierungsweg in Form eines „Generalrezeptes" für eine erfolgreiche Liberalisierung nicht existiert. Sowohl auf der orthodox-technischen Seite als auch auf der politisch-ökonomischen Seite bestehen große länderspezifische Unterschiede hinsichtlich der die Liberalisierung beeinflussenden Faktoren. Die Analyse läßt jedoch den Schluß zu, daß Reformen im Finanzsektor unter bestimmten politökonomischen Voraussetzungen und unter Beachtung der existierenden Rahmenbedingungen auf makro- und mikroökonomischer Ebene erfolgreich durchgeführt werden können. Dies gilt auch dann, wenn eine von dem orthodox-technischen Ansatz vollkommen abweichenden Vorgehensweise hinsichtlich Abfolge, Liberalisierungszeitpunkt und Geschwindigkeit der Reformen eingeschlagen wird. Ein ausreichendes Maß an Glaubwürdigkeit kristallisiert sich als notwendige Bedingung zur erfolgreichen Planung und Implementierung von Reformen heraus. Damit rückt gleichzeitig ein ganzheitlicher Ansatz und die besondere Berücksichtigung politökonomischer Kriterien in den Mittelpunkt des Reformprozesses. Den hier angesprochenen ganzheitlichen Ansatz umschreibt Caprio folgendermaßen:

> Although this eclectic approach to financial reform is more difficult a process to manage than one of immediate, complete deregulation, it appears born out by experience of the country cases and the theoretical approaches summarised above. Financial reform, as judged from these experiences, calls for more nuance than simply „letting the market work".[369]

Die Rolle des Staates in der Reformdurchführung und nach Implementierung der Reformen muß im Gesamtzusammenhang gesehen werden und bedarf einer modifizierten Sichtweise. Das verbindende und damit zentrale Element des ganzheitlichen Ansatzes bildet der Faktor Glaubwürdigkeit, der in alle Teilaspekte aus orthodox-technischer Sicht und aus politisch-ökonomischer Sicht hineinspielt und die Ausprägung der Einflußfaktoren entscheidend beeinflußt. Die Identifikation der entsprechenden Einflußfaktoren - insbesondere aus dem politökonomischen Bereich - auf inhaltlicher und institutioneller Ebene und die Erhöhung des Maßes an Glaubwürdigkeit für diese Faktoren verbessert damit die Chancen für eine erfolgreiche Reform.

369 Caprio/Atiyas/Hanson 1994, S.437. Die Fallstudien beziehen sich hierbei auf: Chile, Indonesien, Korea, Malaysia, Neuseeland, und Türkei.

Literaturverzeichnis

Adelman, I./Morris, C. (1967): Society, Politics and Economic Development, Baltimore 1967.

Agtmael, Antoine W. van (1993): Thailand. From Mini Market to Leading Emerging Market, in: Park, Keith K.H./Agtmael, Antoine W. van (Hrsg.): The World's Emerging Stock Markets, Chicago 1993, S.121-141

Ahmed, Sadiq (1992): Appropriate Macroeconomic Management in Indonesia's Open Economy, World Bank Discussion Papers 191, Washington 1992.

Akerlof, Georg A. (1970): The Market for Lemons: Quality Uncertainty and the Market Mechanism, in: Quarterly Journal of Economics, Vol.84, S.488-500.

Akrasanee, Narongchai/Jansen, Karel/Pongpisanupichit, Jeerasak (1993): International Capital Flows and Economic Adjustment in Thailand, Thailand Development Research Institute, Bangkok 1993.

Alesina, Alberto (1987): Macroeconomic Policy in Two-Party System as a Repeated Game, in: Quarterly Journal of Economics, Vol.102, 1987, S.651-678.

Alesina, Alberto/ Cohen, Gerald/Roubini, Nouriel (1991): Macoreconomic Policy and Elections in OECD Democracies, Harvard 1991.

Alesina, Alberto/Roubini, Nouriel (1992): Political Cycles in the OECD Countries, in: Review of Economic Studies, No.59, 1992, S.663-688.

Alesina, Alberto/Tabellini, Guido (1988): Credibility and Politics, in: European Economic Review, Vol.32, 1988, S.542-550.

Ariff, Mohamed (1994): AFTA = Another Futile Trade Area?, University of Malaya, Kuala Lumpur 1994.

Arndt, Heinz W. (1983): Financial Development in Asia, in: Asian Development Review, Vol.11, No.1, 1983, S.86-100.

Asher, Mukul G./Booth, Anne (1992): Fiscal Policy, in: Booth, Anne (Hrsg.): The Oil Boom and After: Indonesian Economic Policy and Performance in the Suharto Era, Singapore 1992, S.41-76.

Asian Development Bank (1985): Improving Domestic Resource Mobilization Through Financial Development, Manila 1985.

Asian Development Bank (1993): Key Indicators of Developing Asian and Pacific Countries, Manila 1993.

Aspe, Pedro (1992): Macroeconomic Stabilization and Structural Change in Mexico, in: European Economic Review, Vol.36, 1992, S.320-328.

Awang, Adek Hussein (1994): Financial System, in: Jomo, K.S. (Hrsg.): Malaysia's Economy in the Nineties, Kuala Lumpur 1994, S. 137-169.

Azis, Iwan J. (1994): Indonesia, in: Williamson, John (Hrsg.): The Political Economy of Policy Reform, Institute for International Economics, Washington 1994, S.385-416.

Aziz, Zeti Akhtar (1994): Macroeconomics of International Capital Flows and Capital Market Development. The Case of Malaysia, Paper presented at the 19th Annual Conference of the Federation of ASEAN Economic Associations, Manila 1994.

Backus, David/Driffill, John (1985): Rational Expectations and Policy Credibility Following a Change in Regime, in: Review of Economic Studies, Vol.52, Nr.169, S.211-221.

Bank Negara Malaysia (BNM) (1994): Money and Banking in Malaysia, 4th Edition, Kuala Lumpur 1994.

Barro, Robert J./Cordon, David B. (1983): Rules, Discretion and Reputation in a Model of Monetary Policy, in: Journal of Monetary Economics, Vol.12, 1983, S.101-121.

Bates, Robert H. (1994): Comment on "In Search of a Manual of Technopols", in: Williamson, John (Hrsg.): The Political Economy of Economic Reform, Washington 1994, S.29-34.

Bates, Robert H./Krueger, Anne O. (1993a): Generalizations Arising from the Country Studies, in: Bates, Robert H./Krueger, Anne O. (Hrsg.): Political and Economic Interactions in Economic Policy Reform, Oxford 1993, S.444-472.

Bates, Robert H./Krueger, Anne O. (1993b): Introduction, in: Bates, Robert H./Krueger, Anne O. (Hrsg.): Political and Economic Interactions in Economic Policy Reform, Oxford 1993, S.1-26.

Bates, Robert H./Krueger, Anne O. (1993c): Political and Economic Interactions in Economic Policy Reform, Oxford 1993.

Bello, Walden/Kinley, David/Elinson, Elaine (1982): Development Debacle: The World Bank in the Philippines, San Francisco, 1982.

Bencivenga, Valerie R./Smith, Bruce, D. (1991): Financial Intermediation and Endogenous Growth, in: Review of Economic Studies, Vol.58, 1991, S.195-209.

Bhanupong, Nidhiprabha (1993): Monetary Policy, in: Warr, Peter G. (Hrsg.): The Thai Economy in Transition, Cambridge 1993, S.172-198.

Bhattacharaya, Amarendra/Lin, Johannes (1988): Trade and Industrial Policies in the Developing Countries of East Asia, World Bank Discussion Paper No.27, Washington 1988.

Bhattacharya, Amarendra/Pangestu, Mari (1993): Indonesia: Development Transformation and Public Policy, The World Bank, Washington 1993.

Binhadi/Mekk, Paul (1992): Implementing Monetary Policy, in: Booth, Anne (Hrsg.): The Oil Boom and After: Indonesian Economic Policy and Performance in the Suharto Era, Singapore 1992, S.102-128.

Bisat, Amer/Johnston, Berry/Sundararajan, V.(1992): Issues in Managing and Sequencing Financial Sector Reforms: Lessons from Five Developing Countries, IMF Working Paper No.82/92, Washington 1992.

Blackburn, Keith/Christensen, Michael (1989): Monetary Policy and Policy Credibility, in: Journal of Economic Literature, Vol.XXVII, 1989, S.1-45.

Blejer, Mario/Sagari, Silvia (1987): The Structure of the Banking Sector and the Sequence of Financial Liberalization, in: Connolly, Michael/González-Vega, Claudio (Hrsg.): Economic Reform and Stabilization in Latin America, New York 1987, S.93-107.

Borner, Silvio/Brunetti, Aymo/Weder, Beatrice (1995): Political Credibility and Economic Development, Basingstoke 1995.

Bössmann, Eva (1977): Information, in: Handwörterbuch der Wirtschaftswissenschaften, Bd.4, Stuttgart 1977, S.184-200.

Bowles, Paul/White, Gordon (1994): Central Bank Independence: A Political Economy Approach, in: Journal of Development Studies, Vol.31, No.2, 1994, S.235-264.

Bretton Woods Commission (1994): Bretton Woods: Looking to the Future, Washington 1994.

Broad, Robin (1988): Unequal Alliance: The World Bank, the International Monetary Fund and the Philippines, Berkeley 1988.

Buch, Claudia M./Funke, Norbert/Heinrich, Ralph/Raiser, Martin (1994): Overcoming Obstacles to Successful Reforms in Economies in Transition, Kieler Studien, Tübingen 1994.

Canlas, Dante B. (1989): Fiscal and Monetary Policy in the Philippines: 1970-1987, in: Montes, Manuel F./Sakai, Hideyoshi (Hrsg.): Philippine Macroeconomic Perspective: Developments and Policies, Tokyo 1989, S.91-115.

Caprio, Gerard (1994): Banking on Financial Reform? A Case of Sensitive Dependence on Initial Conditions, in: Caprio, Gerard/Atiyas, Izak/Hanson, James (Hrsg.): Financial Reform: Theory and Experience, Cambridge 1994, S.49-63.

Caprio, Gerard/Atiyas, Izak/Hanson, James (1993): Financial Reform Lessons and Strategies, The World Bank Working Papers, Washington 1993

Caprio, Gerard/Atiyas, Izak/Hanson, James (1994): Policy Issues in Reforming Finance: Lessons and Strategies, in: Caprio, Gerard/Atiyas, Izak/Hanson, James (Hrsg.): Financial Reform: Theory and Experience, Cambridge 1994, S.413-440.

Chaipat, Sahasakul (1993): Fiscal Policy, in: Warr, Peter G. (Hrsg.): The Thai Economy in Transition, Cambridge 1993, S.199-225.

Chandavarkar, Anand G. (1985): The Non-Institutional Financial Sector in Developing Countries: Macroeconomic Implications For Savings, in: Savings and Development, Vol.IX, No.2, 1985, S.129-141.

Cheng, Hang-Sheng (1980): Financial Deepening in Pacific Basin Countries, in: Economic Review, Federal Reserve Bank of San Francisco, Summer 1980, S.43-56

Chant, John/Pangestu, Mari (1994): An Assessment of Financial Reform in Indonesia, in: Caprio, Gerard/Atiyas, Izak/Hanson, James (Hrsg.): Financial Reform: Theory and Experience, Cambridge 1994, S.223-275.

Cho, Yoon-Je/ Khatkhate, Deena (1989): Lessons of Financial Liberalization in Asia: A Comparative Study, World Bank Discussion Papers No. 50, Washington 1989.

Cole, David C. (1994): Financial Sector Development in Southeast Asia, in: Zahid, Sahid N. (Hrsg.): Financial Sector Development in Asia, Manila 1995, S.223-260.

Cole, David C./Patrick, H. T. (1986): Financial Development in the Pacific Basin Market Economies, in: Tan, A.H.H./Kapur, Basant (Hrsg): Pacific Growth and Financial Interdependence, Sydney 1986, S.39-67.

Cole, David C./Slade, Betty F. (1992): Indonesian Financial Development: A Different Sequencing?, in: Vittas, Dimitri (Hrsg.): Financial Regulation: Changing the Rules of the Game, Washington 1992, S.121-161.

Collier, P./Devan, D./Gunning, J. (1985): The Macro Economics of Liberalisation - with Application to East Africa, London 1985.

Collier, Paul/Mayer, Colin (1989): The Assessment: Financial Liberalization, Financial Systems and Economic Growth, in: Oxford Review of Economic Policy, Vol.5, No.4, S.1-12.

Cordon, W. Max (1987): Protection and Liberalization: A Review of Analytical Issues, IMF Occasional Paper No.54, Washington 1987.

Cornia, Giovanni/Jolly, Richard/Stewart, Frances (1987): Adjustment With a Human Face: Protecting the Vulnerable and Promoting Growth, Oxford 1987.

Cukierman, Alex (1986): Central Bank Behaviour and Credibility: Some Recent Theoretical Developments, in: Federal Reserve Bank of St. Louis, May, 1986, S.5-17.

David, Harald (1995): Die ASEAN nach dem Ende des kalten Krieges: Spannungen und Kooperationsprobleme, Hamburg 1995

De Gregorio, Jose (1992): Liquidity Constraints, Human Capital Accumulation and Growth, Mimeo, April 1992.

Demery, David/Demery, Lionel (1992): Adjustment and Equity in Malaysia, OECD, Paris 1992.

Diaz-Alejandro, Carlos (1985): Goodbye Financial Repression, Hello Financial Crash, in: Journal of Developing Economies, Vol.19, 1985, S.1-24.

Diehl, Markus (1994): Warum verläuft die Systemtransformation in Asien reibungsloser als in Osteuropa?, in: Die Weltwirtschaft, Heft 4, 1994, S.492-507.

Dohner, Robert/Haggard, Stephan (1994): The Political Feasibility of Adjustment in the Philippines, OECD, Paris 1994.

Doner, Richard F./Loathamatas, Anek (1994): Thailand: Economic and Political Gradualism, in: Haggard, Stephan/Webbs, Steven B. (Hrsg.): Voting for Reform: The Politics of Adjustment in New Democracies, New York 1994, S.411-452.

Dooley, Michael P./Mathieson Donald J.(1987): Finanzielle Liberalisierung in Entwicklungsländern, in: Finanzierung und Entwicklung, Heft 3, 1987, S.31-34.

Dornbusch, Rüdiger/Reynoso, Alejandro (1989): Financial Factors in Economic Development, in: American Economic Review, Vol.79, No.2, 1989, S.204-209.

Doronila, Amando (1985): The Transformation of Patron Client Relations and Its Political Consequences in Postwar Philippines, in: Journal of Southeast Asian Studies, Vol.16, Nr.1, 1985, S.99-116.

Drake, Peter J. (1980): Money, Finance and Development, Oxford 1980.

Easterly, William/Honohan, Patrick (1990): Financial Sector Policy in Thailand, A Macroeconomic Perspective, Working Papers No.440, World Bank, Washington 1990.

Edey, Malcolm/Hviding, Ketil (1995): An Assessment of Financial Reform in OECD Countries, OECD Working Paper No.154, Paris 1995.

Edwards, Sebastian (1984): The Order of Liberalization of the External Sector in Developing Countries, Essays in International Finance No.156, Princeton 1984.

Edwards, Sebastian (1989): On the Sequencing of Structural Reforms, OECD, Paris 1989.

Edwards, Sebastian (1990): The Sequencing of Economic Reform: Analytical Issues and Lessons from Latin American Experiences, in: The World Economy, Vol.13, No.1, 1990, S.1-14.

Edwards, Sebastian (1992): The Sequencing of Structural Adjustment and Stabilization, International Center for Economic Growth Occasional Papers 34, San Francisco 1992.

Ekamol, Kiriwat (1993): Financial Sector Reform: Thailand, in: Faruqi, Shakil (Hrsg.): Financial Sector Reforms in Asian and Latin American Countries: Lessons of Comparative Experience, Washington 1993, S.115-126.

Evans, Peter (1992): The State as Problem and Solution: Predation, Embedded Autonomy and Structural Change, in: Haggard, Stephan/Kaufmann, Robert (Hrsg.): The Politics of Economic Adjustment: International Constraints, Distributive Conflicts, and the State, Princeton 1992, S.139-181.

Falvey, Rod/Kim, Cha Dong (1992): Timing and Sequencing Issues in Trade Liberalisation, in: The Economic Journal, Vol.102, No.143, 1992, S.908-924.

Fischer, Bernhard (1992a): Financial Reform in Developing Countries - Objectives, Scope and Results, HWWA Report Nr.98, Hamburg 1992.

Fischer, Bernhard (1992b): Financial Regulation in an Open Developing Economy: Lessons from the Indonesian Experience, HWWA Report Nr.110, Hamburg 1992.

Fischer, Bernhard (1993): Impediments in the Domestic Banking Sector to Financial Opening in: Reisen, Helmut/Fischer, Bernhard (Hrsg.): Financial Opening Policy Issues and Experiences in Developing Countries, Paris 1993, S.119-132.

Fischer, Bernhard/Reisen, Helmut (1992): Zum Abbau von Kapitalverkehrskontrollen: Ein Liberalisierungs-Fahrplan, Hamburg 1992.

Fischer, Bernhard/Reisen, Helmut (1993): Liberalising Capital Flows in Developing Countries: Pitfalls, Prerequisites and Perspectives, OECD, Paris 1993.

Fischer, Stanley (1986): Issues in Medium Term Macroeconomic Adjustment, in: The World Bank Research Observer, Vol.1, No.4, 1991, S.163-182.

Fischer, Stanley (1987): Economic Growth and Economic Policy, Washington 1987.

Frankfurter Allgemeine Zeitung Informationsdienste (FAZ) (1995): Singapur/ASEAN, Länderanalysen der Frankfurter Allgemeine Zeitung GmbH Informationsdienste und des Ostasiatischen Vereins e.V., August 1995.

Frenkel, Jacob A. (1982): Comment on the McKinnon Paper, in: Brunner, Karl/Metzler, Allan H. (Hrsg.): Economic Policy in a World of Change, Carnegie-Rochester Conference Series on Public Policy, Vol.17, Amsterdam 1982, S.193-198.

Frey, Bruno S./Eichenberger, Reiner (1994): The Political Economy of Stabilization Programms in Developing Countries, in: European Journal of Political Economy, Vol.10, 1994, S.169-190.

Fry, Maxwell J. (1978): Money and Capital or Financial Deepening in Economic Development, in: Journal of Money, Credit and Banking, Vol.10, No.4, 1978, 464-475.

Fry, Maxwell J. (1980): Saving, development and the Cost of Financial Repression, in: World Development, Vol.8, No.4, 1980, S.317-327.

Fry, Maxwell J. (1984): Saving, Financial Intermediation and Economic Growth in Asia, Asian Development Review, Vol.2, No.1, 1984, S.82-91.

Fry, Maxwell J. (1988): Money, Interest, and Banking in Economic Development, Baltimore 1988.

Funke, Norbert (1991): Die Glaubwürdigkeit von Wirtschaftsreformen: Bedeutung, Ursachen and Ansatzpunkte zur Lösung von Glaubwürdigkeitsproblemen, in: Die Weltwirtschaft, Heft 2, 1991, S.175-186.

Funke, Norbert (1993): Timing and Sequencing of Reforms: Competing Views, Kiel Working Paper No. 552, Kiel 1993.

Germidis, Dimitri/ Kessler, Denis/Meghir, Rachel (1991): Financial Systems and Development: What Role for the Formal and Informal Financial Sectors?, Paris 1991.

Ghate, Prabhu B. (1988): Informal Credit Markets in Asian Developing Countries, in: Asian Development Review, Vol.6, No.1, 1988, S.64-85.

Ghate, Prabhu B. (1992): Interaction Between the Formal and Informal Financial Sectors: The Asian Experience, in: World Development, Vol.20, No.6, 1992, S.859-872.

Gibson, Heather D./Tsakalotos, Euclid (1994): The Scope and Limits of Financial Liberalisation in Developing Countries: A Critical Survey, in: The Journal of Development Studies, Vol.30, No.3, 1994, S.578-628

Giovannini, Alberto (1983): The Interest Elasticity of Savings in Developing Countries, in: World Development, Vol.11, No.7, 1983, S.601-607.

Goldsmith, Raymond W. (1969): Financial Structure and Development, New Haven 1969.

Greenaway, David/Morrissey, Oliver (1993): Structural Adjustment and Liberalisation in Developing Countries: What Lessons Have We Learned, in: Kyklos, Vol.46, 1993, S.241-261.

Greenwood, Jeremy/Jovanovic, Boyan (1990): Financial Development, Growth and the Distribution of Income, in: Journal of Political Economy, Vol.98, No.5, 1990, S.1076-1107.

Greenwood, John G. (1988): Monetary Policy in Thailand, in: Cheng, Hang-Sheng (Hrsg.): Monetary Policy in Pacific Basin Countries, San Francisco 1988.

Greskovits, Béla (1993): The Use of Compensation in Economic Adjustment Programs, Budapest 1993.

Gupta, Kanhaya L. (1987): Aggregate Savings, Financial Intermediation and Interest Rate, in: Review of Economics and Statistics, Vol.69, No.2, 1987, S.303-311.

Gurley, John G./Shaw, Edward S. (1967): Financial Structure and Economic Development, in: Economic Development and Cultural Change, Vol.15, No.3, 1967, S.257-268.

Haggard, Stephan (1990): The Political Economy of the Philippine Debt Crisis, in: Nelson, Joan M. (Hrsg.): Economic Crisis and Policy Choice: The Politics of Adjustment in the Third World, Princeton 1990, S.215-255.

Haggard, Stephan/Webbs, Steven B. (1994): Voting for Reform: The Politics of Adjustment in New Democracies, New York 1994.

Hanna, Donald P. (1994): Indonesian Experience with Financial Sector Reform, World Bank Discussion Papers No. 237, Washington 1994.

Harris, John R./Schiantarelli, Fabio/Siregar, Miranda G. (1994): The Effect of Financial Liberalization on the Capital Structure and Investment Decisions of Indonesian Manufacturing Establishments, in: The World Bank Economic Review, Vol.8, No.1, 1994, S.17-47.

Havrilesky, Thomas (1993): The Pressures on American Monetary Policy, Norwell 1993.

Havrilesky, Thomas (1994): The Political Economy of Monetary Policy, in: European Journal of Political Economy, Vol.10, 1994, S.111-134.

Hibbs, Douglas A. (1977): Political Parties and Macroeconomic Policy, in: The American Political Science Review, Vol.7, 1977, S.1467-1487.

Husain, Ishrat/Jun, Kwang W. (1992): Capital Flows to South Asian and ASEAN Countries, Trends, Determinants, and Policy Implications, World Bank Working Papers, Washington 1992.

Inamura, Raiji/Kikuchi, Yoh (1994): Financial Deregulation and its Impact on the Real Economy in Indonesia, in EXIM Review, Vol.14, No.1, 1994, S.109-182.

Institut für Asienkunde: Südostasien aktuell, verschiedene Ausgaben 1994-1996.

Institute of International Finance, Inc. (1990): Financial Sector Reform: Its Role in Growth and Government, Washington 1990.

Institute of Southeast Asian Studies (1993): Regional Outlook: Southeast Asia 1994-95, Singapore 1993.

International Monetary Fund: International Financial Statistics, Yearbook, IMF Washington, verschiedene Jahrgänge, 1970ff.

Jaffee, Dwight M./Russel, T. (1976): Imperfect Information, Uncertainty and Credit Rationing, in: Quarterly Journal of Economics, Vol.90, 1976, S.651-666.

Jappelli, Tullio/Pagano, Marco (1992): Saving, Growth and Liquidity Constrains, CEPR Discussion Paper Series, No.662, London 1992.

Jaramillo, Fidel/Schiantarelli, Fabio/Weiss, Andrew (1993): The Effect of Financial Liberalization on the Allocation of Credit: Panel Data Evidence for Ecuador, World Bank Working Paper 1092, Washington 1993.

Jayasuriya, Sisira (1992): Structural Adjustment and Economic Performance in the Philippines, in: MacIntyre, Andrew J./Jayasuriya, Kanishka (Hrsg.): The Dynamics of Economic Policy Reform in South-East Asia and The South-West Pacific, Singapore 1992, S.50-73.

Johnson, Chalmers (1987): Political Institutions and Economic Performance: The Government-Business Relationship in Japan, South Korea and Taiwan, in: Deyo, Fred C. (Hrsg.): The Political Economy of the New East Asian Industrialism, Ithaca 1987, S.136-164.

Jomo, K.S. (1990): Growth and Structural Change in the Malaysian Economy, Hampshire 1990.

Kahler, Miles (1990): Orthodoxy and Its Alternatives: Explaining Approaches to Stabilization and Adjustment, in: Nelson, Joan M. (Hrsg.): Economic Crisis and Policy Choice: The Politics of Adjustment in the Third World, Princeton 1990, S.31-61.

Khan, Mohsin S./Zahler, Roberto (1987): The Liberalization of Trade and Capital Flows in Developing Countries: Some Theoretical and Empirical Issues, in: Connolly, Michael/González-Vega, Claudio (Hrsg.): Economic Reform and Stabilization in Latin America, New York 1987, S.45-67.

Khatkhate, Deena (1988): Assessing the Impact of Interest Rates in Less Developed Countries, in: World Development, Vol.16., No.5, 1988, S.577-588.

King, Robert G./Levine, Ross (1993): Finance and Growth: Schumpeter Might be Right, World Bank Working Paper, Washington 1993.

Kornai, János (1980): The Economics of Shortage, Amsterdam 1980.

Kornai, János (1986): The Soft Budget Constraint, in: Kyklos, Vol.39, 1986, S.3-30.

Krueger, Anne O. (1981): Interactions Between Inflation an Trade-Regime Objectives in Stabilization Programs, in: Cline, William R./Weintraub, Sidney (Hrsg.): Economic Stabilization in Developing Countries, Washington 1981, S.83-117.

Krueger, Anne O. (1984): Problems of Liberalization, in: Harberger, Arnold C. (Hrsg.): World Economic Growth, San Francisco 1984, S.403-423.

Kydland, Finn E./Prescott, Eward C. (1977): Rules Rather than Discretion: The Inconsistency of Optimal Plans, in: The Journal of Political Economy, Vol. 85, 1977, S.473-492.

Lafay, Jean-Dominique/Lecaillon, Jacques (1993): The Political Dimension of Economic Adjustment, Paris 1993.

Lal, Deepak (1987): The Political Economy of Economic Liberalisation, in: The World Bank Economic Review, Vol.1, No.2, 1987, S.273-299.

Lamberte, Mario B. (1989): Assessment of the Problems of the Financial System: The Philippine Case, Philippine Institute for Development Studies, Working Paper No.89-18, Manila 1989.

Lamberte, Mario B. (1991): Financial Deregulation Experience in the Philippines, in: Lim, Joseph Y./Nozawa, Katsumi (Hrsg.): Deregulation and Economic Development in the Philippines, Institute of Developing Economies, Tokyo 1991, S.63-96.

Lamberte, Mario B./Lim, Joseph Y./Vos, Rob/Yap, Josef T./Tan, Elizabeth S./Zingapan, Ma. Socorro V. (1992): Philippine, External Finance, Domestic Resource Mobilization and Development in the 1970's and 1980's, Manila 1992.

Lamberte, Mario B./Llanto, Gilbert M. (1993): A Study of Financial Sector Policies: The Philippine Case, Background Paper for the Asian Development Bank's Study on Financial Sector Policies of Selected Developing Member Countries, Asian Development Bank, Manila 1993.

Lee, Jungsoo (1991): Financial Sector and Economic Development: A Survey, Economics and Development Research Center Report Series No.55, Asian Development Bank, 1991

Lian, Daniel Choon Beng (1994): Gradual Financial Reform in Action: The Case of Thailand, 1979-1992, in. ASEAN Economic Bulletin, Vol.10, No.3, 1994, S.297-315.

Lin, See Yan (1991): Exchange Rate Regimes and Practices: Malaysian Perspectives, in: Ariff, Mohamed (Hrsg.): The Pacific Economy: Growth and External Stability, Sydney 1991, S.155-175.

Lin, See Yan (1993): The Savings-Investment Gap, Financial Need and Capital Market Development, in: Ahmad Sarji Abdul Hamid (Hrsg.): Malaysia`s Vision 2020, Kuala Lumpur 1993, S.207-269.

Lindsey, Charles (1992): The Political Economy of International Economic Policy Reform in the Philippines: Continuity and Restoration, in: MacIntyre, Andrew J. /Jayasuriya, Kanishka (Hrsg.): The Dynamics of Economic Policy Reform in South-East Asia and The South-West Pacific, Singapore 1992, S.74-93.

Little, I. M. D./Cooper, Richard N./Cordon W. Max/Rajapatirana, Sarath (1993): Boom, Crisis, and Adjustment: The Macroeconomic Experience of Developing Countries, New York 1993.

Loathamatas, Anek (1992): The Politics of Structural Adjustment in Thailand: A Political Explanation of Economic Success, in: MacIntyre, Andrew J./Jayasuriya, Kanishka (Hrsg.): The Dynamics of Economic Policy Reform in South-East Asia and The South-West Pacific, Singapore 1992, S.32-49.

Long, Ngo van/Siebert, Herbert (1991): A Model of the Socialist Firm in Transition to a Market Economy, Kieler Arbeitspapiere No.479, Kiel 1991.

Lösch, Dieter (1992): Das Timing als zentrales Problem der Systemtransformation - Überlegungen zur Klärung der Kontroverse um Schocktherapie versus Gradualismus beim Übergang zur Marktwirtschaft, HWWA Report No.99, Hamburg 1992.

Machetzki, Rüdiger (1991): Indonesien: Wirtschaftliche Entwicklung und politische Stabilität, in: Draguhn, Werner (Hrsg.): Asiens Schwellenländer: Dritte Weltwirtschaftsregion?, Hamburg 1991, S.163-172.

MacIntyre, Andrew J. (1992): Politics and the Reorientation of Economic Policy in Indonesia, in: MacIntyre, Andrew J./Jayasuriya, Kanishka (Hrsg.): The Dynamics of Economic Policy Reform in South-East Asia and The South-West Pacific, Singapore 1992, S.138-157.

Manasan, Rosario, G. (1991): The Role of Fiscal Policy in Economic Deregulation in the Philippines in the Eighties, in: Lim, Joseph Y./Nozawa, Katsumi (Hrsg.): Deregulation and Economic Development in the Philippines, Institute of Developing Economies, Tokyo 1991, S. 97-115.

Mathieson, Donald J. (1979): Financial Reform and Capital Flows in a Developing Economy, IMF Staff Papers, 1979, S.450-489.

Mathieson, Donald J./Rojas-Suarez, Liliana (1993): Liberalisation of the Capital Account: Experiences and Issues, IMF Occasional Paper No.103, Washington 1993.

McKinnon, Ronald I. (1973): Money and Capital in Economic Development, Washington 1973.

McKinnon, Ronald I. (1982): The Order of Economic Liberalization: Lessons from Chile and Argentina, in: Brunner, Karl/Metzler, Allan H. (Hrsg.): Economic Policy in a World of Change, Carnegie-Rochester Conference Series on Public Policy, Vol.17, Amsterdam 1982, S.159-186.

McKinnon, Ronald I. (1984): The International Capital Market and Economic Liberalization in LCDs, in: The Developing Economies, Dezember 1984, S.476-481.

McKinnon, Ronald I. (1989): Financial Liberalization and Economic Development: A Reassessment of Interest-rate Policies in Asia and Latin America, in: Oxford Review of Economic Policy, Vol.5, No.4, 1989, S.29-54.

McKinnon, Ronald I. (1992): The Order of Economic Liberalisation: Financial Control in the Transition to a Market Economy, Baltimore 1992.

McKinnon, Ronald I./Mathieson, Donald J. (1981): How to Manage a Repressed Economy, Princeton Essays in International Finance No.145, Princeton 1981.

Medhi, Krongkaew (1993): Poverty and Income Distribution, in: Warr, Peter G. (Hrsg.): The Thai Economy in Transition, Cambridge 1993, S.401-437.

Menkhoff, Lukas (1992): Finanzmarktliberalisierung und politökonomische Reformgrenzen in Entwicklungsländern am Beispiel der Philippinen, in: Konjunkturpolitik, 38. Jg., Heft 2, 1992, S.69-85.

Michaely, Michael (1987): Trade Liberalization Policies: Lessons of Experience, Paper presented at the Conference „For a New Policy Towards Foreign Trade“, Brazil 1987.

Michaely, Michael/Papageorgiou, Demetrius/Choksi, Armene (1989): Liberalizing Foreign Trade: Lesson of Experience in the Developing World, Budapest 1989.

Millmann, Gregory J. (1995): The Vandals' Crown: How Rebel Currency Traders Overthrew the World's Central Banks, New York 1995.

Morisset, Jacques (1993): Does Financial Liberalisation Really Improve Private Investment in Developing Countries?, in: Journal of Development Economics, Vol.40, 1993, S.133-150.

Murdock, Kevin/Stiglitz, Joseph E. (1993): The Effect of Financial Repression in an Economy with Positive Real Interest Rates: Theory and Evidence, Stanford 1993.

Muscat, Robert J. (1994): The Fifth Tiger: A Study of Thai Development Policy, New York 1994.

Mussa, Michael (1987): Macroeconomic Policy and Trade Liberalization: Some Guide-lines, in: World Bank Research Observer, Vol.2, 1987, S.61-77.

Naris, Chaiyasoot (1993): Commercial Banking, in: Warr, Peter G. (Hrsg.): The Thai Economy in Transition, Cambridge 1993, S.226-264

Nascimento, Jean-Claude (1991): Crisis in the Financial Sector and the Authorities' Reaction: The Philippines, in: Sundararajan, V./Balino, Thomas J. T. (Hrsg.): Banking Crises: Causes and Issues, IMF, Washington 1991, S.175-233.

Nasution, Anwar (1993): Financial Sector Policies in Indonesia, 1980-1993, Background Paper for the Asian Development Bank's Study on Financial Sector Policies of Selected Developing Member Countries, Asian Development Bank, Manila 1993.

Nelson, Joan M. (1990a): Conclusions, in: Nelson, Joan M. (Hrsg.): Economic Crisis and Policy Choice: The Politics of Adjustment in the Third World, Princeton 1990, S.321-361.

Nelson, Joan M. (1990b): Economic Crisis and Policy Choice: The Politics of Adjustment in the Third World, Princeton 1990.

Nelson, Joan M. (1990c): Introduction: The Politics of Economic Adjustment in Developing Countries, in: Nelson, Joan M. (Hrsg.): Economic Crisis and Policy Choice: The Politics of Adjustment in the Third World, Princeton 1990, S.3-32.

Nelson, Joan M. (1993): The Politics of Economic Transformation: Is Third World Experience Relevant in Eastern Europe?, in: World Politics, Vol.45, 1993, S.433-463.

Nomura (1995): Asia Pacific Market Outlook, Nomura Research Institute, Tokyo, verschiedene Ausgaben 1995.

Nordhaus, William (1975): The Political Business Cycle, in: Review of Economic Studies Vol.42, 1975, S.169-190.

Nunnenkamp, Peter (1995): Wirtschaftstransformation in Entwicklungs- und Transformationsländern - Anreizprobleme, Glaubwürdigkeitsdefizite und die Erfolgschancen umfassender Reformen, in: Die Weltwirtschaft, Heft 1, 1995, S.99-116.

Nunnenkamp, Peter/Funke, Norbert (1992): Woran scheitern Stabilisierungs- und Liberalisierungsprogramme? Lehren aus Entwicklungsländern für den Transformationsprozeß in Osteuropa, in: Herrmann, Roland/Sell, Friedrich L. (Hrsg.): Wirtschaftliche Liberalisierung in Industrie und Entwicklungsländern, Hamburg 1992, S.153-174.

O'Brian, Richard (1995): Who Rules the World's Financial Markets?, in: Harvard Business Review, March-April, 1995, S.144-151.

Okuda, Hidenobu (1990): Financial Factors in Economic Development: A Study of the Financial Liberalization Policy in the Philippines, in: The Development Economies, Vol.XXVIII, No.3, 1990, 240-270.

Pagano, Marco (1993): Financial Markets and Growth: An Overview, in: European Economic Review, Vol.37, 1993, S.613-622.

Pangestu, Mari/Soesastro, Hadi/Ahmad, Mubariq (1992): A New Look at Intra-ASEAN Economic Co-operation, in: ASEAN Economic Bulletin, Vol.8, No.3, S.333-352.

Patrick, Hugh T. (1966): Financial Development and Economic Growth in Underdeveloped Countries, in: Economic Development and Cultural Change, Vol.14, No.2, 1966, S.174-189.

Persson, Torsten (1988): Credibility of Macroeconomic Policy: An Introduction and Broad Survey, in: European Economic Review, Vol.32, 1988, S.519-532.

Persson, Torsten (1992): Politics and Economic Policy, Institute for International Economic Studies, Stockholm 1992.

Persson, Torsten/Tabellini, Guido (1990): Macroeconomic Policy, Credibility and Politics, Chur 1990.

Phelps, Edmund S. (1985): Political Economy: An Introductory Text, New York 1985.

Phongpaichit, Pasuk (1992): Technocrats, Businessmen and Generals: Democracy and Economic Policy-making in Thailand, in: MacIntyre, Andrew J./Jayasuriya, Kanishka (Hrsg.): The Dynamics of Economic Policy Reform in South-East Asia and The South-West Pacific, Singapore 1992, S.11-31.

Piazolo, Marc (1995): Indonesien - Wachstumsimpulse durch Finanzmarktliberalisierung, in: Zeitschrift für das gesamte Kreditwesen, Heft 13, 1995, S.22-27.

Polizatto, Vincent P. (1992): Prudential Regulation and Banking Supervision, in: Vittas, Dimitri (Hrsg.): Financial Regulation: Changing the Rules of the Game, Washington 1992, S.283-319.

Pretzell, Klaus Albrecht (1995): Thailand ein politisches Profil, in: Südostasien aktuell, Jg. XIV, Heft 3, S.208-210.

Raiser, Martin (1993): The No-Exit Economy: Soft Budget Constraints and the Causes of Success or Failure of Economic Reforms in Developing Countries, Kiel Working Paper, No.581, Kiel 1993.

Robinson, David/Yangho, Byeon/Ranjit, Teja/ Tseng, Wanda (1991): Thailand: Adjusting to Success: Current Policy Issues, IMF Occasional Paper No. 85, Washington 1991.

Rodrigo, Francisco (1993): The Philippines, in: Park, Keith K. H./Agtmael, Antoine W. van (Hrsg.): The World's Emerging Stock Markets, Chicago 1993, S.181-196.

Rodrik, Dani (1989): Credibility of Trade Reform - a Policy Maker's Guide, in: The World Economy, Vol.12, No.1, 1989, S.1-16.

Roland, Gérard (1990): The Political Economy of Sequencing Tactics in the Transition, Centre Mathématique et d'Econometrie, Discussion Papers, No.9008, Brussels 1990.

Roland, Gérard (1992): The Political Economy of Restructuring and Privatisation in Eastern Europe, Centre Mathématique et d'Econometrie, Discussion Papers, No.9218, Brussels 1992.

Rosati, Dariusz K. (1992): The Politics of Economic Reform in Central and Eastern Europe, Center for Economic Policy Research, Occasional Paper, No.6, London 1992.

Roubini, Nouriel/Sala-i-Martin, Xavier (1991): Financial Development, the Trade Regime and Economic Growth, NBER Working Paper Series, No. 3876, Cambridge 1991.

Roubini, Nouriel/Sala-i-Martin, Xavier (1992): A Growth Model of Inflation, Tax Evasion, and Financial Repression, NBER Working Paper Series, No. 4062, Cambridge 1992.

Rüland, Jürgen (1991):Wirtschaftswachstum und politischer Wandel in Thailand, in: Draguhn, Werner (Hrsg.): Asiens Schwellenländer: Dritte Weltwirtschaftsregion?, Hamburg 1991, S.116-147.

Rybczinski, Tad M. (1991): The Sequencing of Reform: Microeconomics of Transition in Eastern Europe, in: Oxford Review of Economic Policy, Vol.7, No.4, 1991, S.26-34.

Sachs, Jeffrey D. (1987): Trade and Exchange Rate Policies in Growth Oriented Adjustment Programs, Cambridge 1987.

Sachs, Jeffrey D. (1988): Conditionality, Debt Relief and the Developing Countries' Debt Crisis, NBER Working Paper No.2644, Cambridge 1988.

Salleh, Ismail Muhd/Meyanathan, Sha Dhevan (1993): Malaysia: Growth, Equity and Structural Transformation, The World Bank, Washington 1993.

Schiantarelli, Fabio/Atiyas, Izak/Caprio, Gerard/Harris, John/Weiss, Andrew (1994): Credit where it is due? A Review of the Macro and Micro Evidence on the Real Effects of Financial Reform, in: Caprio, Gerard/Atiyas, Izak/Hanson, James (Hrsg.): Financial Reform: Theory and Experience, Cambridge 1994, S.64-84.

Schweickert, Rainer (1993): Alternative Strategies for Real Devaluation and the Sequencing of Economic Reforms in Developing Countries, in: Kyklos, Vol.46, 1993, S.65-85.

Sell, Friedrich L. (1989): Die Rolle ökonomischer Verhaltensweisen für „Timing“ und „Sequencing" handelspolitischer Liberalisierungsprogramme, in: Zeitschrift für Wirtschafts- und Sozialwissenschaften, Vol.109, No.3, 1989, S.449-466.

Shams, Rasul (1992): Politökonomische Probleme bei der Implementierung von Wirtschaftsreformen, in: Fischer, Bernhard (Hrsg.): Die dritte Welt im Wandel der Weltwirtschaft, Hamburg 1992, S.285-301.

Shanmugam, Bala (1988): Malaysian Bank Branching: In Search of New Direction, University of New England, Occasional Papers in Economic Development No.15, Australia 1988.

Shaw, Edward S. (1973): Financial Deepening in Economic Development, New York 1973.

Sheng, Andrew (1992): Bank Restructuring in Malaysia 1985-1988, in: Vittas, Dimitri (Hrsg.): Financial Regulation: Changing the Rules of the Game, Washington 1992, S.195-236.

Sjahrir/Brown, Colin (1992): Indonesian Financial and Trade Policy Deregulation: Reform and Response, in: MacIntyre, Andrew J./Jayasuriya, Kanishka (Hrsg.): The Dynamics of

Economic Policy Reform in South-East Asia and The South-West Pacific, Singapore 1992, S.124-137.

Soriano, Ma. Cecilia G. (1992): Philippine Structural Adjustment Measures, Philippine Institute for Development Studies, Working Paper No 92-10, Manila 1992.

Staniland, Martin (1985): What is Political Economy, London 1985.

Statistisches Bundesamt (1993a): Länderbericht Indonesien 1993, Wiesbaden 1993.

Statistisches Bundesamt (1993b): Länderbericht Malaysia 1993, Wiesbaden 1993.

Stigler, George J. (1961): The Economics of Information, in: Journal of Political Economy, Vol.69, No.3, 1961, S.213-225.

Stiglitz, Joseph E. (1989): Financial Markets and Development, in: Oxford Review of Economic Policy, Vol.5, No.4, 1989, S.55-68.

Stiglitz, Joseph E. (1991): Government, Financial Markets and Economic Development, NBER Working paper No. 3669, Cambridge 1991.

Stiglitz, Joseph E. (1994): The Role of the State in Financial Markets, in: Proceedings of the World Bank - Annual Conference on Development Economics 1993, The World Bank, Washington 1994, S.19-56.

Stiglitz, Joseph E./Weiss, Andrew (1981): Credit Rationing in Markets with Imperfect Information, in: American Economic Review, Vol.71, No.3, 1981, S.393-410.

Sundararajan, V./Molho, Lazaros (1988): Financial Reform and Monetary Control in Indonesia, in: Cheng, Hang-Sheng (Hrsg.): Monetary Policy in Pacific Basin Countries, San Francisco 1988, S.321-351.

Tan, Kong Yam/Toh, Mun Heng/Low, Linda (1992): ASEAN and Pacific Economic Coordination, in: ASEAN Economic Bulletin, Vol.8, No.3, S.309-332.

Taylor, John B. (1983a): Comments "Rules, Discretion and Reputation in a Model of Monetary Policy" by Robert J. Barro and David B. Gordon, in: Journal of Monetary Economics, Vol.12, 1983, S.123-125.

Taylor, L. (1983b): Structuralist Macroeconomics: Applicable Models for the Third World, New York 1983.

Thorbecke, Erik (1992): Adjustment and Equity in Indonesia, OECD, Paris 1992.

Tolentino, V.B.J. (1989): The Political Economy of Credit Availability and Financial Liberalisation: Notes on the Philippine Experience, in: Savings And Development, Vol.13, No.4, S.321-335

Tseng, Wanda/Corker Robert (1991): Financial Liberalization, Money Demand, and Monetary Policy in Asian Countries, IMF Occasional Paper 84, Washington 1991.

Van Wijnbergen, Sweder (1982): Stagflationary Effects of Monetray Stabilzation Policies: A Quantitative Analysis of South Korea, in: Journal of Development Economics, Vol.10, No.2, 1982, S.133-169.

Van Wijnbergen, Sweder (1991): Intertemporal Speculation, Shortages and the Political Economy of Price Reform, Centre for Economic Research, Discussion Paper, No.9149, London 1991.

Vennewald, Werner (1990): Chinesen in Malaysia: Politische Kultur und strategisches Handeln. Eine politisch -historische Analyse der Malaysian Chinese Association, Hamburg 1990.

Vennewald, Werner (1991): Malaysia: Zwischen Kontinuität und Wandel, in: Draguhn, Werner (Hrsg.): Asiens Schwellenländer: Dritte Weltwirtschaftsregion?, Hamburg 1991, S.148-162.

Vichyanond, Pakorn (1994): Thailand's Financial System: Structure and Liberalization, Thailand Development Research Institute, Bangkok 1994.

Villanueva, Delano/Mirakhor, Abbes (1990): Strategies for Financial Reforms, Interest Policies, Stabilization and Bank Supervision in Developing Countries, IMF Staff Papers, Vol.37, No.3, S.509-536.

Vittas, Dimitri (1991): The Impact of Regulation on Financial Intermediation, World Bank Working Paper No.746, Washington 1991.

Vittas, Dimitri (1992): Policy Issues in Financial Regulation, World Bank Working Paper No.910, Washington 1992.

Vos, Rob (1992): Private Foreign Asset Accumulation, Not Just Capital Flight: Evidence from the Philippines, in: The Journal of Development Studies, Vol.28, No.3, 1992, S.500-537.

Wai, U. Tun (1980): The Role of Unorganized Financial Markets in Economic Development and in the Formulation of Monetary Policy, in: Savings and Development, Vol.IV, No.4, 1980, S.259-273.

Warman, Fanny/Thirlwall, A. P. (1994): Interest Rates, Saving, Investment and Growth in Mexico 1960-1990: Tests of the Financial Liberalisation Hypothesis, in: The Journal of Development Studies, Vol.30, No.3, 1994, S.629-649.

Warr, Peter G./Bhanupong, Nidhiprabha (1989): Macroeconomic Adjustment to External Shocks: Thailand, Canberra, 1989.

Wiebelt, Manfred (1994): Strategien zur Überwindung von Verschuldungsproblemen: Das Beispiel Malaysia, in: Die Weltwirtschaft, Heft 2, 1994, S.238-253.

Williamson, John (1968): Personal Saving in Developing Nations: An Intertemporal Cross-Section from Asia, in: Economic Recors, Vol.44, 1968, S.194-210.

Williamson, John (1994a): In Search of a Manual for Technopols, in: Williamson, John (Hrsg.): The Political Economy of Policy Reform, Institute for International Economics, Washington 1994, S.11-28.

Williamson, John (1994b): The Political Economy of Policy Reform, Institute for International Economics, Washington 1994.

Williamson, John/Haggard, Stephan (1994): The Political Conditions for Economic Reform, in: Williamson, John (Hrsg.): The Political Economy of Policy Reform, Institute for International Economics, Washington 1994, S.527-596.

Woo, Wing Thye/Glassburner, Bruce/Nasution, Anwar (1994): Macroeconomic Policies, Crises and Long Term Growth in Indonesia 1965-1990, World Bank, Washington 1994.

Woo, Wing Thye/Nasution, Anwar (1989): Indonesian Economic Policies and Their Relation to External Debt Management, in: Sachs, Jeffrey D./Collins, Susan M (Hrsg.): Developing Country Debt, Vol.3, Country Studies - Indonesia, Philippines, Turkey, Chicago 1989, S.65-107.

World Bank (1989a): Malaysia: Matching Risks and Rewards in a Mixed Economy Program, Washington 1989.

World Bank (1989b): World Bank Development Report, Washington 1989.

World Bank (1990): Financial Systems and Development, Policy and Research Series Paper No.15, Washington 1990.

World Bank (1992): Adjustment Lending and the Mobilization of Private and Public Resources for Growth, Policy and Research Series 22, Washington 1992.

World Bank (1993): World Debt Tables, World Bank Washington 1993.

World Bank (1994): Indonesia: Stability, Growth and Equity in REPELITA VI, Washington 1994.

Wurfel, David (1979): Elites on Wealth and Elites on Power: The Changing Dynamic, in: Institute of Southeast Asian Studies (Hrsg.): Southeast Asian Affairs 1979, Singapore 1979, S.233-245.

Wyplosz, Charles (1992): After the Honeymoon: On the Economics and the Politics of Economic Transformation, INSEAD, Working Paper No.92/52/EP, Fontaineblau 1992.

Yandle, Bruce (1990): The Decline and Rise of Political Economy, in: European Journal of Political Economy, Vol.6, 1990, S.165-179.

Yap, Josef T (1990): An Assessment of the External Debt Management of the Philippines, 1986-1988, Philippine Institute for Development Studies, Working Paper No 90-04, Manila 1990.

Yap, Josef T. (1993): The Philippines: Recent Performance, Prospects for 1993-1994, and Policy and Development Issues, Philippine Institute for Development Studies, Working Paper No 93-01, Manila 1993.

Yap, Josef T./Lamberte Mario B./Untalan, Teodoro S./Zingapn, Ma. Socorro V. (1995): Money Markets in the Philippines, in: Cole, David C./Scott H. S./Wellons, P. (Hrsg.): Asian Money Markets: Focus of Financial Policy, New York 1994, S.272-341.

Yasuda, Nobuyuki (1991): Malaysia's New Economic Policy and Industrial Co-ordination Act, in: The Development Economies, Vol.XXVIX, No.4, 1991, S.330-349.

Yuan, Lee Tsao (1991): Growth Triangle: The Johor-Singapore-Riau Experience, Singapore 1991.

Yusof, S./Peters, R. K. (1984): Savings Behaviour and Its Implications for Domestic Resource Mobilization: The Case of the Republic of Korea, World Bank Working Paper No.628, Washington 1984.

Yusof, Zainal Aznam/Hussin, Awang Adek/Alowi, Iasmail/Sing, Lim Chee/Singh, Sukhdave (1994): Financial Reform in Malaysia, in: Caprio, Gerard/Atiyas, Izak/Hanson, James (Hrsg.): Financial Reform: Theory and Experience, Cambridge 1994, S.277-322.

Zysman, John (1983): Governments, Markets, and Growth: Financial Systems and the Politics of Industrial Change, Oxford 1983.

GPSR Compliance

The European Union's (EU) General Product Safety Regulation (GPSR) is a set of rules that requires consumer products to be safe and our obligations to ensure this.

If you have any concerns about our products, you can contact us on ProductSafety@springernature.com

In case Publisher is established outside the EU, the EU authorized representative is:

Springer Nature Customer Service Center GmbH
Europaplatz 3
69115 Heidelberg, Germany

Batch number: 10815962

Printed by Printforce, the Netherlands